青少年体能训练
科学与应用

Strength and Conditioning for Young Athletes
Science and Application

第 2 版

主　编　Rhodri S. Lloyd　Jon L. Oliver
主　译　李丹阳　李春雷　尹　军
主　审　吕万刚
译　者　（按姓氏汉语拼音排序）

陈伟东	北京体育大学	牛永刚	安阳师范学院
丰庆豹	北京体育大学	屈金涛	商丘师范学院
李春雷	北京体育大学	石宏根	北京体育大学
李丹阳	武汉体育学院	史　衍	首都体育学院
廖开放	广东体育职业技术学院	许　猛	北京体育大学
廖展浩	河南建业足球俱乐部	尹　军	首都体育学院
刘吉祥	北京体育大学	张　鹏	北京体育大学
罗　昊	广东体育职业技术学院	张利锋	成都体育学院
麻超越	北京体育大学	张秀丽	华南师范大学
米　靖	北京体育大学	郑儒林	北京体育大学

人民卫生出版社
·北　京·

版权所有，侵权必究！

图书在版编目（CIP）数据

青少年体能训练：科学与应用 /（英）罗德里•S. 劳埃德（Rhodri S. Lloyd）主编；李丹阳，李春雷，尹军主译. —北京：人民卫生出版社，2022.2
ISBN 978-7-117-32477-9

Ⅰ. ①青… Ⅱ. ①罗… ②李… ③李… ④尹… Ⅲ. ①青少年－身体训练－研究 Ⅳ. ①G808.17

中国版本图书馆 CIP 数据核字（2021）第 242232 号

| 人卫智网 | www.ipmph.com | 医学教育、学术、考试、健康，购书智慧智能综合服务平台 |
| 人卫官网 | www.pmph.com | 人卫官方资讯发布平台 |

图字：01-2020-2139 号

青少年体能训练：科学与应用
Qingshaonian Tineng Xunlian：Kexue yu Yingyong

主　　译：李丹阳　李春雷　尹　军
出版发行：人民卫生出版社（中继线 010-59780011）
地　　址：北京市朝阳区潘家园南里 19 号
邮　　编：100021
E - mail：pmph @ pmph.com
购书热线：010-59787592　010-59787584　010-65264830
印　　刷：北京顶佳世纪印刷有限公司
经　　销：新华书店
开　　本：710×1000　1/16　印张：22　插页：2
字　　数：407 千字
版　　次：2022 年 2 月第 1 版
印　　次：2022 年 3 月第 1 次印刷
标准书号：ISBN 978-7-117-32477-9
定　　价：158.00 元

打击盗版举报电话：010-59787491　E-mail：WQ @ pmph.com
质量问题联系电话：010-59787234　E-mail：zhiliang @ pmph.com

主译介绍

李丹阳，北京体育大学体育学博士，武汉体育学院副教授，硕士生导师，美国乔治亚州立大学访问学者，武汉体育学院体能中心主任，中国体育科学学会理事，中国体育科学学会体能训练分会秘书长兼常委，国家体育总局备战东京奥运会体能专家组成员，第七届世界军人运动会中国代表队专家组成员，国家体育总局教练员学院体能讲师，雅加达亚运会中国代表团科技保障营体能专家、美国体能协会认证体能训练专家（CSCS）。2010 年以来，主持和参与国家级课题 4 项，发表中文核心论文 30 多篇，主编和主译 10 多本体能训练专业经典教材。创建中国体能高峰论坛、国际科学健身峰会、中国青少年体能高峰论坛等具有全国影响力的学术平台。主要研究领域为：精英运动员体能训练理论前沿、青少年体能训练理论前沿。

李春雷，北京体育大学教授、博士研究生导师，国家公派留学苏联、美国、俄罗斯归国人员，北京体育大学体能训练教学团队负责人，国家体育总局奥运会备战体能训练专家组专家、督导组专家，国家体育总局国家羽毛球队、蹦床队、游泳队、花样游泳队、艺术体操队等奥运会体能训练科技攻关课题负责人，系奥运会冠军孙杨、林丹、谌龙、傅海峰、张楠、赵芸蕾、田卿、陈雨菲等精英运动员体能教练。中国体育科学学会体能训练分会常务委员，北京体能协会副会长。

尹军，北京体育大学博士，现任首都体育学院教授、博士生导师、体育教育训练学院院长、北京体能训练协会会长、中国体育科学学会体能分会常委、国家社科评审专家，参加了伦敦、里约和东京 3 届奥运会国家队体能训练，2014 年任备战里约奥运会国家队身体运动功能训练团队专家组组长，2017 年任备战东京奥运会国家射击和射箭队体能训练负责人，2018 年作为体能训练专家承担雅加达亚运会国家队科技保障营的体能训练工作，2019 年受聘担任国家体育总局东京奥运会备战体能专家组和射击射箭项目体能训练督导考核组专家，2020 年中国行动推进委员会聘为国家健康科普专家库第一批成员。

前　言

　　我们很高兴第 1 版《青少年体能训练：科学与应用》这本书取得了成功，它从 2014 年出版以来对业界的影响无疑超出了我们的预期。我们推迟了第 2 版的制作和出版，以确保我们能够提供的是真正的更新。我们邀请了许多青少年体能训练领域的著名学者如尼尔•阿姆斯特朗教授、奥德•巴奥尔教授、汤姆•罗兰教授和鲍勃•马尔教授来探讨运动科学的基础原则，并把这些原则视为实践的基本组成部分。然而，人们对青少年体能训练领域的兴趣持续迅速扩大。自从 5 年前我们的第 1 版发布以来，该领域重点主题的研究产出数量迅猛增长，包括青少年运动员的成长和发展，训练反应能力和运动损伤防护。我们还看到，旨在增进青少年体能训练知识和分享良好实践方法的会议、专题讨论会和实操讲习班的数目有所增加。因此，我们认为 2019 年是发布第 2 版的适宜时机。

　　除了更新现有章节的内容外，我们还邀请了新的作者，增加了新的章节，提供了更多的训练课示例，包括附带的练习动作图，并为每一章提供了突出显示关键信息的方框，以便读者快速查找信息。我们有意保持内容的科学严谨性，同时增加了实际应用部分。同时，我们希望第 2 版能为体能教练、技术教练、家长、学生和青少年运动员提供科学和实践融合的启示。

　　正如第 1 版，这本书分为三部分。第一部分为关于青少年运动员发展的关键基础概念的章节，考察了成长发育对运动表现、运动员选材、人才培养、监测和评估的影响，并展现了指导年轻运动员的艺术。这些章节的概念是本书其他部分的基础，并为青少年体能训练相关的关键概念提供了重要的基础。

　　第二部分再次致力于研究自然发展和训练对关键身体素质发展的影响，包括：动作技能、力量和爆发力、举重、快速伸缩复合训练、灵敏、速度、灵活性和代谢能力。在所有章节中，参与合著的作者都概述了该领域的最新科学文献，考察了自然生长发育和训练对某种身体素质的影响，并为教练在制订训练计划时提供了实用指南。

最后，第三部分提供了对当代前沿话题的探讨，这些问题无疑会影响到每一个青少年体能训练计划的成功。该部分提供了专家对于分期、营养策略、减少损伤风险的见解，并将以运动员为中心的理念作为重点，提供了全面的训练方案。

我们真心希望读者们喜欢读这本书，就像我们喜欢为他们呈现这些知识一样。

Rhodri S. Lloyd
Jon L. Oliver

目 录

第一部分

青少年发展的基本概念

第1章　成长和成熟对身体活动能力的影响

Gareth Stratton，Jon L.Oliver

引言

"7岁看老。"这句谚语强调了早期生长发育的重要性,环境和基因在人体机体上的相互作用通过不断变化的身体成分、体型和维度表现出来。对于工作对象是青少年的人来说,了解生长发育和人类运动表现的关系是必要的。从婴儿、儿童到青少年再到成年人,影响生长发育和成熟过程的因素存在显著的个体差异,反过来,不同的发展历程也会影响运动表现和健康相关问题。体能教练员需要理解影响当前和未来生长发育、成熟的因素是如何与不同训练刺激产生交互作用。这将有助于制定不断发展的、合适的训练方案,以实现儿童和青少年时期的训练目标。

基本理论概念

生长、发育和成熟的定义

在描述从出生到成年的过程时,"生长""发育"和"成熟"这三个术语是交替使用的。关于这些术语的定义有很多争论,但是指的都是特定的生命活动,对这些词进行务实地定义会使后文的讨论更加明晰。

生长可以被定义为身体体型的增加或者特定部位的变化[22],是生命最初的20年中最重要的生命活动,它是从孕育到完全成熟的过程。身体组织的生长是细胞增生、肥大和积聚的结果,三者分别引起细胞的数量、大小和细胞内物质的增加。这些过程并不是呈线性的,例如细胞的数量(增生)在孕期就基本上被确定了,但是肥大从儿童时期到成年期都是呈非线性变化的。

成熟是成为成年人的过程。成熟的时间和速度存在生物系统的差异性。例如,性成熟被定义为生殖系统的功能完全,而骨骼成熟指的是具有完全骨化的骨骼。二者发展的时间和速度都具有较大的差异性。时间是指当特定的成熟过程发生的时间,而速度指的是成熟过程进行的速率。实质上,生长是指任一时间身材和体型的量的增加,而成熟指的是完全发展为成年人身材或发展到成熟状态的速率。很显然，生长和成熟是密不可分的，并且是可测量和定向的过程。

发育是一个比生长和成熟更为宽泛的概念。通常，发育被认为是质性的，涉及组织分化，并且分为生物的和行为的。生物发育被认为是定性的细胞分化和细化。分化发生在产前的胚胎和胎儿期阶段，功能的细化则贯穿儿童和青少年时期。行为上的发育反映了心理活动（健康、技巧）、认知（知识、理解力）和情感（社会、人际关系）领域的阶段变化。随着儿童与社会的互动，他们在这些领域表达自己的能力会得到改善，他们的智力、体格、社会能力也会成熟。体能教练不仅要考虑训练与生长、成熟和发育的交互作用对身体的影响，还要了解其对行为发展的重要影响，以及明确训练能否对青少年产生积极的影响。

定义实际年龄

一般习惯将实际年龄定义为从出生日期开始算起到某个时间点。生命的第 1 年是婴儿期，儿童期始于婴儿期末、结束于青春期之初。儿童期通常分为 3 个阶段，儿童初期指的是学龄前 1.0～4.99 岁；儿童中期是 5.0～7.99 岁；儿童末期是 8.0 岁至青春期之初。青春期之初通常被定义为性成熟的开始，考虑到个人的成熟时间和速度的差异，青春期是在女孩的 8～19 岁和男孩的 10～22 岁中的任意时间段。

定义生理年龄

实际年龄是可预测和容易评估的，而生理年龄则容易出现问题，不太好预测，评估起来较困难。青少年快速生长期在时间和速度方面存在很大的个体差异性。评估成熟状态的方法有很多，但是没有一个是绝对的黄金标准。测量成熟的方法需要与生物系统相联系。通常衡量生物成熟的测量指标有骨骼、性别和身体方面的指标，并且这些指标之间的关系非常密切[39]。当一个生物系统达到成年状态时，它就被认为是完全成熟的，成年状态可以表现为完全骨化的骨骼系统，生殖系统的功能完全或者达到成年高度。青春期是从儿童期向成人期的过渡时期，反映了从青春期开始，从性未成熟到性成熟的发展过程，同时也反映在骨骼和身体的成熟变化上。

骨骼年龄

成熟状态的最佳测量方法也许是骨骼的 X 线片。所有健康个体都会经历由软骨长为骨骼的过程。先拍摄手腕部的 X 线片，随后与标准图片进行对比，评估出解剖区域的骨化程度。主要有 3 种通过评估腕骨 X 线片来量化骨骼年龄（SA）的方法。Greulich-Pyle[15]、Tanner-Whitehouse[40]和Fels[33]的理论在评估影像方法上有差别，但都会生成一个骨骼年龄的综合分数。每种理论都有它的局限性，如X线的放射剂量和影像评估者的经验。未来，骨骼年龄的评估可能会使用较低辐射剂量的射线扫描（如双能X线吸收测定法）和利用计算机进行影像自动化分析。

性年龄

从儿童期到成人期的转变以第二性征的发育、生殖系统的成熟和生长的快速增加为特征。另外，这个阶段伴随着复杂的社会心理和行为的变化，这些变化会影响身体活动、健康和运动表现能力。第二性征的评估包括对女生乳房发育、初潮年龄和阴毛生长的评估，对男生阴茎、睾丸和阴毛发育的评估[39]。性成熟的评估应该由受过训练的卫生专业人员或儿科医生通过标准化的影像进行判断。由于此测量方法会侵犯隐私，而自我评估程序被认为是有效的，且在运动员和超重人群中得到了验证。一般来说青少年善于评估自己的性成熟程度。然而男孩往往高估自己的性成熟程度，女孩则往往低估自己的性成熟程度[20,45]。

身体年龄

生长的过程很难研究，所以使用了间接测量法来评估生长的总体结果。这些通常是间接测量体型大小和比例的方法。人体测量学被定义为用于测量人体的方法，若这些方法由熟练的评估人员来进行，则是非常可靠的。测量体型的方法有许多种，通常分为宽度、长度和维度三个方面。总体体型通常用体重和身高指标评估。在体育运动中经常使用比值和比例的评估方法。用坐高与腿长的比值预测成熟度[28,37]，用第2手指与第4手指的比值预测运动能力[26]。人体测量方法可能是在评估成熟状态的方法中最广泛应用的，而最方便的方法可能是通过对身高和体重的定期测量。最合适的监测体重与身高变化的方法为每3个月进行一次测量，这个时间段的体型变化监测最具合理性。身高和体重的数据可以依据年龄来绘制生长曲线，然而对于确定成熟程度而言，将测量值转换为生长率更为有用，如图1.1所示。

图1.1显示了男性和女性的平均身高生长率。连续的身高测量值被转换成了以cm为单位的年增长率，并依据年龄绘制。生长曲线可用来帮助识别青春期活动，从快速生长开始，生长率达到峰值，直到到达成人身高，生长停止（没有进一步的生长）。生长率最高的年龄是最常用的身体成熟的标志；它的单位是cm/a，被称为"身高增长峰值速率"（PHV）。PHV通常发生在女孩的12岁左右，男孩的14岁左右。但具体时间具有个体差异性，不同的个体各

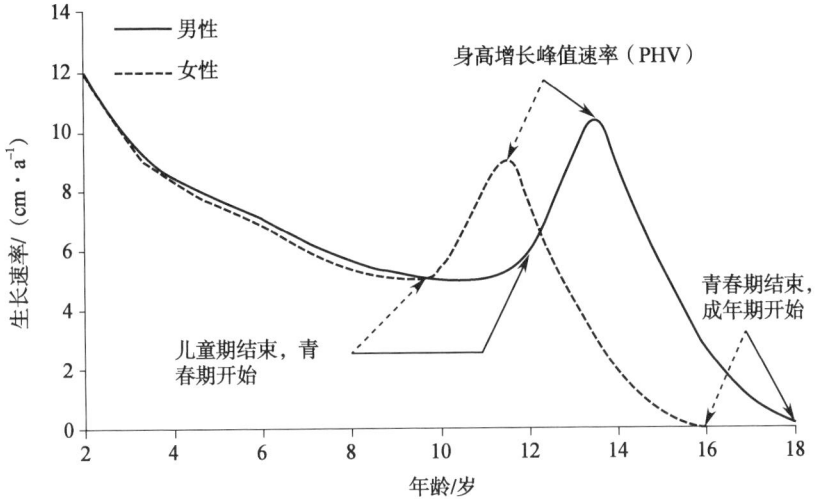

图 1.1　男生和女生儿童 - 青春期的身高生长率，以及和生长率相关的重要事件

不相同，同时也受到种族、环境和生活方式的影响[22]。从图 1.1 可以观察到，较女孩而言，男孩的生长突增期的开始时间较晚，持续时间更长且突增程度更强烈。女孩更早达到成人身高。这解释了为什么女孩在完全成熟时平均比男孩矮 13cm。体重的生长速率（kg/a）也可以依据年龄绘制，用来确定体重增长峰值速率（PWV），这大约出现在 PHV 出现后的几个月到一年。这反映了一个青少年运动员在青春期早期也许会长得又高又瘦，之后，他会增加更多的肌肉质量。PWV 较少使用，因为它更容易受环境影响，而 PHV 在很大程度上是由遗传决定的。

平均来说女孩的 PHV 大约发生在 12 岁，男孩发生在 14 岁，女孩的身高以 8cm/a 的速度增长，男孩以 10cm/a 的速度增长。然而，PHV 的时间和速度有相当大的变异性。女孩出现 PHV 的年龄范围为 10～15 岁，男孩为 11～16 岁。女孩的峰值增长速率为 5～11cm/a，男孩为 6～13cm/a。

身体成分、成熟对运动能力的影响

男孩的体成分在儿童期和青春期有明显的变化，瘦体重（FFM）增加，脂肪重量（FM）减少。青春期之前男孩和女孩身体成分的变化较为相似，青春期之后男性和女性之间就会出现比例差异。在身高增长峰值速率期身体脂肪会改变，男性躯干的皮脂厚度增加速度比女性快。男生手臂围度增加的比女生的多,但是小腿围度的变化男女生相似[22]。骨密度增长高峰期与身高增长峰值速率期相吻合[31]。另外,男生肩宽的增加值多于女生,而臀部增加值相似。女生臀部宽度大约是肩宽的 70%,而男生臀部的宽度在儿童期和成年期从肩宽的 70% 降低到 65%。这些差异的原因是:与女生相比,男生体内循环的雄性激素大量增加,结果造成瘦体重的快速增加、脂肪量的少量增加和全身脂肪百分比的降低。在青春期快速增长结束时,男生的瘦体重比女孩的瘦体重多 25%~30%,并且男生的体脂百分比大约是女生的 50%。这在很大程度上解释了男性和女性在青春期和成年期的运动表现的差异,男性的优势在于肌肉质量的相对增加和脂肪重量的较少增加。

运动能力

从儿童期到成熟期,男生的最大力量呈曲线形增加。青春期之前,女生的力量增加与男生相似,但与男生不同的是,她们的力量增长在青春期中后期出现停滞期。青春期前后握力的差距从青春期前的 10% 左右增加到青春期后的 30%~40%,男生的握力值总是大于女生;同样,青春期之前(如 9 岁)女生跳远距离比男生少 5%~10%,青春期之后(如 14~15 岁)男女生之间的差距增加到 15% 以上[7,38]。(这些变化可以在表 1.1 中看到)。

表 1.1 提供了男生和女生的一些常规体能变量,这是基于对 1985~2009 年澳大利亚儿童健康和体能情况的 15 项研究中收集的大量数据的分析[7]。男生在力量(握力)、力量耐力(俯卧撑)、爆发力(投篮)、下肢的练习(立定跳远)、短跑能力(50m)和耐力(1 600m 跑)方面的成绩超过女生。随着年龄的增长,性别间的差异扩大凸显了成熟的影响。表 1.1 用百分位数代表相对年龄不同的运动成绩,第 10 百分位代表低水平,第 50 百分位代表平均水平,第 90 百分位代表高水平。这些信息可用作基准,或许能帮助体能教练识别出处于高水平 / 低水平青少年运动员。

表 1.1 的数据中有一个问题,数据是根据年龄的先后顺序呈现出来的,但后来掩盖了每个年龄组内成熟度的差异。分数上的许多差异可能是由于同年龄段的成熟度差异造成的。比如,图 1.2 就证明了成熟对男生垂直纵跳成绩的影响。图 1.2A 的纵向数据显示了垂直纵跳增长速度与青春期生长突增的时间相关,提高的速度与 PHV 相一致。在 PHV 期左右有一个明显的跳跃成绩加速 / 减速的模式。事实上,增长率变化是依赖于运动任务的;男生力量和爆发力(拉臂动作,纵跳)的增加在 PHV 后的 6~12 个月出现,但是灵活性(坐位体前屈)增长先于 PHV 6 个月出现,身体运动(往返跑)速度的增长先于PHV 18~24 个月出现[3]。因此,单独根据实际年龄考虑测试分数是存在问题的。图 1.2B 展示了相对于实际年龄较早、适中和较晚成熟对垂直纵跳成绩的

表 1.1　9~15 岁男孩和女孩一系列运动能力测试中各百分位数的分数

百分位数（年龄）	握力（kg）			投篮球（m）			俯卧撑（次数）			50m 冲刺（秒）			立定跳远（cm）			1.6 公里跑（s）		
	10th	50th	90th	10th	50th	90th	10th	50th	90th	10th	50th	90th	10th	50th	90th	10th	50th	90th
男孩（年龄）																		
9	12.5	16.4	20.8	2.5	3.3	4.1	6	12	20	10.2	9.1	8.3	113	138	161	684	522	423
10	14.3	19.0	23.9	2.8	3.6	4.5	6	13	21	10.1	9.0	8.2	117	143	168	666	511	420
11	15.9	21.2	26.8	3.1	4.0	5.0	6	13	20	10.0	8.9	8.1	121	149	174	646	500	416
12	17.0	22.7	28.7	3.4	4.5	5.6	6	13	20	9.8	8.7	7.9	126	156	182	621	485	408
13	19.3	25.8	32.8	3.8	5.0	6.2	7	14	22	9.4	8.4	7.7	136	166	194	587	465	395
14	22.9	30.7	39.1	4.2	5.5	6.9	8	16	23	9.0	8.1	7.4	146	178	206	556	446	382
15	27.1	36.5	46.5	4.6	6.0	7.4	10	18	25	8.6	7.7	7.1	157	189	219	531	432	373
女孩（年龄）																		
9	10.8	14.4	18.4	2.3	3.0	3.7	3	9	16	11.3	10.0	9.0	102	126	150	769	609	499
10	12.6	17.1	21.8	2.6	3.3	4.1	3	9	16	10.7	9.5	8.6	108	133	158	759	600	494
11	13.9	18.8	23.9	2.8	3.6	4.5	3	8	16	10.3	9.2	8.3	114	140	166	741	586	483
12	16.0	21.4	26.9	3.1	4.0	4.9	2	7	15	10.0	8.9	8.1	118	145	171	726	575	474
13	18.0	23.6	29.5	3.3	4.3	5.3	2	7	15	9.8	8.8	8.0	123	150	176	716	569	469
14	19.7	25.4	31.3	3.4	4.4	5.4	2	6	15	9.7	8.7	7.9	127	154	180	711	567	468
15	21.3	26.9	32.7	3.6	4.5	5.5	2	6	14	9.6	8.6	7.9	129	156	181	710	570	469

握力：双手握力的平均值

投篮球根据澳大利亚健康、体育和娱乐委员会的指导方针：澳大利亚健康、体育和娱乐委员会的指导方针进行：澳大利亚健康、体育和娱乐委员会的指导方针进行：澳大利亚健康、体育和娱乐委员会：ACHPER（ACHPER）（2004）

俯卧撑：30 秒内完成的俯卧撑次数

来源：米自 Catley 和 Tomkinson[7]

影响；很明显，如果对比较早成熟和较晚成熟个体，14 岁男生的运动成绩是具有明显差异的。对男性青少年进行后续追踪调查，分析体能状况，Beunen 等人[4]发现晚成熟的男生最后不仅会追上早成熟同伴的成绩，而且在成年期会明显地超越早成熟同伴在功能力量和爆发力方面的成绩。这揭示出晚成熟男生可能会存在运动优势。

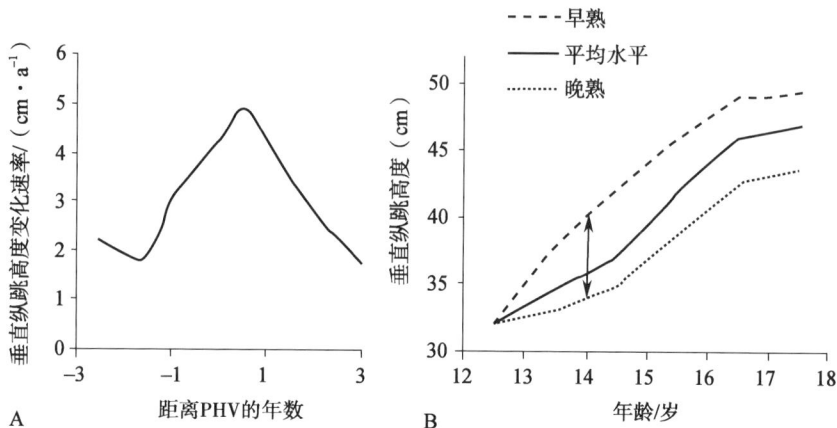

图 1.2 男孩垂直纵跳能力的发展与成熟的关系。图 A 显示垂直纵跳能力的发展速度在 PHV 峰值后的不久达到峰值（可能与体重增长高峰相吻合）；图 B 展示了早熟、平均水平和晚熟男生的运动成绩，并用箭头标明了实际年龄为 14 岁的不同成熟阶段男生的运动成绩差异

来源：图 A 改编自 Beunen 等人[3]，图 B 改编自 Malina 等人[22]

青春期前后的纵向追踪监测被用于描述加拿大女孩与成长相关的运动能力的变化[21]，说明成熟度不同的组别运动能力的优势也不一样。在 PHV 期间，早熟女孩的手臂和背部力量的优势较小。然而，与男孩相比，早熟女孩在 14 岁时的垂直纵跳、折返跑、屈臂悬垂和 20m 冲刺跑方面表现较差。对早熟、正常发育和晚熟的男女生的研究明显突出了与成熟相关的运动能力的差异，以及成熟是如何在不受实际年龄的约束下影响儿童的运动能力的。因此，所有参与青少年运动员运动能力发展研究的专家都必须考虑到在实践应用领域中的这种差异。

无氧能力和新陈代谢

与成年人相比，儿童在所有运动期间产生的绝对爆发力要少得多。这种现象是生物化学和生物力学两种因素结合的结果，这在其他地方详细讨论过[42]。8～20 岁的男生和女生腿部肌肉单位横截面积的力量输出会有显著的增加[36]。这表明募集肌肉纤维的经济性显著提高，以及更有效的生物化学能量生产，尽管对发育中儿童青少年的无氧爆发力输出机制仍有许多未知之处。为了提高青少年这方面的素质，无氧能力的发展是重点。因此，不要把儿童和青少年看成是微型成年人，而是要把他们看成有质的差别的个体，他们需要定制反映其生长发育以及与成人有所差异的无氧运动方案。

心肺系统

从出生到成年期心脏大小增加了 20 倍（从 $40cm^3$ 增加到 $600 \sim 800cm^3$），在生长期间身体表面积与左心室质量（LVM）密切相关[35]。从童年期到青春期，男生和女生的静息心率也会下降。从出生到童年后期每搏输出量增加了大约 10 倍（$4 \sim 40ml$），从出生到成年期则增加了大约 15 倍（$4 \sim 60ml$）。青春期阶段的血液成分也发生了变化，红细胞比容由婴儿期的 30% 发展到男性成年人的 40%～45% 和女性成年人的 38%～42%。男生和女生红细胞比容也会增加约 40%，并且血红蛋白也有相似的趋势，由童年期的大约 100g/L 增长到女性成年的 140g/L 和男性成年的 160g/L。

和心脏一样，肺也能从出生时的 65g 迅速生长到完全成熟的 1.3kg。另外，从婴儿期到成熟期，肺泡的数量由 2 000 万个增加到 3 亿个，呼吸频率从 22 次 / 分降低到 16 次 / 分。这些变化也导致从 5 岁到完全成熟的最大通气量由 50L 增加到 100L 以上。此外，通气当量（每分钟通气量 / 摄氧量）几乎随着年龄呈直线下降。这些差异会对有氧运动表现产生明显的影响，特别是在青少年生长突增期。结合解剖学、新陈代谢和血液学的变化以及跑步经济性的改善（通过降低运动肌肉的同步收缩和每步耗氧量）和温度调节方面的提高使得心肺系统能够应对逐渐增加的运动负荷。在实验室和室外的耐力表现与有氧耐力的测试中，以上变化已经得到了证实。

8～12 岁，有氧能力会提高近 50%（从 1.4L/min 提高到 2.1L/min）。男孩的摄氧量峰值会进一步大幅增长，成熟期将达到 3.5L/min。女孩的摄氧量峰值在青春期之前稍稍落后于男生，但之后到成年早期慢慢缩短差距。但是，关于体型相关数据的分析还存在很大的争论。Armstrong 和 Welsman[1] 强烈主张在大量研究中应使用异速生长比例，因为许多研究小组表明，当使用比例量表（每千克身体质量）时，较大年龄儿童的摄氧量峰值分数会缩小、较小年龄儿童的摄氧量峰值分数会扩大。但是，由于在文献中明显缺乏一致性，以至于大多数的科学家继续使用简单比例量表来报道数据[35]。最近的许多研究表明，相较于男生，可能成熟对女孩的生长相关的摄氧量的影响更小[27]。对萨斯喀彻温省的 83 位 8～16 岁男生的摄氧量峰值进行纵向追踪研究[2]。这些生长速度曲线体现了绝对摄氧量，说明了童年期有氧能力的变化很小。在青春期之前摄氧量有一个小衰减，随后呈指数增加，这反映了瘦体重的增加。

在童年期和青春期时期所观察到的体能变化主要是由于体型和体成分的变化造成的，尤其是伴随着成熟的瘦肌肉质量和脂肪质量的变化。适当调整由体型和体成分影响的体能测试分数将有助于控制成熟对运动表现的影响。

相对年龄效应

和成熟不同，相对年龄效应（RAE）指的是同一年龄分组内出生日期的不均匀分布。例如，一对同卵双胞胎一个出生在 12 月 31 日 23：50，而另一个出生在 1 月 1 日 00：15，那么他们将有资格参加两个相邻年份的比赛。出生的早与晚对任意一个双胞胎未来的成功都可能产生积极或消极影响。另外，有充分的证据表明在一年里出生的早或晚会影响运动能力、学术成就和职业。文献提出由于运动经历、年龄组别、性别和运动等级的不同，相对年龄效应也不同[11, 12, 44]。相对年龄在精英体育领域的研究已经有一段时间了，而且许多研究表明相对年龄效应在运动、比赛和参与主要比赛的运动员中的影响是较为普遍的。棒球和冰球的早期研究中有重要的证据表明了相对年龄效应的存在[5, 41]。然而在大多数普遍存在相对年龄效应的运动中，大多数证据存在于男孩身上，女孩受其影响的证据较少。

运动能力测试方面，即使在控制了身体成熟的 15 000 名 9～12 岁儿童中，在 20m 往返跑测试中也发现了相对年龄对运动能力的显著影响[32]。运动专项相关的相对年龄效应数据[5, 6, 10, 13, 16, 17, 41, 43]已经在表 1.2 中列出。表 1.2 中的数据与大多数的文献是一致的，显示了初中和高中男性运动员的相对年龄效应具有一致性，而女性运动的年龄优势却不太一致（尽管关于女性运动的结论受限于对这一人群相对年龄效应研究的缺乏）。数据来自 Hancock 等人[16]显示了女子体操运动员一个有趣的趋势：15 岁以下年龄段的女孩出生在当年早期所占的比例过高，但这一趋势在 15 岁以上年龄段的女孩中则相反，相对年轻的女孩比例过高。这些发现突出了相对年龄效应的复杂性，它可能是影响选材和发展过程的许多因素相互作用的结果。由于在同等年龄下出生的有早晚差别，从而 9～12 岁女生的身高会有 10cm 的差异，8～11 岁男生的体重会有 4kg 的差异，这些数据清楚地表明了选择年份早期出生的儿童在身高和体重上有明显优势。需要注意的是对于某些运动，如体操，较小的体形是有优势的，相反像网球这样的运动，身材高大是有优势的。

表 1.2 不同运动与性别的相对年龄效应的例子，展示了不同季度出生日期百分比分布

项目	性别	样本量	年龄	Q1/%	Q2/%	Q3/%	Q4/%	涉及文献
棒球	男	837	高中	29	25	23	23[a]	Thompson et al.（41）
棒球	男	682	高中	29	27	23	21[a]	Thompson et al.（41）
冰球	男	884	高中	34	31	20	15[a]	Boucher and Mutimer（5）
冰球	男	951	初中	37	28	23	12[a]	Boucher and Mutimer（5）
足球	男	735	初中	39	26	20	15[a]	Helsen et al.（17）
足球	男	2 768	初中	43	27	18	11[a]	Del Campo et al.（10）
足球	男	2 051	初中	43	27	19	11[a]	Brustio et al.（6）
足球	女	804	初中	26	26	25	23	Vincent and Glamser（43）
网球	女	239	初中	31	25	28	17[a]	Edgar and Donoghue（13）
体操	女	736	<15	26	29	24	21[a]	Hancock et al.（16）
体操	女	185	>15	18	23	25	34[a]	Hancock et al.（16）

[a] 相对年龄效应显著（$P<0.05$）；F，女性；M，男性；Q，出生季度

实践应用

对从业人员来说，人体测量法可能是最广泛的用于评估成熟状态的方法。因此，这部分内容主要介绍人体测量技术，为实践者提供评估生长和成熟的实用性方法。从长远来看，对身高和体重进行持续监测（每 3 个月一测），可计算出生长速率，并确定与成熟相关的事件（如快速生长期和 PHV 的开始）（见表 1.1）。但是纵向监测是有局限的，实行起来是复杂的，而且只能在峰值生长率出现之后才能确定它。如果与青少年运动员的接触机会有限或者想预测青少年运动员未来的生长成熟，可以使用预测方程。

预测身高增长速度峰值和成熟偏离

与脊柱的短骨相比，四肢的长骨更早经历快速生长期，这可以通过腿长和躯干高度的峰值生长速率观察到。在成熟的过程中，体重的增长也是在身高增长之后。基于峰值生长速率的时间差异，Mirwald 等人[28]开发了一种基于年龄、身高、坐高（可以通过身高 - 腿长计算）以及体重来估算成熟度的方法。预测的成熟度偏离描述了孩子在多久后可以达到身高增长速度峰值；负值表示儿童处在身高增长速度峰值之前，0 表示儿童正处于身高增长速度峰值中，正值表示处在身高增长速度峰值后。评估男孩女孩成熟度偏离的公式如下所示，两者的标准误差都为 7 个月左右（0.56～0.59 年）[28]：

男孩成熟度偏离值 =−9.236+（0.002 708× 腿长 × 坐高）−（0.001 663× 年龄 ×

腿长)+(0.007 216× 年龄 × 坐高)+(0.022 92×[体重 / 身高])

女孩成熟度偏离值 =−9.376+(0.000 188 2× 腿长 × 坐高)+(0.002 2× 年龄 × 腿长)+(0.005 841× 年龄 × 坐高)−(0.002 658× 年龄 × 体重)+(0.076 93×[体重 / 身高])

成熟度偏离值公式可能对从事运动选材和发展的人员有用,例如,要考虑两个十四岁的男孩在同一年龄组特定运动项目中竞争。如果第一个男孩的成熟度偏离值为 +2.0 年,第二个男孩的成熟度偏离值为 −1.0 年,那么虽然他们的实际年龄是相同的,但第一个男孩在生理上比第二个男孩要成熟三年。这将使第一个男孩比第二个男孩拥有更明显的身体优势。也可以通过用实际年龄减去成熟度偏离值得出身高增长速度峰值的年龄。那么在上面的例子中,第一个男孩的身高增长速度峰值为 12 岁,第二个男孩的身高增长速度峰值为 15 岁。身高增长速度峰值年龄在所在人群身高增长速度峰值年龄平均值 ±1 个标准偏差以内的被认为是按时成熟,而那些偏离平均值>1 个标准偏差的被分类为早熟或者晚熟。在上面的例子中,假设这两个男孩是从平均身高增长速度峰值期为(14.0±0.9)岁的人群中抽取的。这意味着在这一人群中,所有身高增长速度峰值年龄在 13.1～14.9 岁的男孩都是按时成熟的。超过这界限的任一边都被认为是早熟和晚熟。所以第一个男孩是早熟的,第二个男孩是晚熟的。从业人员应该考虑青少年运动员的成熟状态,尤其是那些在同一年龄组竞争的运动员,因为成熟度将影响目前的体能以及未来所期待达到的增长。

尽管成熟度偏离值公式仍然是非常流行的公式,但是从业者应该意识到这种方法潜在的局限性。最近,研究人员已经批判了该方法,因为数据显示该方法偏向于使用实际年龄来预测,可能与直接测量身高增长速度峰值的结果不一致,尤其是那些离身高增长速度峰值期较远的青少年以及早熟和晚熟的男孩与女孩[24, 25]。虽然新的成熟偏离预测公式已经被提出[14, 29],但这些新的公式似乎仍然受到与之前版本方法相同的限制[19, 30]。

预测成年身高的百分比

在青少年竞技体育中,能够预测运动员成年身高以及什么时间点达到成年身高相对应的百分比是很重要的,特别是当身高是成功运动表现的重要预测指标的时候。像体操、蹦床、篮球和排球这样的依靠一小部分身材矮小或身材高大的运动。预测的成年身高也可以用来估计身体的成熟程度。即将儿童当前的身高表示为其预测的成年身高的百分比[9]。

有不同的方法可以预测孩子的成年身高,但是考虑到身高的遗传性,基于父母身高的评估是最常使用的。Khamis 和 Roche[18]提供了一种流行的估计成年身高的方法。这种方法利用儿童目前的体重和身高以及父母身高的平均值来预测成年身高，并每半年对 4～17.5 岁的青年给出不同性别的预测公式。有许多在线计算机，一旦输入其所需要的信息，就会进行自动计算。该预测公式的平均误差为 2cm[18]。

　　以两名年龄均为 13 岁，身高为 150cm 的女性网球运动员为例。假如运动员 A 的预测成年身高为 155cm，那么她已经达到了她预测成年身高的 97%。如果运动员 B 的预测成年身高为 170cm，那么她只达到了预测成年身高的 88%。尽管她们的年龄相同，但实际上运动员 A 比运动员 B 成熟得多，在这个时间点上运动员 A 会比运动员 B 更有一些身体上的优势。然而身高进一步增长的潜力及其对网球运动带来的优势可能意味着运动员 B 更有潜力获得长期的成功。通过比较相同实际年龄的青少年运动员的预测成年身高的百分比，从业人员可以识别出在这些同龄人中哪些人是早熟的，哪些人是晚熟的。

　　使用预测身高的百分比将青少年划分为早熟、按时成熟和晚熟的情况不常见，但在已经使用这个方法的地方，其过程与上述的身高增长速度峰值相似。实际年龄相同的青少年，其预测的成年身高百分比在平均值 ±1 个标准差范围内被归类为按时成熟。此范围之外则被划分为早熟或晚熟[23]。

根据体型分组

　　根据体型分组是根据身体特征而不是实际年龄给青少年运动员分组。在青少年运动中根据体型分组的例子包括根据体重、身高或成熟度将运动员分组。例如，考虑到有碰撞的运动中的体格优势，美国橄榄球和橄榄球联盟要求青少年根据体重组别进行比赛，而不是根据年龄。最近，根据体型分组被用于基于成熟度对精英青少年足球运动员进行分组，以帮助运动选材[8]。并且被认为在对青少年运动员进行比赛和体能训练分组时可能有用[9,34]。在根据成熟度对运动员进行分组方面，指导方针很少。图 1.3 展示了如何使用成熟度偏离值或预测成年身高的百分比将运动员分组，将青少年分成在快速生长期前、期间和之后的组。

　　图 1.3 所示的波段是基于 Cumming 等人[9]的研究，他认为从身高增长速度峰值前后的 -1 年到 1 年的波段里可以识别出正处于快速生长期的青少年。距离身高增长速度峰值的年数可以根据之前描述过的成熟度偏离值来估算[28]。Cumming 等[9]人还进一步提出，就预测成年身高的百分比而言，快速生长期可能在近似于预测成年身高的 89% 和 96% 之间的青少年。在快速生长期之外，青少年被划分为在为快速生长期之前或者在快速生长期之后。值得注意的是，使用身高增长速度峰值或者预测成年身高百分比所呈现的波段并不是完全一致的，因为它们使用的是不同的方法。也建议从业人员还要考虑当前

的身高增长率,以便在基于上述基础上对青少年运动员做出最明智的决定[9]。根据预测的成年身高百分比,也有人提出 85%~90% 的波段也可以用来确定青春期早期以及童年期到青春期的过渡,<85%= 青春期前,90%~95%= 青春期中期,>95%= 青春期后期[9]。

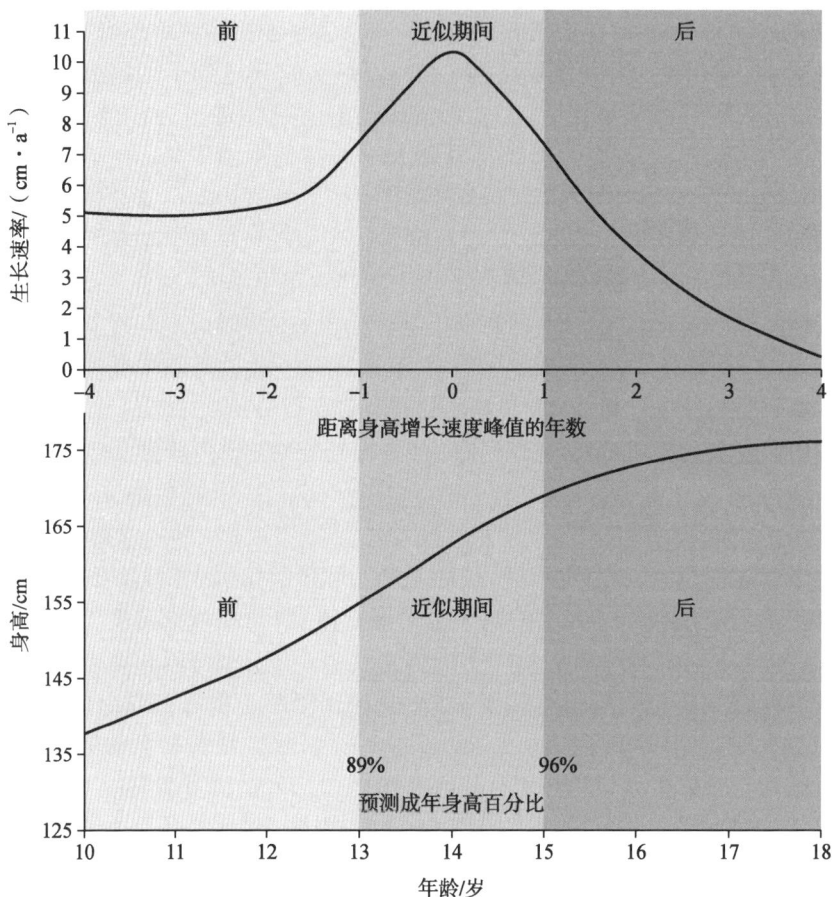

图 1.3   根据体型分组通过(a)身高增长速度峰值或(b)预测的成年身高百分比将运动员分为在快速生长期之前、期间或之后

重点总结

● 成熟对儿童期和青春期的运动能力的影响主要总结为 3 个方面。第一,运动能力的变化取决于进行的任务和练习。第二,运动能力的变化模式取决于成熟度。第三,运动能力的某些组成部分存在性别和成熟的交互作用。

- 生长模式的变化会使男女生的身体外形、大小和运动能力产生明显差异。并且,青春期体型和比例的变化对身体运动能力有显著影响,这反过来又会给青少年体育的组织工作带来很大的实际问题。
- 相对年龄效应是指在选择的年份里出生较早的儿童在运动能力方面比出生较晚的儿童有优势。
- 青少年运动的另一个考虑因素是成熟度对运动能力的影响。教练使用简单的非侵入性的方法来评估成熟度,并应在训练处方制定或运动选材与发展中考虑这一点。

参考文献

1　Armstrong N and Welsman JR. Assessment and interpretation of aerobic fitness in children and adolescents. *Exerc Sport Sci Rev* 22: 435–476, 1994.

2　Bailey DA, Ross WD, Mirwald RL and Weese C. Size dissociation of maximal aerobic power during growth in boys. *Medicine Sport* 11: 140–151, 1978.

3　Beunen G, Malina RM, Van't Hof MA, et al. *Adolescent Growth and Motor Performance: A longitudinal study of Belgian Boys.* Champaign, IL: Human Kinetics, 1988.

4　Beunen G, Ostyn M, Simons J, et al. Development and tracking in fitness components: Leuven longitudinal study on lifestyle, fitness and health. *Int J Sports Med* 18(Suppl 3): S171–S178, 1997.

5　Boucher JL and Mutimer BT. The relative age phenomenon in sport: a replication and extension with ice-hockey players. *Res Q Exerc Sport* 65: 377–381, 1994.

6　Brustio PR, Lupo C, Ungureanu AN, Frati R, Rainoldi A and Boccia G. The relative age effect is larger in Italian soccer top-level youth categories and smaller in Serie A. *PLoS ONE* 13: e0196253, 2018.

7　Catley MJ and Tomkinson GR. Normative health-related fitness values for children: analysis of 85 347 test results on 9–17-year-old Australians since 1985. *Br J Sports Med* 47: 98–108, 2013.

8　Cumming SP, Brown DJ, Mitchell S, et al. Premier League academy soccer players' experiences of competing in a tournament bio-banded for biological maturation. *J Sports Sci* 36: 757–765, 2018.

9　Cumming SP, Lloyd RS, Oliver JL, Eisenmann JC and Malina RM. Biobanding in sport: applications to competition, talent identification and strength and conditioning of youth athletes. *Strength and Conditioning Journal* 39: 34–47, 2017.

10　Del Campo DGD, Vicedo JCP, Villora SG and Jordan ORC. The relative age effect in youth soccer players from Spain. *J. Sports Sci Med* 9: 190–198, 2010.

11　Delorme N, Boiche J and Raspaud M. Relative age and dropout in French male soccer. *J Sports Sci* 28: 717–722, 2010.

12　Delorme N, Boiche J and Raspaud M. Relative age effect in female sport: a diachronic examination of soccer players. *Scand J Med Sci Sports* 20: 509–515, 2010.

13　Edgar S and O'Donoghue P. Season of birth distribution of elite tennis players. *J Sports Sci* 23: 1013–1020, 2005.

14　Fransen J, Bush S, Woodcock S, et al. Improving the prediction of maturity from anthropometric variables using a maturity ratio. *Pediatr Exerc Sci* 30: 296–307, 2018.

15   Greulich WW and Pyle SI. *Radiographic Atlas of Skeletal Development of the Hand and Wrist*. Stanford, CA: Stanford University Press, 1959.

16   Hancock DJ, Starkes JL and Ste-Marie DM. The relative age effect in female gymnastics: a flip-flop phenomenon. *International Journal of Sport Psychology* 46: 714–725, 2015.

17   Helsen WF, van Winckel J and Williams AM. The relative age effect in youth soccer across Europe. *J Sports Sci* 23: 629–636, 2005.

18   Khamis HJ and Roche AF. Predicting adult stature without using skeletal age: the Khamis-Roche method. *Pediatrics* 94: 504–507, 1994.

19   Koziel SM and Malina RM. Modified maturity offset prediction equations: validation in independent longitudinal samples of boys and girls. *Sports Med* 48: 221–236, 2018.

20   Leone M and Comtois AS. Validity and reliability of self-assessment of sexual maturity in elite adolescent athletes. *J Sports Med Phys Fitness* 47: 361–365, 2007.

21   Little NG, Day JAP and Steinke L. Relationship of physical performance to maturation in perimenarchal girls. *Am J Hum Biol* 9: 163–171, 1997.

22   Malina RM, Bouchard C and Bar-Or O. *Growth, Maturation and Physical Activity*. Champaign, IL: Human Kinetics, 2004.

23   Malina RM, Dompier TP, Powell JW, Barron MJ and Moore MT. Validation of a noninvasive maturity estimate relative to skeletal age in youth football players. *Clin J Sport Med* 17: 362–368, 2007.

24   Malina RM and Koziel SM. Validation of maturity offset in a longitudinal sample of Polish boys. *J Sports Sci* 32: 424–437, 2014.

25   Malina RM and Koziel SM. Validation of maturity offset in a longitudinal sample of Polish girls. *J Sports Sci* 32: 1374–1382, 2014.

26   Manning JT. The ratio of 2nd to 4th digit length and performance in skiing. *J Sports Med Phys Fitness* 42: 446–450, 2002.

27   McNarry MA, Welsman JR and Jones AM. The influence of training and maturity status on girls' responses to short-term, high-intensity upper- and lower-body exercise. *Appl Physiol Nutr Metab* 36: 344–352, 2011.

28   Mirwald RL, Baxter-Jones AD, Bailey DA and Beunen GP. An assessment of maturity from anthropometric measurements. *Med Sci Sports Exerc* 34: 689–694, 2002.

29   Moore SA, McKay HA, Macdonald H, et al. Enhancing a somatic maturity prediction model. *Med Sci Sports Exerc* 47: 1755–1764, 2015.

30   Nevill A and Burton RF. Commentary on the article 'Improving the prediction of maturity from anthropometric variables using a maturity ratio'. *Pediatr Exerc Sci* 30: 308–310, 2018.

31   Perez-Lopez FR, Chedraui P and Cuadros-Lopez JL. Bone mass gain during puberty and adolescence: deconstructing gender characteristics. *Curr Med Chem* 17: 453–466, 2010.

32   Roberts SJ, Boddy LM, Fairclough SJ and Stratton G. The influence of relative age effects on the cardiorespiratory fitness levels of children age 9 to 10 and 11 to 12 years of age. *Pediatr Exerc Sci* 24: 72–83, 2012.

33   Roche AF, Chumlea WC and Thisssen D. *Assessing the Skeletal Maturity of the Hand-Wrist: Fels method*. Springfield, IL: Charles C Thomas, 1988.

34   Rogol AD, Cumming SP and Malina RM. Biobanding: a new paradigm for youth sports and training. *Pediatrics* 142, 2018.

35   Rowland T. *Developmental Exercise Physiology*. Champaign, IL: Human Kinetics, 1996.

36　Saavedra C, Lagasse P, Bouchard C and Simoneau JA. Maximal anaerobic performance of the knee extensor muscles during growth. *Med Sci Sports Exerc* 23: 1083–1089, 1991.

37　Sherar LB, Mirwald RL, Baxter-Jones AD and Thomis M. Prediction of adult height using maturity-based cumulative height velocity curves. *J Pediatr* 147: 508–514, 2005.

38　Stratton G, Reilly T, Williams AM and Richardson D. *Youth Soccer: From science to performance*. London: Routledge, 2004.

39　Tanner JM. *Foetus into Man: Physical growth from conception to maturity*. Cambridge, MA: Harvard University Press, 1990.

40　Tanner JM, Whitehouse RH, Cameron N, Marshall WA, Healy MJR and Goldstein H. *Assessment of Skeletal Maturity and Prediction of Adult Height (TW2 Method)*. New York: Academic Press, 1975.

41　Thompson A, Barnsley R and Stebelsky G. Born to play ball: the relative age effect and major league baseball. *Sociol Sport J* 8: 146–151, 1991.

42　Van Praagh E. *Pediatric Anaerobic Performance*. Champaign, IL: Human Kinetics, 1998.

43　Vincent J and Glamser FD. Gender differences in the relative age effect among US Olympic development program youth soccer players. *J Sports Sci* 24: 405–413, 2006.

44　Williams AM and Reilly T. Talent identification and development in soccer. *J Sports Sci* 18: 657–667, 2000.

45　Williams RL, Cheyne KL, Houtkooper LK and Lohman TG. Adolescent self-assessment of sexual maturation. Effects of fatness classification and actual sexual maturation stage. *J Adolesc Health Care* 9: 480–482, 1988.

第2章　运动选材

Kevin Till，Stacey Emmonds，Ben Jones

引言

　　职业体育和奥运会的竞争越来越激烈。考虑到夺取比赛胜利所获得的大量经济和商业回报（如：赢得奥运金牌）或者避免降级的厄运（如：英超联赛），将会有大量的资源投入职业体育俱乐部和国家级的体育协会。体育组织中发挥重要作用的体系便是发掘和培养具有运动天赋的人才助其成长为明日之星。这个系统在过去的15～20年有了巨大的发展，现在被人们普遍称为"运动选材与发展（talent identification and development，TID）"[11, 77]，且吸引了大量的投资。例如：据报道，英国一级足球青训营每年会在青训上投入230万～490万英镑[39]，而英国体育协会每年在发掘和发展体育人才上大约花费1亿英镑[81]。尽管运动选材与发展在体育行业里是一项"大生意"，但这并不意味着这是一个简单的过程，特别是对青少年运动员来说，在了解、发掘和培养明日之星的过程中，许多生理、心理和社会因素会对他们造成影响[12]。

　　在了解TID的过程中，一个重要的起点便是了解"何为天赋"。天赋是一个常用的社会术语，可应用在多种领域，包括教育、商业和体育。虽然被人常常使用，但是对于天赋的定义尚不清晰，导致媒体间常出现相互矛盾的观点[11]。例如：天赋常被认为是一种"天生的能力"，教练和运动员常将其形容为"原始天赋"。在比较和描述某一特定时间点的运动表现时（如：分年龄组的竞赛）常常会使用这一词[10]。但是，天赋也被定义为"在早期发现的与未来专业表现相关或预测未来专业表现的特定技能或品质的存在与否[10]。因此，可以说，关于天赋的争论其实就是对未来发展潜力 vs 当前运动表现的理解，这也使得TID的过程变得极具挑战性。

　　为了追求卓越的运动表现，TID被分为了5个步骤。虽然人才流动是最近被添加进TID中的（详见 Rea 与 Lavallee[65]的文章了解更多细节），但是其他4个步骤在2000年初便被确立[67]，直至今日还在被广泛应用于实践中[10, 12]。这5步骤如下：

　　1. 人才发掘　发掘青少年在未参加此项运动时的运动潜能。

2. 人才甄别　在青少年早期阶段,发掘未来具有成为精英运动员潜力的人才。

3. 人才发展　为运动员提供一个合适的环境,帮助他们了解并提升自身潜能。

4. 人才筛选　确定处于不同发展水平阶段个人表现出高超运动表现的持续过程。

5. 人才流动　从一项运动转移至另一项有更大机会获得成功的运动中的合理性流动与人才追踪[45]。

这些 TID 的阶段在体育系统中十分常见,且广泛应用于日常训练中(如:发掘和选择下一阶段的人才这一过程常常受到其在先前环境中的表现的影响)。TID 常常是一个金字塔式的选拔流程,随着训练保障的增加,每一阶段的名额会减少(如:更高水平的教练与更激烈的竞争)。这一过程即是通过将运动选材与人才发展相结合,以追求未来精英级的运动表现。

本章关注的焦点是运动选材(人才发展详见第 4 章)。本章会为读者提供一个研究的总览,对身体测试进行概述,并重点说明从业者在优化运动选材方案中遇到的问题和解决方法。

运动选材

在体育行业中,由于运动项目的 TID 体系不同,存在着多种运动选材体系,但是在运动选材机制的背后,其理论与方法论至今没有达成一致。运动选材过程中包括了两个重要因素:发掘人才的时间(如:年龄)与 TID 中可获取的机会数量。例如:在考虑了英国两大不同运动项目的差异(如:足球[39]和橄榄球联盟)后,发现这两个项目的运动选材体系大有不同。例如:足球项目中会发掘 15 个年龄在 7～8 岁的运动员进入职业俱乐部青训营训练,但是英式橄榄球则会发掘 120 个年龄在 14～15 岁的运动员进入地区性的青训营训练。因此,TID 方案影响了选材的时间以及数量。

运动选材的过程也同样值得考量。例如:人们可以通过推荐(如:教练和老师)和在不同年龄组(如:15 岁以下)进行主观(如:现场观战)和客观(如:体能测试)的评估来进行运动选材。因此,参与运动选材的人员可以包含提供客观评估数据的运动科学家、通过观看比赛提供主观建议的球探与教练。虽然我们推荐多种方式结合,但是究竟哪种方式能真正地帮助我们进行体育人才的发掘呢?

运动选材的研究

在体育行业，人们普遍相信球探和教练们能够"发现"人才；但是，过去二十多年来，研究人员尝试着通过科学的方法理解对运动选材和运动表现有帮助的因素[67]。考虑到在 TID 项目中投入的资金，基于循证的理解对于运动选材来说是十分必要的，这一点在最近一篇由英国体育部赞助的综述性文章《伟大的英国奖牌得主项目：关于世界最佳体育人才发展的现有知识综述》中得到了验证[66]。这篇文章旨在了解对于世界上最优秀的运动人才（如：顶尖运动员）所产生影响的因素并进行验证，不出意外，有多种因素共同促进了他们的精英级表现。

从运动选材的角度来说，Rees 和同事们[66]强调道：各类身体素质（如：人体测量学和生理学）和社会心理因素（如：心理技能、动机导向、性格特点、相关方面的支持），伴随着训练年限相关的因素（如：训练量、从事多项运动的运动员），都对达到精英级表现有着重要影响。另外，技战术能力也是影响运动表现的要素，但是它并未包含在此篇综述当中。具体来说，从体能方面来讲，基于研究设计质量、证据的一致性和直接性，人体测量和生理因素的重要性被视为最高形式的证据。这一点突出了身体素质的重要性以及它对于运动选材的影响，在运动选材中，要充分考虑其表现以及利用这些措施。因此，下面旨在从运动选材的角度出发，对多个项目中青少年运动员的体能测试手段进行概述。

青少年运动员运动选材中的身体测试

本节主要总结一些可以作为测试内容的关键身体素质，以及可以采用的潜在测试。但是，在设计一个合适的运动选材测试时，从业者需要充分考虑年龄、运动员的成熟度与发展阶段、运动项目、运动背景（如：运动水平）以及可用资源。特定年龄和成熟度的比较数据应用于分析、解析以及评估运动表现。

体能测试可分为"场地测试"与"实验室测试"两种，从业者首先需要决定使用适当的评估方法。基于实验室条件的测试会在一个受控的环境下进行，能够提供更多准确可靠的测试结果[21]，但是会受到预算成本、沟通渠道和使用时间的限制。基于训练场地的测试便是在真实的环境下对运动员的身体素质进行评估（如：在训练场），但是它提供的数据没有实验室中的准确。对于运动选材目的而言，从业人员需要考虑如何设计体能测试项目以及使用最符合其需求的方法。表 2.1 和以下内容总结了一些青少年运动员体能测试方法，包括人体测量学、运动技能发展、力量、爆发力、速度、灵敏和变向能力（COD）、有氧能力以及高速跑能力。不过我们承认，本章并未包含所有的测试方法。

人体测量学

有大量的测试方法能够量化一个人的人体测量学特点，如：站立身高、坐高、身体质量、皮褶厚度 / 体脂肪百分比、身体围度以及各种指数（如：身体质量指数、上下肢比）。建议在可能的情况下，由接受过 ISAK 培训（或同等培训）的人进行这些评估。关于如何完成这些评估的具体方法请见 Eston 与 Reilly[25] 的研究。

运动技能的发展

鉴于运动技能的发展对于运动表现的重要性，那么对青少年运动员进行动作技能的评估便具有了重要意义。现有一系列已知的对于青少年运动员运动技能发展的测评手段，包括运动能力评估（AAA）[51]、抗阻训练技能评估（RTSB）[44]、基本运动技能发展评估（TGMD）[84]、功能性动作筛查（FMS）[13] 以及背蹲测试[59]。尽管在最具相关性和准确性的评估手段上没有达成共识[50]，但是这些工具为我们提供了运动员运动能力的广泛认知，并作为是青少年运动员运动技能发展的可靠评估手段。表 2.2 提供了一个青少年运动员运动技能发展的可靠评估及其优势和局限性，这可以帮助从业人员为评估目标选择合适的评估手段。

表 2.1　运动选材体能测试工具概述

	场地测试	实验室测试
人体测量学	身体质量	双能 X 线吸收法（DXA）
	皮褶厚度（4～9 个点）	
	身高	
	指数（如：身体质量指数）、腰围	
运动技能发展	抗阻训练技能测试	
	基础运动技能发展测试	
	运动能力测试	
	功能性动作筛查	
	背蹲测试	
力量	最大力量测试 .（如：1 RM）	等长大腿中段拉（测力台）
	等长大腿中段拉（测力仪）	等速力量
爆发力	反向纵跳	测力台上纵跳测试
	深蹲跳	
	药球抛掷	Wingate 测试
速度	冲刺测试（5～40m）	测力台上进行冲刺测试

续表

	场地测试	实验室测试
灵敏 / 变向能力	505 测试 伊利诺伊斯灵敏测试 L 形跑 反应式灵敏（通过人发出信号）测试 箭头式灵敏测试	利用视频进行的反应式灵敏测试
有氧能力与高速跑能力	多阶体能测试 Yo-Yo 间歇恢复测试 30-15 间歇测试 反复冲刺能力	直接测试摄氧量（$\dot{V}O_{2max}$） 乳酸阈测试

力量

基于力量对于运动表现（以及伤病的预防）的重要性，力量评估应作为一个重要的考量因素被纳入身体素质评估。许多力量评估的方法能够被纳入评估体系，如：等张、等速或等长肌力测试。等张的力量测试（如：颈后深蹲）是力量测试的常用方法。这包括了进行最大重复次数的举重（如：1、3、5、10），这是运动员在维持正确的技术和姿势的情况下能够完成的最大负荷。在青少年运动员当中，3~7 岁的运动员使用坐姿推胸和倒蹬来进行 1RM 测试[32]、青春期的运动员使用高翻[26]测量 1RM 被认为是安全且可靠的，这类方法可以在有能力的青少年运动员中使用。但是，当决定是否进行等张力量测试时，测试人员要考虑现有的设备以及青少年运动员的经验和技术，特别是对于技术要求高的举重技术（如：颈后深蹲、高翻）。

或者，等速测力仪[18]和等长力量测试（如：大腿中段提拉）[23, 79]被认为是测试青少年运动员力量素质的安全、高效与可信的评估手段，包括青少年橄榄球运动员[67]、女子足球运动员[21]和 8 岁的小女孩[55]。等长大腿中段拉是一种全身力量评估手段，运动员将杠铃杆置于高翻第二次提拉的位置（图 2.1），并向不可移动的物体施力，通过测力台[23]或测力计来测量力量[79]。

表 2.2   青少年运动员动作技能发展评估概述

测试	技能 / 动作测试	得分标准	优点	缺点
运动能力测试（AAA）[51]	过顶蹲、双腿弓箭步、单腿罗马尼亚硬拉、俯卧撑，反握引体向上（下巴过杠）	每个练习有 3 个评分标准，每个标准的满分为 3 分（3 = 完美，2 = 一般，1 = 较差）。每项评估的满分为 9 分	1. 与体能训练动作密切相关 2. 与 FMS 相比，其评测标准和评分均有增加	1. 对新教练不友好 2. 实践证据有限 3. 测试较多，花费时间较多

续表

测试	技能/动作测试	得分标准	优点	缺点
颈后深蹲评估[59]	颈后深蹲	将 10 个评分标准（yes/no）分为了三个区域（上肢，下肢和动作力学）以及识别错误动作的产生是否与灵活性、神经肌肉或力量相关	1. 十分详细的评估 2. 能够详尽的分析功能性缺失，对于从业人员帮助很大 3. 提供纠正性训练	1. 仅能评测一个动作 2. 缺少经验证据
功能性动作筛查（FMS）[13]	过顶深蹲，跨栏步、直线弓箭步、肩关节灵活度、直腿主动上抬、躯干稳定俯卧撑、旋转稳定性	0-3 评分标准动作（0 = 疼痛，1=无法完成动作，2=完成动作时产生代偿，3 = 标准地完成动作）	1. 有大量的研究； 2. 评分标准简单	1. 为非运动员所设计的 2. 无法全面量化动作质量 不能很好地细分潜在问题
抗阻训练技能测试（RTSB）[44]	自重深蹲、俯卧撑、弓箭步、悬吊划船、站姿过顶推举、平板手支撑手交替触胸	每个动作 4 或 5 个评分标准；1 = 能够标准地完成 0 = 不能够标准地完成	1. 基础的青少年训练动作 2. 运动员式的抗阻训练 3. 不需要大量的时间与设备 4. 能够在校园中使用 5. 可信度高	1. 现有研究有限 2. 不能分辨动作中的不足
基础动作发展测试（TGMD）[84]	1. 徒手运动能力（跑、冲刺、同侧单腿跳、异侧单腿跳、水平跳跃、滑行） 2. 对物体的控制能力（双手击打高尔夫球，前臂击打回弹的排球，单手运球，双手接球，击球，过顶扔，低手扔）	每个动作有 4 或 5 个标准；1 = 能够标准地完成 0 = 无法标准地完成	1. 对于徒手运动能力和控制物体能力的测试 2. 适用于大部分年龄段 3. 使用广泛（已更新至第三版） 4. 能够获取标准的数据	1. 测试项目多 2. 更多的指标是与执教相关的 3. 未能评价运动员的稳定性 评分敏感性有限

图 2.1　测力台上进行大腿中段等长式提拉
图片来源：Mocskops 等人[55]

爆发力

在许多运动中，神经肌肉爆发力被认为是精英运动员的一项重要的身体素质指标[14]。大量用于发展上肢爆发力的投掷练习、用于发展下肢爆发力的垂直跳和水平跳跃练习都被广泛应用于评估年轻运动员的爆发力水平，因为这些方法简单易行。这些练习也被认为是最具"爆发力"的动作，因为持续时间都很短且动作强度大。垂直纵跳测试包含了反向纵跳（countmovement jump，CMJ）和深蹲跳（squat jump，SJ），常常用于青少年运动员的测试[28,43]。垂直纵跳测试可以通过跳跃和摸高设备，便携式跳垫、平板电脑应用（如：My Jump）[4,68]或是测力台完成。蹲跳和卧推末端释放等张测试常常用来测试运动员的功率输出[53]。这种测试使用线性传感器和加速度计来量化不同负荷下的杠铃速度与加速度。与力量测试类似，当使用跳跃动作来评估爆发力时（如：使用摆臂），应该考虑技术和设备的可用性。

速度

冲刺能力在许多运动项目中都是成功的关键要素，因此也成为一项运动选材的重要指标。使用短距离（5～10m）和长距离（20～40m）冲刺能够测量加速能力和最大速度能力，使用分段时间来区分两者[52]。顾名思义，"第一步的快速能力"的意思便是一名运动员以尽可能短的时间完成开始的 2.5～5m

的加速,这对于像排球和羽毛球等项目来说至关重要。加速度的意思是由静止提升到最大速度的时间(5～10m)且这项素质在网球和足球中属于基础素质。20～40m 的最大速度能力对于足球、短跑和体操跳马运动员来说至关重要。不过,教练们需要意识到:在对孩子们进行训练时,他们可能在不到 20m 时便达到了最大速度[69]。速度测试中一个重要的考虑要素便是可用设备。若是为了精确测量,电子计时门或镭射枪是最精准和可靠的设备。最近,力量 - 速度关系曲线已经被普遍应用,可以使用许多平板电脑中的应用完成(如:My Sprint)[68]。这种方法在运动员冲刺的时候便能测量出其速度和力量,有可能为特定的运动项目提供 TID 的信息。另外,在设计速度测试方案时,从业人员需要考虑到地面、环境以及运动员先前的活动特点[35]。

灵敏与变向

灵敏素质包括感知决策和变向两个方面。因此,需要着重考虑的是我们评估的是变向能力还是灵敏能力(对刺激的反应)。在文献与实践中,大量常见的灵敏测试其实测试的是变向能力,因为这些测试未包括对外界刺激的反应。例如:505 测试常常作为检验青少年运动员变向能力的测试方法[24, 73]。由于测试中包含的线性加速部分较多,据报道,计算出变向亏损(变向亏损 = 变向时间 -10m 冲刺时间)可能是测试变向能力更有效的方法[60]。其他的变向测试包括 L 形跑、T 测试、箭头式灵敏测试以及专项灵敏测试。但是,要真正地评估灵敏素质,反应灵敏测试可能更为合适。反应灵敏测试包含了对人体动作和光刺激等反应或视频模仿[88],且被证明其能更好地帮助人们区别澳式橄榄球[87]和英式足球[64]的准入标准。然而,已经证明,在青少年运动员中,反应式灵敏测试的可信度比变向测试低[64, 87]。因此,从业者理应考虑反应式灵敏测试用于运动选材的目的是什么,但是必须明白:测试的可信度可能会下降,且在场地中进行这类测试会十分复杂。

有氧能力与高强度奔跑能力

有氧耐力表现由摄氧量峰值、乳酸阈和运动经济性决定[62],对于个体运动员和团队运动员来说都很重要。对于摄氧量峰值的定义以及其在青少年运动员中的可训性依然还需要更深一步的研究[1]。因果机制及其对年龄、生物成熟度、性别和训练的调节作用尚不明确[2]。测量摄氧量峰值、乳酸阈和运动经济性的最准确的方法便是跑台测试(或者是功率自行车或划船机)[62];但是,由于时间、成本和所需的专业设备限制,一些运动专项场地测试也能在运动场上估算摄氧量峰值。这种场地上的有氧测试包括连续折返跑(如:多阶体能测试)和间歇跑测试(如:YO-YO 间歇恢复测试 1 级和 2 级,以及 30-15 间歇体能测试)。在这些对青少年运动员的测试中,间歇跑是有效且可信的[5, 8],且因其拥有间歇性更符合运动专项特点。但是,在人员众多的情况下进行测试就十分困难,特别是 30-15 间歇测试,需要很多的测试人员以确保受测者全程维持合格的速度。

反复冲刺测试

间歇高速跑能力可以通过反复冲刺测试进行评估。测试包括 12×20m 的线性加速,每次冲刺以 20 秒为一循环,以及 8×12 秒的折返,每次练习以 48 秒为一循环[33]。这些测试可以计算总时间和总距离,也可以通过测量特定时间内的疲劳减量评估运动员的能力。但是,需要进一步的研究去证实,在青少年运动员中使用反复冲刺测试是否合适,以及专项运动中重复跑练习的最佳强度。

> 各类体能测试可以应用于运动选材测试中,为运动选材提供客观的测试数据。但是,在设计运动选材计划时,从业人员应考虑受试运动员的年龄与成熟度、运动专项需求以及测试的信效度,以及进行专门的身体素质评估测试的可行性(如:时间、空间、设备、工作人员)。

不同运动项目的青少年运动员身体素质的差异

虽然有很多的体能测试可以应用于青少年运动员,但是对于从业人员来说,了解哪些身体素质能够在特定的项目中将他们区分开来很重要。一系列的研究评估了在不同的竞赛标准下青少年运动员的差异,下面将为大家简要叙述几个运动项目。

足球

大量的研究检验了影响足球运动员选材的身体素质,这些研究最近在两个综述中进行了总结[56, 71]。研究结果显示:肌肉爆发力、灵敏、协调、速度和耐力会对足球运动员的选材造成影响,这些身体素质也会随着年龄、成熟度和运动水平的变化而变化。十分有趣的是:体型并不是用来区分竞赛标准的一个身体素质[57, 70],因此不应作为足球运动员选材的考量要素。

英式橄榄球

橄榄球联盟(Rugby League)在运动选材上的研究比橄榄球联合会(Rugby Union)的更多[38],关于两者的研究被总结在近期的一篇综述中[80]。研究显示了橄榄球联盟和橄榄球联合会青少年运动员中一系列区分其比赛标准的人体测量学数据（如：身高、体质量和身体成分）和身体素质指标（如：速度、变向能力、力量、爆发力和有氧能力），因此可以将这些指标作为青少年橄榄球运动员选材评估的一部分。

网球

最近有一项研究对比了德国青少年网球运动员的竞技水平[82]。Ulbricht 等人[83]对比了 12 岁、14 岁和 16 岁年龄段的国家级别和地区级别的网球运动员，研究显示：通过发球速度测出的上肢力量与爆发力以及结合网球专项的击球 - 转身耐力测试是挑选国家级别网球运动员的最优指标。此研究结果对最近的一篇综述起到了支撑作用[27]，这篇综述认为一个测试计划应包含力量和爆发力（如：握力、反向纵跳、掷药球以及发球速度）、速度和灵敏（如：10m 和 20m 冲刺，折返冲刺），并且击球 - 转身耐力指标很适合运动选材和监测其网球水平的发展。

体操

近期，人们对体操的选材进行了研究[63, 86]，研究发现其选材的时间（6～9 岁）要远远早于之前介绍过的运动项目（12～16 岁）。在两个研究中[63, 86]都采用了大量的测试，包括人体测量学、柔韧性（如：坐位体前屈）、速度、反向纵跳、肌肉耐力（如：俯卧撑和仰卧起坐）、60s 跳绳和动作协调测试。研究表明：所有的测试指标都能明显地区分出来精英运动员与次精英运动员，除了人体测量学这一指标。因此，身体素质与动作协调性测试可应用于青少年体操运动员的选材中。

综上所述，大量身体素质指标对于区分不同项目中的高水平与低水平运动员十分有效。但是，区分运动表现的专项性的测试指标则是单个运动专项所特有的，所以不同的运动项目需要利用现有的文献资料来发展专项的运动选材方法。尽管各类体育运动的研究大体是一致的，即能通过身体素质来区分运动水平，不过在下面的阐述中，提出了大量的与运动选材和发掘未来精英级运动潜能相关的问题，并进行了总结。因此从事运动选材的工作人员以及同青少年运动员共事的从业者应该思考以下问题及其可能的解决方案。

运动选材中存在的问题与可能的解决方案

关于青少年运动员的选材，存在着不少问题。本小节将会从理论和实践两方面着手（不是所有），重点探索从业者和政策制定者在进行运动选材时的问题及多种解决方案。表 2.3 总结了青少年运动员选材中存在的问题与可能的解决方法。

问题 1：运动表现与运动潜能

让我们回到关于运动选材的定义上（也就是：发现那些年纪很小却表现出了未来能成为精英运动员的孩子）[10, 67]，上述的研究和身体素质测试能否发掘出青少年运动员的天赋，这一点值得商榷。这是因为当前的研究和单次的运动选材测试仅仅能准确地评估当前的表现，这个过程中是否真的在进行天赋发掘（如：潜能）或是运动选材（如：运动表现）还是十分令人怀疑的。这种方法是假设天赋是一种固定的能力[3]，且运动员是否该在 6～9 岁（如：体操）甚至是 14～16 岁时（如：橄榄球，足球）就被贴上"精英"的标签，也是有待考证的。Baker 等人[3]展示了一个 3×3 矩阵的运动表现与运动潜能的模型（图 2.2），将运动员分级为：高水平运动表现 - 高运动潜能至低水平运动表现 - 低运动潜能，旨在帮助从业者在选择运动员时有效地考量运动员当前的能力与潜能。因此，解决青少年运动员的运动潜能评估与预测成年后的运动表现是一个所有研究运动选材的研究者和从业者共同面对的问题[66]。

表 2.3 青少年运动选材中的问题与可能的解决方法

问题	可能的解决办法
1. 运动表现 vs 运动潜能 （当下运动表现 vs 未来发展潜力）	• 正确理解"何为天赋" • 发展专项评估方法以帮助进行运动选材 • 使用回顾性研究 / 追踪来总结青少年运动员成功的特点
2. 早期运动选材 = 早期专项化 （早期运动选材导致早期专项化）	• 思考"何时"与"为什么"进行运动选材 • 了解早期专项化的后果（积极或消极） • 发展人才转移机制 • 发展能够体验多个运动项目以及进行综合神经肌肉训练的运动选材与发展及实践
3. 年龄分组与成熟度差异［青少年运动员能够通过年龄与成熟度获得优（劣）势］	• 教授教练们相对年龄与成熟度差异的相关知识 • 根据年龄与成熟度来评估成熟阶段与解释数据 • 考虑分组策略（如：按球衣排序，根据体型分组）以保证公平竞争与公平的选材机会
4. 单维度与多维度进行运动选材 （青少年运动员在一个时间点内使用一维测量法进行评估）	• 考量体能、技能、战术与心理能力在运动选材中的作用，因为运动表现是受多因素影响的 • 发展与运动专项相关的多学科测试方法以监控运动员运动素质的长期可靠性 • 使用主观意见与代表性评估测试相结合的运动选材手段

问题 1 的解决办法

虽然这并非易事，但是从业人员需要制定测量方法和衡量标准来了解潜能与当前表现的差别，以帮助自己进行决策。近年来的研究旨在推进运动选材并开始通过回顾性研究来解决这一问题。这些回顾性研究旨在比对运动员青春期与未来职业生涯的表现（如：职业与非职业），了解哪些青春期的要素会对未来的运动表现产生影响。这些方法现在被收录在了一篇系统性综述里[37]，此综述涵盖了足球、体操、联盟式橄榄球、澳式足球、手球、曲棍球、网球、铁人三项和水球。综述中[37]显示：对于哪些身体特征可以在各自的运动项目中预测到未来的运动水平目前还没有明确的共识，这是由于运动选材指标具有运动专项性，初次评估的年龄不同（6~19 岁）评估未来职业结果的时间长短不同（1~10 年），以及所采用的测试方式不同。这些采用回顾性研究设计的研究方案已经完成了联盟式橄榄球运动选材系统的设计[74~76]。研究表明：13~15 岁的体能表现（而不是体型）水平有助于评估运动员在未来的 8~10 年达到职业水平。因此，运动员在13~15 岁时的体能水平（而不是体型）可以作为考量重点，同时对于青少年橄榄球运动员来说，发展体能应该是一个重要的任务。因此，实施这些方法能够帮助我们更好地理解潜能与运动表现，这可能是提高运动选材方案质量的方法。

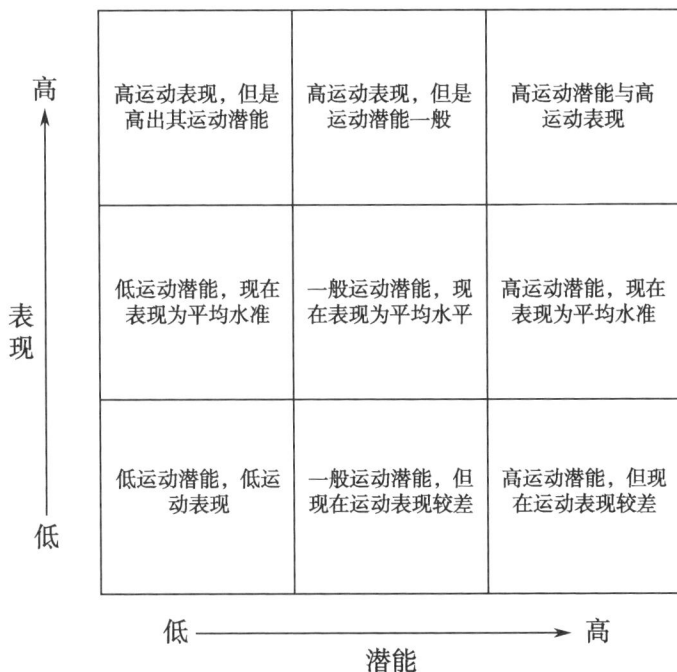

图 2.2　青少年运动表现与运动潜能的关系
来源：改编自 Baker 等人[3]

问题2：早期选材＝早期专项化

早期进行运动选材（如：6～9岁进行体操运动员选材，8岁进行足球运动员选材）可能会使得青少年运动员进入到早期专项化的阶段，即在全年进行某一项目的高强度专项训练[20]。虽然有一些运动（如：体操）趋向于早期专项化，但是不少被认为是晚期专项化的运动（如：团队运动）却早早地便进行了运动选材，其目的是增加专项训练时长，同时与其他运动项目抢夺运动苗子[4]。尽管早期专项化能够在短期内提升运动专项的表现[29]（如：运动技能、决策能力），但是与参加多种体育项目相比，这种运动选材方式最近正处在巨大的争议中[15,31,54]。

> 正如最近在与长期运动发展相关的立场声明中总结的那样[6,41]，对于运动选材来说，早期专项化可能会带来潜在的消极影响，包括伤病、过度训练和心理状态不佳（如：崩溃）。尽管过早地进行运动选材会对体育运动产生一些好处，不过为了青少年运动员的健康和幸福着想，进行早期运动选材前要进行慎重考虑。

对于问题2的解决办法

体育管理机构与职业俱乐部应该在进行运动选材的时候问自己两个问题：

1. 何时应该进行运动选材？
2. 为什么（或者说：我们为何在这个时候开始运动选材？）

通过回答这些问题能够帮助体育管理机构与职业俱乐部了解早期运动选材是否合适，之后制订相关计划，使得早期选材和早期专项化相关的风险最小化。早期的运动选材战略包括完善人才转移机制[45]以及营造一个适宜的人才发展环境，在这个环境中鼓励小运动员们尝试不同的运动项目[6,41]。此外，实施综合性的神经肌肉训练计划[42]可以发展青少年运动员的动作技能，提高身体素质，以便在日后能够转变专项能力，同时减少与早期专项化相关的伤病与社会心理问题。

问题3：年龄分组与成熟度差异

大多数的运动项目就好似教育一样，运动员都是根据他们的出生日期以及体育管理机构使用的开始选拔日期（如：英国的9月1日）进行实际年龄分组的，一般是按照一岁或两岁分组（比如：13岁以下级别）。这是为了给青少年运动员提供一个公平竞争的机会和更好的发展环境,并且从运动选材的角度看,应该允许所有的运动员都有公平的机会参与到运动选材项目中来。但是,这种年龄分组没有考虑到单个年龄组中运动员个体的实际年龄差异(如:相对年龄,9 月 1 日出生 vs 8 月 31 日出生),以及同一实际年龄的青少年运动员在成熟度和运动水平发展方面的巨大差异。

由于年龄、成熟度和身体素质间存在着巨大关联,这常常会导致两个在青少年运动员选材中常见的问题:①相对年龄效应(RAEs);②成熟度选择偏差(见第 1 章)。最终,青少年运动员会因为他们的出生日期或成熟度,以及年龄分组政策而在其从事的体育项目中获得优(劣)势。例如:相对年长和早熟的运动员在进行选材时被选中的概率会增大[详见 Brazo-Sayavera 等人的研究[7]、Howard 等人的研究[36] 和 Myburgh 等人的研究[58]]。有趣的是,尽管这个不公平的选材机制倾向于选择年龄相对偏大和成熟度偏高的青少年运动员,不过在对橄榄球联盟[74]、橄榄球联合会[49]、冰球[19]和足球[40,61]的研究中显示:相对年轻和较晚成熟的青少年运动员在成年后往往会获得更大的成就,符合弱者(underdog)假说[34]。

问题 3 的解决办法

在过去的十年间,人们建议通过轮换年龄组的截止日期、减少分组年龄(如 9 个月)[9]以及提升教练年龄意识与加强教练相关方面的教育[72]以减少相对年龄效应(RAEs)[9]。但是,仅有少量的证据显示这些做法能减少青训中的RAEs。最近一项研究[47]是关于以年龄为顺序进行球衣号码排序的行为是否能减少青少年足球运动员的 RAEs。足球球探被分为了三组:①没有年龄信息;②球员的出生日期;③知道球衣上的数字与球员的相对年龄相符,并且球探根据球员的运动潜能为他们进行了排名。研究结果表明:第一组和第二组存在相对年龄偏差,有趣的是,当球探们观看比赛视频时,发现球衣号码与球员的相对年龄相符时,相对年龄偏差消失了。这一研究为我们提供了一个使用比赛进行运动选材以减少 RAEs 的一个潜在解决办法,不过在其他项目和计划中还需要更深入的研究。

除了年龄相关分组外,从业人员还应该评估青少年运动员的成熟度以便更好地进行运动选材(欲了解更多测试细节,详见第 1 章)。像这种成熟度的信息会提高对运动员能力的了解,以更好地说明问题 1 中谈到的潜能与运动表现,特别是从年龄组别中进行选材时。最近出版的书籍中[17,78]建议根据成熟度状况来对比测试数据。例如:Cumming 等人[17]建议根据运动员的预测身高百分比以及传统的年龄组标准,报告和比对体能测试数据。最近,Till 等人[78]提出使用实际年龄和成熟度"滚动平均数"来解释体能数据。这种"滚动平均数"允许根据年龄和成熟度来解释青少年体能数据,提高了运动选材的精确度与解释力[具体方法详见 Till 等人[78]的研究]。图 2.3 显示了根据球员实际年龄和成熟度进行的数据分析,数据显示:运动员表现低于自身年龄的平均水准,但是根据成熟度来判断,他的表现要达到或高于平均水平,这加强了对这些信息的解释。

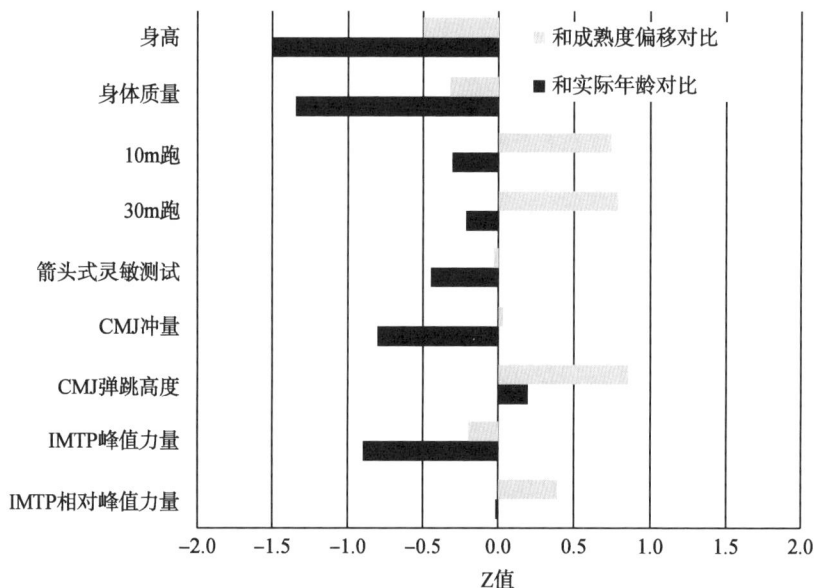

图 2.3   根据年龄与成熟度进行体能测试的数据对比
来源:改编自 Till 等人[78]

结合上述两个解决方法(即:分组和测量成熟度),第三个解决方法叫作"根据体型分组"的分组策略[17],即根据运动员体型或成熟度,而不是根据年龄进行分组[17]。但是,这个分组仍然会考虑技术和心理能力的发展,并允许运动员结合自身的身体条件、技术能力和心理能力的变化向上或向下调换组别。根据体型分组的方法可以应用到运动选材、竞技比赛体系和体能训练计划中。因此,比较根据体型分组和根据年龄分组的运动选材数据以便在比赛和训练中进行评估,可能会有助于运动选材。虽然这个策略确实有用,不过迄今为止,这一策略也仅仅适用于那些已被认定为有天赋的运动员中(如:英超足球青训)而且迄今为止其成功经验有限[16]。此外,在社区环境中使用这种选材方法可能相当困难,因为在数据无法获取或者不准确的情况下,运动员数据的收集以及将运动员组织和安排进合适的体型组是一项极具挑战性的任务。

问题 4：单维与多维度运动选材方法

本章关于"运动选材研究"的研究综述叙述了与各类运动专项选材相关的身体素质。尽管这些身体素质的测试对当前[27,63,70,80]和未来的运动表现[37,74,75]都很重要，但是这种方法却忽视了运动选材与发展的复杂性。迄今为止，在运动选材研究中有一个仍待解决的问题，便是过于单一地进行这项工作[85]，这要求我们要进行更多学科领域的研究[12,46]。尽管这些研究已经在曲棍球（如：Elferink-Gemser 等人[22]）、手球（Matthys 等人[48]）和足球中开展（Forsman 等人[30]），但是依旧处在萌芽阶段，尤其是当使用回顾性研究来描述上述研究时。但是，应用多学科领域进行设计颇具挑战性，并且收集有关心理社会因素，技术技能和战术知识等复杂领域的适当信息，对整个运动选材来说是一个非常大的挑战。

多维度的方法对于运动选材研究尤其是对同一年龄组，仍然是有问题的。在实践中，这种一次性的测试，无论是客观的还是主观的，可能仅仅只是对于运动员运动表现的一个"特写"，使得关于运动潜能和运动表现的决策也会变得困难（问题 1）。如果人们认为人才发展是多因素、动态和非线性的[85]，且常常发生在成熟期（问题 3），那便进一步证明了这一观点。所以使用多维度运动选材的方式十分受限。

问题 4 的解决办法

运动选材的研究者和从业人员应致力于发展具有运动专项性的、多维度的（也就是：体能，技能、战术、心理和社会）运动选材手段，能够监测运动员的纵向发展。但是迄今为止，这种方法在研究中十分受限。例如：Matthys 等人[48]与 Elferink-Gemser 等人[22]使用了纵向研究设计，但仅仅关注运动员在 2～3 年间体能的发展。在对手球和曲棍球运动员进行的研究结果表明 2～3 年间体能的发展状况足以将精英运动员和次精英运动员区分开来（即：精英运动员的进步更大）。因此，随着最近人们开始推崇对运动员的运动表现进行纵向追踪与测量的好处[12]，监测运动员运动表现的发展与变化可能是衡量其运动天赋中很重要的一个指标。但是，当使用纵向评估时，从业人员和研究者需要去考虑其方法的可信度（如：方法的标准化，信度方面的考量）。

虽然本章节的开始部分关注的是能够在运动选材中可采用的身体素质测试（青少年运动员选材的身体素质测试），但是对于从业人员来说，考虑其他客观与主观评估方法也十分重要，它们确实有助于运动选材。例如：Johnston 等人[37]讨论了建立一个运动表现需求相关的模型的必要性，这在未来可以被体育界考虑，但是这个任务极具挑战性且缺乏经验支持。从业人员和研究者应考虑在不同的阶段发展一般与专项的多维度运动选材与发展体系,且让组织内的工作人员进行协作。

> 从业人员与研究者应致力于多学科、纵向评估体系的实施、测量与评估,以帮助青少年运动员了解运动员选材与发展的过程。

综上所述,虽然运动选材对于青少年运动员来说已经司空见惯,但是选材时仍然存在着诸多问题待解决。本小节为这些问题提供了一些潜在的解决方案,但是仍需进一步研究来证明从业人员是如何了解、发掘与培养明日之星的。

重点总结

- 运动选材的定义是"发掘那些在早期具有潜力成为精英运动员的参与者",并且在设计选材与发展计划时要予以着重考虑。
- 在运动选材方面,尽管社会心理和训练年龄都是重要的考虑因素,但是身体素质的研究设计质量、一致性和直接性最高。
- 一系列的身体素质测试能在运动选材中使用。从业者在制订体能测试计划时应考虑运动专项需求、年龄、参与者的成熟度以及在设计运动选材测试时可用的资源。
- 当前运动表现与未来运动潜能的发掘与评估是运动选材过程中一个重要的考量要素,这可以通过提升对天赋的理解、发展衡量运动表现的措施和标准,以及采用回顾性研究设计来解决。
- 早期进行运动选材会导致早期专项化。运动选材与发展计划应考虑"何时"和"为何"进行选材,了解早期进行运动选材的后果,并发展多项目、综合性的神经肌肉训练干预,以减少不良影响。
- 在成熟度差异较大的同一年龄组中进行运动选材,从业人员应根据运动员的成熟度来评估和解释其测试数据与表现,并根据策略将运动员进行分组。
- 单一与多维度的评估方法在运动选材中十分常见,且发展对运动员的纵向监测与评估手段对于运动选材来说十分有效。

参考文献

1 Armstrong N. Pediatric aerobic fitness and trainability. *Pediatr Exerc Sci* 29: 8–13, 2017.
2 Armstrong N and McNarry M. Aerobic fitness and trainability in healthy youth: gaps in our knowledge. *Pediatr Exerc Sci* 28: 171–177, 2016.
3 Baker J, Schorer J and Wattie N. Compromising talent: issues in identifying and selecting talent in sport. *Quest* 70: 48–63, 2018.

4　Balsalobre-Fernández C, Glaister M and Lockey RA. The validity and reliability of an iPhone app for measuring vertical jump performance. *J Sports Sci* 33: 1574–1579, 2015.

5　Bangsbo J, Iaia FM and Krustrup P. The Yo-Yo intermittent recovery test. *Sports Med* 38: 37–51, 2008.

6　Bergeron MF, Mountjoy M, Armstrong N, et al. International Olympic Committee consensus statement on youth athletic development. *Br J Sports Med* 49: 843–851, 2015.

7　Brazo-Sayavera J, Martínez-Valencia MA, Müller L, Andronikos G and Martindale RJ. Identifying talented track and field athletes: the impact of relative age effect on selection to the Spanish National Athletics Federation training camps. *J Sports Sci* 35: 2172–2178, 2017.

8　Buchheit M, Lefebvre B, Laursen PB and Ahmaidi S. Reliability, usefulness, and validity of the 30–15 intermittent ice test in young elite ice hockey players. *J Strength Cond Res* 25: 1457–1464, 2011.

9　Cobley S, Baker J, Wattie N and McKenna J. Annual age-grouping and athlete development. *Sports Med* 39: 235–256, 2009.

10　Cobley S, Schorer J and Baker J. Identification and development of sport talent: a brief introduction to a growing field of research and practice. In: *Talent Identification and Development in Sport: International perspectives.* London: Routledge, 2012, pp 1–10.

11　Cobley S and Till K. Talent identification, development, and the young rugby player. In: *The Science of Rugby.* Marlborough: Crowood Press, 2015, pp 237–252.

12　Cobley S and Till K. Longitudinal tracking of athlete development: its importance, methods and future considerations. In: *The Handbook of Talent Identification and Development in Sport*, J Baker, S Cobley, J Schorer and N Wattie, eds. Abingdon: Routledge, 2017, pp 248–266.

13　Cook G, Burton L, Hoogenboom BJ and Voight M. Functional movement screening: the use of fundamental movements as an assessment of function-part 1. *Int J Sports Phys Ther* 9: 396, 2014.

14　Cormie P, McGuigan MR and Newton RU. Developing maximal neuromuscular power. *Sports Med* 41: 17–38, 2011.

15　Côté J, Lidor R and Hackfort D. ISSP position stand: To sample or to specialize? Seven postulates about youth sport activities that lead to continued participation and elite performance. *Int J Sport Exerc Psychol* 7: 7–17, 2009.

16　Cumming SP, Brown DJ, Mitchell S, et al. Premier League academy soccer players' experiences of competing in a tournament bio-banded for biological maturation. *J Sports Sci* 36: 757–765, 2018.

17　Cumming SP, Lloyd RS, Oliver JL, Eisenmann JC and Malina RM. Bio-banding in sport: applications to competition, talent identification, and strength and conditioning of youth athletes. *Strength Cond J* 39: 34–47, 2017.

18　De Ste Croix MBA. Advances in paediatric strength assessment: changing our perspective on strength development. *J Sports Sci Med* 6: 292–304, 2007.

19　Deaner RO, Lowen A and Cobley S. Born at the wrong time: selection bias in the NHL draft. *PLoS ONE* 8: e57753, 2013.

20　DiFiori JP, Benjamin HJ, Brenner JS, et al. Overuse injuries and burnout in youth sports: a position statement from the American Medical Society for Sports Medicine. *Br J Sports Med* 48: 287–288, 2014.

21　Drust B and Gregson W. Fitness testing. In: *Science and Soccer: Developing elite players.* MA Williams, ed. Abingdon: Routledge, 2013.

22 Elferink-Gemser MT, Visscher C, Lemmink KAPM and Mulder T. Multidimensional performance characteristics and standard of performance in talented youth field hockey players: a longitudinal study. *J Sports Sci* 25: 481–489, 2007.

23 Emmonds S, Morris R, Murray E, Robinson C, Turner L and Jones B. The influence of age and maturity status on the maximum and explosive strength characteristics of elite youth female soccer players. *Sci Med Football* 1: 209–215, 2017.

24 Emmonds S, Till K, Redgrave J, et al. Influence of age on the anthropometric and performance characteristics of high-level youth female soccer players. *Int J Sports Sci Coach* 13: 779–786, 2018.

25 Eston R and Reilly T. *Kinanthropometry and Exercise Physiology Laboratory Manual: Tests, procedures and data (physiology)*. Abingdon: Routledge, 2013.

26 Faigenbaum AD, McFarland JE, Herman R, et al. Reliability of the one repetition-maximum power clean test in adolescent athletes. *J Strength Cond Res* 26: 432–437, 2012.

27 Fernandez-Fernandez J, Ulbricht A and Ferrauti A. Fitness testing of tennis players: how valuable is it? *Br J Sports Med* 48: i22–i31, 2014.

28 Ford KR, Myer GD and Hewett TE. Longitudinal effects of maturation on lower extremity joint stiffness in adolescent athletes. *Am J Sports Med* 38: 1829–1837, 2010.

29 Ford PR, Carling C, Garces M, et al. The developmental activities of elite soccer players aged under-16 years from Brazil, England, France, Ghana, Mexico, Portugal and Sweden. *J Sports Sci* 30: 1653–1663, 2012.

30 Forsman H, Gråstén A, Blomqvist M, Davids K, Liukkonen J and Konttinen N. Development of perceived competence, tactical skills, motivation, technical skills, and speed and agility in young soccer players. *J Sports Sci* 34: 1311–1318, 2016.

31 Fransen J, Pion J, Vandendriessche J, et al. Differences in physical fitness and gross motor coordination in boys aged 6–12 years specializing in one versus sampling more than one sport. *J Sports Sci* 30: 379–386, 2012.

32 Fry AC, Irwin CC, Nicoll JX and Ferebee DE. Muscular strength and power in 3- to 7-year-old children. *Pediatr Exerc Sci* 27: 345–354, 2015.

33 Gabbett TJ, Stein JG, Kemp JG and Lorenzen C. Relationship between tests of physical qualities and physical match performance in elite rugby league players. *J Strength Cond Res* 27: 1539–1545, 2013.

34 Gibbs BG, Jarvis JA and Dufur MJ. The rise of the underdog? The relative age effect reversal among Canadian-born NHL hockey players: a reply to Nolan and Howell. *Int Rev Sociol Sport* 47: 644–649, 2012.

35 Haugen T and Buchheit M. Sprint running performance monitoring: methodological and practical considerations. *Sports Med* 46: 641–656, 2016.

36 Howard SMA, Cumming SP, Atkinson M and Malina RM. Biological maturity-associated variance in peak power output and momentum in academy rugby union players. *Eur J Sport Sci* 16: 972–980, 2016.

37 Johnston K, Wattie N, Schorer J and Baker J. Talent identification in sport: a systematic review. *Sports Med* 48: 97–109, 2017.

38 Jones B, Weaving D, Tee J, et al. Bigger, stronger, faster, fitter: the differences in physical qualities of school and academy rugby union players. *J Sport Sci* 36: 2399–2404, 2018.

39 Larkin P and Reeves MJ. Junior-elite football: time to re-position talent identification? *Soccer Soc* 19: 1183–1192, 2018.

40　le Gall F, Carling C, Williams M and Reilly T. Anthropometric and fitness character-istics of international, professional and amateur male graduate soccer players from an elite youth academy. *J Sci Med Sport* 13: 90–95, 2010.

41　Lloyd RS, Cronin JB, Faigenbaum AD, et al. National Strength and Conditioning Association position statement on long-term athletic development. *J Strength Cond Res* 30: 1491–1509, 2016.

42　Lloyd RS, Oliver JL, Faigenbaum AD, et al. Long-term athletic development, part 2: barriers to success and potential solutions. *J Strength Cond Res* 29: 1451–1464, 2015.

43　Lloyd RS, Oliver JL, Hughes MG and Williams CA. The effects of 4-weeks of plyo-metric training on reactive strength index and leg stiffness in male youths. *J Strength Cond Res* 26: 2812–2819, 2012.

44　Lubans DR, Smith JJ, Harries SK, Barnett LM and Faigenbaum AD. Development, test-retest reliability, and construct validity of the resistance training skills battery. *J Strength Cond Res* 28: 1373–1380, 2014.

45　MacNamara Á and Collins D. Second chances: investigating athletes' experiences of talent transfer. *PloS ONE* 10: e0143592, 2015.

46　Mann DL, Dehghansai N and Baker J. Searching for the elusive gift: advances in tal-ent identification in sport. *Curr Opin Psychol* 16: 128–133, 2017.

47　Mann DL and van Ginneken PJ. Age-ordered shirt numbering reduces the selection bias associated with the relative age effect. *J Sports Sci* 35: 784–790, 2017.

48　Matthys SPJ, Vaeyens R, Vandendriessche J, et al. A multidisciplinary identification model for youth handball. *Eur J Sport Sci* 11: 355–363, 2011.

49　McCarthy N and Collins D. Initial identification and selection bias versus the even-tual confirmation of talent: evidence for the benefits of a rocky road? *J Sports Sci* 32: 1604–1610, 2014.

50　McCunn R, aus der Fünten K, Fullagar HHK, McKeown I and Meyer T. Reliability and association with injury of movement screens: a critical review. *Sports Med* 46: 763–781, 2016.

51　McKeown I, Taylor-McKeown K, Woods C and Ball N. Athletic ability assessment: a movement assessment protocol for athletes. *Int J Sports Phys Ther* 9: 862, 2014.

52　Meyers RW, Oliver JL, Hughes MG, Lloyd RS and Cronin JB. Influence of age, maturity, and body size on the spatiotemporal determinants of maximal sprint speed in boys. *J Strength Cond Res* 31: 1009–1016, 2017.

53　Meylan CM, Cronin JB, Oliver JL, Hughes MG, Jidovtseff B and Pinder S. The reli-ability of isoinertial force–velocity–power profiling and maximal strength assessment in youth. *Sports Biomech* 14: 68–80, 2015.

54　Moesch K, Elbe AM, Hauge ML and Wikman JM. Late specialization: the key to success in centimeters, grams, or seconds (cgs) sports. *Scand J Med Sci Sports* 21: e282–e290, 2011.

55　Moeskops S, Oliver JL, Read PJ et al. Within-and between-session reliability of the isometric midthigh pull in young female athletes. *J Strength Cond Res* 32: 1892–1901, 2018.

56　Murr D, Raabe J and Höner O. The prognostic value of physiological and physi-cal characteristics in youth soccer: a systematic review. *Eur J Sport Sci* 18: 62–74, 2018.

57　Murr D, Raabe J and Höner O. The prognostic value of physiological and physi-cal characteristics in youth soccer: A systematic review. *Eur J Sport Sci* 18: 62–74, 2018.

58 Myburgh GK, Cumming SP, Coelho E Silva M, Cooke K and Malina RM. Growth and maturity status of elite British junior tennis players. *J Sports Sci* 34: 1957–1964, 2016.

59 Myer GD, Kushner AM, Brent JL, et al. The back squat: a proposed assessment of functional deficits and technical factors that limit performance. *Strength Cond J* 36: 4–27, 2014.

60 Nimphius S, Callaghan SJ, Spiteri T and Lockie RG. Change of direction deficit: a more isolated measure of change of direction performance than total 505 time. *J Strength Cond Res* 30: 3024–3032, 2016.

61 Ostojic SM, Castagna C, Calleja-González J, Jukic I, Idrizovic K and Stojanovic M. The biological age of 14-year-old boys and success in adult soccer: do early maturers predominate in the top-level game? *Res Sports Med* 22: 398–407, 2014.

62 Pfeiffer K, Loberlo F, Ward D and Pate R. Endurance trainability of children and youth. In: *The Young Athlete.* H Hebestreit and O Bar-Or, eds. Maden: Blackwell Publishing Ltd, 2008, pp 84–95.

63 Pion J, Hohmann A, Liu T, Lenoir M and Segers V. Predictive models reduce talent development costs in female gymnastics. *J Sports Sci* 35: 806–811, 2017.

64 Pojskic H, Åslin E, Krolo A, et al. Importance of reactive agility and change of direction speed in differentiating performance levels in junior soccer players: reliability and validity of newly developed soccer-specific tests. *Front Physiol* 9: 1–11, 2018.

65 Rea T and Lavallee D. The structured recycling of talent: talent transfer. *Routledge Handbook of Talent Identification and Development in Sport.* Abingdon: Routledge, 2017, pp 443–454.

66 Rees T, Hardy L, Güllich A, et al. The great British medallists project: a review of current knowledge on the development of the world's best sporting talent. *Sports Med* 46: 1041–1058, 2016.

67 Reilly T, Williams AM, Nevill A and Franks A. A multidisciplinary approach to talent identification in soccer. *J Sports Sci* 18: 695–702, 2000.

68 Romero-Franco N, Jiménez-Reyes P, Castaño-Zambudio A, et al. Sprint performance and mechanical outputs computed with an iPhone app: comparison with existing reference methods. *Eur J Sport Sci* 17: 386–392, 2017.

69 Rumpf MC, Cronin JB, Oliver JL and Hughes MG. Vertical and leg stiffness and stretch-shortening cycle changes across maturation during maximal sprint running. *Hum Mov Sci* 32: 668–676, 2013.

70 Sarmento H, Anguera MT, Pereira A and Araújo D. Talent identification and development in male football: a systematic review. *Sports Med* 1–25, 2018.

71 Sarmento H, Anguera MT, Pereira A and Araújo D. Talent identification and development in male football: a systematic review. *Sports Med* 48: 907–931, 2018.

72 Smith KL, Weir PL, Till K, Romann M and Cobley S. Relative age effects across and within female sport contexts: a systematic review and meta-analysis. *Sports Med* 48: 1451–1478, 2018.

73 Thomas K, French D and Hayes PR. The effect of two plyometric training techniques on muscular power and agility in youth soccer players. *J Strength Cond Res* 23: 332–335, 2009.

74 Till K, Cobley S, Morley D, O'Hara J, Chapman C and Cooke C. The influence of age, playing position, anthropometry and fitness on career attainment outcomes in rugby league. *J Sports Sci* 34: 1240–1245, 2016.

75 Till K, Cobley S, O'Hara J, Morley D, Chapman C and Cooke C. Retrospective analysis of anthropometric and fitness characteristics associated with long-term career progression in Rugby League. *J Sci Med Sport* 18: 310–314, 2015.

76　Till K, Jones BL, Cobley S, et al. Identifying talent in youth sport: a novel methodology using higher-dimensional analysis. *PloS ONE* 11: e0155047, 2016.

77　Till K, Morley D, Cobley S, Cupples B and O'Connor D. Talent identification and development in rugby. In: *The Science of Sport: Rugby*. Marlborough: Crowood Press, 2015, pp 139–150.

78　Till K, Morris R, Emmonds S, Jones B and Cobley S. Enhancing the evaluation and interpretation of fitness testing data within youth athletes. *Strength Cond J* 40: 24–33, 2018.

79　Till K, Morris R, Stokes K, et al. Validity of an isometric midthigh pull dynamometer in male youth athletes. *J Strength Cond Res* 32: 490–493, 2018.

80　Till K, Scantlebury S and Jones B. Anthropometric and physical qualities of elite male youth rugby league players. *Sports Med* 47: 2171–2186, 2017.

81　UK Sport. Word Class Programme. Available at: www.uksport.gov.uk/our-work/world-class-programme (accessed 28 March 2018).

82　Ulbricht A, Fernandez-Fernandez J, Mendez-Villanueva A and Ferrauti A. Impact of fitness characteristics on tennis performance in elite junior tennis players. *J Strength Cond Res* 30: 989–998, 2016.

83　Ulbricht A, Fernandez-Fernandez J, Mendez-Villanueva A and Ferrauti A. Impact of fitness characteristics on tennis performance in elite junior tennis players. *J Strength Cond Res* 30: 989–998, 2016.

84　Ulrich DA. The test of gross motor development-3 (TGMD-3): administration, scoring, and international norms. *Spor Bilimleri Dergisi* 24: 27–33, 2013.

85　Vaeyens R, Lenoir M, Williams AM and Philippaerts RM. Talent identification and development programmes in sport. *Sports Med* 38: 703–714, 2008.

86　Vandorpe B, Vandendriessche J, Vaeyens R, et al. Factors discriminating gymnasts by competitive level. *Int J Sports Med* 32: 591–597, 2011.

87　Young W, Farrow D, Pyne D, McGregor W and Handke T. Validity and reliability of agility tests in junior Australian football players. *J Strength Cond Res* 25: 3399–3403, 2011.

88　Young WB, Dawson B and Henry GJ. Agility and change-of-direction speed are independent skills: implications for training for agility in invasion sports. *Int J Sports Sci Coach* 10: 159–169, 2015.

第3章　天赋发展

Craig A. Williams, Jon L. Oliver, Rhodri S. Lloyd, UrsGranacher

引言

　　青少年运动员的天赋发展是一个非常复杂的、具有多层面的，并且不可预知。尽管如此，体育组织在培养青少年运动员方面仍花费了相当多的时间、资源和财力来寻求可以保证成功的计划。不幸的是，迄今为止，由于缺少可供参考的理论框架，大多数计划都缺乏体系框架和经验证据以支持它们进入实施阶段。是否可能实施一项包罗万象（既可以增加青少年对体育运动的参与度，又可以使青少年运动员为高水平运动表现做好准备）的策略仍存在不少争议[20]。或者说，这两个目标在一种策略制度下是否无法相容，而必须分解开来。这些困境是可以理解的，首先要做的是确认有天赋的运动员（见第2章），然后提前规划其发展和提升其才能。

　　正如第2章介绍的那样，天赋可以被定义为在成长的早些时间点，被识别出存在或者不存在的特殊技巧和素质，并关联或者预测他们未来的专项运动表现[7]。因此，天赋发展可以被视为培养与专项运动表现相关的技巧和素质的环境过程。在国际奥林匹克委员会（IOC）和美国体能协会（NSCA）最近发布的关于长期运动发展（long-term athlete development，LTAD）的共识和立场声明中[4, 30]，青少年运动员天赋发展的过程受到越来越多的关注。这些声明以及关于长期运动发展模型的理解，可以指导从业者帮助发展青少年运动员的才能。

> 　　对长期运动发展模型的理解和认识，可以帮助从业人员了解如何培养运动员才能的更长远的规划。这种模型不应该被视为严格固定的框架，而应提供灵活变动的原则，进而帮助制订更详细的长期目标，并有助于大、中、小周期更好地达成这些目标。

　　所有天赋发展计划的主要弱点是，用以支持其的经验证据通常是跨领域研究得来的。实际上大多数儿科文献，无论是生理学的还是心理学的，都是通过跨领域的研究得来的，这个问题的整改在技术上具有挑战性，同时需要耗费大量的时间及财力。在整个童年及青少年时期进行纵向研究的研究方式前景不被看好，并且这种研究方式在成人研究中也并未得到充分认可，当然，在成人文献中，大多数个体的生长及成熟的已经停止，并且训练和学习的效果可能会更小。

正如第 1 章讨论的那样，成长和成熟的结果是儿科运动科学研究的基础，也是青少年运动员和成年运动员之间的关键区别。有一项假说认为，成年运动员身上具有的重要成功特质，是可以追溯到其青少年时期的，这与期望一名成功的青少年运动员将其特质保留至成年是同样可信的。一般来说，成人教练与青少年教练都期望将青少年表现出来的特性塑造成他们成年后成功的基石，对于如何做到这一点，基本上是没有分歧的。在第 1 章和第 2 章中也确定了相对年龄效应，并描述了在竞争性选拔中对出生较早的青少年运动员具有偏向性。关于相对年龄效应的更深入的文献综述请见 Cobley 等人[6]。发育成熟和相对年龄效应是运动选材与发展过程中的干扰因素，不选择成熟较晚的、相对年轻的运动员会减少进一步发展他们才能的机会。

备受欢迎的长期运动发展模型

虽然目前所有的天赋发展计划都缺乏纵向数据来确定其有效性，但这并不意味着它们是毫无价值的。首先来说，任何模型都必须是先被提出，然后进行验证。随后再将模型中测试出的数据用于验证或修改理论框架，这也是目前许多模型已经实施的步骤。已经提及了过多的天赋发展模型，也应该在此重申，并没有一种模型是可以全面适用于青少年体育天赋发展的。讨论所有可以使用的模型超出本章的范围，而下面将讨论的是，在运动中采用并影响体能训练实践的更流行的模型。鼓励阅读者从更广泛的文献中研究天赋发展模型，包括运动天赋发展环境（athletic talent development environment）[25]、三世界连续体（the three-worlds continuum）[8]、根基（the foundations）、天赋（talent）、精英（elite）、精通（mastery），即 FTEM 框架[21]和锁定人才发展的锁螺模型（locking wheel-nut model）[27]。

资赋优异区分性模型

资赋优异区分性模型（differentiated model of giftedness and talent，DMGT）是一项基于 Gangé（1993）的研究提出的常见天赋发展模型[17]。Gangé 在"有天赋"的个体之间做出了重要的区分，看他们的"天赋"是否与记忆力、创造力、智力或体力（组成领域）有关，还是与他们的才能（被定义为天赋或天资的系统发展）有关。确定这种区分是很重要的，因为它可以让从业者把关注点放在如何去发展"有天赋"的个人的过程上,而不是仅仅依靠他们当前的、天生的、可观察到的能力。Gangé 进一步定义了"有天赋"的人作为在他们的同龄人中排前 10% 的人,而才能是系统获得的能力到达一定水平的证明,正因如此,他们这些个体可以处于该领域的同龄人中排在前 10%(也就是说,这些人是冲刺在世界前 10% 的人)。Gangé 最先提出了这种教育模型使得天赋与才能项目(例如数学和科学)被更为广泛地研究。这种方法强调需要开发天赋来实现人才潜力。在体育方面,这强调了那些天生有运动天赋的青少年运动员,他们仍然可以从体能训练中受益,以帮助他们进一步发展自己的才能。

近来,大量研究人员开始在运动的背景下检验这个模型[50, 53]。由于在体育运动中运行的许多变量的复杂性以及相互之间的作用,与感知运动、创造力、社交情感及智力因素有关的四个主要领域引起了人们的共鸣。例如,青少年运动员在与身体素质相当或略胜于自身的对手对抗时,必须展现出解决问题的能力、创造性地执行战术的能力,甚至是更强的领导能力和团队凝聚力意识,才能成功地击败对手。事实上,Gangé 发现,许多教练,特别是与个人体能方面相关的教练,关注的并非运动员某个时刻的能力水平,而是他们的学习效率。这就意味着学习效率可以作为判断运动员是否"有天赋"的指标,而不是去看他们的某项技能水平。从业人员可能会发现有这样特质但是训练年限很短的青少年运动员在接触体能训练之后,可以很快地学习新的动作技能(例如,举重的变式),从而使他们能够更快地进阶到更具有挑战性的训练。

10 000 小时"定律"

学习速度可以用个人练习新的身体技能来考虑的。根据 Ericsson 的研究,任何技能的习得水平与练习的积累呈正相关[11, 13, 14]。人们普遍认为,为了在某个专业领域达到精英水平,从业者需要 10 年或 10 000 小时的刻意练习,而这些数字通常源于 Ericsson 的研究[12]。关于这个"10 年定律",尽管已被广为接受,但仍有许多问题未得到解答。首先,应当注意的是,这 10 000 小时所包含的具体内容(例如成为专家所需要的环境、关系网的支持以及工作的频率、时间和持续性)没有说明。其次,如果是以足球运动或马拉松运动来说,运动员达到其"巅峰水平"的时期通常是在 20 岁之后,甚至是 30 岁前后。所需要的时间远长于"10 年定律","10 年定律"通常是职业跑步运动员和足球运动员参与这项运动的时长。重要的是,这些情况恰好反映了 Ericsson 的研究,他也在最近的社论中明确说明,他从来没有发明 10 000 小时定律,而是其他人误解了他的研究[12]。在那篇社论中,Ericsson 举了很多领域的例子,并说明通常需要 500~25 000 小时的刻意练习才能取得卓越成就[12]。体育运动应该避免让青少年运动员积累 10 000 小时练习来促进天赋发展,尤其这样的情况会不必要地鼓励和促使早期专项模型产生[47]。

　　Moesch 等人[38]研究揭示，在以厘米、克或秒为单位的运动中，达到高水平的人到 21 岁时才刚刚积累了 6 000 多小时的练习时长。不那么成功的运动员实际上在 15 岁之前就积累了更多训练，而更加成功的运动员是从十几岁才开始会积累更多的练习。

体育参与发展模型

　　体育参与模型是由 Cote 与 Hay[10]提出的，Cote 等[9]倡导儿童在 6 岁前应参与娱乐性高、非专项的体育运动。6～12 岁，可以接触多种类型的体育活动，但不必有特定的专长领域。13～15 岁时，应逐渐减少参与体育活动的种类，从 16 岁开始，加大对单项运动的投入力度。特别是团队运动，要鼓励运动员至少在 13～15 岁前，不要进行某项特定的专项运动。该模型还重视了教练、家长、学校和同龄人在潜在互动影响下的特殊作用。尽管许多教练可能意识到这些方法和他们的青少年运动员所采取的是相似的，但是其明显的缺陷是该模型不适用于诸如体操、跳水和滑冰等体育运动，因为在这些运动中，年龄较小的运动员通常会更容易进行专业塑造并取得成就。相比之下，该模型对于那些专业水平和巅峰表现获得较为延后的运动更为适用（例如铁人三项、马拉松和划船等运动）。

　　鉴于对早期专项化的潜在负面后果的担忧，其中包括高受伤率和退训率[26, 29, 40, 47, 55]，从年纪很小的时候就采取体验多种运动的方法来培养人才也许是可取的。这种方法将确保青少年运动员从小就接触并发展多种运动技能，而不是从早期专攻某项专项运动而只学到一套局限的技能。近期美国体能协会的官方声明[30]和国际奥林匹克委员会（IOC）对于长期运动发展的共识声明[4]均推荐体验式和早期多样式的发展模式。

运动员长期发展模型

　　Istvan Balyi 建立的运动员长期发展模型是来自加拿大的一种运动发展模型，主要关注运动员，并且以生长成熟的时间点为中心，并非实际年龄[2]。七阶段框架，从 0～6 岁开始，该阶段称为"积极活动（active start）"，强调基本运动技能发展，然后逐步过渡至基础阶段，学习训练阶段，然后为训练而训练阶段，为竞赛而训练阶段，为获胜而训练阶段并且终生积极地运动[54]。此模型旨在寻求一种长期的方法来最大程度地挖掘个人潜力，提高运动参与度，尽管此模型之后被批评过度依赖未经证实的青少年运动员所存在的"最佳训练窗口期（optimal window of trainability）"理论[1, 16]。

　　"关键期"或"最佳窗口期"的概念可能源于 20 世纪 30 年代中期 McGraw 进行的与儿童学习关键时期相关的研究。McGraw 确信，发育成熟是决定这些关键时期的主要因素，并且引用了 Hall[23]和 Gesell[18]在 20 世纪 20 年代的研究结果。之后，Magill 等人[35]总结了这些研究，并将其定为"成长准备"的学习模型。从那时起，与认知领域学习相关的模型的各个方面开始与运动领域学习层面接轨。在运动领域的背景下，"最佳窗口期"意味着训练在某个特定的时间点会产生更高的效率，但是这个命题的依据不足。训练的最佳窗口期的关键是确定运动员*何时做好准备*并有能力进行最有效的训练。用斜体字重点描述是为了强调在能力、成熟度和先前的经验这三方面做好准备的重要性。然而，这些因素不能单独确定运动员是否做好进行训练的准备，因为它们忽略了一个更重要的因素，也就是"训练动机"。因此，若想在任何时刻要实现最大训练效率，要确保这四个因素都处于最佳时间点。但迄今为止，还没有能够确定这个最佳时段的方法。因为可能是因人而异或者因情况而异的。

　　运动员长期发展模型另一个饱受争议的点是过于单一，因为它仅仅关注运动表现的生理层面，而忽视了其他心理、社会及学术层面的因素[16]。这个模型也确实在体育组织之间引起了很多争议，其中一些组织采用了这种发展模型，而其他机构逐渐意识到青少年运动员需要更好的组织、计划和研究。

青少年身体发展模型

　　青少年身体发展模型（youth physical development，YPD）也许是和体能最相关的模型，它是一个贯穿儿童时期体能发展的现代模型[32]。和 Balyi 早期研究的 LTAD 模型类似，YPD 模型也强调在训练时要考虑儿童成熟状态的重要性，而成熟状态则需要通过身高增长速度峰值（peak height velocity，PHV）的时机来进行确定。然而，YPD 模型却并未使用"最佳窗口期"的概念，而是采用了当前大多数证据所认同的观点，即无论成熟阶段如何，大部分身体素质在整个儿童时期都是可以训练改善的，虽然训练适应的机制在儿童和青少年时期可能有所不同。Lloyd 与 Oliver[32]认为，在青春期之前，训练适应主要是以神经为基础，而一旦到了青春期，适应性也可能归因于形态上的变化，这种变化是由与训练刺激持续相互作用的雄激素引起的。

　　不同成熟状态的青少年对训练产生的不同反应，称之为"协同适应"，应该鼓励教练选择可能最合适的引起相关适应的训练类型。Radnor 等人最近的实证研究支持了这一观点[45]。证明处于身高增长速度峰值（PHV）前期的青少年对快速伸缩复合训练（刺激神经适应）的反应更为积极；处于身高增长速度峰值（PHV）后期的青少年对传统力量训练（刺激神经适应和结构性适应）反应更为积极。Peitz 等人[43]最近的分析，进一步支持"协同适应"理论。在分析了 75 篇研究中的 5 000 多名受试者后，作者报道称，处于 PHV 前期的青少年从快速伸缩复合训练中的受益更大；而处于 PHV 后期的青少年从抗阻训练中受益更大。

图 3.1 和图 3.2 分别展示了男孩和女孩的 YPD 模型。从某种程度上来说，这些模型强调所有的体能组成素质在整个童年时期都是可以训练的，不同的字体大小表明了在不同儿童时期各个素质的重要程度。此模型的核心内容是整个童年时期和青春期的肌肉力量和运动能力发展，这质疑了之前的 LTAD 理论[2]。通过抗阻训练促进肌肉力量的发展已被证实与增强体能表现改善健康与幸福状况[3, 15, 31, 49]，降低运动相关损伤风险相关[52]。此外，动作技能能力也已被证实与更高的身体活动程度以及提高身体健康有关[33]。因此，这些特性被认为是 YPD 模型中的主要体能因素[32]。

男性青少年身体发展模型																				
实际年龄/岁	2	3	4	5	6	7	8	9	10	11	12	13	14	15	16	17	18	19	20	21+
年龄期	幼儿期			儿童中期							青春期									成年期
成长速度	快速成长 ◄──► 稳定成长 ◄──► 青春期的突增期 ◄───────────► 生长速度下降																			
成熟状态	PHV前 ◄──► PHV ◄──► PHV后																			
训练适应	神经为主导（与年龄相关） ◄──► 神经与激素相互作用（与成熟度相关）																			
身体素质	基本动作技能			基本动作技能			基本动作技能			基本动作技能										
	运动专项技能			运动专项技能			运动专项技能			运动专项技能										
	灵活性			灵活性						灵活性										
	灵敏性			灵敏性						灵敏性						灵敏性				
	速度			速度						速度						速度				
	爆发力			爆发力						爆发力						爆发力				
	力量			力量						力量						力量				
	肌肉肥大										肌肉肥大		肌肉肥大							肌肉肥大
	耐力与代谢训练			耐力与代谢训练							耐力与代谢训练					耐力与代谢训练				
训练结构	无			低				中等				高				很高				

图 3.1　男性青少年身体发展模型

（注：字体大小代表了每项素质的重要性；浅灰色代表青春期前的适应阶段，深灰色代表青春期的适应阶段。基本动作技能（fundamental movement skills，FMS）；代谢训练（metabolic conditioning，MC）；身高增长速度峰值（peak height velocity，PHV）；运动专项技能（sport-specific skills，SSS）

来源：Lloyd 与 Olive[32]

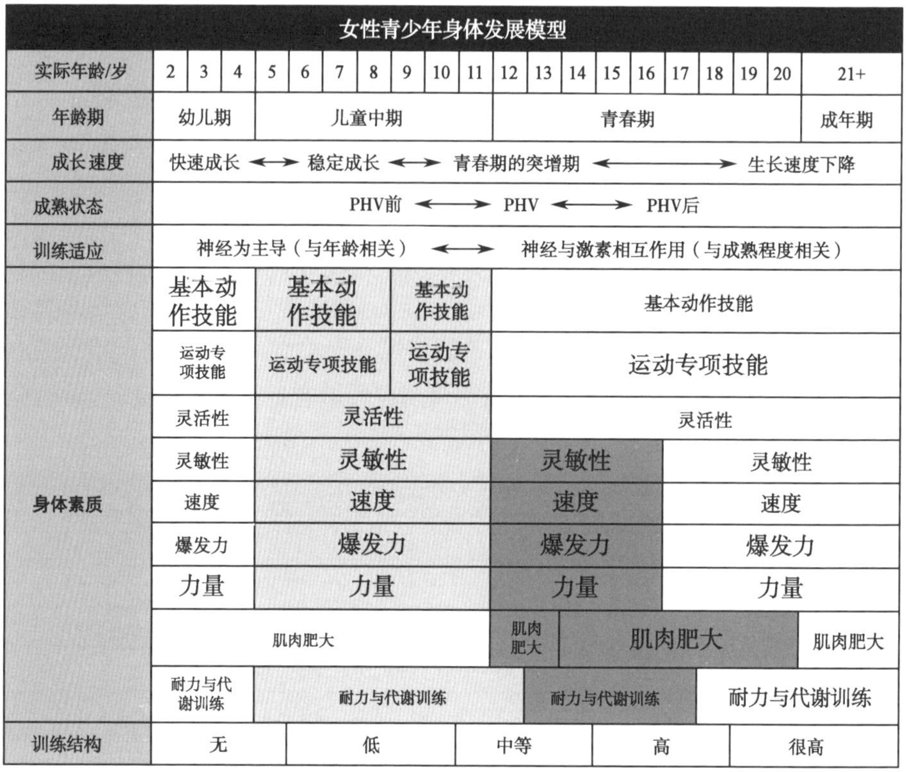

女性青少年身体发展模型																			
实际年龄/岁	2	3	4	5	6	7	8	9	10	11	12	13	14	15	16	17	18	19	20	21+

图3.2中的内容以图示结构呈现，整理如下：

年龄期	幼儿期 / 儿童中期 / 青春期 / 成年期
成长速度	快速成长 ←→ 稳定成长 ←→ 青春期的突增期 ←→ 生长速度下降
成熟状态	PHV前 ←→ PHV ←→ PHV后
训练适应	神经为主导（与年龄相关）←→ 神经与激素相互作用（与成熟程度相关）
身体素质	基本动作技能；运动专项技能；灵活性；灵敏性；速度；爆发力；力量；肌肉肥大；耐力与代谢训练
训练结构	无 / 低 / 中等 / 高 / 很高

图 3.2　女性青少年身体发展模型

(注：字体大小代表了每项素质的重要性；浅灰色代表青春期前的适应阶段，深灰色代表青春期的适应阶段。基本动作技能（fundamental movement skills，FMS）；代谢训练（metabolic conditioning，MC）；身高增长速度峰值（peak height velocity，PHV）；运动专项技能（sport-specific skills，SSS）

来源：Lloyd 与 Oliver[32]

　　虽然协同适应的概念是 YPD 模型的核心，但更重要的是技术能力和个性化训练的概念。教练应该认真考虑青少年运动员的成熟度以及他们想要用训练引起的生理适应。然而，应该由每个运动员的技术水平来决定他们的训练内容和进度。一个技术优良的青少年运动员应该在一个合格的从业者的精心指导下进行更为复杂和要求更高的训练。同样，一名年龄较大却没有什么体能训练经历的青少年运动员，训练年龄有限，训练水平也较低，应该从最左边（最开始）开始这个模型，并建立良好的能力和力量水平。

> 　　尽管在与青少年运动员合作时，成熟度和训练年限很重要，但教练首要考虑的应该是技术能力；从业者需要指导他们所面对的具体的人。

LTAD 共识和立场声明

尽管不是 LTAD 模型，但全球组织近期在这个问题上的共识和立场声明还是值得注意。鼓励读者阅读国际奥林匹克委员会（IOC）关于 LTAD 的共识声明[4]和美国体能协会的立场声明[30]，这两项声明均可在开放通道中免费获取。《国际奥委会共识声明》全面概述了各领域的运动发展情况，最终形成了基于一般原则、指导、训练、测试和伤病预防、营养和水合作用以及管理机构和组织等子主题的建议。《国际奥委会共识声明》强调需要考虑每位运动员的个体差异性、提升社会心理的发展和幸福感、促进精英发展取向、让青少年运动员参与各种各样的体能训练项目、提供不同的运动接触体验、通过损伤防护计划保护运动员、支持最佳饮食模型，并为运动员和教练员提供可持续教育。这些都是本书后面几章讨论的主题。

NSCA 关于 LTAD 的立场声明更为具体地指向体能训练从业者的影响。表 3.1 是 NSCA 关于 LTAD 立场声明的 10 个重点与本书相对应的章节。这有助于从业者在自己的实践中加入实证观点，这在和青少年运动员合作中是尤为重要的[4]。

表 3.1　NSCA 关于 LTAD 的立场声明的 10 个重点与本书中相对应的章节

重点	声明内容	章节
1	运动员长期发展模型应考虑到青少年个性化和非线性的生长发育	1 和 2
2	不同年龄、能力和志向的青少年都应从幼年开始参与 LTAD 的计划，以提升身心健康	6-13 和 17
3	应鼓励所有青少年从幼儿时期开始增强体能，主要侧重于运动技能和肌肉力量的发展	6 和 7
4	LTAD 应鼓励青少年采用早期体验多种运动，以促进多种运动技能	6
5	儿童的健康和幸福感应该始终是 LTAD 的核心宗旨	5 和 17
6	为了减少受伤风险，并确保持续参与 LTAD 项目，青少年应参与有针对性的训练	16
7	LTAD 计划应向所有青少年提供多种训练模式，以同时增强健康和技能相关的体能	6-13
8	从业人员应该使用相关的监控和评估工具，并把它作为 LTAD 策略的一部分	3
9	为了确保 LTAD 的成功，从业者应该制订进阶性和个性化的训练计划	6-14
10	有资质的专业人员和合理的教学方法是 LTAD 的成功基础	5

资料来源：Lloyd 等人[30]

实际应用

如何将上述的理论模型和信息转化到实际应用中是青少年教练员面临的问题之一。这些问题贯穿了本书的各个章节,我们的目的是解决这些问题。为了进一步将概念模型转化为实际应用,以下的部分提供了一些体能训练教练可以应用于青少年运动员长期发展的一般性原则。

奠定运动能力和力量的基础

熟练地动作和产生力量的能力是所有运动的基本要求。没有了动作能力和力量这个先决条件,青少年从事体育运动并在体育运动中脱颖而出的能力就有可能受到限制。因此,许多个人和组织都表示儿童应当从小就接触和学习各种运动技能[4, 29, 30, 33, 41],YPD 模型和美国国家体能协会关于 LTAD 的声明也建议运动技能的学习应当与力量的发展相结合[30, 32]。Cattuzzo 等人[5]进一步支持了这一点,他们认为从小的力量和协调的并行发展能够让青少年参加许多不同类型的体育活动。在运动能力方面,需要注意的是重点应放在运动过程上,而不一定是运动结果。例如,一个合格的立定跳远包括良好的起跳和落地技术,而不是仅仅关注达到一个远的距离。

在建立运动能力和力量基础方面,客观地衡量以下这些素质对教练员来说可能是有用的。运动能力的评估没有黄金标准。大肌肉运动发展的测试是对基本运动技能的一种完善的筛查[51],然而抗阻训练技能(resistance training skills battery,RTSB)[34]、运动能力评估[37]、运动员基础动作筛查[48]、颈后深蹲评估[42]以及抱膝跳评估[39]都是可以在运动场地上而不必在实验室内检测的例子。图 3.3 提供了一个例子:一群青少年运动员通过等长 - 大腿中段拉测量出相对力量,并依据抗阻训练技能(resistance skills training battery,RSTB)测试得出的总分,得到运动能力数据,绘制成图表。

在图 3.3 中,将相对力量和运动能力总得分均分并分为四个象限。显示了运动员在每个方面高于或者低于平均水平。另一种方法是使用一个预先确定的阈值,该阈值表示该测试者认为可以接受的得分。使用图 3.3 的方法可以将运动员分为不同的组,这可能有助于了解训练需求。例如,在图中右上角的运动员,他们拥有着高力量水平和运动能力,所以他们的训练也可能进阶到更具挑战性的阶段。而对那些处在右下角象限拥有高力量水平低运动能力的运动员来说,进一步的技能发展也许是更合适的初始目标。在左下角象限的运动员在力量和运动能力这两个方面的表现都很差,可能需要额外的支持才能有良好的发展。注意在左上角象限的运动员数量是最少的,这就更加说明了以较低的力量水平是很难达到较高的运动能力水平的。

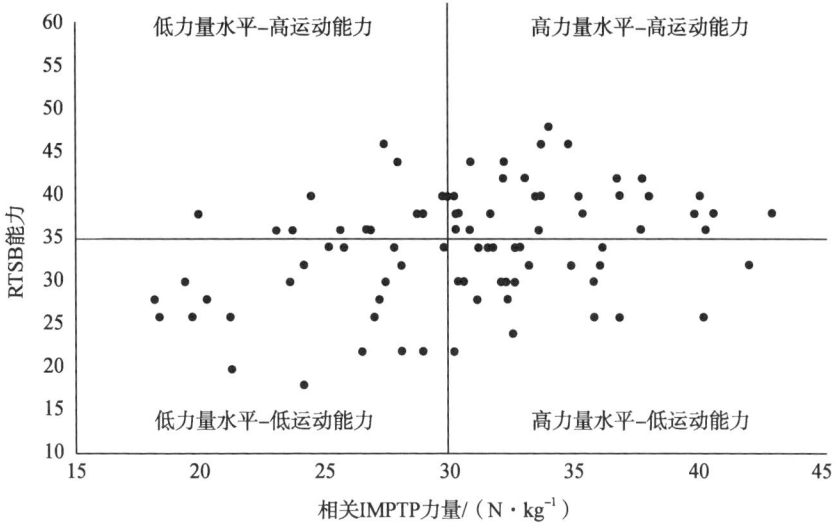

图 3.3　依据一组青少年运动员等长大腿中段拉 (IMTP) 中的相对力量与其抗阻训练技能测试系列（RTSB）总得分绘制

儿童早期	儿童晚期	青少年	成年
实际年龄			
女：6～8岁 男：6～9岁	女：9～11岁 男：10～13岁	女：12～18岁 男：14～18岁	女：>18岁 男：>18岁
生理年龄			
谭纳阶段（Tanner）I	谭纳阶段 I – II	谭纳阶段 III–IV	谭纳阶段 V
成熟期			
青春期前期（PHV前）	青春期前期（PHV前）	青春期中期（PHV中）	青春期后期（PHV后）
运动员长期发展阶段			
基础阶段	学习训练阶段	为训练而训练阶段	为竞赛而训练阶段
肌肉训练长期发展（力量、爆发力、耐力）			
低　　　　　　　　　　抗阻训练技能水平　　　　　　　　　　高			
–协调性训练 –灵敏性训练 –平衡训练 –自重/训练工具（如药球）肌肉耐力训练，注重动作技术	–平衡训练 –将快速伸缩复合训练作为有意识的玩（如跳绳）专注于正确的跳跃和落地技术 –核心力量训练 –自重/训练器械肌肉耐力训练（如药球） –自由重量训练（注重动作技术）	–平衡训练 –快速伸缩复合训练（较低高度的跳深） –核心力量训练 –小至中负荷的自由力量训练 –大重量的抗阻力量训练（肌肥大） –离心抗阻训练 –专项抗阻训练	–平衡训练 –快速伸缩复合训练（中等高度跳深） –核心力量训练 –中高强度的自由重量训练 –大重量的抗阻力量训练（神经肌肉的募集和肌肥大） –专项抗阻训练
训练引起的适应			
神经适应		激素/神经/肌肉/肌腱适应	

图 3.4　长期运动发展的抗阻训练概念模型
来源：Granacher 等人[19]

运动能力，多样性和进阶

尽管运动员长期发展模型可以为教练员提供一个有用的构建训练计划的框架，但模型本身往往缺乏具体的细节来指导体能教练。然而，最近许多模型已经开始使用概念框架，这些框架对特定的健康素质或训练模式的长期发展提供了更具体的细节[19, 24, 44]。在近期的一篇综述文献中，Pichardo 等人[44]将现有的发展青少年运动员爆发力、速度、灵敏和耐力的现有模型和指导方针与渐进的快速伸缩复合训练和抗阻训练模型相结合，以展示如何整合多个体能素质的发展。当考虑到全局，即用体能来支持运动员的发展时，很明显需要各种各样的训练刺激。国际奥委会[4]提倡青少年运动员的训练要具有多样性，这样有助于发展多种体能，减少训练的单调性以保持青少年运动员训练的积极性和参与度。

需要提供与青少年运动员的运动能力相适应的训练，提供各种训练刺激，并在长期的训练中不断进步，这也在运动员长期发展的抗阻训练概念模型中得到了最好的证明。从图 3.4 中可以看出，该模型考虑了可能随着成熟而存在的协同训练适应，但是其训练进阶是通过抗阻训练技能的提高表现出来的。在理想状况下，一个运动员从小就会接触到训练和运动，随着他们的成熟和肌肉适能的发展，其运动能力也会随之提高。在实践中，许多青少年运动员会在年龄较大时才开始进行抗阻训练，在这种情况下，他们需要遵循以能力为基础的抗阻训练进程（从图 3.4 最左边开始）。如果需要增加一些对身体要求更高的训练元素，以促进生理适应（非技能性适应），可以通过技能水平要求较低的负重动作实现，同时运动员的目标是提高他们在更具挑战性动作中的能力。图 3.4 也展示了在"抗阻训练"的范畴下应该考虑的各种各样的训练方法，推荐了包含以协调性、平衡、灵敏、肌耐力、快速伸缩复合能力、核心力量和离心力量为目标的训练。

避免非功能性的过量训练，过度训练和过度疲劳

人才发展系统必须在为青少年运动员提供各种训练刺激（包括为实现良好适应所必须的超负荷和进阶）与避免过度训练和可能导致过度训练的压力积累之间把握好分寸。现在有越来越多的证据表明，在青少年运动员中存在着非功能性过量训练和过度训练的现象。许多研究调查了各种不同的青少年运动群体，结果报道都显示，大约有 1/3 的青少年运动员都经历过非功能性的过量训练、过度训练和过度疲劳[28, 36, 46]。最近的研究还显示，优秀的青少年男性足球运动员，如果他们之前有过量训练，那么在随后的非功能性过量训练的概率是正常的 2 倍[56]。Gustafsson 等人[22]进一步报道，10% 的青少年运

动员疲劳积累程度很高，这些普遍存在的不良结果应当被教练员们所重视，并应当采取适当的措施来将这种情况发生的可能性降到最低。这些措施包括对青少年运动员、他们的父母和教练的教育，让他们知道压力是如何积累以及如何识别过度训练的迹象。过度训练和过度疲劳的问题是现有的指导方针建议对青少年运动员进行监控，并且在训练和竞赛期之间给予运动员足够的休息时间[4, 29, 30]的部分原因。

识别非功能性的过量训练或者过度训练并不总是凭借直觉。Matos 等人[36]报道说，参加个人运动项目，对体能要求低以及精英水平的青少年运动员过度训练的发生率有所增加。有趣的是训练负荷并没有被报道作为过度训练的重要预测指标[36, 56]。Matos 等人[36]研究的整体方法很有趣，他们研究过度训练的整体方法包括许多生理、心理、社会、教育和环境因素，这些因素应该围绕一个完善的人才发展模型。实际上，许多与过度训练有关的问题是非生理性的。过度训练的青少年运动员说运动是他们生活中最重要的事情，而除了运动之外用于其他活动的时间是非常有限的。Kentta 等人[28]发现，20% 的训练过度的运动员每周花在运动以外的活动时间少于 5 小时，约 40% 的人除了运动以外没有其他事可做。

过度专注于运动会带来消极的结果，尤其是在年轻的时候，会转化成一种无法缓冲消极影响的单一个性。此外，过度训练的青少年运动员说，他们缺乏平衡学校、工作和训练后的疲劳的能力，这些都是此前被报道过的导致过度训练的因素[36]。由于大部分的青少年运动员都处在义务教育阶段，他们的训练安排对身体和时间的要求可能会对学业产生负面的影响。这些只是影响发掘他们运动潜力的部分因素。因此，确保青少年运动员与其他关键利益相关者一同参与小事和大事的决策是必要的，也应当提供进行讨论的机会。

重点总结

- 当前存在许多不同的天赋发展模型，每一种模式都有着特定的科学依据。考虑了天赋发展所需的生理、心理、社会因素和教育者的多学科方法，可能是最困难，但也是最有益的方法。
- 理想的天赋发展计划应尽可能多地留住具有天赋的优秀运动员，同时为所有这些运动员提供同样的机会和同等质量的训练及比赛。
- YPD 模型表明，在整个童年时期，体能的所有组成部分在某种程度上都是可以进行训练的。因此，体能教练可以在运动员整个童年期间对其身体素质进行积极的引导与培养。
- 发展运动能力的长期计划应尽早开始，建立运动能力和力量的基础，提供各种各样的训练刺激和基于运动能力的进阶训练，同时也要考虑到成熟和协同适应对训练的反应。重要的是，教练员必须能够判断青少年运动员何时做好了训练的准备。

- 过度训练可能是天赋发展的不良后果，约有 1/3 的青少年运动员报道出曾有过非功能性过量训练或过度训练的经历。教练应意识到潜在的危险因素、症状以及应采取积极的举措来将青少年运动员非功能性过量训练或过度训练的风险最小化。

参考文献

1　Bailey R, Collins D, Ford P, MacNamara A, Toms M and Pearce G. Participant development in sport: An academic review. *Sports Coach UK* 1–134, 2010.

2　Balyi I and Hamilton A. *Long-term Athlete Development: Trainability in childhood and adolescence, windows of opportunity, optimal trainability.* Victoria, Canada: National Coaching Institute British Columbia and Advanced Training and Performance Ltd, 2004.

3　Benson AC, Torode ME and Fiatarone Singh MA. A rationale and method for high-intensity progressive resistance training with children and adolescents. *Contemp Clin Trials* 28: 442–450, 2007.

4　Bergeron MF, Mountjoy M, Armstrong N, et al. International Olympic Committee consensus statement on youth athletic development. *Br J Sports Med* 49: 843–851, 2015.

5　Cattuzzo MT, Dos Santos Henrique R, Re AH, et al. Motor competence and health related physical fitness in youth: a systematic review. *J Sci Med Sport* 19: 123–129, 2016.

6　Cobley S, Baker J, Wattie N and McKenna J. Annual age-grouping and athlete development: a meta-analytical review of relative age effects in sport. *Sports Med* 39: 235–256, 2009.

7　Cobley S, Schorer J and Baker J, eds. Identification and development of sport talent: A brief introduction to a growing field of research and practice. *Talent Identification and Development in Sport: International perspectives.* London, Routledge, 2012, pp 1–10.

8　Collins D, Bailey R, Ford PA, MacNamara A, Toms M and Pearce G. Three Worlds: new directions in participant development in sport and physical activity. *Sport, Education and Society* 17: 225–243, 2012.

9　Côté J, Baker J and Abernethy B. Practice and play in the development of sport expertise. In: *Handbook of Sport Psychology*, 3rd edn. G Tenebaum and RC Eklund, eds. Hoboken, NJ: Wiley, 2007, pp 184–202.

10　Côté J and Hay J. Children's involvement in sport: a developmental perspective. In: *Psychological Foundations of Sport.* JM Silva and D Stevens, eds. Boston, MA: Merrill, 2002, pp 484–502.

11　Ericsson KA. *The Road to Excellence: The acquisition of expert performance in the arts, and sciences, sports and games.* Mahwah, NJ: Lawrence Erlbaum Associates, 1996.

12　Ericsson KA. Training history, deliberate practice and elite sports performance: an analysis in response to Tucker and Collins review – what makes champions? *Br J Sports Med* 47: 533–535, 2013.

13 Ericsson KA, Krampe RT and Tesch-Romer C. The role of deliberate practice in the acquisition of expert performance. *Psychol Rev* 100: 363–406, 1993.

14 Ericsson KA and Lehmann AC. Expert and exceptional performance: evidence of maximal adaptation to task constraints. *Annu Rev Psychol* 47: 273–305, 1996.

15 Faigenbaum AD, Kraemer WJ, Blimkie CJ, et al. Youth resistance training: updated position statement paper from the national strength and conditioning association. *J Strength Cond Res* 23: S60–S79, 2009.

16 Ford PA, De Ste Croix MBA, Lloyd. RS, et al. The long-term athlete development model: problems with its physiological application. *J Sports Sci* 29: 389–402, 2011.

17 Gagne F. Constructs and models pertaining to exceptional human abilities. In: *International Handbook of Research and Development of Giftedness and Talent.* KA Heller, FJ Monks and AH Passow, eds. Oxford: Pergamon Press, 1993, pp 63–85.

18 Gesell A. *Infancy and Human Growth.* New York: Macmillan, 1928.

19 Granacher U, Lesinski M, Busch D, et al. Effects of resistance training in youth athletes on muscular fitness and athletic performance: a conceptual model for long-term athlete development. *Front Physiol* 7: 164, 2016.

20 Green M. Olympic glory or grassroots development? Sport policy priorities in Australia, Canada and the United Kingdom, 1960–2006. *Int J History Sport* 24: 921–1053, 2007.

21 Gulbin JP, Croser MJ, Morley EJ and Weissensteiner JR. An integrated framework for the optimisation of sport and athlete development: a practitioner approach. *J Sports Sci* 31: 1319–1331, 2013.

22 Gustafsson H, Kentta G, Hassmén P and Lundqvist C. Prevalence of burnout in competitive adolescent athletes. *Sport Psychologist* 21: 21, 2007.

23 Hall GS. *Aspects of Child Life and Education.* New York: Appleton, 1921.

24 Harrison CB, Gill ND, Kinugasa T and Kilding AE. Development of aerobic fitness in young team sport athletes. *Sports Med* 45: 969–983, 2015.

25 Henriksen K, Stambulova N and Roessler KK. Holistic approach to athletic talent development environments: a successful sailing milieu. *Psych Sport Exerc* 11: 212–222, 2010.

26 Jayanthi NA, LaBella CR, Fischer D, Pasulka J and Dugas LR. Sports-specialized intensive training and the risk of injury in young athletes: a clinical case–control study. *Am J Sports Med* 43: 794–801, 2015.

27 Kelly AL, Williams CA and Wilson MR. Developing a football-specific talent identification and development profiling concept – the locking wheel nut model. *Appl Coaching Res J* 2: 32–41, 2018.

28 Kentta G, Hassmen P and Raglin JS. Training practices and overtraining syndrome in Swedish age-group athletes. *Int J Sports Med* 22: 460–465, 2001.

29 LaPrade RF, Agel J, Baker J, et al. AOSSM Early Sport Specialization Consensus Statement. *Orthop J Sports Med* 4: 2325967116644241, 2016.

30 Lloyd RS, Cronin JB, Faigenbaum AD, et al. National Strength and Conditioning Association Position Statement on Long-Term Athletic Development. *J Strength Cond Res* 30: 1491–1509, 2016.

31 Lloyd RS, Faigenbaum AD, Stone MH, et al. Position statement on youth resistance training: the 2014 International Consensus. *Br J Sports Med* 48: 498–505, 2014.

32 Lloyd RS and Oliver JL. The Youth Physical Development model: a new approach to long-term athletic development. *Strength Cond J* 34(3): 61–72, 2012.

33 Lubans DR, Morgan PJ, Cliff DP, Barnett LM and Okely AD. Fundamental movement skills in children and adolescents: review of associated health benefits. *Sports Med* 40: 1019–1035, 2010.

34 Lubans DR, Smith JJ, Harries SK, Barnett LM and Faigenbaum AD. Development, test-retest reliability, and construct validity of the resistance training skills battery. *J Strength Cond Res* 28: 1373–1380, 2014.

35 Magill RA. Critical periods: Relation to youth sports. In: *Children in Sport: A contemporary anthology*, 2nd edn. FL Smoll, RA Magill and M Ash, eds. Champaign, IL: Human Kinetics, 1982, pp 41–51.

36 Matos NF, Winsley RJ and Williams CA. Prevalence of nonfunctional overreaching/overtraining in young English athletes. *Med Sci Sports Exerc* 43: 1287–1294, 2011.

37 McKeown I, Taylor-McKeown K, Woods C and Ball N. Athletic ability assessment: a movement assessment protocol for athletes. *Int J Sports Phys Ther* 9: 862–873, 2014.

38 Moesch K, Elbe AM, Hauge ML and Wikman JM. Late specialization: the key to success in centimeters, grams, or seconds (cgs) sports. *Scand J Med Sci Sports* 21: e282–e290, 2011.

39 Myer GD, Ford KR and Hewett TE. Tuck jump assessment for reducing anterior cruciate ligament injury risk. *Athl Ther Today* 13: 39–44, 2008.

40 Myer GD, Jayanthi N, Difiori JP, et al. Sport specialization, Part I. Does early sports specialization increase negative outcomes and reduce the opportunity for success in young athletes? *Sports Health* 7: 437–442, 2015.

41 Myer GD, Jayanthi N, DiFiori JP, et al. Sports specialization, Part II: alternative solutions to early sport specialization in youth athletes. *Sports Health* 8: 65–73, 2016.

42 Myer GD, Kushner AM, Brent JL, et al. The back squat – a proposed assessment of functional deficits and technical factors that limit performance. *Strength Cond J* 36: 4–27, 2014.

43 Peitz M, Behringer M and Granacher U. A systematic review on the effects of resistance and plyometric training on physical fitness in youth – What do comparative studies tell us? *PLoS ONE* 13: e0205525, 2018.

44 Pichardo AW, Oliver JL, Harrison CB, Maulder PS and Lloyd RS. Integrating models of long-term athletic development to maximize the physical development of youth. *Int J Sports Coach* 13: 1189–1199, 2018.

45 Radnor JM, Lloyd RS and Oliver JL. Individual response to different forms of resistance training in school-aged boys. *J Strength Cond Res* 31: 787–797, 2017.

46 Raglin J, Sawamura S, Alexiou S, Hassmén P and Kentta G. Training practices and staleness in 13–18-year-old swimmers: a cross-cultural study. *Pediatr Exerc Sci* 12: 61–70, 2000.

47 Read PJ, Oliver JL, De Ste Croix MB, Myer GD and Lloyd RS. The scientific foundations and associated injury risks of early soccer specialisation. *J Sports Sci* 34: 2295–2302, 2016.

48 Rogers SA, Hassmén P, Roberts AH, Alcock A, Gilleard WL and Warmenhoven JS. Development and reliability of an athlete introductory movement screen for use in emerging junior athletes. *Pediatr Exerc Sci* 13: 1–10, 2019.

49 Shaibi GQ, Cruz ML, Ball GD, Weigensberg MJ, Salem GJ, Crespo NC, and Goran MI. Effects of resistance training on insulin sensitivity in overweight Latino adolescent males. *Med Sci Sports Exerc* 38: 1208–1215, 2006.

50 Tranckle P and Cushion CJ. Rethinking giftedness and talent in sport. *Quest* 58: 265–282, 2006.

51 Ulrich DA. *Test of Gross Motor Development*, 2nd edn. Austin, TX: Pro-Ed, 2000.

52　Valovich McLeod TC, Decoster LC, et al. National Athletic Trainers' Association position statement: prevention of pediatric overuse injuries. *J Athl Train* 46: 206–220, 2011.

53　Van Rossum JHA and Gagne F. Talent development in sports. In: *The Handbook of Secondary Gifted Education*. FA Dixon and SM Moon, eds. Waco, TX: Prufrock Press, 2005.

54　Way R, Trono C, Mitchell D, et al. *Long-Term Athlete Development Resource Paper 2.1*. Canada: Sport for Life Society, 2016.

55　Wilhelm A, Choi C and Deitch J. Early sport specialization: effectiveness and risk of injury in professional baseball players. *Orthop J Sports Med* 5: 2325967117728922, 2017.

56　Williams CA, Winsley RJ, Pinho G, De Ste Croix MB, Lloyd RS and Oliver JL. Prevalence of non-functional overreaching in elite male and female youth academy football players. *Sci Med Football* 1: 222–228, 2017.

第4章 对青少年运动员的监控和评估

Craig B. Harrison，*Mike McGuigan*

引言

青少年运动员需要参加非常繁多的比赛。通常来说，他们所需要面临的是对多种运动项目的投入，而这种投入不仅只是在体育内，往往超越了体育范畴。学习和迅速发展的社交活动也占据了他们生活非常重要的一部分。因此，在这个时期施加给他们的压力是非常大的。这些压力可能以多种形式呈现——例如身体、心理和情绪上——而且一旦没能良好地处理这些压力问题，会快速让运动员以受伤、疾病或者训练热情下降的形式偏离正轨。对于青少年运动员发展的另一个难题是成熟。成熟使他们需要面对更高的身体和时间方面的需求，同时还需要面对快速且无法预测的青春期身体和社会心理的变化。因为这些挑战，对运动员进行监控是帮助他们未来发展必不可少的一部分。这章节主要讨论监控青少年运动员生理和心理方面的一些方法经验。接下来会展示体能教练可以使用的多种测试方法和它们在青少年体育环境中的应用，以及两个关于监控措施实际应用的例子。

监控正常发育和训练效应

区分成年人和青少年运动员最大的区别就是生长和成熟。青少年运动员对训练刺激所产生的适应性变化，不仅是由于训练刺激带来的影响，还有他们自然生长发育所带来的变化。因此，体能教练应该知道运动员的成熟状态。人体测量学可以为体能教练提供测试生长发育和成熟较为简单的测试方法（具体见第1章）。从纵向角度来看，对运动员进行规律性（每3个月）的身高和身体成分的监控可以提供一个生长发育曲线，帮助体能教练识别出运动员的生长高峰。不过这个方法需要进行长期的监控，对运动员进行持续较长时间的监控并不总是可以实现的，而且只有运动员生长发育率达到峰值后才可以被监控人员所发现。如同第1章所标注的地方，如果想要了解某一时刻青少年运动员的情况，或者想去预测运动员未来的生长发育情况和成熟度这个方法可能不合适，这就可能需要使用一些预测方程[11, 16, 26]。体能教练也应该考虑青少年运动员的自然生长发育对功能控制和其他身体素质构成因素的影响，从而进行有效的监控。

对青少年运动员身体素质监控

　　体能教练和专项教练对青少年运动员身体素质进行监控，其可选择的监控措施手段非常多[17]。第 2 章描述了运动员选材的多种测试方法。因此，本章主要讨论的是在某个时期最有效监控运动员的最有效方法。体能教练在使用监控工具的时候也需要考虑运动员的体型特点等问题（见第 1 章）。我们需要注意，监控（monitoring）和测试（testing）是有区别的。监控是更加频繁的（每日的，每周的）且数据是通过全年定期性进行收集所得到的，然而测试的频率相对较少。

　　监控一般分为收集外部负荷和内部负荷[1]。外部负荷的测试指标，例如：持续时间、速度和跑动距离。内部负荷的测试指标包括心率和其他反映运动员生理状况的指标。外部负荷和内部负荷测试都可以同时对一节训练课进行监控。监控运动员对训练负荷刺激产生的反应是非常重要，体能教练可以通过监控了解运动员的体能水平、疲劳程度和训练准备状态。对运动员的多个方面进行监控（训练课的负荷和运动员对负荷刺激所产生的反应）可以使教练了解施加在运动员身上的负荷量，以及运动员对负荷产生的刺激反应。因此，教练员需要使用监控措施评估训练课负荷，这些措施是简单且快捷的，因为运动员普遍每天都会参加训练课或者是每周都会参加数次训练课。我们需要清楚的是，面对不同的监控措施，没有一个单一的监控手段就可以清晰了解训练课负荷、运动员的体能水平、疲劳程度和训练准备状态。对于体能教练来说一种更好的策略是，对运动员同时使用内部负荷和外部负荷进行监控评估[1, 17]。

训练适应

　　表 4.1 概述了监测训练反应和训练负荷的常用工具。训练适应性可以通过以下测试进行监控：①跳跃类测试（jump testing，），包括反向蹲跳（counter movement jump，CMJ）、蹲跳（squat jump，SJ）和跳深（drop jump，DJ）；②运动表现类测试（performance tests），包括次最大强度练习的测试。在众多体能教练可用的监控手段中，最常用于监控训练课负荷的是：①根据测试运动员心率得到的不同生理指标，比如：心率变异性（heart rate variability）、心率恢复（heart rate recovery）指标；②通过全球定位系统（global positioning system，GPS）或者类似技术测试得到的外部负荷。

表 4.1 青少年运动员身体监测工具概要

测试方法	测试指标	测试目的	频率
跳跃测试 例如：CMJ、SJ、DJ	高度、滞空时间、反应力量指数（RSI）	测试神经肌肉疲劳	每周
运动表现测试	专项性的运动指标	得到某阶段的运动员运动表现和训练适应性变化	每周
心率测试	心率变异性、心率恢复指标	测试生理学上的内部负荷	2～3 次每周
全球定位系统（GPS）	总距离、高速跑、加速次数、减速次数	测试外部负荷	每次训练课

跳跃类测试作为监控运动员的措施手段是非常普遍的[27]。多项研究表明，这是一种信度和效度都非常高，且可以应用于不同的运动项目[13, 19, 23]。不同类型的跳跃测试已经被作为监控手段去使用，一系列的现代技术可应用于这种测试，包括力板、线性位置传感器、跳跃垫、加速度计和一些 App 软件。使用跳跃测试作为监控手段是一种成本效益非常高的方法，当对较多运动员进行测试的时候就可以看出其相对简单和快捷的优势。目前可以应用于对运动员进行测试评估的指标变量非常多，对于哪个测试是最好的目前并没有一致的定论[19]。例如，常见的测试指标有跳跃高度和反应力量指数（reactive strength index，RSI）[19]。体能教练需要清楚地知道，你需要确保测试评估的手段和所选择的指标对你的测试对象是适合有效的（详情见下面测试误差和测试说明部分）。

一些简单便捷的运动表现测试，越来越普遍地用于监控运动员训练适应性[1]。毫无疑问，体能教练应该意识到将平时训练也当作监控一部分的重要性。简单地说，训练本身应该作为监控运动员的训练准备状态和其发展提高情况的一种方法。体能教练可以使用一些动作或者一些练习手段作为准备活动或者是训练课的一部分，用于测试运动员对此刺激的身体反应是如何的。例如，体能教练在速度／灵敏训练课中，收集运动员的冲刺跑完成的时间，进行分析，这就是一个非常有用的监控手段。

训练课负荷

进行监控的生理指标，例如心率，是可以直接在训练和比赛中实时得到的数据，并根据数据可以对训练课负荷和运动员对训练刺激适应性进行评估。心率变异性是逐次心跳周期的差异，目前它是用于运动员监控非常普遍的方法[4, 18]。体能教练可以使用心率变异性作为监控运动员的训练准备状态的一种方法,然而它并不是单独使用的,而是像其他监控方法一样,需要结合多种监控手段同时使用。运动员在进行一些训练以后的心率恢复能力(heart rate recovery)也是常用的监控工具之一。

尽管其他的生理和生化测试方法,例如血乳酸(lactate)、肌酸激酶(creatine kinase)、激素(hormones)水平可以提供有用的信息,不过这些方法也有非常大的局限性,尤其是高额的费用和需要耗费较长的时间进行收集和分析的项目。以上这些,体能教练需要考虑其对整个监控方案增加了什么价值。除非它是极其重要的,不然它就不值得列入青少年运动员的训练监控计划中。

目前青少年运动员的许多监控数据都是通过 GPS 技术收集得到的[17, 21, 22]。有的研究指出,GPS 收集的某些负荷指标数据(例如,高速跑的距离)与青少年运动员的损伤和疾病发生率有关[2]。尽管这些技术可以提供关于青少年运动员外部负荷的有用信息,但是体能教练也应该考虑其它具有成本效益的方法。GPS 设备作为监控手段的问题是在运动员加速、减速和快速改变方向的活动中,速度测量的精准度会有所下降。一些简便的外部负荷指标,例如:训练课的训练时间、训练组数、重复次数、跳的次数、抛的次数和训练间歇时间都是便于追踪记录的[17]。例如在力量训练课中,体能教练通过计算得到运动员的训练负荷容量(重量 × 组数 × 次数)数据,可以让体能教练清楚地知道这次力量训练课施加在运动员身上训练负荷[7, 25]。

社会心理学方面的监控和评估

青少年运动员的社会心理方面,对于体能教练和从业人员监控内部负荷也很重要。一些用于评估运动员心理状况的常见方法如表 4.2 所示,包括:①课次主观疲劳(sRPE);②健康调查问卷;③情绪状态调查问卷[例如:心境状态量表(POMS)或者 Brunel 情绪量表(BRUMS)];④活动调查问卷[例如:运动员日常生活需求分析(DALDA)];⑤训练日记。

表 4.2　青少年运动员心理监测工具概要

测试方法	测试指标	测试目的	测试频率
课次主观疲劳(sRPE)	训练负荷、负荷单调性、紧张性	经济便捷得到运动员的运动负荷数据	每次训练课
健康调查问卷	睡眠时长、肌肉疼痛得分、情绪状态、压力指数	评估运动员的健康状态和训练准备状态	每周 2~3 次
训练日记	记录各种训练指数	记录练习的内容手段和运动员反应	每日

训练适应

对青少年运动员使用调查问卷时需要重点注意一些事项。最重要的是要确保青少年运动员可以清晰理解调查问卷所提出的问题[24]。较理想的调查问卷是简洁且不需要耗费较多时间的[24]。进行调查问卷的频率也需要经过深思熟虑，防止运动员对此产生厌烦情绪。较理想的调查问卷需要快捷方便简单，是因为这和测试是不一样的，这种问卷调查是需要规律性的长期跟踪进行。实际运用中，许多体能教练会设计自己所使用的问卷，然而目前也有许多经过验证具有可靠性的问卷可供他们使用，例如 POMS 和 DALDA[24]。

简便的健康调查问卷可以用于评估青少年运动员如睡眠状况等重要信息[28]。常见的评估测试指标包括肌肉疼痛感得分、疲劳程度、压力指数、睡眠质量、健康指数[24]。过去的研究已经指出，健康问卷可以提供关于青少年运动员的有用信息[30]。例如研究发现在青少年足球运动员中，较高急性负荷和情绪下降可以作为赛季中损伤的独立预测指标[30]。

应该鼓励青少年运动员保持写训练日记的习惯[8]。训练日记是一种有用的监控方法，可以对训练负荷和相关监控措施进行回顾性分析[10]。教练员可以根据训练日记了解运动员的发展情况，开展与其进展和未来训练计划的谈话。训练日记同样可以被用于记录例如 sRPE（见下段）、肌肉疼痛评分、睡眠质量和数量、精力状态、训练动机（可见于本章最后的案例研究）。

训练课负荷

sRPE 是一种可以用于评估各种不同训练模式的训练课负荷强度的一种简便方法[5]。在训练课或者比赛后，运动员会被问：你觉得训练课的难度如何？并记录球员使用 0-10 量表对训练课评分；评分区间为：0 分（代表休息时候的感觉）-10 分（表示最大强度）[5]。过去已经有许多研究指出，sRPE 对于不同项目无论是成年人[5, 6]还是青少年运动员[14, 15, 20]都具有有效性。有的机构对此的声明是推荐在训练课结束后 30 分钟再收集运动员 sRPE 评分，不过研究建议应该在训练后的 5～10 分钟后进行收集[29]。在运动员训练课冷身环节以后进行收集评分数据是较好的选择。需要注意的是，这种收集方法的时机和要求需要保持连续一致性，从而把这种干扰误差降到最低。根据 sRPE 做进一步的计算可以得到一些指标，如训练课负荷（sRPE 乘以训练课持续时间），单调性（即周训练负荷的变化）和紧张性（单调性×周训练负荷）[5]。单调性是一个非常重要的指标，因为他可以用于反馈周训练负荷的变化程度。高单调性则代表训练刺激的变化越低。紧张性指的是周总训练负荷与单调性的乘积，因此，可以为教练员提供运动员的总负荷应激压力（total strain）。此外，例如急性与慢性负荷比值和内部负荷与外部负荷的比值,这些指标也都是可以根据 sRPE 计算得到的[1]。

　　通过 sRPE 跟踪运动员训练和比赛的负荷信息非常重要,因为青少年运动员在几周和几个月的时间内的训练负荷会有较大的变化[21]。通过收集训练负荷信息有助于训练计划的设计和识别潜在损伤风险。只有掌握了这类信息,体能教练才能避免不必要的、过高的负荷,过高的负荷会导致运动员面临更大的受伤和疲劳风险[1]。研究表明,较大幅度的急性负荷变化会导致运动员承受更大的损伤风险[2]。

　　外部负荷和内部负荷测量时,会出现差异,例如两名运动员接受相同的外部负荷刺激,如 400 米跑练习,在内部反应上会有巨大差异,如 RPE,心率反应。因此,体能教练在给运动员设计训练课计划的时候,需要注意这些个体差异。可用于青少年运动员的社会心理监控手段见表 4.2。

> 　　体能教练可以使用监控手段对青少年运动员的内部负荷和外部负荷进行评估。值得注意的是,在监控青少年运动员的体能、疲劳、损伤风险和训练准备状态的计划中,体能教练不能只使用单一的监控措施,应多种措施结合分析。

测量误差和数据分析

　　体能教练需要使用合适的方法对青少年运动员进行监控,也应该意识到测量误差的问题。如果体能教练不清楚所使用的监控措施是否存在测量误差,那么他就很难去确定所得到指标的变化是否有意义。

信度(可靠性)

　　使用任何监控措施前,都需要考虑一个关键因素:其信度(可靠性)如何。信度是指监控变量的可重复性如何,是对运动员进行监控最重要的方面,因为体能教练需要进行重复测试。体能教练可以使用不同信度的测量措施,但是他们需要清晰地了解所使用的监控措施指标日常的变化情况。在文献中,计算信度常使用的统计方法是组内相关系数(ICC)。然而,一个更有用的方法是计算所使用的监控测试的变异系数(CV);变异系数能提供运动员自身的变化。体能教练也可以使用电子表格来计算监控工具的可靠性,包括 CV 和典型误差[9]。

体能教练通常容易忽略监控措施的敏感性。敏感性指的就是监控措施对运动员的运动表现变化的察觉能力。体能教练所使用较为理想的监测措施可以识别出青少年运动员的疲劳和适应。对于体能教练而言，非常重要的是，要知道什么是监测工具中有意义的变化。例如，如果体能教练是选择反向跳跃作为对青少年运动员的训练准备状态监控手段，那么体能教练需要知道运动表现的变化是否值得干预。

有种方法是通过收集青少年运动员过去和现在的监控数据，进行纵向比较。运动员个性化纵向比较最重要的是要清楚地了解运动员的基准线水平。这可能需要在一段时间内进行多次测试，例如 2 周。当运动员之间的标准差非常大时，这种方法特别有用。在收集监测数据时经常出现的一个重要问题是："教练收集这些数据可以得到什么？"如果数据指标前后的变化值比 CV 值更大，那么教练可以坚定地认为，这是具有意义的改变。具体的 CV 值可以根据现有文献、运动员群体甚至运动员个人来确定。经过一段时间测试，他们就可以建立起一个测试数据库，并可以使用这些数据对运动员进行监控。

> 了解监测工具在青少年运动员中的可靠性对体能教练来说是至关重要的。

呈现监控数据

体能教练需要掌握如何呈现监控数据的方法[3]。数据的呈现对于监测信息的使用具有非常重要的影响，在下文我们将提供一个向青少年运动员报告结果的案例。监控的执行效果在很大程度上取决于青少年运动员、教练和家长如何看待监测数据。

呈现数据的一般指南：

1. 考虑监视数据的使用对象。
2. 保持报告的简单易懂，易于可视化。
3. 强调监控数据中的重要信息和关键方面。
4. 避免在报告里面呈现太多的数据和文字。
5. 使用并强调具有重要意义的统计数据，以增加数据对干预的影响。

体能教练在发布监测反馈时需要考虑青少年运动员常用的平台，因为这些青少年运动员往往是视频和社交媒体常用用户。对于教练和运动员来说，冗长的书面报告可能实用价值不高。尤其对于那些习惯于使用电子设备在线阅读信息的青少年运动员，使用视觉和声音媒体这类途径去呈现数据是更恰当的选择。体能教练可以利用视频文件、信息图表和声音媒体作为报道监控信息的方法。

> 监控数据的呈现方式需要考虑到最终使用人员的习惯，以提高促进运动表现的应用价值。

案例分析

在这个部分，我们以监测两名参加奥克兰理工大学（Auckland University of Technology，AUT）千禧年（Millennium）发展计划的青少年运动员为案例。AUT Millennium 总部位于新西兰奥克兰北岸，是新西兰的高水平运动表现训练中心。运动员发展计划（AD）是一项为针对 8~17 岁青少年运动员的基于循证、非专项的发展计划，其重点是发展运动和心理能力的基础。此处通过这两周训练数据为例，希望提供如何应用不同的监测工具的示范。这两名运动员都是每周参加三次 AD 训练计划训练课，且持续参加 18 个月。成熟度是根据 Mirwald 提出的方法进行估算的[16]。

运动员 1

姓名：Lauren
年龄：15 岁
体重：65kg
身高：173cm
成熟度：PHV 后 2.45 年
主要项目：水球和无板篮球（英式篮球）

运动员 2

名字：Ilia
年龄：15.1 岁
体重：68kg
身高：180cm
成熟度：PHV 后 2.05 年
主要项目：足球

运动表现的测试

　　为 AD 进行了定制的运动表现测试。基于运动员实际需要和他们所期望提升的方面，体能教练会选择特定的测试手段，在几周或者不定期的时间点监控测试的结果。监控报告在每个学期都会通过 AD 专门的评估 App 发送至运动员、他们的父母或者监护人手上。例如 Ilia 的评估报告如图 4.1 所示。

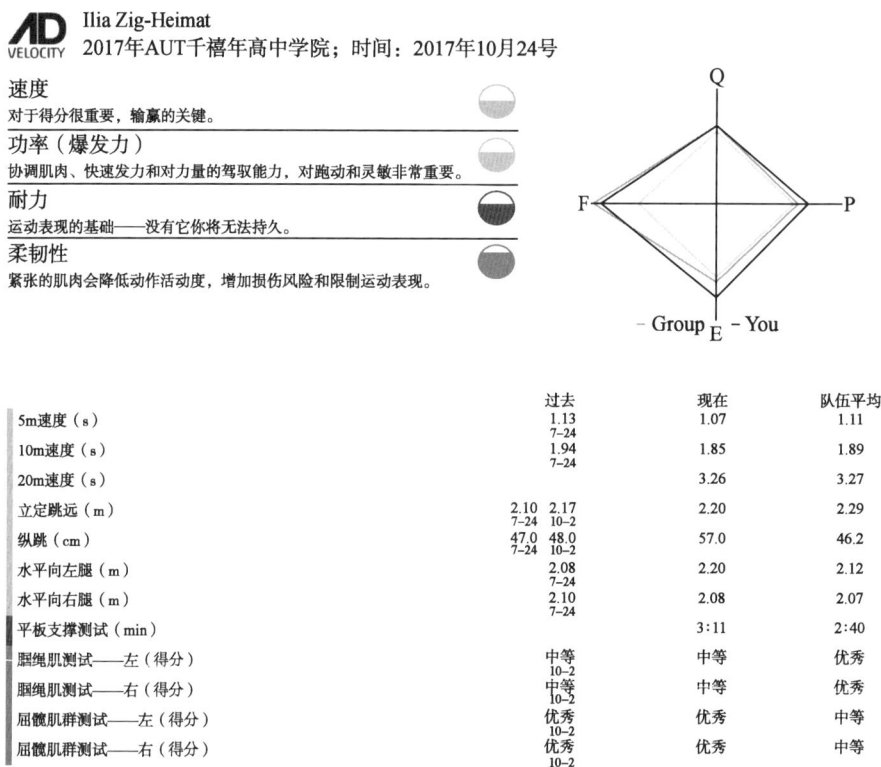

Ilia Zig-Heimat
2017年AUT千禧年高中学院；时间：2017年10月24号

速度
对于得分很重要，输赢的关键。

功率（爆发力）
协调肌肉、快速发力和对力量的驾驭能力，对跑动和灵敏非常重要。

耐力
运动表现的基础——没有它你将无法持久。

柔韧性
紧张的肌肉会降低动作活动度，增加损伤风险和限制运动表现。

Q

F — — P

– Group — You
E

	过去		现在	队伍平均
5m速度（s）	1.13 7-24		1.07	1.11
10m速度（s）	1.94 7-24		1.85	1.89
20m速度（s）			3.26	3.27
立定跳远（m）	2.10 7-24	2.17 10-2	2.20	2.29
纵跳（cm）	47.0 7-24	48.0 10-2	57.0	46.2
水平向左腿（m）		2.08 7-24	2.20	2.12
水平向右腿（m）		2.10 7-24	2.08	2.07
平板支撑测试（min）			3:11	2:40
腘绳肌测试——左（得分）		中等 10-2	中等	优秀
腘绳肌测试——右（得分）		中等 10-2	中等	优秀
屈髋肌群测试——左（得分）		优秀 10-2	优秀	中等
屈髋肌群测试——右（得分）		优秀 10-2	优秀	中等

图 4.1 AD 运动员 Ilia 的运动表现报告（报告将附有教练的简短书面总结）

训练负荷

　　运动员无论是参加 AD 的训练课程还是在参加 AD 训练课程外的训练课，他们的内部负荷都会被监控记录下来。任意负荷（单位）都会根据 sRPE 乘以训练课持续时间（min）计算得到。Ilia 和 Lauren 的内部负荷监控结果如表 4.3 和表 4.4 所示。

　　Lauren 的 2 周训练负荷就有非常大的差异。第 1 周的总训练负荷差不多是第 2 周的 2 倍。第 1 周比第 2 周负荷更高主要是因为她第 1 周周二参加了无板篮球的测试；并且对比第 1 周，第 2 周休息了一整天。在和 Lauren 的交谈中我们发现，第 2 周的周一她缺席训练课是上周过多的训练导致累积的疲劳。

表 4.3　Lauren2 周的训练负荷汇总

周	星期	训练课	Rpe/AU	训练时间	训练课负荷 /AU	日总负荷 /AU
1	星期一	AD	6	75	420	1 140
		WP 训练	8	90	720	
	星期二	WP 训练	6	90	540	1 140
		无板篮球测试	5	120	600	
	星期三	AD	1	75	75	675
		无板篮球训练	5	120	600	
	星期四	陆上 WP	4	60	240	660
		WP 训练	7	60	420	
	星期五	AD	6	75	450	530
		WP 训练	4	20	80	
	星期六	WP 测试	2	120	240	240
	星期天	WP 比赛	6	30	180	180
	总训练负荷					4 565
2	星期一	缺席				0
	星期二	WP 训练	5	90	450	450
	星期三	AD	4	75	300	600
		无板篮球训练	5	60	300	
	星期四	陆上 WP	4	60	240	780
		WP 训练	6	90	540	
	星期五	AD	3	75	225	425
		WP 比赛	5	40	200	
	星期六	WP 训练	4	60	240	240
	星期天	WP 比赛	3	20	60	60
	总训练负荷					2 555

Wp. 水球；AD, 运动员发展计划；AU, 任意单位。

表 4.4 Ilia2 周的训练负荷汇总

周	星期	训练课	Rpe/AU	训练时间	训练课负荷 / AU	日总负荷 / AU
1	星期一	AD	8	75	600	1 080
		足球训练	4	120	480	0
	星期二	足球训练	4	120	480	480
	星期三	AD	7	75	525	885
		足球训练	4	90	360	
	星期四	足球训练	7	80	630	360
	星期五	AD	7	75	525	705
		足球训练	2	90	180	
	星期六	休息				00
	星期天	比赛	8	90	720	720
	总训练负荷					4 320
2	星期一	AD	5	75	375	375
	星期二	足球训练	2	120	240	240
	星期三	AD	6	75	450	450
	星期四	足球训练	5	90	450	450
	星期五	AD	6	75	450	450
	星期六	休息				0
	星期天	比赛	8	75	600	600
	总训练负荷					2 565

这个例子可以非常清晰地展示出,通过监测训练负荷能够客观地描述一个青少年运动员的直观感受,并强调了有效的监测系统应该包含客观的测试和运动员与教练之间主观的对话。

Ilia 的训练负荷报告和 Lauren 的是相似的,第 1 周的训练负荷比第 2 周的训练负荷明显要高。和 Lauren 相似的是,Ilia 在第 1 周的训练课次比第 2 周的要多。然而,他在 AD 的训练课中的主观感受评分反馈更高。需要注意的是,AD 训练计划采用的是非线性周期的方法。它不同于严格要求运动员渐进性超负荷原则的训练方式,而是基于对训练次数、组数和休息间隔的控制,训练内容会经常调整以符合运动员的"准备"程度。

Ilia 和 Lauren 这 2 周收集的训练负荷数据为我们提供了一个如何监控训练负荷的示例。基于我们收集到的训练负荷数据和与运动员的交谈,我们并没有马上对 Lauren 或者 Illia 的 AD 训练课程做出调整改变。研究建议,这些类型的数据应该长时间纵向收集,然后才能得出细致的解释,并据此数据制定适当的训练(或休息)干预措施[17]。

身体健康

Ilia 和 Lauren 都参加新西兰地区各自项目的比赛。但是在他们参加的运动项目都没有进行任何形式的训练负荷监测。当参与多于一项运动的时候(Lauren 和许多其他青少年运动员都是如此),由于缺乏对训练负荷的监控可能会导致过度训练相关的问题[12]。因此体能教练通过全面了解运动员的体能训练情况,并对他们进行负荷监控和身体健康方面的监控是具有重要意义的。

图 4.2 呈现的是通过 AD 专门进行测试的 App 软件收集运动员参加每一次 AD 训练课开始时的日常数据。这包括睡眠、精力、身体疼痛指数、总体健康状况和训练动机。除了睡眠时长采用绝对值外,其余指标使用 0-6 分进行评分,0 分是最低分,而 6 分是最高分。

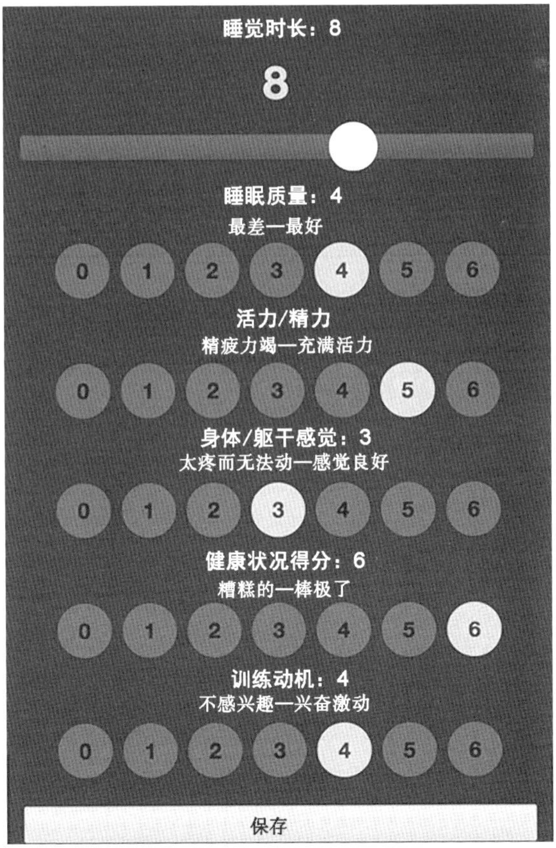

图 4.2　通过 AD 专门的测试 App 收集的日常身体健康状况的例子

表 4.5 和表 4.6 呈现的是 Lauren 和 Ilia 2 周的健康指标数据。如同使用 sRPE 测试训练负荷一样，健康指标监控需要运动员熟悉这个测试和坚持长期的监控。准确地建立运动员的基准线水平，根据长时间的测试结果，可以识别出有意义的变化。在 AD 训练项目中，运动员的健康状态发生有意义的变化是通过收集数据后经过评估得到的，不过最终的结论是通过多次与运动员和他们的父母的交流得到的。例如，周日晚上 Ilia 的睡眠时长只有 4 个小时，所以他的教练降低了他接下来的 AD 训练课训练强度。更重要的是，通过回顾过去的数据，我们推断，运动员周末的睡眠不足可能会导致了他下周晚些时候的精力和身体感觉得分会降低。这些信息对于 Ilia 是具有非常重要价值的。

表 4.5　lauren 2 周的身体健康状况数据

日期	睡眠时间	睡眠质量	精力	身体感觉	健康状况	训练动机
星期一	9	5	8	2	6	5
星期三	8	4	4	1	5	5
星期五	8	4	2	4	5	5
星期一	缺席					
星期三	7.5	2	3	4	5	4
星期五	8	4	5	3	6	4
平均	8.1	3.8	3.8	2.8	5.4	4.6
标准差	0.5	1.1	1.3	1.3	0.5	0.5

表 4.6　Ilia 2 周的身体健康状况数据

日期	睡眠时间	睡眠质量	精力	身体感觉	健康状况	训练动机
星期一	6.5	5	5	3	5	6
星期三	6	4	5	3	5	6
星期五	6	5	3	3	4	4
星期一	4	3	5	2	3	4
星期三	6	5	4	3	4	6
星期五	7	3	2	2	4	4
平均	5.9	4.2	4	2.7	4.2	5
标准差	1	1	1.3	0.5	0.8	1.1

　　青少年运动员在实际生活中会遇到身体、心理和情感上的众多压力,这既是自然发展的一部分,也是他们参加运动项目导致的结果。不过,这些压力对于运动员运动表现的提高是非常重要的,其通过对运动员施加刺激导致机体产生适应性生长。然而,当施加在运动员身上的负荷超出了他们所能承受的范围或运动员没有得到足够的休息和恢复来保证其运动表现的持续提高,那么施加在他们身上的压力很快就会导致青少年运动员疲惫不堪,并处于较大的损伤风险之下。因此,监控施加在运动员身上的训练负荷量和对他们接下来健康状况和运动表现产生什么样的影响是非常重要的。尽管体能教练的监控措施非常多,不过最重要的是体能教练要坚持用同样的方法要求和保证测试评估的准确性,以及体能教练愿意花费时间和运动员进行谈话讨论分析。

重点总结

- 为了优化运动员运动表现、预防过度训练和降低损伤风险,对运动员进行负荷监控是非常重要的。
- 无论体能教练使用的训练监控措施是什么,坚持始终如一的方法和保证监控测试的准确性是非常关键的。
- 尽管客观数据在体能教练对训练负荷调控的决策中起着重要的作用,但与运动员就他们的感觉进行定期谈话也是必不可少的。

参考文献

1　Bourdon PC, Cardinale M, Murray A, et al. Monitoring Athlete Training Loads: Consensus Statement. *Int J Sports Physiol Perform* 12: S2161–S2170, 2017.

2　Bowen L, Gross AS, Gimpel M and Li FX. Accumulated workloads and the acute:chronic workload ratio relate to injury risk in elite youth football players. *Br J Sports Med* 51: 452–459, 2017.

3　Buchheit M. Want to see my report, coach? *Aspetar Sports Med J* 6: 36–43, 2017.

4　Flatt AA, Esco MR, Nakamura FY and Plews DJ. Interpreting daily heart rate variability changes in collegiate female soccer players. *J Sports Med Phys Fit* 57: 907–915, 2017.

5　Foster C, Florhaug JA, Franklin J, et al. A new approach to monitoring exercise training. *J Strength Cond Res* 15: 109–115, 2001.

6　Haddad M, Stylianides G, Djaoui L, Dellal A and Chamari K. Session-RPE method for training load monitoring: validity, ecological usefulness, and influencing factors. *Front Neurosci* 11: 612, 2017.

7　Haff GG. Quantifying workloads in resistance training: a brief review. *UK Strength Cond Assoc J* 19: 31–40, 2010.

8　Hopkins WG. Quantification of training in competitive sports. Methods and applications. *Sports Med* 12: 161–183, 1991.

9　Hopkins WG. A new view of statistics. Available at: http://sportsci.org/resource/stats/index.html, 2015.

10　Huxley DJ, O'Connor D, and Healey PA. An examination of the training profiles and injuries in elite youth track and field athletes. *Eur J Sport Sci* 14: 185–192, 2014.

11　Khamis HJ and Roche AF. Predicting adult stature without using skeletal age: the Khamis–Roche Method. *Pediatrics* 94: 504–507, 1994.

12　Lloyd RS, Cronin JB, Faigenbaum AD, et al. National Strength and Conditioning Association Position Statement on Long-Term Athletic Development. *J Strength Cond Res* 30: 1491–1509, 2016.

13　Lloyd RS, Oliver JL, Hughes MG and Williams CA. Reliability and validity of field-based measures of leg stiffness and reactive strength index in youths. *J Sports Sci* 27: 1565–1573, 2009.

14　Lupo C, Capranica L, Cortis C, Guidotti F, Bianco A and Tessitore A. Session-RPE for quantifying load of different youth taekwondo training sessions. *J Sports Med Phys Fitness* 57: 189–194, 2017.

15　Lupo C, Tessitore A, Gasperi L and Gomez M. Session-RPE for quantifying the load of different youth basketball training sessions. *Biol Sport* 34: 11–17, 2017.

16　Mirwald RL, Baxter-Jones ADG, Bailey DA and Beunen GP. An assessment of maturity from anthropometric measurements. *Med Sci Sports Exerc* 34: 689–694, 2002.

17　Murray A. Managing the training load in adolescent athletes. *Int J Sports Physiol Perform* 12: S242–S249, 2017.

18　Nakamura FY, Pereira LA, Cal Abad CC, et al. Adequacy of the ultra-short-term HRV to assess adaptive processes in youth female basketball players. *J Hum Kinet* 56: 73–80, 2017.

19　Oliver JL, Lloyd RS and Whitney A. Monitoring of in-season neuromuscular and perceptual fatigue in youth rugby players. *Eur J Sport Sci* 15: 514–522, 2015.

20　Padulo J, Chaabene H, Tabben M, et al. The construct validity of session RPE during an intensive camp in young male Karate athletes. *Muscles Ligaments Tendons J* 4: 121–126, 2014.

21　Phibbs PJ, Jones B, Roe G, et al. Organised chaos in late specialisation team sports: Weekly training loads of elite adolescent rugby union players. *J Strength Cond Res* doi:10.1519/JSC.0000000000001965, 2017.

22　Phibbs PJ, Jones B, Roe G, et al. The organised chaos of English adolescent rugby union: influence of weekly match frequency on the variability of match and training loads. *Eur J Sport Sci* 18: 341–348, 2018.

23　Roe G, Darrall-Jones J, Till K, et al. To jump or cycle? Monitoring neuromuscular function in Rugby Union players. *Int J Sports Physiol Perf* 12: 690–696, 2017.

24　Saw AE, Main LC and Gastin PB. Monitoring the athlete training response: subjective self-reported measures trump commonly used objective measures: a systematic review. *Br J Sports Med* 50: 281–291, 2016.

25　Scott BR, Duthie GM, Thornton HR and Dascombe BJ. Training monitoring for resistance exercise: theory and applications. *Sports Med* 46: 687–698, 2016.

26　Sherar LB, Mirwald RL, Baxter-Jones AD and Thomis M. Prediction of adult height using maturity-based cumulative height velocity curves. *J Pediatr* 147: 508–514, 2005.

27　Taylor KL, Chapman DW, Cronin JB, Newton MJ and Gill N. Fatigue monitoring in high performance sport: a survey of current trends. *J Aust Strength Cond* 20: 12–23, 2012.

28　Taylor L, Chrismas BC, Dascombe B, Chamari K and Fowler PM. The Importance of monitoring sleep within adolescent athletes: athletic, academic, and health considerations. *Front Physiol* 7: 101, 2016.

29　Uchida MC, Teixeira LF, Godoi VJ, et al. Does the timing of measurement alter session-RPE in boxers? *J Sports Sci Med* 13: 59–65, 2014.

30　Watson A, Brickson S, Brooks A and Dunn W. Subjective well-being and training load predict in-season injury and illness risk in female youth soccer players. *Br J Sports Med* 51: 194–199, 2017.

第5章　训练青少年运动员

Rhodri S. Lloyd，Sylvia Moeskops，Brendan Cropley，Avery D. Faigenbaum

引言

对于与青少年运动员共事的体能教练来说，目标十分清晰：建立一个支持性的学习环境，在挑战和乐趣之间取得平衡，这将帮助青少年运动员发展运动竞技所需的健康水平、减少运动伤害、增强身体健康。通过实现这一目标，教练就能够让青少年运动员更安全、更有效率地参与体育活动。另外，教练通过传授知识、自信、技巧，最终促进个体成为终身运动的参与者。青少年运动员是一个特殊的群体，他们在儿童和青春期的发展过程与以下因素相互作用相互影响：训练适应、恢复能力、损伤后的愈合过程、心理学特征。尽管儿科运动科学和训练方法已经十分成熟，依此即可设计出合理的计划和训练课程，但教练的能力是将所有参数整合在一起的关键。

最有效的从业者是那些能够将科学理论与社会标准、个人价值、经验、道德规范、实践技能相融合的人，这样的融合最终形成了"实践知识"（或工匠知识）[22]。这样，教练才能够给予青少年运动员最适合的训练，并带来正向的发展。在传统上，"从业者"和"科学家"是不同的角色（有时是对立的角色），但越来越多的青少年运动员体能教练既懂得训练方法，也有很高的生理学造诣。不论从业者是教练还是科学研究工作者，本质都是一样的：发展和提供全面的训练方案，以满足需求、达到目标和激发青少年运动员为工作中心[7]。

有效的教练策略

由于个体间的差异，所有的教练都有不同的哲学观和独特的个人喜好，这些在给定的环境情景下与运动员互动时，会影响他们的教练有效性。为了阐述本章的内容，有必要依照前人文献[20]，对教练有效性进行定义："在特定的教练背景下，持续地应用整合的专业、人际、个人内省知识，来改善运动员的能力、信心、关系以及特定的性格"。Côte 和 Gilbert[20]认为区分教练有效性特征包括：教练的专业知识（在特定情境下的特殊知识形成的专门技术基础），有效的教练(那些在给定的学习环境中,能够具体应用和调整他们的专长以优化运动员的反应的教练),以及专家教练(能够长期做到教练有效性的专家)。

下面将着重讨论训练青少年运动员时,教练干预过程的核心阶段中的主要原则。这些原则将依照以下顺序进行讨论:①准备;②教学;③反思与评估。虽然这些原则最初与训练课的安排是一致的,但这些原则可以在较长的训练周期中不断完善和复制(如大周期、中周期、小周期)。

准备

体能教练专业知识的一个重要组成部分即训练计划制订的相关知识及应用[27]。为了确保训练可以带来最佳的适应,必须对每次课程预先加以思考设计。这是因为,训练整合了众多因素:生物力学、生理学、心理学和社会学[25]。另外,对于青少年运动员来说,教练还需要掌握儿科运动科学基础(例如,成长和成熟),其中包括:运动能力、训练反应、恢复水平和心理学特征(例如,信心、感知能力、激励)[55]。影响方案设计的因素多种多样(例如,训练史、性别、生长发育、体能健康、疲劳、心理健康、时间安排、目标设定、心理成熟度),教练应该记住和了解所有的变量,并持续从经验和教学直觉中丰富自己的知识储备。在实践中,适用于所有人的计划是不存在的。进一步说,受伤史、成熟程度和心理成熟度的数据都要加以考虑,一旦确定了运动员的适应类型,就可以依照其能力来制订计划方案。

计划还应该与个人的预期目标(短期和长期目标)[14],他们的目的(如什么能持续激励他们),以及运动员的运动、文化学习和社交生活安排相一致[7, 54]。例如,对于一位进行运动训练的 9 岁儿童来说(例如网球学校),重点应该放在一般身体准备,以发展整体的运动能力,增强技术技能,以及发展更广泛的运动爱好,且不应该过于关注竞赛结果。在这个例子中,计划的安排应该以实现一定的身体适应和乐趣为目的,而不是尝试找到某项体能指标的"峰值"。这样的理念也与当前的运动员长期发展指导原则一致[54],体能教练应该与技术教练和父母进行有效沟通,以达成共识。随着运动员年龄的增长,终将开始运动专项性和高水平的训练,这时的方案也会改为以运动表现和赢得竞赛为主。如果不考虑运动员的个体需求、目标和愿望,单以计划来说,对比无结构,甚至没有训练计划来说,有结构和良好设计的计划可以带来更好的效果。

由于青少年发展的复杂性(例如,不同个体之间有着不同的成熟度或技术能力),训练处方应该尽可能个性化。如果教练面对的是一个运动员,很自然地就会使用个性化的方案(例如,依照个体的赛季制订年度计划)。但是对于要带领大量青少年运动员的教练来说(例如,青少年足球学校或高中运动队),

个性化就成了一个挑战。对后者来说，并不需要为每一个运动员单独制订年度计划，而是应该将所有运动员按照不同的适应目标（例如，力量、速度、耐力）分为3～4个不同的年度计划，也可以进一步按照训练项目和技术能力再细分。这类年度计划也可以在更复杂的层次上对计划进行区分，例如调整某次课程中的训练变量（例如：训练量、强度、休息时间、活动范围）。教练及从业者应该为青少年运动员在不同方案中的转换做好准备（即退阶或进阶），这取决于他们是否在一个赛季中产生了适应。通过开诚布公的谈话，让青少年运动员（以及他们的父母和技术教练）了解自己的训练方案、发展程度和下一步目标。当然，沟通的风格应该是和运动员的心智发展水平相适应的[54, 62]。

最后，在给青少年运动员准备训练时，还应该征求其他关键人物（例如，技术教练、医疗团队、物理治疗师、心理学家）和运动员本人的意见[7]。

至关重要的是，一个真正有效的跨专业团队，应该建立在沟通和合作的基础之上，而不是竞争与冲突[65]。同样，与父母的沟通交流也十分重要，这是因为他们是青少年运动员成长和发展的坚强后盾[41]。因此，有必要为父母、团队成员、运动员找到一个可以有效沟通的策略（沟通平台、沟通频率、不同的汇报风格）。这样，才能以青少年运动员为中心，设计周全的计划方案。

教学

教练在对所有信息加以审视（例如，期望的适应、负荷监控、技术能力、生长和成熟度、其他生活因素如营养和睡眠）并设计了训练课程之后，工作的焦点就转向优化课程效果的教学技巧。教练可以使用的技巧和技术包括：①在训练中建立一个激励性的环境，促进运动员的学习；②增加探索性和乐趣性；③确保运动员在运动中应用自我激励技术；④最终激发运动员坚持参加训练。为了贴合本章的目标，这些教学技术应该在训练课程之前、进行中及训练后全程贯彻实施。

训练课程之前

在开始训练之前，教练应该先于运动员到达训练地点，并用足够的时间安排准备工作。课程之前关注的重点应该放在设施和设备的安全性和适用性，如果有可能，按照训练内容摆放相关设备，可以提高训练课程的连贯度。另外，让青少年运动员以可视化的形式了解训练课程也是一个良好的方法，例如将训练大纲写在白板上、打印出来张贴或使用平板电脑展示。通常在开始训练之前，教练要向运动员解释训练课程，以确保他们可以理解（特别是在方案的早期阶段）；经过一段时间的训练，青少年运动员应该有能力识别和执行体能教练安排的常见动作。这种培养青少年运动员的主人翁精神和自立能力的过程是运动员教育过程的一个重要部分。从实践角度出发，这样也可以适当减轻教练团队的工作和组织安排压力。

在门口迎接运动员

　　如果设施和设备已经准备完成，教练应该在门口问候青少年运动员，同时对他们进入场地的状态加以观察。研究显示，在学生（11～12 岁）进入教室时加以问候，可显著改善其学习参与度并减少破坏性行为[19]。在中学年龄层并伴有行为问题的儿童身上[2]，也观察到了相同的结果[1]并被证明可以减少类似年龄学生的任务参与潜伏期。尽管还没有关于在进入场地时问候青少年运动员的研究，但是以当前的教育文献（以及相关经验）来看，这样的正面交互有助于设定期望值、加强控制力以及增加了解。这样的方法也符合建立教练与运动员之间关系亲密度的概念，有助于发展相互信任和赞赏[46]。除了从业者与运动员之间的关系和了解之外，观察他们进入训练场地的状态，可以帮助判断运动员的训练意愿。例如，一位平常精力充沛的青少年运动员在进入场地时显得冷漠疲惫，这可能是疲劳或某些非训练压力的征兆。虽然观察无法提供客观的数据，但教练依然可据此判断是否应通过进一步的谈话来了解运动员的训练意愿，或是否需要调整训练。

　　当青少年运动员显示出疲劳累积的征兆，或是需要先进行身体和心理上的恢复时，教练应该降低训练强度[30]。除了"运动员训练意愿"的测量数据，教练还应该通过观察运动员做出判断[18]，并在必要时调整训练。

建立教练 - 运动员关系

　　不管运动员的个性如何，教练都应该致力于发展和维系与运动员的有意义的和真实的关系，这样的关系基于：相互的尊敬和信任、对于青少年运动员成功的共有激情（例如，达到特定的表现水平、入选或赢得比赛）和最大化个人成长的目标（例如，自信、责任、领导力）[45, 66]。在文献中，这类似于发展有效的教练 - 运动员关系，教练和运动员的认知、感觉和行为是相互的，且因果相关[47]。为此，运动员和教练员被认为需要彼此来实现各自的成功和成就，教学是一种让教练和运动员都参与其中的动态活动[23, 24]。

　　考虑到教学环境的变化性和复杂性，建立和维系积极的教练 - 运动员关系十分重要，因为需要从业者在各种情况甚至混乱的情况中识别、分析和控制那些会影响运动员表现的因素[10]。尤其，青少年运动员经常表现出不一致的行为特征。青少年运动员因为成长和成熟，而经历身体、心理或社会变化或压力，这就需要指导青少年人群的教练具备一定的人际关系能力，如互动、沟通、反思、理解的能力。例如，体能教练需要依照运动员的需求对指导技术进行调整：指导 7 岁业余体操队员的课后训练，指导 13 岁男女学生混合进行体育课，或指导有训练经验的一队 17 岁足球运动员。无论哪种情景，培养教练 - 运动员关系都是建立和维系有效训练环境的必要成分。

很多成功的运动员都认为他们的教练并不仅仅是一个教练，更像是一个老师、导师和朋友[6]。发展和维系有效的教练 - 运动员关系，需要教练在训练处方（例如，组数、次数、负荷）之外，通过人文关怀、和蔼可亲的教学技术来了解青少年运动员。Rhind 和 Jowett[66] 提出了一个维系关系的 COMPASS 模型，包含了教练经常用到的 7 个策略。表 5.1 提供了这些策略的总览，主题描述显示了研究发现，示例则展示了如何把策略应用在青少年运动员的体能训练场景之中。

表 5.1 COMPASS 模型在青少年运动员体能训练中，维系有效教练 - 运动员关系的应用

策略	主题描述	示例
冲突管理	主动和被动的应对冲突	在训练方案开始时设定期望值，开诚布公地集体讨论训练团体中存在的异议
公开性	能够讨论非运动相关的事项，能够敏锐地察觉其他人的感受	富有同理心地倾听那些希望讨论学习压力的青春期运动员
动机	展示出努力和乐趣，也要展示出有能力成功地维系关系	在训练中确保热情和乐趣（适当时）；为个体运动员设定目标
积极正面	依照个体情况随时调整，即使在运动 / 训练之外也要做出积极和公平的回应	在青少年运动员表示疲惫时并由于是训练在其考试期间，给予理解并对训练进行调整
建议	对与运动相关的问题进行有效的沟通，提供有建设性和有奖赏性的反馈	在力量和爆发力课程中找到好的举重表现技术；当你认为运动员没有付出应有的努力或出现退步时，诚实说明
支持	在运动和个人问题上为个体提供支持	在青少年运动员受伤时给予同情，并让他们知道，你有办法帮助他们逐步恢复
社交网络	利用社交网络	作为团队成员，与技术教练一同观看比赛；参与儿童及其父母的公开会，共同讨论接下来的训练方案

来源: Reid 等人 Source: Reid et al.[65]

尽管教练员会本能地采用 COMPASS 模型中的一些策略，但了解这些人际关系技能对于从事青少年运动工作的体能教练来说至关重要。教练和青少年运动员之间动态关系的发展建立了彼此的信任，这对于整个训练计划中教练和运动员的互动的真实性是非常重要的。例如，一位教练在训练开始前，用几分钟的时间询问青少年运动员今天感觉如何，学校发生了什么有趣的事

情，或是周末参加了哪些活动，都可以让运动员感到教练关心自己是真诚的，而不是因为自己是运动员。另外，如果已经建立了相互信任相互尊重的关系，教练也可以获得更真实的日常监控数据（例如，主观疲劳度或肌肉酸痛程度）。尽管非正式对话可以有意的训练开始时进行，但在一个开放的训练氛围中，对话往往会在整个训练中自然发生。

> 课程开始的最初几分钟就决定了整个课程中理想的态度和行为，因此，教练在开始就应准备设定一个标准。

吸引他们的注意力：最大程度的提高青少年运动员的参与度

重要的是，青少年运动员在训练开始时就要参与进来，并需要有正确的心态，以确保训练以安全、有序和有目的的方式开展。在训练开始的概述目标和设定期望总是比较容易的，而在青少年运动员想要放弃训练时再试图恢复秩序则没那么容易了。常见的目标和期望是针对整个团队而言，教练也可以给予某些个体一些特定的训练目标。个体目标最好是任务为导向的目标：关注于提高技能、努力和自我改善，而不是以自我导向的目标：如社会攀比和超过他人[28, 39, 48, 70]。理想状态下，这些目标应该妥善记录在运动员当天的训练课程日志中，以利于回顾，或者至少应该在教练和运动员之间达成口头协议。将目标记录下来要好于口头表述，这是因为口头目标通常会被遗忘，或由于情况的变化而改变。其中的关键并不是简单的把目标下来，目标必须是可行的，而且对每个人来说都是最重要的。此外，书面目标为目标的设定和实现提供了准确的记录，这种可视化的成绩成就的呈现有助于增强自我效能感[75]。

在教育学研究中，学生的参与度通常被视为学习和学术成功的主要预测指标[8]。积极参与的学习者会与课程（训练课程）融为一体，因此会在学习任务（运动）中得到更多的收获[3]。在主要的训练课程开始之前，教练还可以使用另一个工具，称为"进入任务"，指的是执行那些很少需要指导的简单（<5分钟）活动，通常可以提供一定程度的身体和精神挑战和 / 或创造性和探索性的机会。例如，一个小型的障碍赛可以让青少年运动员有机会探索运动，或某些形式的平衡协调挑战（图 5.1）可以帮助运动员在身体上和精神上做好准备。这样做的目的是，通过几分钟的活动，青少年运动员可以为即将开始的主要训练和接受指导做好准备。教练也可以将运动员按照能力水平和进入任务的差异进行分组，以确保运动员可以在恰当的水平得到挑战。如果在团队中培养一种涉及任务的掌握为导向的环境氛围（参见第 7 章），在一个简单的"进入任务"中取得成功将有望极大的提高自信心和后续课程的积极性。

图 5.1   "进入任务"中的协调性挑战

> 涉及任务和掌握为导向的激励氛围，可以鼓励个体不要以能力或超越同伴为判断成功的依据，而是要付出努力来挑战自己之前的表现[67]。

训练课程之中

有效的沟通

在指导青少年运动员时，从业者需要使用多种沟通策略，以确保运动员理解和发展其动机，改善双方沟通并增强训练的持续性[4]。对于青少年来说，沟通可以促进或阻碍学习，以及参与和努力实现目标的动机[57]。沟通可以是言语方式的，也可以是非言语方式的，任何环境情况下，不好的沟通都会带来一些负面效果[61]。言语沟通包括讲话和倾听，对于儿童来说[4]，一些特定的词语可能带来特定的感受和情绪，教练应该对青少年运动员谨慎措辞，并注意语调可能传递的信息[5]。在沟通时，对话应该清晰、简洁、精确，不失礼貌，所传达的信息应该符合运动员的发展阶段（例如，是年轻、不成熟的儿童？还是年长、更成熟的青春期少年）。另外，沟通应该尽可能与目标受众相适应。非言语沟通通常是指不需要讲话，而通过肢体语言和手势来表达感觉和态度[4]。面部表情、眼神接触以及手势都是非言语沟通的技术，可以用来帮助传递信息。教育学文献认为，非言语沟通可以帮助提供清晰的指导或简单的信息，因为它们可以获得和保持学生的注意力[16]。

调整语气、音量、语速、音调，都是教练在指导青少年运动员时应该了解的重要教学技巧。语气是指声音所包含的情绪因素；音量是指讲话时声音的大小；语速是指讲话的速度；音调是指声音穿透力的高低大小。有经验的教练会根据所面对的运动员和环境来调整讲话方式。例如，一个教练在与一个刚发现自己未被选入首发阵容的青少年橄榄球运动员交谈时，如果采用同情的、慢速的和低沉的方式，会让运动员无法理解，因为这些在场上以团队形式进行训练的运动员需要大声的、快速的和更有权威的讲话方式。重要的是，教练应该记住，要在课程中和不同的课程之间调整自己的语气、音量、语速和音调，这是由于单调的讲话会给人带来疲倦感[4]，可能让青少年运动员厌烦。

　　非言语沟通中一个重要的形式是眼神接触，也就是两个人相互凝视对方的眼睛，并通过眼神的进行交流[9]。研究显示，眼神沟通的程度会根据年龄而变化，4～6 岁增长至 6～9 岁期间，眼神沟通会逐渐增加，10～12 岁开始减少，而在成年阶段再次增加[53]。10～12 岁的减少可能是由于这个成长阶段的自我意识和自觉意识的增加[9, 53]。在面对青少年运动员时，教练应注意到不同年龄对于眼神交流的认知有所不同，要依照他们感觉最舒服的方式来进行沟通。

　　教练可以使用的一种技术，该技术有助于眼神交流，也可以帮助改变沟通的语气和感觉，称为调平（leveling）。这个技术需要调整传递给运动员的信息时的高度，例如，当以专制和控制的方法指导青少年运动员时（例如，不当行为的指正），那么教练可以以站姿面对坐着的运动员，在高于对方视线的位置传递信息。如果教练希望更加开放和互动的对话（例如，询问运动员对于训练课程的反馈），那么最好蹲下，这样信息就可以在孩子们的视线范围内传递。如果教练希望鼓励青少年运动员，他们可以选择蹲下 / 坐下，而运动员站着，这样教练的信息就可以在运动员的视线以下传递。与调整语气或音调一样，这种流畅的教练技术在教练员的教学实践中是十分有效和有用的。

　　通常，在青少年运动员的指导和示范教学中，要注意"少即是多"。儿童和青少年的注意力十分有限，通常无法对长时间的发言讲话做出响应。因此，保持言语沟通清晰简短十分重要。

幽默

　　尽管幽默有很多形式（例如，智慧的、荒谬的、讽刺的、开玩笑的），通常可接受的幽默行为是指可以引起幽默效果和正面反应的言语[29]和非言语的沟通[32]。研究已经证实了教师在教学环境中的幽默具有良好的效果[36]。数据显示，使用幽默可以使学生的知识、理解力和考试成绩提高。在教练相关文献中，数据显示：教练的幽默在运动员对于他们能力的认知上起着重要的作用，也影响了运动员对于教练的喜爱程度[12]。虽然幽默可以促进友善的学习环境，提高学生的参与度[58]，但也要注意到，在训练当中使用幽默需要一些形式的平衡[68]。Ronglan 和 Aggerholm[68]认为，有幽默感的教练需要在严肃认真和乐趣，距离和亲近，以及真实和表现之间取得微妙的平衡。例如，教练可以利用幽默来减少和运动员之间的地位差异（即，增加亲密度），或用来增加他们的权威和控制力（即，增加距离感）。这些平衡可以调节运动员和教练之间的权力差异，并使教练兼具专业和社交能力[63]。教练需要在恰当的时间、正确的场合使用合适的真实的幽默，并且将幽默元素加入教练课程当中，可以帮助教练展示出富有人性的一面，促进教练 - 运动员关系的良性发展，并最终增加青少年运动员训练环境的整体乐趣。

示范

示范被认为是帮助人们学习新技能的最有用的工具。除了提供指导信息，例如关键的教学要点，一些青少年运动员也可以从观察良好技术的示范中得到启发。尽管关于青少年运动员在体能相关的教学活动中客观的量化示范和指导的有效性的研究有些缺乏，但通常认为教练应该在示范的同时提供某种形式的指导。指导和示范的数量应该依照训练的任务和运动员的水平来确定[42]。对于过于简单或常见的活动（例如，单腿平衡或基础的步态），示范可能不那么重要，这是因为示范并没有为运动员提供任何新的信息。在指导新的或更复杂的活动时（例如，举重的进阶或高水平的快速伸缩复合练习），示范才更有意义。同样的，在为青少年运动员纠正或描述关键技术信息时，示范就很重要。对于一些特殊的运动，教练也可以不用示范的技术，而是鼓励运动员去"探索"动作（例如，热身中的障碍赛）。在训练中结合那些需要青少年运动员有创造性和探索性的活动元素，对于他们来说也很重要。然而，有一点值得注意的是，教练在这一过程中可以确定和重新审视特定练习的关键部分，以强调关键技术（如正确的落地技术）。

提示

除了指导和示范，教练也应该善用提示。提示是使用言语指导运动员，将注意力引至特定的动作细节，因此来影响运动学习的过程[76, 80]。在练习中，教练可以使用内部提示，即鼓励运动员关注于自身的身体动作，或外部提示，即直接注意外部环境[77, 79]。内部提示可以将注意力吸引至动作过程，而外部提示则关注于动作的结果。外部提示对于成年人群改变跳跃表现更有效果[49]，但是儿童的相关研究较少，关于身体和认知发展、不同提示类型的有效性之间的相互作用仍不清楚。依照现有文献，一个研究发现，外部提示可以影响青少年足球运动员的跳深表现，提示引发了一系列人体动力学变量的特定响应[59]。可以明确的是，触地提示可以减少触地时间，高度提示可以增加跳跃高度,而落地提示则可以减少相关伤害。

从体能和运动员长期发展角度来看,教练需要依照青少年运动员的动态和个性化改变,灵活运用提示。总之,教练应该丰富自己的提示用语,在必要时,根据个别运动员的需求来更改提示。教练可能会发现,一些特定的提示对于某些青少年运动员十分有效,但对于其他人则没有效果。此外,在学习活动的早期阶段,或面对年轻和不成熟的运动员时,提示比较有效,但效果会随着运动员的发展减弱。一些学术研究也发现了这样的情况。例如,Winkelman 等人认为[77],外部提示由于能够将运动员的注意力集中于与目标相关的运动结果上而受到青睐,但随着经验的增加和运动模式的成熟,内部提示的作用会越来越重要。

支架式教学

教练为青少年运动员提供的指导和帮助的水平,依据个体的实际情况和训练课程的设计而有所不同。从教学的角度来看,在学习过程的最初阶段(例如,学习举重技术),需要更高的互动水平。这样的互动取决于青少年运动员的需求和偏好,包括强化、指导、提示和运动调整(必要时进退阶)。最后,教练需要提供正确的学习机会(与指导水平相对应的),以帮助运动员解决问题,最终达到预定的目标[44]。这样的过程,就称为支架式教学,是指在学习过程中,教练提供的互动式的支持。就好像建筑中的支架(即,教练互动的水平),通常提供一个临时的支撑,一旦运动员达到一个熟练程度,就会逐步减少,这个过程也称为"淡出"[72]。青少年运动员的发展和技能掌握有着波动和非线性的特点,将支架(即,教练互动)的概念完全淡出并不适用于教练。例如,体能教练可能需要周期性的"稳固基础",加强青少年运动员的运动技能基础,因为他们可能在青春期成长中会出现波动。

有效的位置和观察

在教学课中,正确的位置可以提高教练识别良好表现、技术错误以及运动员间互动的能力,也可以帮助维持安全和有效的训练环境。在训练课程中,教练应该基于环境和运动员来选择自己的位置。一个整体的原则是,教练应该确保自己的位置在特定的时间内,能够看到大部分训练设施和大部分运动员。如果教练需要关注个别运动员(例如,辅助或纠正技术)时,他们之间的互动应该是简短的,尽可能短停留在某个位置之上,不要忽略其他运动员。

通常,教练应该避免站在力量训练室或场地的正中间,而是接近运动员,与他们互动。

在课程中,有效的位置可以帮助教练观察到良好的练习和错误的行为。这两种情况都需要加以注意,并采取相应行动。例如,在一位运动员进行变向切步动作训练时技术表现良好,这时教练希望向组内其他的运动员,再次强调高质量的动作和训练标准。同样的,将整个团队放在视线之内加以观察,有利于教练识别不良的行为并加以干预。无论是安静地接近运动员,还是对整个团队喊话,都可加强行为预期。经验表明,前者要更加有效;不过某些情况下,出于健康和安全的目的,教练可能需要提高他们的声音。

许多体育动作和体能训练中的某些动作完成速度很快(例如,短跑冲刺、举重、跳跃)。这些动作的速度之快使得观察成为一项挑战。如今,教练已经武装了大量的高科技工具来辅助教学训练。例如,手机可以让教练获得每秒 240 帧的视频,以用来分析动作的长处和不足。由于体能训练环境中的动态因素,没有办法总是在现场使用视频分析,这就需要教练依靠自己的眼睛来观察,并提供恰当的技术反馈。在大型团队训练中也如此,几乎无法依靠视频来进行分析。这时就只能依靠教练的眼睛,一个可以利用的技术称为参考观察,在特定的重复或组数内,教练仅关注身体的一个区域(例如,头部位置),找到其中的不足或缺陷。如果教练对这个身体部分的表现满意,就可以观察下一个身体部分(例如,躯干、髋部、膝关节、踝关节)。这个方法可以帮助教练将复杂的动作的多个部分简单化。对于教练观察能力而言,没有任何方法可以替代实践,随着时间的推移,有经验的教练会非常熟练地识别导致动作失败的最关键(有时会很复杂)的技术问题。

有效的反馈

在青少年运动员的学习体验中,反馈起了非常重要的作用。恰当的反馈可以增强学习者的能力、坚持性和信心,并帮助理解个体的长处和不足,最终帮助他们理解实际表现和期望表现之间的差距[40]。运动员本身会收到内部回馈(即,来自本体感受和运动感觉),教练的职责是提供外部回馈。外部回馈分为正面的(例如,在一次技术正确的跳跃落地后,提出表扬),或负面的(在错误的加速练习后提出批评反馈)。另外,教练提供的外部反馈既可以关注于结果(即,动作的结果),也可以关注于过程(即,动作的质量)。在为青少年运动员提供反馈时,应该关注于过程而不是结果,评论应该是积极的和有建设性的。这样的方法有助于精神状态的成长发育和自主激励,增强感知能力、信心和适应的能力;所有这些都被认为是可以促进青少年运动员的积极健康的重要方面[54]。

反馈也可以是指导性的(instructional)(例如,如何更好地执行一个动作)或激励性的(motivational)(例如,增强觉醒和追求目标的行为)[26, 64]。当提供反馈时,教练应该确保提供正面和负面结果的细节。例如,当在特定的训练课程中(例如,举重)指导一个动作时,给予正面结果和 / 或过程的反馈,会忽略细节,更多的是激励(例如,"非常好"或"好")。与此相反,对负面结果和 / 或过程的反馈则更趋向于指导性(例如,下次你要注意……),或增强提示的作用。如果青少年运动员希望得到正面的结果和 / 或过程,那么教练就要帮助他们理解什么是正确的动作以及如何重复。

除了反馈的类型,教练还应该考虑提供反馈的频率。过多的反馈会让青少年运动员感到困惑,不清楚他们到底应该纠正什么,而过少的反馈则会造成失去动机或减弱整体学习效果。运动控制文献显示,尽管较多的反馈频率对于新技能学习的开始阶段更有效,但在运动员变得更有经验和对动作更有"感觉"之后,进行错误的自我识别和自我纠正更有效[69,81]。因此,可以推测:高频率的反馈可以改善最初的表现,但减少反馈频率则有助于持续的保持;不过仍需要更多的针对青少年运动员的研究。

有效地提问

教练可以在训练课程之前、过程中或结束时使用提问,来让青少年运动员回忆之前的知识,加深理解,促进解决问题的技能并检查理解的程度[74]。提问可以帮助青少年探索学习的知识、进一步钻研相关的主题、产生讨论和同伴间的互动[71]。考虑到教育青少年运动员关于训练过程和目标的重要性时,教练应该将提问视为一个有价值的工具:可以让运动员理解执行特定运动的原因,而不是只知道如何执行。开放性问题的回答需要经过思考和延伸,因此优于封闭性问题。封闭性问题只需要简单的回答。例如,"你喜欢今天的训练吗",只需要简单地回答是或否,作为替代,教练可以询问:"对于今天的训练课程你喜欢哪个部分? 为什么?"。除了开放性和封闭性问题,教练还应该了解收敛性问题,这是指仅需要对信息进行回忆和转述的问题;而发散性问题则需要通过思考、解决问题的技巧以及批判性思维的能力,才可以回答或解决[60]。文献认为,当使用发散性问题时,可以强化学习的过程,这是因为个体可以发展批判性思维的能力[50];然而实证研究表明,虽然发散性问题具有优势,但是在指导精英级别的青少年运动(如,足球)时,教练更倾向于使用收敛性问题[60]。在指导青少年运动员时,注重指导教育和批判性自我反思的重要性,以便优化教学行为。

训练课程之后

当训练课程即将结束时(可能在放松阶段),是与运动员讨论课程中动作的好机会,这也被称为反思式实践[15]。这是一个可以促进经验性学习的重要过程,也可以帮助青少年运动员发展自我意识(例如,他们的长处、发展的领域和目标实现),促进个人、社交和运动的发展。这时,教练可以与运动员重新回顾训练课程的目标,并鼓励他们练后反思[22]。依照个体的基础(如果有可能),教练可以选择以正式的或随意的方式进行。反思式实践最有益的形式包括情感表达,(例如,运动员的感受是如何影响其参与度、表现和学习的),重要的是知道在产生有意义的反思之前,青少年运动员可能需要一些时间来适应训练环境[78]。研究发现,青少年运动员将他们的父母视为反思的对象[43];因此,教练(特别是那些指导大型团队的教练)应该与父母保持积极的关系,以在训练环境内外都可以促进协调和合作的反思过程。给予青少年运动员和父母共同完成反馈表的机会,例如以下问题:"你喜欢训练中的哪些环节"和"训练中有哪些是你不喜欢的,或是你想要加入进来的环节?"

基础的监控数据通常安排在训练课程结束时收集,例如主观疲劳程度。研究发现各种 SRPE 量表应用于青少年运动员阻力训练[31,56]、跳绳训练[11]、小型比赛[51]和专项训练[37]。通过一段时间的教育和熟悉,向青少年运动员解释主观疲劳程度监控系统,帮助他们熟悉这种基础的监控形式,不但可以提供有意义的数据,也可以帮助运动员激发更多的自主性。最终,教练可以像守门员一样,在训练和竞赛中定义行为期待[17],然后在课程结束时提供机会增强这些行为。

> 可以利用课程结束前的时间,教导青少年运动员良好的价值观和行为,例如整理训练设施、参加放松环节,或收集主观疲劳程度数据。同样,教练可以利用课程的这个阶段,基于努力和训练(即,过程)而不是表现(即,结果)宣布当天的"训练之星"。

反思和评估

对于教练来说,十分重要的是鼓励青少年运动员反思自己在训练课程中的努力和效果,同时,教练为了自身的持续发展,也应该拥护反思这门艺术[34]。运动心理学认为,反思可以改善自我意识和行动中的知识,进而提高服务水平[21],自此反思式实践也被提倡应用于体能的实践练习中[52]。在文献中列举了大量的反思模型[33,73],教练应该采用最适合他们风格的反思系统[22]。无论使用哪种模型,目标都是提出问题并激发思考,以有意识地对实践进行批判性反思,来提高知识储备和教学技术[38]。一位具备适当技巧、知识和技术的导师或教练可以提供另外的视角并分享指导技术,对于反思和教练的发展来说,是不可多得的机会[35]。尽管反思有很多优点,但是教练通常会受限于时间而无法进行恰当的反思实践[13]。

因此,教练需要找到有效和省时的策略来完成这个过程。Kuklick 和 Gearity[52]介绍了一些方法来帮助教练进行反思,包括:写下反思,与同伴协作讨论,教练和运动员之间讨论,简明的回顾卡片,对训练课程录像。无论使用哪种方法,在与青少年运动员共事时,教练都可以使用一些基础的反思问题来反思自己的实践和方法,具体示例详见图 5.2。

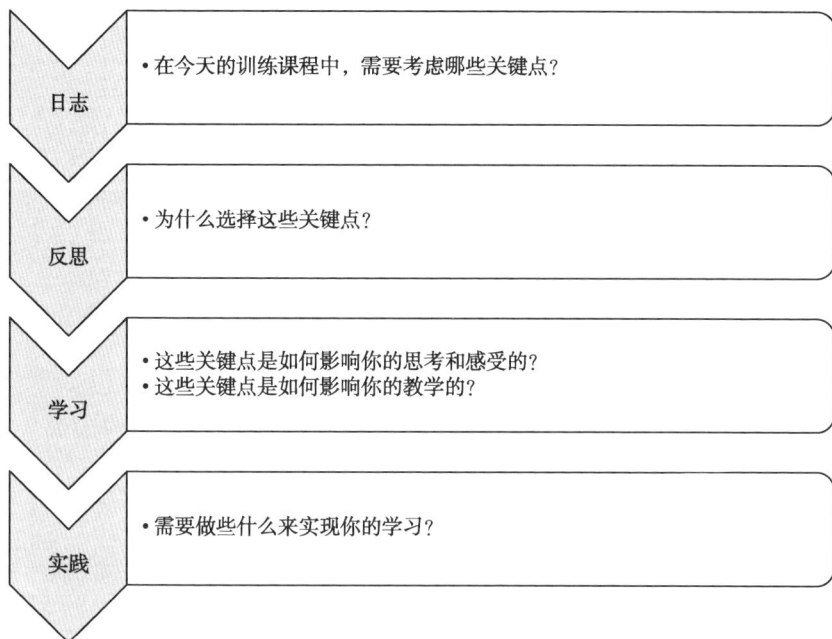

图 5.2　适用于教练的基础反思问题

　　作为反思过程的一部分,教练应该不断地审视训练方案。基于个体的需求、目标和运动员的期望,以灵活和动态的方法反思和改善方案的细节,是成功实现运动员长期发展的基础。通过不断地反思循环(例如,行动、意义、评估、分析、概念化、应用至下一步的行动中)和与其他从业者的讨论,教练可依照青少年运动员的一系列变量来重新安排训练分组或训练方案内容,这些变量包括技术能力、课程时长、负荷量、身体体能水平、身体和心理成熟度的变化,以及社交互动。这样的反思过程应该与运动员发展方案中的其他相关人士进行协调,例如其他体能教练、技术教练、医疗团队、父母和运动员本身。

重点总结

- 教练应该尽力学习专业理论知识及执教经验,培养高水平的人际管理技能,以优化执教的过程管理。
- 教练应投入精力用来制订训练计划,但也要做好根据青少年的不可预测性、复杂的执教环境来调整训练计划。

- 教练应该投入一定的精力来培养和保持有意义的教练员 - 运动员之间的关系。
- 教练应掌握语言和非语言的交流方式，"支架式"教学实践和改善教授方法（指导、示范、提示、位置、观察、反馈及提问）以满足不同运动员的需要。
- 教练应该进行反思性实践，对自身的教学实践进行批判性反思，并进一步加深自身的知识和理解。

参考文献

1　Allday RA, Bush M, Ticknor N and Walker L. Using teacher greetings to increase speed to task engagement. *J Appl Behav Anal* 44: 393–396, 2011.

2　Allday RA and Pakurar K. Effects of teacher greetings on student on-task behavior. *J Appl Behav Anal* 40: 317–320, 2007.

3　Anderson A. Engaging student learning in physical education. *J Phys Educ Rec Dance* 73: 35–39, 2002.

4　Bambaeeroo F and Shokrpour N. The impact of the teachers' non-verbal communication on success in teaching. *J Adv Med Educ Prof* 5: 51–59, 2017.

5　Bauman I. Responsibility in instruction: who is doing the learning here? *Commun Stud* 54: 127–129, 2003.

6　Becker AJ. It's not what they do, it's how they do it: athlete experiences of great coaching. *Int J Sports Sci Coach* 4: 93–119, 2009.

7　Bergeron MF, Mountjoy M, Armstrong N, et al. International Olympic Committee consensus statement on youth athletic development. *Br J Sports Med* 49: 843–851, 2015.

8　Bevans K, Fitzpatrick LA, Sanchez B and Forrest CB. Individual and instructional determinants of student engagement in physical education. *J Teach Phys Educ* 29: 399–416, 2010.

9　Bohannon LS, Herbert AM, Pelz JB and Rantanen EM. Eye contact and video-mediated communication: a review. *Displays* 34: 177–185, 2013.

10　Bowes I and Jones RL. Working at the edge of chaos: understanding coaching as a complex interpersonal system. *Sport Psychol* 20: 235–245, 2006.

11　Buchheit M, Rabbani A and Beigi HT. Predicting changes in high-intensity intermittent running performance with acute responses to short jump rope workouts in children. *J Sports Sci Med* 13: 476–482, 2014.

12　Burke KL, Peterson D and Nix CL. The effects of the coaches' use of humor on female volleyball players' evaluation of their coaches. *J Sport Behav* 18: 83–90, 1995.

13　Burt E and Morgan P. Barriers to systematic reflective practice as perceived by UKCC level 1 and level 2 qualified rugby union coaches *Reflect Pract* 15: 468–480, 2014.

14　Camiré M, Forneris T, Trudel P and Bernard D. Strategies for helping coaches facilitate positive youth development through sport. *J Sport Psych Action* 2: 92–99, 2011.

15　Carroll M, Curtis L, Higgins A, Nicholl H, Redmond R and Timmins F. Is there a place for reflective practice in the nursing curriculum? *Nurse Educ Pract* 2: 13–20, 2002.

16　Chesebro JL. Effects of teacher clarity and nonverbal immediacy on student learning, receiver apprehension, and affect. *Commun Educ* 52: 135–147, 2003.

17　Claringbould I, Knoppers A and Jacobs F. Young athletes and their coaches: disciplinary processes and habitus development. *Leis Stud* 3, doi:10.1080/02614367.2014.895027, 2015.

18 Clubb J and McGuigan M. Developing cost-effective, evidence-based load monitoring systems in strength and conditioning. *Strength Cond J* 40: 75–81, 2018.

19 Cook CR, Fiat A, Larson M, et al. Positive greetings at the door: evaluation of a low-cost, high-yield proactive classroom management strategy. *J Posit Behav Interv* 20: 149–159, 2018.

20 Côté J and Gilbert W. An integrative definition of coaching effectiveness and expertise. *Int J Sports Sci Coach* 4: 307–323, 2009.

21 Cropley B, Miles A, Hanton S and Niven A. Improving the delivery of applied sport psychology support through reflective practice. *Sport Psychol* 21: 475–495, 2007.

22 Cropley B, Miles A, and Knowles Z. Making reflective practice beneficial. In: *Professional Advances in Sports Coaching: Research and practice.* R Thelwell and M Dicks, eds. Abingdon: Routledge, 2018, pp 377–396.

23 Cushion C. Modelling the complexity of the coaching process. *Int J Sports Sci Coach* 2: 395–401, 2007.

24 Cushion CJ, Armour KM and Jones RL. Locating the coaching process in practice: models 'for' and 'of' coaching. *Phys Educ Sport Pedagog* 11: 1–17, 2006.

25 DeWeese BH, Hornsby G, Stone ME and Stone MH. The training process: planning for strength-power training in track and field. Part 1: theoretical aspects. *J Sport Health Sci* 4: 308–317, 2015.

26 Docheff D. Feedback: the key to effective coaching. *Strategies J Phys Sport Educators* 23: 34–35, 2013.

27 Dorgo S. Unfolding the practical knowledge of an expert strength and conditioning coach. *Int J Sports Sci Coach* 4: 17–30, 2009.

28 Elliot AJ and McGregor HA. A 2 × 2 achievement goal framework. *J Pers Soc Psychol* 80: 501–519, 2001.

29 Epstein R and Joker VR. A threshold theory of the humor response. *Behav Anal* 30: 49–58, 2007.

30 Faigenbaum AD and McFarland J. Make time for less-intense training. *Strength Cond J* 28: 77–79, 2006.

31 Faigenbaum AD, Milliken LA, Cloutier G and Westcott WL. Perceived exertion during resistance exercise by children. *Percept Mot Skills* 98: 627–637, 2004.

32 Gervais M and Wilson DS. The evolution and functions of laughter and humor: a synthetic approach. *Q Rev Biol* 80: 395–430, 2005.

33 Gibbs G. *Learning by Doing: A guide to teaching and learning methods.* Oxford: Further Education Unit, Oxford Polytechnic, 1988.

34 Gilbert WD and Trudel P. Learning to coach through experience: reflection in model youth sport coaches. *J Teach Phys Educ* 21: 16–34, 2001.

35 Grant MA, Dorgo S and Griffin M. Professional development in strength and conditioning coaching through mentorship: a practical pedagogical guide for practitioners. *Strength Cond J* 36: 63–69, 2014.

36 Hackathorn J, Garczynski AM, Blankmeyer K, Tennial RD and Solomon ED. Kidding aside: humor increases learning at knowledge and comprehension levels. *J Scholarsh Teach Learn* 11: 116–123, 2011.

37 Haddad M, Chaouachi A, Castagna C, Wong del P, Behm DG and Chamari K. The construct validity of session RPE during an intensive camp in young male Taekwondo athletes. *Int J Sports Physiol Perform* 6: 252–263, 2011.

38 Handcock P and Cassidy T. Reflective practice for rugby union strength and conditioning coaches. *Strength Cond J* 36: 41–45, 2014.

39 Harackiewicz J, Barron K, Pintrich P, Elliot AJ and Thrash T. Revision of achievement goal theory. *J Educ Psychol* 94: 638–645, 2002.

40　Hardavella G, Aamli-Gaagnat A, Saad N, Rousalova I and Sreter KB. How to give and receive feedback effectively. *Breathe* 13: 327–333, 2017.

41　Harwood CG and Knight CJ. Parenting in youth sport: a position paper on parenting expertise. *Psychol Sport Exerc* 16: 24–35, 2015.

42　Hodges NJ and Franks IM. Modelling coaching practice: the role of instruction and demonstration. *J Sports Sci* 20: 793–811, 2002.

43　Holland MJG, Woodcock C, Cumming J and Duda JL. Mental qualities and employed mental techniques of young elite team sport athletes. *J Clin Sport Psychol* 4: 19–38, 2010.

44　Jones RL and Thomas GL. Coaching as scaffolded practice: further insights into sport pedagogy. *Sports Coach Rev* 4: 65–79, 2015.

45　Jowett S. On enhancing and repairing the coach-athlete relationship. In: *Psychology of Sport Coaching.* S Jowett and MV Jones, eds. Leicester: The British Psychological Society, 2005, pp 14–26.

46　Jowett S. Coaching effectiveness: the coach–athlete relationship at its heart. *Curr Opin Psychol* 16: 154–158, 2017.

47　Jowett S and Poczwardowski A. Understanding the coach–athlete relationship. In: *Social Psychology in Sport.* S Jowett and D Lavallee, eds. Champaign, IL: Human Kinetics, 2007, pp 3–14.

48　Kaplan A and Maehr ML. The contributions and prospects of goal orientation theory. *Educ Psychol Rev* 19: 141–184, 2007.

49　Khuu S, Musalem LL, and Beach TA. Verbal instructions acutely affect drop vertical jump biomechanics – implications for athletic performance and injury risk assessments. *J Strength Cond Res* 29: 2816–2826, 2015.

50　Kissock C and Iyortsuun P. *A Guide to Questioning.* London: Macmillan Press, 1982.

51　Koklu Y, Alemdaroglu U, Cihan H and Wong DP. Effects of bout duration on players' internal and external loads during small-sided games in young soccer players. *Int J Sports Physiol Perf* 1–23, 2017.

52　Kuklick CR and Gearity BT. A review of reflective practice and its application for the football strength and conditioning coach. *Strength Cond J* 37: 43–51, 2015.

53　Levine MH and Sutton-Smith B. Effects of age, sex, and task on visual behavior during dyadic interaction. *Dev Psychol* 9: 400–405, 1973.

54　Lloyd RS, Cronin JB, Faigenbaum AD, et al. National Strength and Conditioning Association Position Statement on Long-Term Athletic Development. *J Strength Cond Res* 30: 1491–1509, 2016.

55　Lloyd RS, Oliver JL, Faigenbaum AD, Myer GD and De Ste Croix MB. Chronological age vs. biological maturation: implications for exercise programming in youth. *J Strength Cond Res* 28: 1454–1464, 2014.

56　McGuigan MR, Al Dayel A, et al. Use of session rating of perceived exertion for monitoring resistance exercise in children who are overweight or obese. *Pediatr Exerc Sci* 20: 333–341, 2008.

57　Ntoumanis N. Need supportive communication: implications for motivation in sport, exercise, and physical activity. In: *Persuasion and Communication in Sport, Exercise, and Physical Activity.* B Jackson, ed. Abingdon: Routledge, 2018, pp 285–301.

58　Offer K, Skead N and Seen A. 'You must be joking': the role of humour in the law classroom. *Law Tech* 52: 135–153, 2018.

59　Oliver JL, Barillas SR, Lloyd RS, Moore IS and Pedley J. External cueing influences drop jump performance in trained young soccer players. *J Strength Cond Res*, epub, doi:10.1519/JSC.0000000000002935, 2019.

60 Partington M and Cushion C. An investigation of the practice activities and coaching behaviors of professional top-level youth soccer coaches. *Scand J Med Sci Sports* 23: 374–382, 2013.

61 Pedota P. Strategies for effective classroom management in the secondary setting. *Clearing House* 80: 163–168, 2007.

62 Plisk SS and Stone MH. Periodization strategies. *Strength Cond J* 25: 19–37, 2003.

63 Potrac P, Jones R and Armour K. 'It's all about getting respect': the coaching behaviors of an expert English soccer coach. *Sport Educ Soc* 7: 183–202, 2002.

64 Price M, Handley K and Millar J. Feedback: focusing attention on engagement. *Stud High Educ* 36: 879–896, 2011.

65 Reid C, Stewart E and Thorne G. Multidisciplinary sport science teams in elite sport: comprehensive servicing or conflict and confusion? *Sport Psychol* 18: 204–217, 2004.

66 Rhind DJA and Jowett S. Relationship maintenance strategies in the coach-athlete relationship: the development of the COMPASS model. *J Appl Sport Psychol* 22: 106–121, 2010.

67 Robinson LE. Effect of a mastery climate motor program on object control skills and perceived physical competence in preschoolers. *Res Q Exerc Sport* 82: 355–359, 2011.

68 Ronglan LT and Aggerholm K. 'Humour helps': elite sports coaching as a balancing act. *Sports Coach Rev* 3: 33–45, 2014.

69 Sidaway B, Bates J, Occhiogrosso B, Schlagenhaufer J and Wilkes D. Interaction of feedback frequency and task difficulty in children's motor skill learning. *Phys Ther* 92: 948–957, 2012.

70 Smith RE, Smoll FL and Cumming SP. Motivational climate and changes in young athletes' achievement goal orientations. *Motiv Emot* 33: 173–183, 2009.

71 Tofade T, Elsner J and Haines ST. Best practice strategies for effective use of questions as a teaching tool. *Am J Pharm Educ* 77: 155, 2013.

72 van de Pol J and Elbers E. Scaffolding in teacher-student interaction: a decade of research. *Educ Psychol Rev* 22: 271–296, 2010.

73 Van Manen MJ. Linking ways of knowing with ways of being practical. *Curriculum Inq* 6: 205–228, 1977.

74 Visek AJ, Harris BS and Blom LC. Mental training with youth sport teams: developmental considerations and best-practice recommendations. *J Sport Psych Action* 4: 45–55, 2013.

75 Weinberg R. Goal setting in sport and exercise: research and practical applications. *Rev Ed Física* 24: 171–179, 2013.

76 Winkelman NC. Attentional focus and cueing for speed development. *Strength Cond J* 40: 13–25, 2018.

77 Winkelman NC, Clark KP and Ryan LJ. Experience level influences the effect of attentional focus on sprint performance. *Hum Mov Sci* 52: 84–95, 2017.

78 Wopereis IGJH, Sloep PB and Poortman SH. Weblogs as instruments for reflection on action in teacher education. *Interact Learn Envir* 18: 245–261, 2010.

79 Wulf G, Hoss M and Prinz W. Instructions for motor learning: differential effects of internal versus external focus of attention. *J Mot Behav* 30: 169–179, 1998.

80 Wulf G, Zachry T, Granados C and Dufek JS. Increases in jump-and-reach height through an external focus of attention. *Int J Sports Sci Coach* 2: 275–284, 2006.

81 Zamani MH and Zarghami M. Effects of frequency of feedback on the learning of motor skill in preschool children. *Int J School Health* 2: e23680, 2015.

第二部分

青少年运动员体能的发展

第6章 青少年运动员动作技能训练

Rhodri S. Lloyd, Sylvia Moeskops, Urs Granacher

引言

伴随着身体的快速生长、发育，儿童青少年生理发生明显的变化[50]。正常发育的儿童青少年，无论是否进行系统的体能训练，其身体形态、体重、生理适应能力等都会随着年龄的增长发生显著变化。但是测试数据显示，接受训练的儿童青少年体能测试指标均优于不参加训练的儿童青少年。如有训练经历的儿童青少年通常比没接受训练的同龄人更加强壮有力[19,81]，有更好的有氧和无氧耐力[5,2]。儿童时期是大脑发育的关键时期，感觉运动皮质处于自然的加速发育状态[13,26]，它的发育会影响类似平衡、灵敏等身体素质[3,35,54]。因此，人们一致认为儿童时期是基础动作技能学习和完善、神经肌肉协调发展的关键时期。此阶段，如果能将基础动作技能的学习、神经肌肉协调性的发展与日益增长的肌肉力量有机结合，可最大程度提高动作技能的水平。

动作技能水平：现状

令人担忧的是，现在越来越多的孩子的运动能力表现欠佳[30]。对于大多数儿童青少年来说，主要原因是久坐不动的生活方式变得越来越常见。最近，Faigenbaum 等人，指出三个相互影响的因素导致儿童久坐不动生活方式和健康风险：运动缺乏症、儿童肌力减退症和体育素养欠缺[23]。"运动能力障碍"假说认为，早期动作技能的不足会妨碍后期较复杂动作模式的学习和提高[68]。近期的数据也表明，动作技能水平低于及格线的儿童不能完成健康手册建议的中等至剧烈强度水平的体育活动[18]。因此，促进动作技能水平、发展体能训练不仅可以改善儿童青少年现阶段的身体健康，降低现阶段的运动损伤风险，也有助于其长期的健康和幸福。

但是，对于数量日益增加的青少年运动员，过早的专项训练会导致其动作技能水平较低。因为早期运动专项化训练偏向于某项特定运动，以牺牲适当的体能训练、提高一般动作技能为代价。越来越多证据表明青少年运动员的早期单一运动项目专项化与迟钝、笨拙的动作密切相关，同时增加其运动损伤风险

(尤其是过度使用的运动部位)、力竭或过度训练综合征、孤立和心理压力等[36,41]。因此,实施包含多种基本动作技能(移动性、稳定性和操控性)、运用相应的力量发展手段、量身定制的个性化体能训练方案被认为是儿童训练的基本策略。通过该训练策略,可丰富儿童青少年的运动学习经验,最大程度地提高动作技能水平,降低或减缓急性损伤以及过度使用而导致的慢性损伤[20,55]。

儿童成长发育时期以动作技能的训练为目标,可以让他们充分利用动作学习的天然(窗口期)敏感期,加以正确的引导,促使他们进步并获得适当的动作技能基础[53]。基于训练的环境和氛围,不仅有助于他们打破遗传因素的限制[16],而且还有助于其成人后获得超过预期潜能水平的运动表现[55]。值得一提的是:据报道,从儿童青少年到成年,人们的体育活动水平具有中高程度的稳定性[72,73],这意味着早期(学龄前期)促进动作技能发展的训练非常重要。

基本理论概念

动作技能发展:"体育素养"(physically literate)运动员的概念

为了更好地理解本章内容,有必要明确动作技能熟练程度的定义。本章动作技能熟练程度被定义为:构成运动、比赛或娱乐活动中较高级、复杂动作的"奠基石"的基本动作技能,其持续表现的能力[49]。动作技能需要一定水平的协调能力以及产生力和分配力的能力。文献资料中,动作技能能力通常由动作技术熟练程度(如投掷或跳的技术动作质量)和具体表现(如投掷的距离和/或准度、跳的高度和/或远度)来衡量。鼓励、提倡教练员及他们的运动员更多地关注动作技能的熟练程度,而不是多远、多高、多快的表现(尤其是在学习早期阶段),因为这种理念有助于培养以深入学习、精通技术为导向的习惯,注重以自身的基础为标准衡量自己获得的成就,而非与他人比较[63]。虽然本章强调的是动作技能熟练程序,但在相关地方也提及了动作技能的表现。

以往的研究文献指出,儿童早期是学习、训练和发展关键基础动作技能的黄金时期。这个时期发展基础动作,有助于成年后运动能力的增强,有助于复杂、具挑战性组合动作效率的优化[53]。最新的国际准则倡导:儿童早期的体能训练应关注动作技能和肌肉力量的训练,以确保儿童随年龄的增长,拥有大量的足够强劲有力、足够稳定的一般动作技能[8,41,42]。当儿童成为青少年,从早期的训练走上长期的竞技运动之路发展动作技能时,会更多地注重与其选择的项目相关的专项技术动作。由于激素水平的变化,这种动作技能发展的方法应融入更多的力量和爆发力练习。但需要注意的是,此阶段也不能忽略基础动作技能的训练(FMS),定期检查审视以避免关键基础动作质量的倒退[43]。

> 动作技能发展和肌肉力量的提高不是孤立的,两者可以同时训练以提高儿童动作技能水平。

长期进行动作技能训练,旨在让每名儿童青少年都成为有"体育素养"的人,即能够实时、及时调整、调用已掌握的、丰富的动作技能以应对其训练和比赛真实环境需要。有"体育素养"的儿童青少年通过在不同性质环境和接触面(包括地面、水中和空中)进行训练获得动作技能,旨在满足动作技能应用的不可预测、千变万化的需要。另外,对于那些没有选择运动生涯或者退出竞技运动的儿童青少年来说,"体育素养"也是其一生保持运动习惯的前提[23]。

为了让较高动作技能水平的青少年运动员的体育素养得到最大程度的发展,首先,他们需要掌握一些简单的动作能力(如躯干稳定性、身体平衡、本体感觉及以不同速度和水平运动的能力),这些能力反过来将会快速有效地转移到复杂的综合动作技能中(如节律性动作、肢体协调性动作、灵敏性动作以及多方向、多维度的力量和爆发力动作)。预期的结果是:与没有接受适当训练的同伴相比,经历"体育素养"训练的青少年运动员,成年后可达到更高的竞技水平[54](图6.1)。

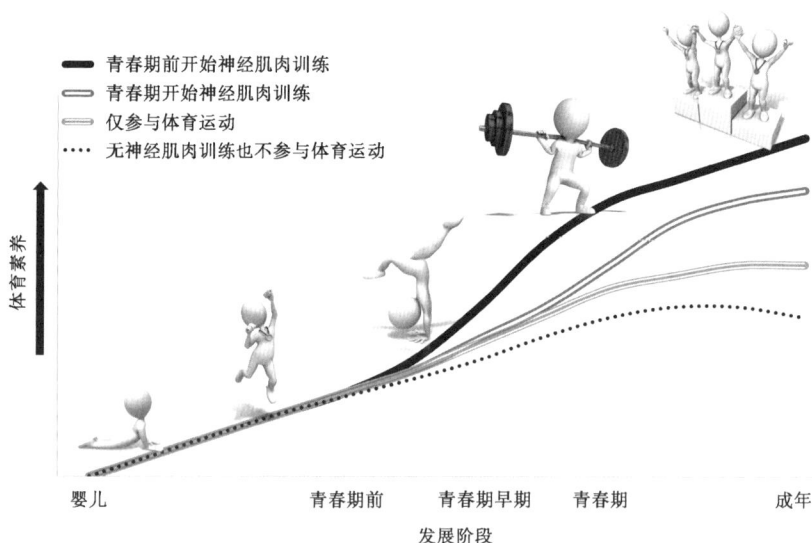

图 6.1 青少年运动员受益于早期开始动作技能训练,"体育素养"逐渐提升的理论模型
资料来源:Myer.et al.[57]

成长发育对动作技能发展的影响

动作技能的自然发展规律

在整个儿童和青少年时期，青少年对体育锻炼和神经肌肉训练似乎有几个高度敏感的关键[77]，专家学者称此为"窗口期"[38]。虽然没有单独表现动作技能的基因代码，但很多神经系统方面的局限性使得个体之间动作技能的关键成熟阈值有较大差别[17, 66]。儿童时期，中枢神经系统发育速度迅猛，神经可塑性较强，因此，这个时期动作技能的发展提升空间最大[9, 39, 61]。对儿童来说，各种动作技能反复不断地练习，动作控制神经的突触通路和突触消减现象频繁发生，动作过程中儿童快速决策能力得到发展，本体感觉能力提高[13]。有文献强调，儿童进行丰富多彩的身体活动，可以促进动作技能的发展，并且降低单项竞技运动早期专项化的需要，因为在常见的、一般的身体活动中，模式识别、手眼协调能力和认知技能等都可以得到相应的发展[4]。这一点也得到 Abernathy 等人的支持，他们认为：大量的身体活动，确实可使儿童在相关运动中选择性地调用相关动作技能模式，最终促进专项表现[1]。

需要注意的是，无论是年龄还是成熟度，儿童青少年时期动作技能都会得到显著的发展。然而，研究证明，随着年龄的增长，大脑灰质的体积呈非线性递减，尤其是青春期开始后，伴随着神经突触消减的进程，更加明显[26, 39]，使得年龄越大，学习新的动作技能越具挑战性。尽管青春期前儿童前额叶认知控制的激活模式不成熟，导致动作控制执行过程中有很多变化[11]，但他们比青少年和成人拥有更大的提升空间建立来新的突触通路[69]。所以，教练员必须向儿童介绍发展动作技能的训练方法和手段，并尽可能在最早阶段提供干预。

移动性动作技能

现有的文献表明，大多数的移动动作技能在 7 岁左右初步形成[70]。特别值得一提的是，虽然研究证明 3 岁左右儿童的步态已基本成熟，但一直处于完善过程，直至成年[71]。在这个过程中，主要是感觉器官（视觉、前庭器官和躯体感觉）的发育日趋完善使得儿童步态效率越来越高[3]。但是，体能教练更感兴趣的可能是动态性较强的动作形式，如跑、跳、单足跳和急停变向。研究表明，18 个月的婴幼儿就会跑了[10]，然而可惜的是，现如今青少年不良跑姿（力学效率低）随处可见。例如有研究表明，156 名学院橄榄球联盟男性球员中（平均年龄 16 岁），短跑冲刺时，大约有 50% 的球员的跑步技术不合理[58]，尽管只是从额状面角度观察。

通常认为，2 岁的幼儿能够表现出双足跳和单足跳等各种跳的动作模式[70]。

研究表明,从儿童期到青春期,双足和单足跳的能力呈线性方式增长,最明显的表现是纵跳的高度增加及重复跳跃时的神经协调能力增强[44]。鲜有证据表明,在灵敏性训练中切步动作的发展;但研究显示,14 岁青少年变向的能力、速度训练中的表现显著超过 12 岁青少年[33],尽管青少年足球运动员的变向速度峰值已被证明发生在 PHV 时期前后[60]。总体来说,这些数据表明年龄和成熟度对动作技能有潜在影响。

平衡稳定技能

平衡稳定性定义为:静态或动态情况下,稳定身体各环节和关节保持某种姿势的能力。拥有良好平衡稳定能力的人可以在支撑面上轻松自如地、持续地控制身体姿势或重心[34]。平衡稳定性在整个生命周期都会发生变化,儿童以及年长者均表现出较差的平衡能力,这种现象主要与生长发育和生物性衰老有关[28]。平衡能力是学习复杂动作技能的重要前提,也是儿童青少年日常活动及参与体育活动得以实现的基础[52, 65],因此,儿童时期平衡能力的提升至关重要。与移动性动作技能类似,儿童平衡稳定能力的发展在第一个 10年,平衡控制通常在 8~10 岁时建立[27]。

尽管平衡稳定性对所有动作技能水平有很大贡献,但几乎没有关于健康儿童姿态稳定性和控制能力的研究。Mickle 等人研究发现,与 9 岁女孩相比,9 岁男孩的稳定性较差,无论是静态的还是动态的,主要原因之一可能是由于女孩的神经系统、视觉系统、前庭器官以及本体感觉系统发育较男孩早,从而可以更好地完成诸如单腿支撑站立等动作[52]。早期有关成年人的研究也指出,相比正常组人群,扁平足和足外翻人群的姿态控制能力较差[76],由于足的结构是平衡能力强弱的重要因素,而男童扁平足发生率较女童高,因此推断扁平足发生率高可能也是男孩平衡稳定性差的原因之一[59]。另外研究显示:11~12 岁儿童双侧支撑的平衡稳定性没有表现出比 10 岁儿童更好的趋势[52],但在实验中,儿童在 9 岁时似乎能熟练掌握双侧支撑的平衡稳定能力[31]。

操控性动作技能

操控性动作技能,如抓握、抛投、接和踢的能力通常随着年龄的增长而提高,主要源于动作控制能力及肌肉力量的增大[70]。此外,操控性动作技能还与良好的手眼配合能力以及感知目标物体形状、大小及移动轨迹的能力有关[31]。抓握能力一般在出生后 2 岁内得到发展,大概在 12~18 个月完成[70]。但抓握能力的发展贯穿于整个儿童期,随着年龄的增长,逐渐加强,8~10 岁的抓握能力与成年人熟练程度相当[67]。对青少年运动员及其教练员来说更重要的是:儿童的抛投、踢和接抛投的能力,而这些技能随着年龄的增长而逐步提高。

有关这方面的研究表明，儿童6岁左右可熟练掌握抛投技能（如对侧腿向前跨一步，且有躯干旋转动作）[12]，用球的速度来衡量抛投能力，从儿童到青少年，抛球的速度逐年增加，且男孩的球速普遍高于女孩[74]。

> 　　有人认为动作技能的获得完全是发育过程中顺其自然的结果，这种观点不正确。所有儿童都应有专业教练指导，旨在让他们能够学习和发展更广泛的动作技能。

动作技能的可训练性

　　现有的关于发育的研究文献显示，当儿童青少年参加适合发展的体能训练时，他们的移动性动作技能（跑、单足跳、双足跳）、平衡稳定性（平衡能力和核心稳定性）以及操控性动作技能（抛投和接抛投动作）均有提高[7, 14, 20, 21, 27, 32, 45, 56, 62, 64, 75, 79]。大多数情况下，训练干预方案包括动作技能、肌肉力量和爆发力三个模块。本章将对每一类动作技能的可训练性进行逐一阐述。

移动性动作技能

　　如前所述，当儿童青少年参加与年龄相适应的体能训练时，跑、跳和急停变向等移动性动作技能可以得到加强。如力量训练[32, 40]、快速伸缩复合训练[75]、力量与爆发力结合的训练[48]以及综合性的神经肌肉训练[20]都可以显著提高儿童青少年的移动性动作（跑、跳）技能水平。在完成移动性动作技能时，地面反作用力越大，产生的推动力越大，因此，力量被认为是跑步表现的重要因素。进一步说，考虑到儿童时期神经协调性的逐渐增加，以及肌肉快速收缩在短距离冲刺跑和跳跃中的重要性[47, 26]，快速伸缩复合训练被视为提升儿童移动性动作技能的主要训练手段。总而言之，强调动作技能训练重要性的同时，重视发展肌肉的收缩力量和收缩速度，以提高青少年运动员移动性动作技能效果和效率。

稳定性技能

　　对儿童来说，良好姿态控制能力的获得不是孤立的，青春期前，运动感觉、本体感觉的发展至关重要。这种能力发展的关键是其训练过程中接触的小伙伴及负责为他们创造这种环境的长辈们对他们的影响[53]。在训练早期，如果儿童的平衡稳定性没有达到一定的水平，可以推断：其后期学习复杂动作技能的效率会大打折扣，而且参加各种活动和比赛时运动损伤的可能性会大大增加[52, 80]。

　　平衡稳定性技能的训练效果多是以偏瘫性脑瘫患儿为实验对象，只有少数的几篇文献以发育正常的健康儿童为实验对象[37]。Granacher[27]等人的研究显示，专门针对 6～7 岁儿童设计的平衡稳定性训练方案对其姿势控制、力量及跳跃表现没有效果。导致这一结果的主要原因是尚未成熟的姿态控制系统及平衡训练过程中注意力集中的欠缺。最近，Gebel[25]等人对健康儿童和青少年平衡稳定训练的效果进行了系统综述和元分析：17 篇相关研究文献的一致观点：平衡训练是提高健康儿童青少年的静态和动态平衡能力的有效手段，不管什么年龄、性别、训练状态，环境和测试方法，有效相关程度均达到中等或较大程度。

核心的力量、肌肉耐力和稳定性的不足可能与青少年未来潜在的腰痛有关[53]，因此所有儿童青少年，都应把渐进性躯干增强练习作为综合神经肌肉训练方案的一部分，预防或降低身体活动或专项训练过程中脊柱损伤的程度和概率。对于儿童青少年来说，提高身体平衡和躯干控制能力的最好方法可能是结合有位移或无位移的抗阻训练，以及动态移动性动作（双足跳、单足跳、急停变向等）和操控性动作（抛投）。除此之外，还应该包括强调动作控制在不稳定平面上的练习。但是，如果训练目标是为了发展稳定平面上产生力的能力，不建议采用不稳定平面的训练手段[6]。Granacher[29]等人比较了稳定表面和不稳定表面两种方法的核心力量训练对青少年身体素质的影响。每周 2 次，为期 6 周，每次训练负荷相同，稳定和不稳定组青少年的躯干肌肉力量、侧跳和动态稳定性都有显著提升，但是，与稳定组相比，不稳定组在体能方面（如站姿体前屈的成绩）有特定的额外效果。

操控性动作技能

研究表明，整合各种运动干预措施可显著提高主要操控性动作技能的水平。Werner 的早期研究证明，每周 2 次，为期 8 周的以基础动作技能为主导的常规体育课可使 3～5 岁儿童抛投和踢的能力提高[78]；无独有偶，每次 30 分钟，持续 6 个月以动作技能训练为主的体能课使 9～11 岁儿童青少年抛投的准确性和接抛投的能力显著提高[51]。值得注意的是，动作技能的提升幅度与性别和年龄有关，男生比女生更显著，年龄较大者比年龄较小者更显著[64]。最新研究显示，为期 9 周的训练干预能够提升球技，包括抛投球、接球、击球（高尔夫球）、踢球、运球及地滚球。更有意义的是，该研究进行 9 周的跟踪测试发现：与对照组相比，训练干预方案在提升和保持球技方面有同等效果，且没有性别差异。

尽管鲜有研究测试操控性技能的可训练性，动作技能和肌肉力量结合的训练能提升操控性动作技能水平的观点还是经得起推敲的。此外，从预防损伤的角度看，发展操控性动作技能的训练方案中，应该重视动作中受力关节周围肌肉的练习，以增加其主动稳定性。

实际应用

动作技能训练处方参数

练习手段的选择

训练的目标简单明确：培养熟练掌握丰富的动作技能，且能以灵敏、平衡稳定、协调的方式产生或合理分配力量的青少年运动员。但是，发展动作技能的手段千千万，在设计提高动作技能水平娴熟度的训练方案时，教练员和运动员面临海量选择，因此，选择练习手段的三个必要原则是：趣味性、挑战性及探索性。早期阶段，以趣味性为主的训练（如穿越各种障碍的练习，团队或搭档的挑战、体操类活动、有搭档的杂技类平衡练习等）可以调动青少年运动员训练的积极性（图6.2），动作技能融入其中并自然地得到发展。这些锻炼模式不仅容易获得运动员的认可，而且为他们提供了提高运动能力的机会。尽管早期动作技能训练的重点是趣味性、挑战性和探索性的动作，但教练员也有必要提供清晰、简单的指导语、反馈信息及线索，以确保完成训练任务。随着时间的推移，练习手段和方法的复杂程度应视训练经验和个体动作技能水平做相应的调整。

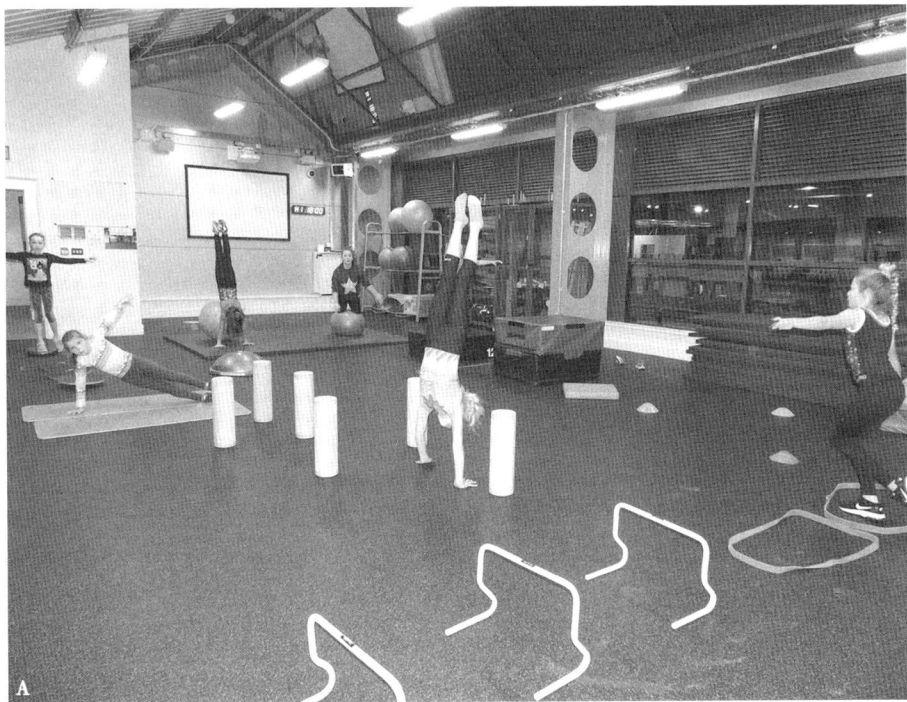

图 6.2 A. 有障碍物的练习；B. 团队或搭档的挑战；C. 体操类运动；D. 有搭档的杂技类平衡练习

严格执行事先制定的重复次数和负荷量，对成人来说是取得理想训练效果的保证。但这种做法对儿童青少年来说一般是无效的而且也是不合适的。因此，对于体能教练来说，训练儿童青少年的难点在于如何设计包括几个主要动作技能在内的、兼具趣味性和互动性、促进各种动作技能水平提高的身体活动。为了使儿童青少年应对高难度的训练形式（如举重，高强度快速伸缩复合训练，专项速度和灵敏练习），除了更多一般性的基础动作技能（如接抛投、跑、平衡）外，教练员应尝试将竞技动作技能能力（AMSC）（图 6.3）纳入青少年运动员的训练项目中。竞技动作技能能力（athletic motor skill competencies，AMSC）列出的动作形式既是基础动作技能的组成部分，也是很多专项动作技能的组成部分。例如，核心支柱力量和单侧下肢动作模式存在于移动性动作技能——跑的动作中，因此教练员应该设计单侧下肢动作和核心支撑的综合练习，而并非简单的将跑作为基础动作技能练习，综合性练习有助于发展专项素质，最终也能转化到跑步的整体动作中。因此，有助于提高运动表现和降低受伤概率的、针对性强的个性化训练方案设计值得提倡，最终目的是让所有的青少年运动员熟练掌握 ASMC 规定的所有竞技动作技能，为他们后期运动生涯的严酷专项训练做准备。

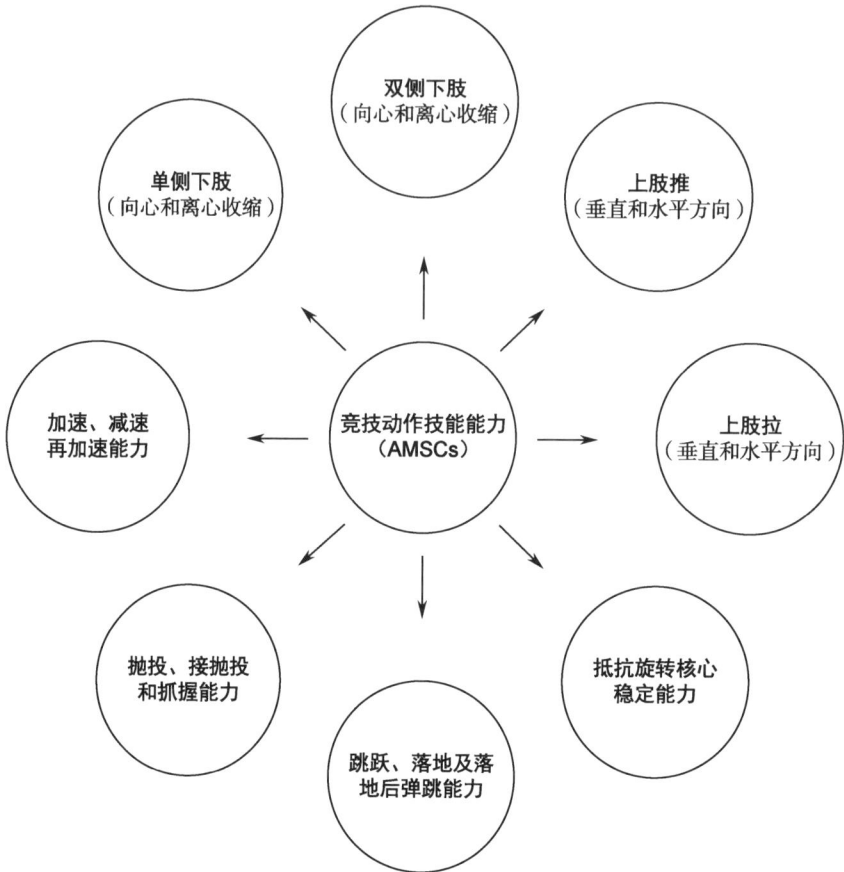

图 6.3　竞技动作技能

　　图 6.4 和图 6.5 展示的案例是合并了多种 AMSC 的练习。图 6.4 描绘的是一名儿童以"蜘蛛侠"的姿态在地上爬行。当然儿童并不知道这可以锻炼主要竞技动作技能，如单侧下肢三伸展能力、髋关节灵活性、肩胛骨稳定性、胸椎关节的伸展性及核心稳定性。图 6.5 展示的是一名儿童"蹲 - 跳 - 投 - 接"的动作组合，从半蹲姿态开始，把球抛向空中，然后跳起来接球，以竞技运动员普遍采用的基本运动姿势落地（UAP）。这个组合练习，对儿童来说既有趣又有一定的挑战性，可以发展上肢垂直推（向空中抛球）、双侧下肢向心收缩爆发力（跳起）、操控性动作（接球）及双侧下肢离心收缩力量（落地）。训练方案中用什么样的练习动作取决于教练员的想象力。但无论如何，需要重申的是：练习的复杂性和难度的增加，应该在动作质量和安全保证的情况下进行，不能以牺牲动作质量和儿童青少年的安全为代价。

图 6.4　"蜘蛛侠"爬行练习

图6.5　"蹲 - 跳 - 投 - 接"的组合动作练习

　　当确定要发展 AMSC 的动作熟练度时,教练员应考虑选择的练习手段和方法是否与青少年运动员该年龄阶段运动能力发展特点相匹配。图 6.6 强调的是动作技能循序渐进的发展顺序,据此,动作完成的质量好坏是进阶还是退阶训练的关键。第一阶段,评估儿童能否完成一个完整的动作,一般需要展示动作的极限运动范围(如深蹲至底部);第二阶段,如果儿童能够展示以上动作,再进一步确认他是否可以静力性保持以上动作姿态 5~10 秒,即以一种相对较简单的动作练习提高肌肉等长收缩力量的能力,如果儿童不能很好地展示这一动作,教练员应该首先考虑限制完成此动作的因素(如灵活性、稳定性、力量和意识),并提供解决这些问题的辅助练习;第三阶段,衡量受试者是否能以合理的动作模式顺畅地重复规定的次数(如重复下蹲 5~10 次)。需要说明的是:图 6.6 中的前三个阶段可以同时进行,但阻力的增加、动作的复杂性的提高和速度的变化只能在前几个阶段动作技能足够娴熟的基础上进行。

　　动作技能训练进阶决策可以帮助教练了解儿童青少年动作技能发展的阶段,寄予合理的期望。大多数儿童动作技能的发展是按照图谱顺序依次进行的,但也有少数儿童的动作发展会跳过某个环节重新排序,从而以他们自己特有的规律发展。站在教练的立场,如果教练掌握的发展方式单一,并认为所有儿童青少年必须以同一种方式训练,这样会限制某些儿童潜能的发展。因此,在训练过程中,教练创设鼓励儿童青少年积极探索个性化运动的环境或氛围是非常必要的，有利于儿童青少年动觉意识和整体动作技能水平的提高。

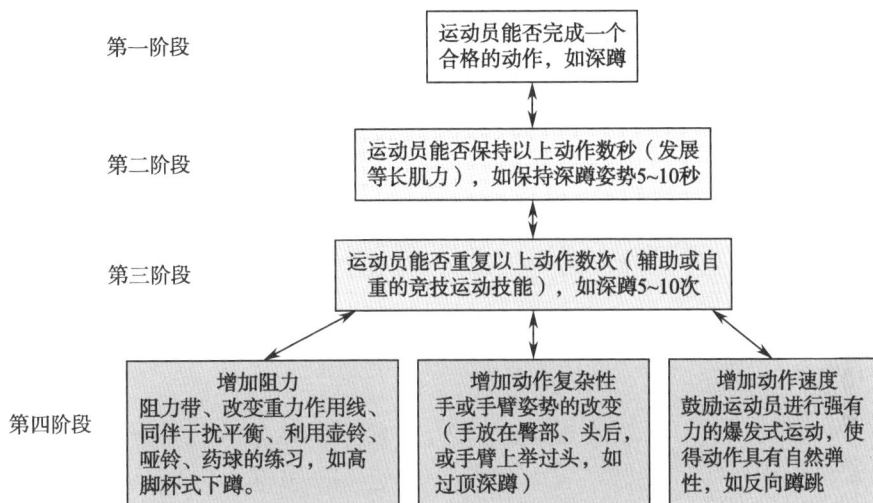

图 6.6 动作技能训练进阶决策过程的理论模型

训练时长

大量观察发现：儿童游戏活动中，较短时间的跳、跑和投的活动与休息时间间歇交替进行[15]。有研究证明，与成人相比儿童青少年恢复能力较强，高强度活动后，较短时间就可恢复[24]。因此，儿童青少年进行综合性神经肌肉训练时应以短时间的大强度练习为主。研究表明，日常体育课，仅前 20 分钟的综合性神经肌肉训练，就可使移动性和稳定性动作技能明显改善[20]。尽管教练采用多种手段和仪器设备以保持儿童青少年兴趣很重要，但教练也需要定期给予积极的反馈，以帮助学习过程。

负荷量和强度

一般情况下，青少年训练干预计划的负荷量和重复次数要大于成人，这是因为自重的抗阻、操控性技能和平衡稳定性技能训练对身体各部位产生的冲击力和关节载荷较低。为了给青少年提供充足的训练刺激，以促进动作技能发展，目前认为儿童青少年的训练安排以每节 2～4 组、每组 6～12 次。但如果是有训练经验的儿童，建议采用难度较大的动作、较少的重复次数和较长的休息时间，以便得到实时反馈信息[46]。

　　传统的抗阻训练强度，一般以重复一次的最大负荷百分数表示（1RM%），而确定动作技能的训练强度比较具有挑战性，因为这些练习多数都是自重练习，训练过程中克服的主要是自身体重。动作技能训练强度最合理的评估方法可能是儿童版的自感劳累量表（RPE）[22]，详见第 3 章。不过，动作技能练习的难度可作为量化训练强度替代方法。如静态的前后分腿蹲动作练习（单侧下肢动作训练）可以按以下顺序逐渐增加难度。首先，让儿童进行弓步走练习，既可以提高移动性动作技能，也能加强动态平衡稳定性；然后，让儿童弓步走过程中接同伴抛过来的球，这个综合练习可使 3 种基础动作技能都得到增强。切记：无论什么样的训练形式，如果儿童不能流畅、持续地完成动作，就需要停止，进行反馈性纠正训练，然后确定是否需要降低动作难度后再进行训练。

动作速度

　　动作技能发展训练计划中，某些动作练习的速度一定要慢，以更好的关注动作模式的合理性[46]。从培养注意力、能力保持、享受训练过程和提高动作技能水平的目的出发，教练应该也设计一些爆发性的练习。这种综合训练方法既有助于儿童以合理的动作模式正确运动能力的提高，也有助于儿童神经肌肉协调能力的加强，以形成高 RFD（力的生成速率）的动作，这也有助于为儿童之后的发展阶段进行更高水平和更复杂模式的训练做好准备。

训练频率

　　以往的研究表明，对于青春期前的儿童来说，每周进行两次以提升肌肉力量和基础动作技能为目的的训练是足够的，能引发移动性和稳定性技能训练积极效应[20]。除了恢复的需要外，避免儿童因过度的正规训练导致失去训练兴趣也是非常重要的。因此，一般来讲，建议儿童每周在非连续的日子里进行 2～3 次结构化的训练干预。但是，如果少年运动员的训练时间有限，动作技能的训练可以有针对性地安排在其他训练课的简短热身期间，一周累积的效果同样可以使动作技能得到提高。

训练案例

　　表 6.1 和表 6.2 分别给较低动作技能水平的初学者和较高动作技能水平的青少年运动员提供了发展基础动作技能和竞技动作技能的训练案例。两个案例均遵循相似的顺序和形式，具体如下：①准备阶段热身的目的是让个体

表 6.1　青少年运动员早期训练阶段训练课样例

阶段	练习	训练量/(组×次)	时长/分		
多人参与活动	单腿站立，两人一组，相互抛接	2~3×5	5		
热身	以包括多种基础动作技能的动物姿势进行有障碍的练习	NA	10		
主体部分	迷你弹力带蚌式开合练习	2~3×10	35		
	静力蹲	2~3×10s			

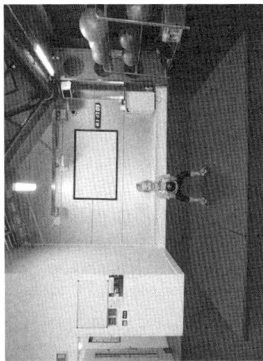

续表

阶段	练习	训练量/（组×次）	时长/分		
	木杠颈后深蹲	2～3×10			
	静力性前后分腿蹲（保持）	2～3×10			
	仰姿斜体 TRX 划船	2～3×10			

续表

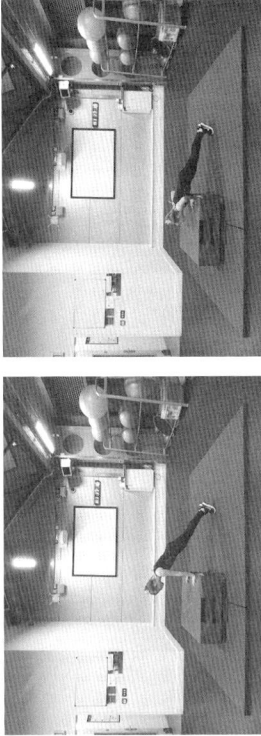

阶段	练习	训练量/(组×次)	时长/分
	俯卧撑（手放在一定高度的物体上）	2～3×10	
	平板撑	2～3×15s	
游戏/挑战	老狼老狼几点钟？场地游戏的一种，要求参与者（非狼角色）轻轻跳着从背后靠近"狼"而不被狼抓到	NA	10

表 6.2　技术较精湛的青少年运动员训练课样例

阶段	练习	训练量/（组×次）	时长/分
热身	以包括多种升级的（如练习难度或强度）基础动作技能的动物姿势进行有障碍的训练	N/A	10
个性化准备活动	根据运动员个性化需要设计1~2个练习（如康复练习、灵活和/或激活灵活性练习、动作技术）	2~3×5~10	5
主体部分	迷你弹力带走	2~3×10	35
	杠铃颈后蹲	2~3×5~8	

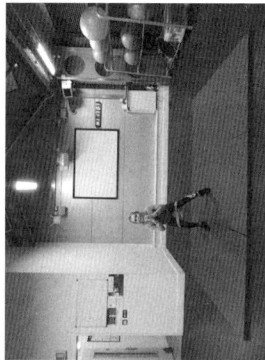

续表

阶段	练习	训练量/(组×次)	时长/分		
	罗马尼亚硬拉	2~3×5~8			
	肩扛杠铃（杆）上跨步蹬阶	2~3×6~8			
	俯卧撑	2~3×10			

续表

阶段	练习	训练量/(组×次)	时长/分				
	俯身划船	2～3×10					
	跪姿前后滚瑞士球	2～3×5～8					
游戏/挑战	跳远：要求运动员尽可能往远跳的同时控制落地动作，动作正确合理才计成绩	3×5	10				

为随后的练习做适当的准备，并以有趣 / 愉悦的方式保持 / 发展 AMSC；②主体阶段的目的是增加青少年运动员的肌肉力量和提高 ASMC 熟练程度；③游戏阶段（如以团队、同伴或个人为基础的活动）的目的是以既有趣又具探索性的方式让青少年运动员挑战自己动作的难度，此阶段要确保儿童青少年训练过程中始终保持积极饱满的精神状态。值得注意的是，青少年的早期训练阶段，如果用一个"多人参与"活动作为训练的开始，可促进他们的社会交往能力，更快地融入团队中。随着时间的推移，可在热身结束后以"个人准备"活动代替"多人参与"活动，目的在于满足儿童青少年运动员的个性化需求（如康复运动、特定的灵活性和 / 或激活练习或技术动作发展）。和其他训练模式一样，教练员必须考虑所有练习的进阶和退阶，并根据青少年运动员的技术能力区分不同的训练课。

重点总结

- 儿童期结束前，儿童能掌握大多数的移动性、平衡稳定性、操控性动作技能，但最近的研究表明，现代儿童完成基础动作技能，娴熟度不高。
- 儿童时期神经系统的可塑性较强，因此，儿童时期是进行综合性神经肌肉训练，发展动作技能的关键期。
- 有效的动作技能发展的关键是认知功能、高质量的基本动作模式和相对力量水平的结合。
- 除传统基础动作技能（移动性、稳定性和操控性）以外，儿童青少年还应该进行一般的竞技动作技能训练，为后续阶段进行高水平的训练及取得优异运动成绩或运动表现做准备。
- 设计合理且有良好指导的训练干预，对儿童动作技能适应能力的提升效果，远远超过单独成长发育的效果。

参考文献

1　Abernethy B, Baker J and Cote J. Transfer of pattern recall skills may contribute to the development of sport expertise. *Appl Cognit Psychol* 19: 705–718, 2005.
2　Ara I, Vicente-Rodriguez G, Jimenez-Ramirez J, Dorado C, Serrano-Sanchez JA and Calbet JA. Regular participation in sports is associated with enhanced physical fitness and lower fat mass in prepubertal boys. *Int J Obes Relat Metab Disord* 28: 1585–1593, 2004.
3　Assaiante C. Development of locomotor balance control in healthy children. *Neurosci Biobehav Rev* 22: 527–532, 1998.
4　Baker J, Cote J and Abernethy B. Sport-specific practice and the development of expert decision-making in team ball sports. *J Appl Psychol* 15: 12–25, 2003.

5   Ballester R, Huertas F, Yuste FJ, Llorens F and Sanabria D. The relationship between regular sports participation and vigilance in male and female adolescents. *PLoS ONE* 10: e0123898, 2015.

6   Behm DG, Muehlbauer T, Kibele A and Granacher U. Effects of strength training using unstable surfaces on strength, power and balance performance across the lifespan: a systematic review and meta-analysis. *Sports Med* 45: 1645–1669, 2015.

7   Behringer M, Vom Heede A, Matthews M and Mester J. Effects of strength training on motor performance skills in children and adolescents: a meta-analysis. *Pediatr Exerc Sci* 23: 186–206, 2011.

8   Bergeron MF, Mountjoy M, Armstrong N, et al. International Olympic Committee consensus statement on youth athletic development. *Br J Sports Med* 49: 843–851, 2015.

9   Borms J. The child and exercise: an overview. *J Sports Sci* 4: 3–20, 1986.

10 Branta C, Haubenstricker J and Seefeldt V. Age changes in motor skills during childhood and adolescence. *Exerc Sport Sci Rev* 12: 467–520, 1984.

11 Bunge SA, Dudukovic NM, Thomason ME, Vaidya CJ and Gabrieli JD. Immature frontal lobe contributions to cognitive control in children: evidence from fMRI. *Neuron* 33: 301–311, 2002.

12 Butterfield SA and Loovis EM. Influence of age, sex, balance, and sport participation on development of throwing by children in grades K-8. *Percept Mot Skills* 76: 459–464, 1993.

13 Casey BJ, Tottenham N, Liston C and Durston S. Imaging the developing brain: what have we learned about cognitive development? *Trends Cogn Sci* 9: 104–110, 2005.

14 Christou M, Smilios I, Sotiropoulos K, Volaklis K, Pilianidis T and Tokmakidis SP. Effects of resistance training on the physical capacities of adolescent soccer players. *J Strength Cond Res* 20: 783–791, 2006.

15 Cooper DM. New horizons in pediatric exercise research. In: *New Horizons in Pediatric Exercise Science*. CJR Blimkie and O Bar-Or, eds. Champaign, IL: Human Kinetics, 1995, pp 1–24.

16 Cooper RM and Zubek JP. Effects of enriched and restricted early environments on the learning ability of bright and dull rats. *Can J Psychol* 12: 159–164, 1958.

17 Davids K and Baker J. Genes, environment and sport performance: why the nature-nurture dualism is no longer relevant. *Sports Med* 37: 961–980, 2007.

18 De Meester A, Stodden D, Goodway J, et al. Identifying a motor proficiency barrier for meeting physical activity guidelines in children. *J Sci Med Sport* 21: 58–62, 2018.

19 Dotan R, Mitchell CJ, Cohen R, Gabriel D, Klentrou P and Falk B. Explosive sport training and torque kinetics in children. *Appl Physiol Nutr Metab* 38: 740–745, 2013.

20 Faigenbaum AD, Farrell A, Fabiano M, et al. Effects of integrative neuromuscular training on fitness performance in children. *Pediatr Exerc Sci* 23: 573–584, 2011.

21 Faigenbaum AD, McFarland JE, Keiper FB, et al. Effects of a short-term plyometric and resistance training program on fitness performance in boys age 12 to 15 years. *J Sports Sci Med* 6: 519–525, 2007.

22 Faigenbaum AD, Milliken LA, Cloutier G and Westcott WL. Perceived exertion during resistance exercise by children. *Percept Motor Skills* 98: 627–637, 2004.

23 Faigenbaum AD, Rebullido TR and MacDonald JP. Pediatric inactivity triad: a risky PIT. *Curr Sports Med Rep* 17: 45–47, 2018.

24 Falk B and Dotan R. Child–adult differences in the recovery from high-intensity exercise. *Exerc Sport Sci Rev* 34: 107–112, 2006.

25 Gebel A, Lesinski M, Behm DG and Granacher U. Effects and dose–response relationship of balance training on balance performance in youth: a systematic review and meta-analysis. *Sports Med*, 48(9): 2067–2089, 2018.

26 Gogtay N, Giedd JN, Lusk L, et al. Dynamic mapping of human cortical development during childhood through early adulthood. *Proc Natl Acad Sci USA* 101: 8174–8179, 2004.

27 Granacher U, Muehlbauer T, Doerflinger B, Strohmeier R and Gollhofer A. Promoting strength and balance in adolescents during physical education: effects of a short-term resistance training. *J Strength Cond Res* 25: 940–949, 2011.

28 Granacher U, Muehlbauer T, Gollhofer A, Kressig RW and Zahner L. An intergenerational approach in the promotion of balance and strength for fall prevention – a mini-review. *Gerontology* 57: 304–315, 2011.

29 Granacher U, Schellbach J, Klein K, Prieske O, Baeyens JP and Muehlbauer T. Effects of core strength training using stable versus unstable surfaces on physical fitness in adolescents: a randomized controlled trial. *BMC Sports Sci Med Rehabil* 6: 40, 2014.

30 Hardy LL, Reinten-Reynolds T, Espinel P, Zask A and Okely AD. Prevalence and correlates of low fundamental movement skill competency in children. *Pediatrics* 130: e390–e398, 2012.

31 Haywood KM and Getchell N. *Life Span Motor Development*. Champaign, IL: Human Kinetics, 2009.

32 Hopper A, Haff EE, Barley OR, Joyce C, Lloyd RS and Haff GG. Neuromuscular Training improves movement competency and physical performance measures in 11-13-year-old female netball athletes. *J Strength Cond Res* 31: 1165–1176, 2017.

33 Jakovljevic ST, Karalejic MS, Pajic ZB, Macura MM and Erculj FF. Speed and agility of 12- and 14-year-old elite male basketball players. *J Strength Cond Res* 26: 2453–2459, 2012.

34 Knudson D. *Fundamentals of Biomechanics*. New York: Springer Publishers, 2007.

35 Kushner AM, Kiefer AW, Lesnick S, Faigenbaum AD, Kashikar-Zuck S and Myer GD. Training the developing brain part II: cognitive considerations for youth instruction and feedback. *Curr Sports Med Rep* 14: 235–243, 2015.

36 LaPrade RF, Agel J, Baker J, et al. AOSSM Early Sport Specialization Consensus Statement. *Orthop J Sports Med* 4: 2325967116644241, 2016.

37 Ledebt A, Becher J, Kapper J, et al. Balance training with visual feedback in children with hemiplegic cerebral palsy: effect on stance and gait. *Motor Control* 9: 459–468, 2005.

38 LeGear M, Greyling L, Sloan E, et al. A window of opportunity? Motor skills and perceptions of competence of children in kindergarten. *Int J Behav Nutr Phys Act* 9: 29, 2012.

39 Lenroot RK and Giedd JN. Brain development in children and adolescents: insights from anatomical magnetic resonance imaging. *Neurosci Biobehav Rev* 30: 718–729, 2006.

40 Lesinski M, Prieske O and Granacher U. Effects and dose-response relationships of resistance training on physical performance in youth athletes: a systematic review and meta-analysis. *Br J Sports Med* 50: 781–795, 2016.

41 Lloyd RS, Cronin JB, Faigenbaum AD, et al. National Strength and Conditioning Association Position Statement on Long-Term Athletic Development. *J Strength Cond Res* 30: 1491–1509, 2016.

42 Lloyd RS, Faigenbaum AD, Stone MH, et al. Position statement on youth resistance training: the 2014 International Consensus. *Br J Sports Med* 48: 498–505, 2014.

43 Lloyd RS and Oliver JL. The youth physical development model: a new approach to long-term athletic development. *Strength Cond J* 34: 61–72, 2012.

44 Lloyd RS, Oliver JL, Hughes MG and Williams CA. The influence of chronological age on periods of accelerated adaptation of stretch-shortening cycle performance in pre and postpubescent boys. *J Strength Cond Res* 25: 1889–1897, 2011.

45 Lloyd RS, Oliver JL, Hughes MG and Williams CA. The effects of 4-weeks of plyometric training on reactive strength index and leg stiffness in male youths. *J Strength Cond Res* 26: 2812–2819, 2012.

46 Lloyd RS, Oliver JL, Meyers RW, Moody JA and Stone MH. Long-term athletic development and its application to youth weightlifting. *Strength Cond J* 34: 55–66, 2012.

47 Lloyd RS, Radnor JM, De Ste Croix MB, Cronin JB and Oliver JL. Changes in sprint and jump performances after traditional, plyometric, and combined resistance training in male youth pre- and post-peak height velocity. *J Strength Cond Res* 30: 1239–1247, 2016.

48 Lloyd RS, Radnor JM, De Ste Croix MBA, Cronin JB and Oliver JL. Changes in sprint and jump performances after traditional, plyometric, and combined resistance training in male youth pre- and post-peak height velocity. *J Strength Cond Res* 30: 1239–1247, 2016.

49 Logan SW, Ross SM, Chee K, Stodden DF and Robinson LE. Fundamental motor skills: A systematic review of terminology. *J Sports Sci*: 1–16, 2017.

50 Malina RMB, C.; Bar-Or, O. *Growth, Maturation and Physical Activity*. Champaign, IL: Human Kinetics, 2004.

51 McKenzie TL, Alcaraz JE, Sallis JF and Faucette FN. Effects of a physical education program on children's manipulative skills *J Teach Phys Educ* 17: 327–341, 1998.

52 Mickle KJ, Munro BJ and Steele JR. Gender and age affect balance performance in primary school-aged children. *J Sci Med Sport* 14: 243–248, 2011.

53 Myer GD, Faigenbaum AD, Chu DA, et al. Integrative training for children and adolescents: techniques and practices for reducing sports-related injuries and enhancing athletic performance. *Phys Sportsmed* 39: 74–84, 2011.

54 Myer GD, Faigenbaum AD, Edwards NM, Clark JF, Best TM and Sallis RE. Sixty minutes of what? A developing brain perspective for activating children with an integrative exercise approach. *Br J Sports Med* 49: 1510–1516, 2015.

55 Myer GD, Faigenbaum AD, Ford KR, Best TM, Bergeron MF and Hewett TE. When to initiate integrative neuromuscular training to reduce sports-related injuries and enhance health in youth? *Curr Sports Med Rep* 10: 155–166, 2011.

56 Myer GD, Ford KR, Palumbo JP and Hewett TE. Neuromuscular training improves performance and lower-extremity biomechanics in female athletes. *J Strength Cond Res* 19: 51–60, 2005.

57 Myer GD, Lloyd RS, Brent JL and Faigenbaum AD. How young is 'too young' to start training? *ACSMs Health Fit J* 17: 14–23, 2013.

58 Parsonage JR, Williams RS, Rainer P, McKeown I and Williams MD. Assessment of conditioning-specific movement tasks and physical fitness measures in talent identified under 16-year-old rugby union players. *J Strength Cond Res* 28: 1497–1506, 2014.

59 Pfeiffer M, Kotz R, Ledl T, Hauser G and Sluga M. Prevalence of flat foot in preschool-aged children. *Pediatrics* 118: 634–639, 2006.

60 Philippaerts RM, Vaeyens R, Janssens M, et al. The relationship between peak height velocity and physical performance in youth soccer players. *J Sports Sci* 24: 221–230, 2006.

61 Rabinowickz T. The differentiated maturation of the cerebral cortex. In: *Human Growth: A.* F Falkner and J Tanner, eds. New York: Plenum, 1986, pp 385–410.

62 Radnor JM, Lloyd RS and Oliver JL. Individual response to different forms of resistance training in school-aged boys. *J Strength Cond Res* 31: 787–797, 2017.

63 Robinson LE. Effect of a mastery climate motor program on object control skills and perceived physical competence in preschoolers. *Res Q Exerc Sport* 82: 355–359, 2011.

64 Robinson LE, Veldman SLC, Palmer KK and Okely AD. A ball skills intervention in preschoolers: the CHAMP randomized controlled trial. *Med Sci Sports Exerc* 49: 2234–2239, 2017.

65 Roncesvalles MN, Woollacott MH and Jensen JL. Development of lower extremity kinetics for balance control in infants and young children. *J Mot Behav* 33: 180–192, 2001.

66 Rosengren KS, Savelsbergh GJP and Van Der Kamp J. Development and learning: a TASC-based perspective of the acquisition of perceptual-motor behaviors. *Infant Behav Dev* 26: 473–494, 2003.

67 Schneiberg S, Sveistrup H, McFadyen B, McKinley P and Levin MF. The development of coordination for reach-to-grasp movements in children. *Exp Brain Res* 146: 142–154, 2002.

68 Seefeldt V. Developmental motor patterns: implications for elementary school physical education. In: *Psychology of Motor Behavior and Sport.* C Nadeau, W Holliwell, K Newell and G Robert, eds. Champaign: IL: Human Kinetics, 1980, pp 314–323.

69 Sowell ER, Thompson PM, Tessner KD and Toga AW. Mapping continued brain growth and gray matter density reduction in dorsal frontal cortex: Inverse relationships during postadolescent brain maturation. *J Neurosci* 21: 8819–8829, 2001.

70 Sugden D and Soucie H. Motor development. In: *Oxford Textbook of Children's Sport and Exercise Medicine.* N Armstrong and W van Mechelen, eds. Oxford: Oxford University Press, 2017, pp 43–56.

71 Sutherland DH, Olshen R, Cooper L and Woo SL. The development of mature gait. *J Bone Joint Surg Am* 62: 336–353, 1980.

72 Telama R. Tracking of physical activity from childhood to adulthood: a review. *Obes Facts* 2: 187–195, 2009.

73 Telama R, Yang X, Leskinen E, et al. Tracking of physical activity from early childhood through youth into adulthood. *Med Sci Sports Exerc* 46: 955–962, 2014.

74 Thomas JR, Alderson JA, Thomas KT, Campbell AC and Elliott BC. Developmental gender differences for overhand throwing in Aboriginal Australian children. *Res Q Exerc Sport* 81: 432–441, 2010.

75 Thomas K, French D and Hayes PR. The effect of two plyometric training techniques on muscular power and agility in youth soccer players. *J Strength Cond Res* 23: 332–335, 2009.

76 Tsai LC, Yu B, Mercer VS and Gross MT. Comparison of different structural foot types for measures of standing postural control. *J Orthop Sports Phys Ther* 36: 942–953, 2006.

77 Viru A, Loko J, Harro M, Volver A, Laaneot L and Viru M. Critical periods in the development of performance capacity during childhood and adolescence. *Eur J Phys Educ* 4: 75–119, 1999.

78 Werner P. Education of selected movement patterns of preschool children. *Percept Motor Skills* 39: 795–798, 1974.

79 Wick K, Leeger-Aschmann CS, Monn ND, et al. Interventions to promote fundamental movement skills in childcare and kindergarten: a systematic review and meta-analysis. *Sports Med* 47: 2045–2068, 2017.

80 Willems TM, Witvrouw E, Delbaere K, Mahieu N, De Bourdeaudhuij I and De Clercq D. Intrinsic risk factors for inversion ankle sprains in male subjects: a prospective study. *Am J Sports Med* 33: 415–423, 2005.

81 Wrigley RD, Drust B, Stratton G, Atkinson G and Gregson W. Long-term soccer-specific training enhances the rate of physical development of academy soccer players independent of maturation status. *Int J Sports Med* 35: 1090–1094, 2014.

第7章　青少年运动员力量和爆发力训练

Avery D. Faigenbaum，Duncan N.French，Rhodri S.Lloyd，William J.Kraemer

引言

大量令人信服的科学证据已经表明，对儿童和青少年来说，定期参加有监督的、个性化的和合理设计的力量和爆发力训练方案是安全和有效的[9,31,65]。尽管人们对青少年抗阻训练过去有一些误解，但现在专业组织已经意识到从一开始就培养青少年运动员健康、力量和适应能力的重要性[13,64]。抗阻训练除了改善健康和体能指标外，还可以提高运动员的运动能力，同时降低青少年运动员运动损伤的风险[63,90,91]。鉴于现代青少年的肌肉健康指标长期处于下降趋势[22,72,74,100]，需要共同努力促使青少年，为体育训练和比赛做好准备。增强青少年运动员身体素质以保持参与和最大限度地提高运动表现的重要性在于，它是长期以来体育成功的基础。本章探讨了力量和爆发力训练对青少年的独特好处，并为设计符合青少年运动员需要和目标的抗阻训练方案提供了指导方针和建议。

抗阻训练和身体发育

儿童和青少年的生理功能是动态和复杂的。即使没有参与系统性的训练，力量和爆发力在这个发展时期也会明显提高[67]。例如，比较 8 岁和 16 岁孩子的跳远成绩，可以支持这样一个假设，即随着时间的推移，成绩将随着生长和成熟而增长。但是，在任何年龄段，经常参加精心设计的抗阻训练项目的孩子比同龄孩子的力量和爆发力都更好[9,11]。这些观察结果强调了一种潜在的协同适应，即力量和爆发力训练的刺激促进了整个儿童和青少年时期自然发生的适应[66]。

就像阅读和写作技能一样，抗阻训练是一种习得的行为。因此，需要对合适的训练技术和步骤进行教育和指导，以加强学习、优化结果并激发对这种训练的持续兴趣。如果在生命早期，没有针对力量和爆发力方面进行干预，身体活动能力的差异可能会随着生长发育时间的推移逐渐扩大，相对较弱的青少年运动员要赶上那些肌肉健康水平高于同龄人平均水平的人可能就更难了[76, 84]。为了支持这个观点，一项为期 2 年的调查发现，运动能力较差的儿童很少参加体育活动，发展其运动技能和身体素质的机会也更少[41]。还有研究报道指出，在 2 年的研究期间，除了体育锻炼外，经常参加抗阻训练的优秀青少年运动员在最大力量和短跑成绩方面比只参加体育锻炼的队友取得的进步更大[86]。

由于神经肌肉系统在成长过程中的可塑性，在这个发展时期有个绝佳的动作技能学习和身体发展的机会。中枢神经系统髓鞘的快速变化是生命早期的特征，所以，此时的抗阻训练效果是最稳定和持久的[62, 75]。较早接受适当的力量和爆发力训练可以增强神经肌肉的适应能力，刺激肌肉组织间的协调能力。例如，研究发现，将爆发性但高度控制的举重动作（例如抓举和挺举的衍生动作）纳入青少年抗阻训练计划，可以提高 14 岁以下（U-14）足球运动员和美国青少年橄榄球运动员的爆发力表现[18, 102]。现存的文献表明，青少年运动员应该参加抗阻训练计划，其目的是利用他们发育中的神经肌肉系统的可塑性，增加爆发力，增强肌肉力量和提高运动效率[31, 65, 75]。如果没有扎实的运动技能和肌肉力量的基础，青少年运动员不可能在以后的运动生涯中充分发挥他们的运动潜力。

与青少年相比，对儿童进行抗阻训练对运动表现（例如，跳、跑和投）的提高更明显[10]，而且在发生生物力学特性改变之前的早期干预能更有效地预防损伤[40, 78, 99]。研究人员调查了青少年运动员倒蹬力量和峰值跳跃爆发力对 20m 短跑的影响，发现在身高增长速度峰值（peak height velocity，PHV）前的冲刺阶段表现提高的程度大多与力量或爆发力相关[70]。还有报道指出，力量较强的青少年无挡板篮球运动员表现出更强的纵跳、冲刺和变向速度能力[95]。从少儿研究的数据分析结果看，强调在爆发力训练之前要有足够的基础力量，以便为后期力量和爆发力训练打下充分的基础[9]。总的来说，这些发现强调了在生命早期解决神经肌肉能力不足的重要性，因为肌肉力量是正确执行身体功能所必需的。

如果观察体操课或武术课程上较弱的儿童就会发现，他们需要足够的肌肉力量和爆发力才能自信地完成运动。虽然"肌力减退症（dynapenia）"一词常被用来描述老年人肌肉力量和爆发力的丧失以及伴随的功能限制[20]，但是青少年也容易因为肌肉力量和爆发力水平低下导致不可避免的后果。因此，"少儿肌力减退症（paediatric dynapenia）"一词被用来描述儿童和青少年因为肌肉力量和爆发力水平较低而导致的功能限制的一种获得性和可治疗的疾病，它不是由神经或肌肉疾病引发的[28, 33]。最近的研究结果表明，现在的青少年不像前几代人[60, 72, 74, 87, 100]那么强壮有力，而且在过去几十年里，他们在某些基本动作技能上的表现有所减弱[47, 85]。由于短跑、跳跃、投掷和踢腿都需要一定的肌肉力量和爆发力,所以肌肉力量和爆发力不足的青少年运动员不可能与比他们更强壮的队友有一样出色的运动表现,而且更容易出现不利于健康的后果[31, 90]。

如果不持续参加符合个人需要、目标和能力的抗阻训练方案,青少年运动员可能对运动训练和比赛的要求准备不足[55, 101, 103]。虽然青少年运动员的力量和爆发力水平不够理想,但由于他们的技术和战术能力突出可能会获得早期的成功,但随着训练和比赛的强度和数量的增加,他们最终需要解决神经肌肉能力不足的问题。鉴于青少年运动的需要,肌肉力量和爆发力的水平可能是其运动表现的限制因素。在某些情况下,可能需要康复治疗来恢复丧失的肌肉功能,而这种功能丧失在一开始就不应该发生。

青少年参加体育运动不应该从竞赛开始,而应该是从包括某种抗阻训练在内的准备性训练开始。在某些情况下,有潜力的青少年运动员,如果肌肉力量水平较低,实际上应该花更多的时间进行抗阻训练,而不是训练他们的运动技术。了解抗阻训练对身体发育的重要性,有助于设计、实施和促进抗阻训练计划,为有潜力的青少年运动员在任何阶段的力量发展提供帮助。这就需要一种促进青少年早期肌肉力量和爆发力的身体发育模式,以最大程度地促进身体发育,将损伤风险降至最低,并鼓励人们选择将持续参与业余和竞技体育活动作为一种生活方式[32, 64]。值得注意的是,抗阻训练需要长时间坚持不懈地练习,训练引发的力量和爆发力增长不是固定的,在停训期有向训练前倒退的趋势[29, 38, 69]。在理想的情况下,力量和爆发力的训练计划需要个性化监控,并适当设计,以满足个体在运动耐受性和涉及专项方面的进阶与恢复的需要。

青少年力量和爆发力训练的益处

力量和爆发力训练可以明显改善青少年的健康、体能和运动表现。定期参加青少年抗阻训练[56],除了可以增加肌肉力量和爆发力[9, 53, 65],还可以帮助增强骨骼,促进体重控制[88],改善心脏代谢健康[8]和增加其对运动相关损伤的抵抗力[94]。此外,由于肌肉力量和爆发力的水平从青少年到青少年成年期逐渐增加[42],青少年抗阻训练对健康、体能和表现的潜在长期益处不应被忽视。

对长期运动发展的新研究已经认识到抗阻训练的好处,认为它是持续参与锻炼和运动的基础[44, 64]。力量是青少年运动员学习复杂动作,掌握运动战术,并承受运动训练和比赛的要求[31]的良好储备。仅参加体育锻炼,不能确保青少年运动员达到适当的神经肌肉健康水平,而后者可以使运动成绩最优化并减少受伤风险[61, 83],因此,为了最大程度地提高相对力量及运动成绩,持续参与锻炼和体育活动，需要采用一种发展性的体能训练方法。

儿童和青少年如果经常处在没有机会增强其肌肉力量和爆发力的环境中，就很难具备良好的身体素质，使其有信心和能力参加各种体育活动[43,52]。此外，青少年运动员在肌肉力量和爆发力水平上的差异可能会限制较弱运动员赶上较强运动员的能力。值得注意的是，研究人员对优秀青少年足球运动员的前/后蹲能力进行了2年的监测，并建议他们的相对力量（1RM/体重）值应该在11～12岁为0.7，13～15岁时为1.5，16～18岁时为2.0[54]。虽然缺乏针对所有青少年运动员的具体力量标准，但这些发现已经明显表明青少年的可训练性，而且随着时间的推移，经过训练和未经训练的青少年运动员在力量表现上的差异会越来越大。

高水平的肌肉力量和爆发力可以增强与运动能力相关的一般和专项技能[31,93]。定期参加各种各样力量和爆发力训练项目可以提高青少年运动员的各种运动表现[31,44,49]。例如，经过12周的抗阻训练后，青少年橄榄球联盟球员的短跑速度提高了[48]，U-14足球运动员的爆发力表现（例如，纵跳、传球速度、短跑）和有氧耐力增强了[102]。还有报道指出，抗阻训练提高了青少年女子体操运动员跳马前手翻腾越的能力[45]，青少年游泳运动员快启动的能力[14]，青春期前篮球运动员的跳跃、短跑和灵敏性[57]，青春期后青少年长跑运动员的最大速度和跑步经济性[15]。此外，通过对青少年在高尔夫球[23]、舞蹈[27]、武术[98]、冲浪[5]和无挡板篮球[51]等项目进行增强力量和爆发力的干预，也发现其潜在的好处。从运动表现的角度来看，在青少年运动员中，通过抗阻训练来提高成绩的可能性很大，而且在各种以力量、爆发力和力量耐力的测量中，力量素质强的运动员比力量差的运动员表现得更好。图7.1显示了青少年力量和爆发力训练可能带来的与潜在运动表现相关的好处。

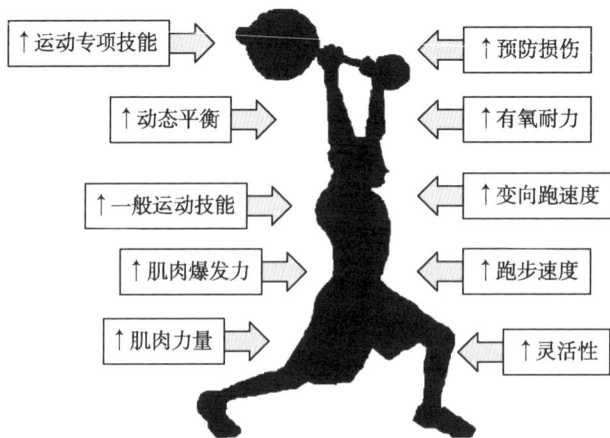

图7.1 青少年抗阻训练带来的潜在运动表现的相关益处

虽然早期专项化的青少年运动员可能在生命早期就能获得一些成功，但运动训练和比赛对身体的要求迟早会超过参赛者的身体承受能力。例如，在女性青少年运动员中，下肢肌肉力量较弱（采用 1RM 深蹲进行评估）的运动员遭受创伤性膝盖损伤的可能性要比与力量较强运动员高 9.5 倍[4]。肌肉力量弱的儿童在锻炼中骨折的风险也会增加[21]。要熟练和安全地完成运动动作，需要一定程度的力的产生和力的分配。所以，青少年运动员应该在生命的早期就开始建立力量储备，以正确地执行运动动作，同时有效地应对各种反应性、不可预测的运动事件。

肌肉力量和爆发力对运动表现的显著影响还表现在抗阻训练对减少运动损伤的潜好处[58]。受伤的青少年运动员如果不能对团队的整体表现做出贡献，就有可能产生消极的后果，如过早退出运动[101]。参与包括抗阻训练的综合训练项目可以改善运动控制，并减少与运动损伤相关的生物力学和神经肌肉危险因素[39,50,81]。有研究证实，青少年运动员通过获得更大的力量，可以减少他们遭受运动损伤的风险[59,94]。虽然对青少年运动员有各种有效的预防损伤的策略，但是这些策略实施的最佳时间可能是在发育早期，即在与青少年生长突增相关的神经肌肉危险因素凸显之前，就应该形成强有力和有效的运动模式[2,76]。

体育精英的成功源于多种因素，其中包括内在的因素（如身高、成熟度等）、外在因素（如家庭、运动发展途径等）[13]。没有足够的力量和爆发力，这些因素之间的协同作用就会受到影响，运动发展就会受到限制。所以，需要一个长期的体能训练计划，才能挖掘青少年运动员的最大运动潜能，增加他们对运动损伤的抵抗力，并为有潜力的青少年运动员终生的锻炼和运动作准备。这样的计划对专门从事某一项运动的青少年特别有益，但牺牲的是提高整体身体素质和学习多种运动技能[12,17,55]。

实践应用

力量和爆发力训练变量

应将抗阻训练纳入一项长期计划，其中包括不同训练方法的综合应用、对方案定期调整变化和提供持续提高阻力训练技能能力（resistance training skill competency，RTSC）的机会。RTSC 是一种过程评估，在专业指导下对某一运动模式进行评估、进阶、调整和验化，以提高训练效果，而该动作模式对某专项练习至关重要[7,89]。RTSC 不仅关系到一个人的身体发展，还包括一个人注意力的集中、听从指令、接受反馈和正确执行运动练习的认知能力。因此，在这个过程中必须考虑到每个孩子的学习能力和运动应激的承受能力的个性化和敏感性程度。这就是设计青少年运动计划的艺术性和科学性，因为训练课程的"量"（即训练强度和量）需要与运动体验的"质"（学习、兴趣）相平衡[80]。显然，教练和专业人士的指导应该最大程度地发展运动员体能，减少与训练相关的伤害风险，为持久参与抗阻训练奠定基础[31, 103]。

在设计青少年抗阻训练计划时必须考虑个性化因素，因为执行者需要考虑青少年运动员的 RTSC、训练经历与发育成熟阶段之间的相互作用[82]。虽然 RTSC 的结构并不意味着所有的青少年运动员都能在所有的运动练习中获得高水平的 RTSC，但参与者应该有机会在一位合格教练的监督下学习和实践适合自己的运动模式。如果青少年运动员的 RTSC 较低（例如技术能力较差），一位合格的专业人士就会让他先做一系列的基本动作练习，如深蹲和向前弓步。这样可以增强肌肉力量，同时培养其从事抗阻训练的能力和信心。即使强度较低的爆发力练习（如小幅度的动作）也可纳入新手抗阻训练计划，但在青少年运动员进行具有更高内在力量的训练之前，还是应注重正确的姿势、平衡和运动控制[9]。因此，体弱的青少年运动员在集中爆发力训练之前，应该先改善肌肉力量。有技术能力（即高 RTSC）的青少年运动员，可以通过更高级的力量和爆发力练习（包括举重衍生练习）来提高运动素质，这些练习根据个人的需求和能力设计以优化运动表现。

参加者应能遵守指导和安全法规，并能处理这类运动的要求。如果不遵循青少年抗阻训练的指导方针，就会有受伤的潜在风险。从业人员应了解与抗阻运动相关的固有风险，并对安全措施（如足够的训练空间、适当的设备布局、明确的安全规则和技术导向的进阶）有一定的认知。值得注意的是，有研究报道，到急诊室就诊的 8～13 岁的患者中，有 2/3 的抗阻训练相关损伤发生在手和脚上，其中大多数与"掉落"和"夹伤"有关[77]。这些发现进一步说明对青少年抗阻训练方案进行专业监督和指导的重要性。

虽然还没有有关青少年参与抗阻训练计划"最小年龄"的证据，但是 5岁和 6 岁的孩子非常适合进行一些能够激发他们想象力的增强力量的动物动作练习（例如，鳄鱼平板撑、壁虎弓步和兔子跳）[28]，而 7 岁和 8 岁的孩子可以利用自己的体重和外部负荷进行一些结构化抗阻训练[30]。大多数孩子都能学会需要下蹲、推和拉的基本动作，但是完成更复杂动作的能力将受到练习时间的影响。如果没有专业的指导和监督，青少年运动员可能在解决神经肌肉能力不足和熟练准确掌握复杂技能方面就有很大困难[24]。直接指导与技术导向的进阶相结合可能为青少年带来最大的身体、认知和情感益处[92, 97]。

　　为了使训练者能够对抗阻训练感兴趣并从中受益,需要根据个人需要、目标和能力对训练计划做出适当的调整。过量的训练会导致非功能性的过量训练、过度训练或损伤[26,68]。因此,一个正确的综合性和周期性的计划中,给青少年运动员安排增加力量和爆发力训练的日程时,必须注意训练的进展速度,以避免"太多太快",要强调休息和恢复的重要性。因此,抗阻训练不应简单地附加在青少年运动员的练习和比赛日程之上,而应明智地纳入一个长期计划。监测每个训练者的应激的承受能力和技术导向的进阶计划的变量,将必能确定训练所引起的适应的发生。虽然对健康的青少年运动员来说,在进行抗阻训练前进行体检并不是强制性的,但是对于那些有任何预先存在健康问题的青少年运动员来说,应该谨慎对待[1]。

　　由于没有一个适合所有青少年运动员的项目设计组合,教练需要做出基于循证的决断,才能产生与个人需求和目标相关的、最理想的力量和爆发力训练效果。虽然遗传、营养和睡眠等因素会影响适应性的产生速度和程度,但抗阻训练计划的个性化和系统性有利于训练效果的提高。在设计青少年抗阻训练计划时,应考虑练习手段的选择和训练顺序、训练的强度和量、动作速度、各组及各练习间的休息间隔,以及训练的频率。

练习手段的选择

　　在青少年阻抗运动训练计划中可以采用各种不同的训练方式。在青少年训练计划中,除了自重练习外,还可使用包括儿童力量训练器械、杠铃、哑铃、药球、壶铃和弹力带在内的练习[65]。练习手段的选择将取决于运动员的训练状况、RTSC、设备的可用性、训练目标和教练的专业水平。合理的计划是从基本的自重练习开始(例如,自重的下蹲、弓步和俯卧撑)以增加力量和运动技能。在某些情况下,如新手青少年运动员或青少年运动员重返比赛,适合采用改良的自重练习或中低负荷的阻力训练。随着RTSC的提高,更高级的、多关节的、特殊速度的练习,如举重和快速伸缩复合训练可纳入训练计划中(分别参见第8章和第9章)。由于高级的多关节运动要求有更强的骨骼肌协调和肌纤维募集能力,青少年运动员应该以轻负荷学习和练习这些动作(例如,木棍和无负荷杠铃杆),以建立和加强预期的动作模式。然而,当个人技术能力表现突出时,可以合理地增加阻力负荷。

　　一般来说,训练课早期的神经肌肉系统的疲劳程度较低,所以以多关节运动应该在训练早期进行[6]。在训练早期进行更多的挑战性练习是很重要的。例如,如果一个孩子在做深蹲练习时遇到困难,那么这个练习应该在训练开始时就进行,以在疲劳程度较低、注意力水平较高的情况下建立预期的动作模式。同样，如果一个孩子正在学习如何进行快速伸缩复合练习或举重动作，这种练习应该在训练的早期就进行。补充性核心力量和平衡练习会使青少年运动员拥有动态稳定的核心，更有利于在多关节运动中发挥力量[46, 96]。通过将不同的训练手段和模式整合到一个多方面的训练计划中，才能实现抗阻训练最好的整体效果。

负荷强度和量

训练强度和量是影响抗阻训练计划的关键因素。训练强度通常是指完成某一特定动作克服的阻力；训练量是指运动负荷，是训练过程中组数和重复次数的总和。由于在未经训练和训练有素的青少年中，所需的最小抗阻训练负荷量（包括训练强度和量）是不同的，因此考虑运动员的抗阻训练经验和 RTSC 是很重要的。当青少年运动员在轻、中度负荷下形成正确的形式和技术后，训练的强度和量需要逐步增加，使训练适应达到最优化。研究抗阻训练的剂量 - 效应关系表明，技术能力突出的青少年运动员，应该进行高强度（80%～89% 的 1RM）低重复次数（6～8 次）的抗阻训练，以提高体能[63]。

遵循标准化计划前提下，对青少年进行最大力量和爆发力测试是安全可靠的[34, 36, 71]。然而，由于准确的 1RM 测试需要一定的时间和专业知识，所以一般情况下，在第一次训练时确定一个重复范围，随后逐渐改变训练负荷，以维持预期的训练刺激是较为实际的方法。一般情况下，初学者在进行抗阻训练时，可以先采取≤60% 1RM 的负荷强度，每组重复 8～12 次，进行 1～2 组，然后循序渐进。值得注意的是，当青少年在进行高阶的多关节运动（例如举重动作）时，重复次数（<3 次）少，负荷轻，不断地进行实时反馈，加强正确的动作控制模式，避免过度疲劳，这有利于青少年运动员的发展。显然，在一个训练阶段或一堂训练课，并不是所有的练习都要进行相同组数和重复次数。

随着时间的推移，训练的强度和负荷量应该有所提高，例如，可以采用≤80% 1RM 负荷，每次练习 2 ～4 组，每组重复 6～12 次。随着训练经验和技能的提高，青少年运动员可以在维持技术能力的前提下，定期进行较高外部负荷（>80% 1RM）、低重复次数（≤6 次）的训练[63, 65]。虽然青少年运动员可能会把大负荷训练作为周期训练计划的一部分，但是训练到力竭并不是将力量发展到最大化的前提。重要的是，一个青少年运动员适应规定的训练强度或训练量的能力需要仔细监测，因为长时间的高强度或高训练量的训练可能会增加意外事件的风险，包括过度训练和过度使用的伤害[3, 68]。

动作速度

　　抗阻训练的速度会影响训练的适应性。RTSC 低的青少年运动员应该以中等速度学习新的练习，以最大程度地掌握技术，并确保技术的准确性[25]。随着 RTSC 的提高，可以根据练习和训练目标的不同选择不同的动作速度。深蹲和推举的负重力量练习动作速度较慢（即使意识上是快速动作），快速伸缩复合训练和举重练习是爆发性的，但是它是在较高的运动速度下高度控制的运动。在为青少年运动员设计运动计划时，重要的是要提高他们快速运动的意识，以挖掘他们神经肌肉的单位募集模式和放电频率[19, 79]。作为整体训练计划的一部分，在一堂训练课中表现出不同训练速度可能为青少年运动员提供最有效的训练刺激。

各组及各练习间的休息间隔

　　各组及各练习之间的间隔休息时间会影响短期力量和爆发力的生产。它也会影响代谢需求，如果休息不充分（例如，< 1 分钟），对糖酵解供能需求较高，将导致细胞环境的酸碱性发生剧烈的变化（如，pH 下降，H^+ 浓度升高）。由于儿童比青少年在抗阻训练后恢复得更快更容易[16, 37]，所以对大多数儿童运动员，休息间隔 1～2 分钟（取决于练习动作）应该是足够的，而大多数青少年运动员在中等强度的训练中可能需要 2 分钟（或更多）。随着训练强度的增加，特别是如果训练需要高水平的技术技能，青少年运动员可能需要增加间隔休息时间来维持运动表现。每次高强度抗阻训练练习后恢复不充分，或练习组间间隔时间不足，都可能导致潜在运动损伤及疲劳表现。

训练频率

　　对于大多数青少年运动员来说，每周进行 2～3 次非连续的抗阻训练是合适的，因为这个频率可以让他们在两次训练之间得到充分的恢复[11]。每周训练超过 3 天的青少年运动员应受到密切监测，以减少非功能性过量训练的风险以及极端情况下的过度训练。高密度的运动和训练活动所引起的高运动量积累是过劳损伤的危险因素之一[17]。因此，抗阻训练不应被视为简单的"额外"训练，而是具有独特好处的运动专项训练的替代方法。实际上，它为有效参与任何其它运动提供了"基础"，因此它是整体的运动发展理念的重要组成部分。在某些情况下（例如赛季中），对于青少年运动员，减少训练频率同时给予充足的休息和恢复时间，可以增加（或维持）抗阻训练所带来的收益。图 7.2 概述了基于 RTSC 的青少年抗阻训练指南。

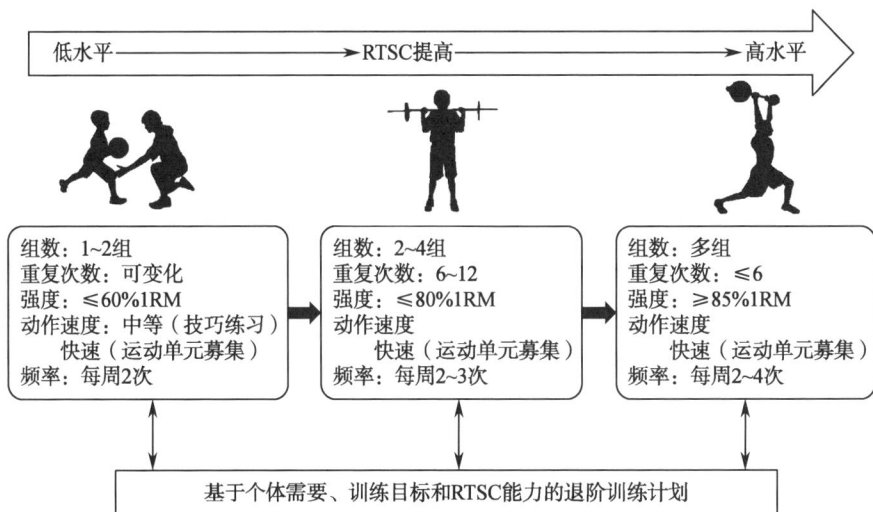

图 7.2　在抗阻训练技能能力（RTSC）基础上的一般青少年抗阻训练指南[31]

训练课案例

当与青少年运动员一起锻炼时，重要的是要记住，抗阻训练计划的目标不应该局限于增加肌肉力量和爆发力。提高 RTSC、促进积极经验、建立社交网和促进健康行为也很重要。正确运动技巧的教育指导和训练计划应该在生命早期开始，以加强 RTSC 的重要性，并从一开始就建立健康的行为。通过合理地进行个性化训练计划，增加新的练习内容，并在训练过程中提供有意义的反馈，青少年运动员才更有可能坚持训练，实现训练目标，并享受抗阻训练的体验。

体质软弱和技能较差的青少年运动员应注重提高他们的运动能力和基础肌肉力量。虽然在这一阶段不同的抗阻训练方案可能都是有效的，但是表 7.1 中总结的方案强调基本的自重、自由重量和药球练习。此外，较低强度的爆发力运动也包括在给青少年推荐的抗阻运动中，这需要更高水平的运动控制和协调能力。更强壮、技能较好的青少年运动员注重周期性的爆发性力量训练，同时增加（或至少维持）力量水平。相对力量水平较高的青少年运动员更有可能利用像快速伸缩复合训练和举重衍生动作训练的潜在好处。表 7.2 所列的训练计划，着重为有较高 RTSC 的青少年运动员提供更高级的力量及爆发力训练。重要的是，系统掌握抗阻训练计划变量和恢复干预措施可以使训练结果达到最佳，同时减少青少年运动员对训练的无聊感，并降低过度训练的风险[35, 73]。

表 7.1　低技能水平的初学者一堂训练课举例

训练阶段	训练内容	运动量 /（组数 × 次数）	运动强度 /%1RM	该阶段时间 /min	
热身	泡沫轴复合练习	2×10（每个点）	N/A	20	
	高脚杯深蹲	2×8	自重		
	分腿蹲	2×6（每条腿）	自重		
	低箱跳	2×6	自重		

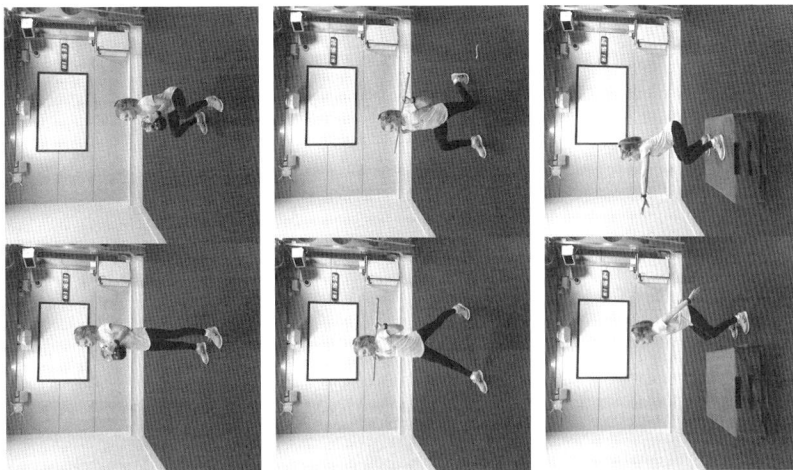

续表

训练阶段	训练内容	运动量/（组数×次数）	运动强度/%1RM	该阶段时间/min		
	肩胛骨俯卧撑	2×8	自重			
	弹力带上推	2×8	弹力带（轻）			
	弹力带下拉	2×8	弹力带（轻）			

续表

训练阶段	训练内容	运动量/(组数×次数)	运动强度/%1RM	该阶段时间/min
	侧平板撑	2×30 秒	自重	
主要训练	过顶深蹲	3×6	木棍或小杠铃	20
	上斜俯卧撑	3×8	自重	

续表

训练阶段	训练内容	运动量/（组数×次数）	运动强度/%1RM	该阶段时间/min
	TRX 仰卧划船	3×8	自重	
辅助练习	拉伸复合练习	2×20秒	N/A	5

表 7.2　高技能水平的高级青少年运动员一堂训练课举例

训练阶段	训练内容	运动量/（组数×次数）	运动强度/%1RM	该阶段时间/min
热身	泡沫轴复合练习	2×10（每个点）	N/A	15
	脚踝迷你带侧向走	2×10（每条腿）	N/A	

续表

训练阶段	训练内容	运动量/（组数×次数）	运动强度/%1RM	该阶段时间/min	
	迷你带臀桥	2×8（每条腿）	N/A		
	坐姿胸椎旋转	3×4（每侧）	N/A		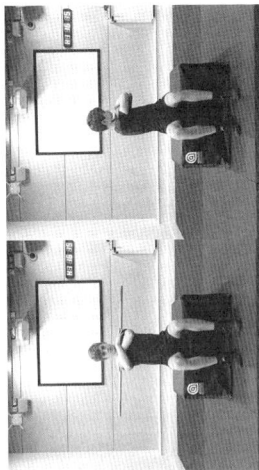
主要训练	跳深（30cm）	3×3	自重	35	

续表

训练阶段	训练内容	运动量/(组数×次数)	运动强度/%1RM	该阶段时间/min
	高翻	3×3	80	
	颈后深蹲	3×5	85	
	罗马尼亚硬拉	3×5	85	

续表

训练阶段	训练内容	运动量/(组数×次数)	运动强度/%1RM	该阶段时间/min	
	俯卧拉	3×6	85		
	卧推	3×6	85		
辅助练习	杠铃跪姿推滚练习	3×8	80	10	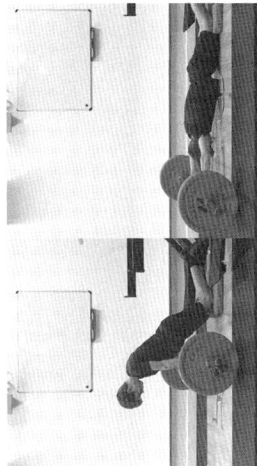

重点总结

- 当前青少年肌肉健康水平日渐变差的趋势表明，肌肉力量和爆发力发展作为长期运动发展计划的一部分，对青少年运动员来说至关重要。
- 越来越多的科学证据表明，定期参与有监控的、精心设计的力量和爆发力训练计划，可确保青少年运动员在身体健康、体适能和运动能力等方面获得益处。
- 加强青少年 RTSC 的抗阻训练计划，应该使青少年运动员在发展正确的运动技术的同时，在任务性相关的活动中获得能力和信心。
- 越强壮的青少年运动员动作越好，表现越好，运动损伤越少。

参考文献

1   American Academy of Pediatrics. Strength training by children and adolescent. *Pediatrics* 121: 835–840, 2008.

2   Ardern C, Ekås G, Grindem H, et al. 2018 International Olympic Committee consensus statement on prevention, diagnosis and management of paediatric anterior cruciate ligament (ACL) injuries. *Br J Sports Med* 52: 422–438, 2018.

3   Arnold A, Thigpen C, Beattie P, Kissenberth M and Shanley E. Overuse physeal injuries in youth athletes. *Sports Health* 9: 139–147, 2017.

4   Augustsson S and Ageberg E. Weaker lower extremity muscle strength predicts traumatic knee injury in youth female but not male athletes. *BMJ Open Sport Exerc Med* 3: e000222, 2017.

5   Axel T, Crussemeyer J, Dean K and Young D. Field test performance of junior competitive surf athletes following a core strength training program. *Int J Exerc Sci* 11: 696–707, 2018.

6   Balsamo S, Tibana R, Nascimento DC, et al. Exercise order influences number of repetitions and lactate levels but not perceived exertion during resistance exercise in adolescents. *J Strength Cond Res* 21: 293–304, 2013.

7   Barnett L, Reynolds J, Faigenbaum A, Smith J, Harries S and Lubans D. Rater agreement of a test battery designed to assess adolescents' resistance training skill competency. *J Sci Med Sport* 18: 72–76, 2015.

8   Bea J, Blew R, Howe C, Hetherington-Rauth M and Going S. Resistance training effects on metabolic function among youth: a systematic review. *Pediatr Exerc Sci* 29: 297–315, 2017.

9   Behm D, Young J, Whitten J, et al. Effectiveness of traditional strength versus power training on muscle strength, power and speed with youth: a systematic review and meta-analysis. *Front Physiol* 8: 423, 2017.

10 Behringer M, Vom Heede A, Matthews M and Mester J. Effects of strength training on motor performance skills in children and adolescents: a meta-analysis. *Pediatr Exerc Sci* 23: 186–206, 2011.

11 Behringer M, vom Heede A, Yue Z and Mester J. Effects of resistance training in children and adolescents: a meta-analysis. *Pediatrics* 126: e1199–e1210, 2010.

12　Bell D, Post E, Biese K, Bay C and Valovich McLeod T. Sport specialization and risk of overuse injuries: a systematic review with meta-analysis. *Pediatrics* 142(3): e20180657, 2018.

13　Bergeron M, Mountjoy M, Armstrong N, et al. International Olympic Committee consensus statement on youth athletic development. *Br J Sports Med* 49: 843–851, 2015.

14　Bishop D, Smith R, Smith M and Rigby H. Effect of plyometric training on swimming block start performance in adolescents. *J Strength Cond Res* 23: 2137–2143, 2009.

15　Blagrove R, Howe L, Cushion E, Spence A, Howatson G, Pedlar C and Hayes P. Effects of strength training on postpubertal adolescent distance runners. *Med Sci Sports Exerc* 50: 1224–1232, 2018.

16　Bottaro M, Brown L, Celes R, Martorelli S, Carregaro R and de Brito Vidal J. Effect of rest interval on neuromuscular and metabolic responses between children and adolescents. *Pediatr Exerc Sci* 23: 311–321, 2011.

17　Brenner J and Council on Sports Medicine and Fitness. Sports specialization and intensive training in young athletes. *Pediatrics* 138: e20162148, 2016.

18　Channell BT and Barfield JP. Effect of Olympic and traditional resistance training on vertical jump improvement in high school boys. *J Strength Cond Res* 22: 1522–1527, 2008.

19　Chaouachi A, Hammami R, Kaabi S, Chamari K, Drinkwater E and Behm D. Olympic weightlifting and plyometric training with children provides similar or greater performance improvements than traditional resistance training. *J Strength Cond Res* 28: 1483–1496, 2014.

20　Clark B and Manini T. What is dynapenia? *Nutrition* 28: 495–503, 2012.

21　Clark E, Tobias J, Murray L and Boreham C. Children with low muscle strength are at an increased risk of fracture with exposure to exercise. *J Musculoskelet Neuronal Interact* 11: 196–202, 2011.

22　Cohen D, Voss C, Taylor M, Delextrat A, Ogunleye A and Sandercock G. Ten-year secular changes in muscular fitness in English children. *Acta Paediatr* 100: e175–e177, 2011.

23　Coughlan D, Taylor M, Jackson J, Ward N and Beardsley C. Physical characteristics of youth elite golfers and their relationship with driver clubhead speed. *J Strength Cond Res* epub before print, 2018.

24　Coutts A, Murphy A and Dascombe B. Effect of direct supervision of a strength coach on measures of muscular strength and power in young rugby league players. *J Strength Cond Res* 18: 316–323, 2004.

25　Davies T, Kuang K, Orr R, Halaki M and Hackett D. Effect of movement velocity during resistance training on dynamic muscular strength: a systematic review and meta-analysis. *Sports Med* 47: 1603–1617, 2017.

26　Difiori J, Benjamin H, Brenner J, et al. Overuse injuries and burnout in youth sports: a position statement from the American Medical Society for Sports Medicine. *Clin J Sport Med* 24: 3–20, 2014.

27　Dowse R, McGuigan M and Harrison C. Effects of a resistance training intervention on strength, power, and performance in adolescent dancers. *J Strength Cond Res* epub before print, 2017.

28　Faigenbaum A and Bruno L. A fundamental approach for treating pediatric dynapenia in kids. *ACSMs Health Fit J* 21: 18–24, 2017.

29　Faigenbaum A, Farrell A, Fabiano M, et al. Effects of detraining on fitness performance in 7-year-old children. *J Strength Cond Res* 27: 323–330, 2013.

30 Faigenbaum A and Lloyd RS. Resistance training. In: *Oxford Textbook of Children's Sport and Exercise Medicine*. A Armstrong and W van Mechelen, eds. Oxford: Oxford University Press, 2017, pp 493–506.

31 Faigenbaum A, Lloyd RS, MacDonald J and Myer G. Citius, Altius, Fortius: beneficial effects of resistance training for young athletes: narrative review. *Br J Sports Med* 50: 3–7, 2016.

32 Faigenbaum A, Lloyd RS and Myer G. Youth resistance training: past practices, new perspectives and future directions. *Pediatr Exerc Sci* 25: 591–604, 2013.

33 Faigenbaum A and MacDonald J. Dynapenia: it's not just for grown-ups anymore. *Acta Paediatr* 106: 696–697, 2017.

34 Faigenbaum A, McFarland J, Herman R, et al. Reliability of the one-repetition-maximum power clean test in adolescent athletes. *J Strength Cond Res* 26: 432–437, 2012.

35 Faigenbaum A and Meadors L. A coaches dozen: an update on building healthy, strong and resilient young athletes. *Strength Cond J* 39: 27–33, 2016.

36 Faigenbaum A, Milliken L and Westcott W. Maximal strength testing in healthy children. *J Strength Cond Res* 17: 162–166, 2003.

37 Faigenbaum A, Ratamess N, McFarland J, et al. Effect of rest interval length on bench press performance in boys, teens, and men. *Pediatr Exerc Sci* 20: 457–469, 2008.

38 Faigenbaum AD, Westcott W, Micheli LJ, et al. The effects of strength training and detraining on children. *J Strength Cond Res* 10: 109–114, 1996.

39 Faude O, Rössler R, Petushek E, Roth R, Zahner L and Donath L. Neuromuscular adaptations to multimodal injury prevention programs in youth sports: a systematic review with meta-analysis of randomized controlled trials. *Front Physiol* 8: 791, 2017.

40 Foss K, Thomas S, Khoury J, Myer G and Hewett T. A school-based neuromuscular training program and sport-related injury incidence: a prospective randomized controlled clinical trial. *J Athl Train* 53: 20–28, 2018.

41 Fransen J, Deprez D, Pion J, et al. Changes in physical fitness and sports participation among children with different levels of motor competence: a 2-year longitudinal study. *Pediatr Exerc Sci* 26: 1–21, 2014.

42 Fraser B, Schmidt M, Huynh Q, Dwyer T, Venn A and Magnussen C. Tracking of muscular strength and power from youth to young adulthood: Longitudinal findings from the Childhood Determinants of Adult Health Study. *J Sci Med Sport* 20: 927–931, 2017.

43 Gomes T, Dos Santos F, Katzmarzyk P and Maia J. Active and strong: physical activity, muscular strength, and metabolic risk in children. *Am J Hum Biol* 29(1): doi. org/10.1002/ajhb.22904, 2017.

44 Granacher U, Lesinski M, Busch D, et al. Effects of resistance training in youth athletes on muscular fitness and athletic performance: A conceptual model for long-term athlete development. *Front Physiol* 7: 164, 2016.

45 Hall E, Bishop D and Gee T. Effect of plyometric training on handspring vault performance and functional power in youth female gymnasts. *PLoS ONE* 11: e0148790, 2016.

46 Hammami R, Granacher U, Makhlouf I, Behm D and Chaouachi A. Sequencing effects of balance and plyometric training on physical performance in youth soccer athletes. *J Strength Cond Res* 30: 3278–3289 2016.

47 Hardy L, Barnett L, Espinel P and Okely A. Thirteen-year trends in child and adolescent fundamental movement skills: 1997–2010. *Med Sci Sports Exerc* 45: 1965–1970, 2013.

48　Harries S, Lubans D, Buxton A, MacDougall T and Callister R. Effects of 12-weeks resistance training on sprint and jump performance in competitive adolescent rugby union players. *J Strength Cond Res* 2018, 30: 3278–3289.

49　Harries S, Lubans D and Callister R. Resistance training to improve power and sports performance in adolescent athletes: a systematic review and meta-analysis. *J Sci Med Sport* 15: 532–540, 2012.

50　Hewett T, Ford K, Xu Y, Khoury J and Myer G. Effectiveness of neuromuscular training based on the neuromuscular risk profile. *Am J Sports Med* 45: 2142–2147, 2017.

51　Hopper A, Haff E, Barley O, Joyce C, Lloyd R and Haff G. Neuromuscular training improves movement competency and physical performance measures in 11–13-year-old female netball athletes. *J Strength Cond Res* 31: 1165–1176, 2017.

52　Hulteen R, Morgan P, Barnett L, Stodden D and Lubans D. Development of foundational movement skills: a conceptual model for physical activity across the lifespan. *Sports Med* 48: 1533–1540, 2018.

53　Johnson B, Salzberg C and Stevenson D. A systematic review: plyometric training programs for young children. *J Strength Cond Res* 25: 2623–2633, 2011.

54　Keiner M, Sander A, Wirth K, Caruso O, Immesberger P and Zawieja M. Strength performance in youth: trainability of adolescents and children in the back and front squats. *J Strength Cond Res* 27: 357–362, 2013.

55　LaPrade R, Agel J, Baker J, et al. AOSSM early sport specialization consensus statement. *Orthop J Sports Med* 4: 2325967116644241, 2016.

56　Larsen M, Nielsen C, Helge E, et al. Positive effects on bone mineralisation and muscular fitness after 10 months of intense school-based physical training for children aged 8-10 years: the FIT FIRST randomised controlled trial. *Br J Sports Med* 52: 254–260, 2018.

57　Latorre Román P, Villar Macias F and García Pinillos F. Effects of a contrast training programme on jumping, sprinting and agility performance of prepubertal basketball players. *J Sports Sci* 36: 802–808, 2018.

58　Lauersen J, Andersen T and Andersen L. Strength training as superior, dose-dependent and safe prevention of acute and overuse sports injuries: a systematic review, qualitative analysis and meta-analysis. *Br J Sports Med* 52: 1557–1563, 2018.

59　Lauersen J, Bertelsen D and Andersen L. The effectiveness of exercise interventions to prevent sports injuries: a systematic review and meta-analysis of randomised controlled trials. *Br J Sports Med* 48: 871–877, 2014.

60　Laurson K, Saint-Maurice P, Welk G and Eisenmann J. Reference curves for field tests of musculoskeletal fitness in U.S. children and adolescents: the 2012 NHANES National Youth Fitness Survey. *J Strength Cond Res* 31: 2075–2082, 2017.

61　Leek D, Carlson J, Cain K, et al. Physical activity during youth sports practices. *Arch Pediatr Adolesc Med* 165: 294–299, 2010.

62　Legerlotz K, Marzilger R, Bohm S and Arampatzis A. Physiological adaptations following resistance training in youth athletes-A narrative review. *Pediatr Exerc Sci* 28: 501–520, 2016.

63　Lesinski M, Prieske O and Granacher U. Effects and dose–response relationships of resistance training on physical performance in youth athletes: a systematic review and meta-analysis. *Br J Sports Med* 50: 781–795, 2016.

64　Lloyd RS, Cronin J, Faigenbaum A, et al. The National Strength and Conditioning Association position statement on long-term athletic development. *J Strength Cond Res* 30: 1491–1509, 2016.

65　Lloyd RS, Faigenbaum A, Stone M, et al. Position statement on youth resistance training: the 2014 International Consensus. *Br J Sports Med* 48: 498–505, 2014.

66 Lloyd RS, Radnor J, De Ste Croix M, Cronin J and Oliver J. Changes in sprint and jump performances after traditional, plyometric, and combined resistance training in male youth pre- and post-peak height velocity. *J Strength Cond Res* 30: 1239–1247, 2016.

67 Malina R, Bouchard C and Bar-Or O. *Growth, Maturation and Physical Activity.* Champaign, IL: Human Kinetics, 2004.

68 Matos N, Winsley R and Williams C. Prevalence of nonfunctional overreaching/ overtraining in young English athletes. *Med Sci Sports Exerc* 43: 1287–1294, 2011.

69 Meylan C, Cronin J, Oliver J, Hopkins W and Contreras B. The effect of maturation on adaptations to strength training and detraining in 11–15-year-olds. *Scand J Med Sci Sports* 24: e156–e164, 2014.

70 Meylan C, Cronin J, Oliver J, Hopkins W and Pinder S. Contribution of vertical strength and power to sprint performance in young male athletes. *Int J Sports Med* 35: 749–754, 2014.

71 Moeskops S, Oliver J, Read P, et al. Within- and between-session reliability of the isometric midthigh pull in young female athletes. *J Strength Cond Res* 32: 1892–1901, 2018.

72 Moliner-Urdiales D, Ruiz J, Ortega FB, et al., and AVENA and HELENA Study Groups. Secular trends in health-related physical fitness in Spanish adolescents: the AVENA and HELENA studies. *J Sci Med Sport* 13: 584–588, 2010.

73 Mujika I, Halson S, Burke L, Balagué G and Farrow D. An integrated, multifactorial approach to periodization for optimal performance in individual and team sports. *Int J Sports Physiol Perform* 13: 538–561, 2018.

74 Müllerová D, Langmajerová J, Sedláček P, et al. Dramatic decrease in muscular fitness in Czech schoolchildren over the last 20 years. *Cent Eur J Public Health* 23(Suppl): S9–S13, 2015.

75 Myer G, Faigenbaum A, Edwards E, Clark J, Best T and Sallis R. 60 minutes of what? A developing brain perspective for activation children with an integrative approach. *Br J Sports Med* 49: 1510–1516, 2015.

76 Myer G, Faigenbaum A, Ford K, Best T, Bergeron M and Hewett T. When to initiate integrative neuromuscular training to reduce sports-related injuries and enhance health in youth? *Curr Sports Med Rep* 10: 155–166, 2011.

77 Myer G, Quatman C, Khoury J, Wall E and Hewett T. Youth vs. adult 'weightlifting' injuries presented to United States emergency rooms: accidental vs. non-accidental injury mechanisms. *J Strength Cond Res* 23: 2054–2060, 2009.

78 Myer G, Sugimoto D, Thomas S and Hewett T. The influence of age on the effectiveness of neuromuscular training to reduce anterior cruciate ligament injuries in female athletes: A meta analysis. *Am J Sports Med* 41: 203–215, 2013.

79 Negra Y, Chaabene H, Hammami M, Hachana Y and Granacher U. Effects of high-velocity resistance training on athletic performance in prepubertal male soccer athletes. *J Strength Cond Res* 30: 3290–3297, 2016.

80 Pesce C, Faigenbaum A, Goudas M and Tomporowski P. Coupling our plough of thoughtful moving to the star of children's right to play. In: *Physical Activity and Education Achievement*, R Meeusen, S Schaefer, P Tomporowski and R Bailey, eds. Milton, Oxon: Routledge, 2018, pp 247–274.

81 Petushek E, Sugimoto D, Stoolmiller M, Smith G and Myer G. Evidence-based best-practice guidelines for preventing anterior cruciate ligament injuries in young female athletes: a systematic review and meta-analysis. *Am J Sports Med* 47: 1744–1753, 2019.

82 Radnor J, Lloyd R and Oliver J. Individual response to different forms of resistance training in school aged boys. *J Strength Cond Res* 31: 787–797, 2017.

83　Ridley K, Zabeen S and Lunnay B. Children's physical activity levels during organised sports practices. *J Sci Med Sport* 21: 930–934, 2018.

84　Robinson L, Stodden D, Barnett L, et al. Motor competence and its effect on positive developmental trajectories of health. *Sports Med* 45: 1273–1284, 2015.

85　Runhaar J, Collard DC, Singh A, Kemper HC, van Mechelen W and Chinapaw M. Motor fitness in Dutch youth: Differences over a 26-year period (1980–2006). *J Sci Med Sport* 13: 323–328, 2010.

86　Sander A, Keiner M, Wirth K and Schmidtbleicher D. Influence of a 2-year strength training programme on power performance in elite youth soccer players. *Eur J Sport Sci* 13: 445–451, 2013.

87　Sandercock G and Cohen D. Temporal trends in muscular fitness of English 10-year-olds 1998–2014: an allometric approach. *J Sci Med Sport* 22: 201–205, 2019.

88　Sigal R, Alberga A, Goldfield G, et al. Effects of aerobic training, resistance training, or both on percentage body fat and cardiometabolic risk markers in obese adolescents: the healthy eating aerobic and resistance training in youth randomized clinical trial. *JAMA Pediatr* 168: 1006–1014, 2014.

89　Smith J, DeMarco M, Kennedy S, et al. Prevalence and correlates of resistance training skill competence in adolescents. *J Sports Sci* 36: 1241–1249, 2018.

90　Smith J, Eather N, Morgan P, Plotnikoff R, Faigenbaum A and Lubans D. The health benefits of muscular fitness for children and adolescents: a systematic review and meta-analysis. *Sports Med* 44: 1209–1223, 2014.

91　Steib S, Rahlf A, Pfeifer K and Zech A. Dose–response relationship of neuromuscular training for injury prevention in youth athletes: a meta-analysis. *Front Physiol* 8: 1–17, 2017.

92　Stockard J, Wood T, Coughlin C and Khoury C. The effectiveness of direct Instruction curricula: a meta-analysis of a half century of research. *Rev Educ Res* 88: 003465431775191, 2018.

93　Suchomel T, Nimphius S and Stone M. The importance of muscular strength in athletic performance. *Sports Med* 46: 1419–1449, 2016.

94　Sugimoto D, Myer G, Barber Foss K and Hewett T. Specific exercise effects of preventive neuromuscular training intervention on anterior cruciate ligament injury risk reduction in young females: meta-analysis and subgroup analysis. *Br J Sports Med* 49: 282–289, 2015.

95　Thomas C, Comfort P, Jones P and Dos'Santos T. A comparison of isometric midthigh-pull strength, vertical jump, sprint speed, and change-of-direction speed in academy netball players. *Int J Sports Physiol Perf* 12: 916–921, 2017.

96　Tinto A, Campanella M and Fasano M. Core strengthening and synchronized swimming: TRX® suspension training in young female athletes. *J Sports Med Phys Fitness* 57: 744–751, 2017.

97　Tomporowski P, McCullick B and Horvat M. The role of contextual interference and mental engagement on learning. In: *Education Games: Design, learning and application*. F Edvardsen and H Kulle, eds. Hauppauge, NY: Nova Science Publishers, Inc., 2011, pp 127–155.

98　Ullrich B, Pelzer T, Oliveira S and Pfeiffer M. Neuromuscular responses to short-term resistance training with traditional and daily undulating periodization in adolescent elite judoka. *J Strength Cond Res* 30: 2083–2099, 2016.

99　Van der Sluis A, Elferink-Gemser M, Coelho-e-Silva M, Nijboer J, Brink M and Visscher C. Sports injuries aligned to peak height velocity in talented pubertal soccer players. *Int J Sports Med* 35: 351–355, 2014.

100 Venckunas T, Emeljanovas A, Mieziene B and Volbekiene V. Secular trends in physical fitness and body size in Lithuanian children and adolescents between 1992 and 2012. *J Epidemiol Community Health* 71: 181–187, 2017.

101 Walters B, Read C and Estes A. Effects of resistance training, overtraining, and early specialization on youth athletes. *J Sports Med Phys Fitness* 58: 1339–1348, 2017.

102 Wong P, Chamari K and Wisloff U. Effects of 12-week on-field combined strength and power training on physical performance among U-14 young soccer players. *J Strength Cond Res* 24: 644–652, 2010.

103 Zwolski C, Quatman-Yates C and Paterno M. Resistance training in youth: laying the foundation for injury prevention and physical literacy. *Sports Health* 9: 436–443, 2017.

第8章 青少年运动员举重

G. Gregory Haff, Erin E. Haff

引言

举重是一项竞技运动，运动员试图在抓举和挺举中尽可能举起最重的重量，并经常被不合时宜的称为"奥林匹克举重"，但"奥林匹克举重"这一词应该属于参加奥运会举重比赛的精英运动员[86]。参与举重训练和竞赛者都称为举重运动员[19]。

身体测试和运动表现特质，反映了举重者出色的肌肉力量水平、高力量生成率和高功率输出的能力[19, 94]。这些特质常常是其他领域的运动员所期望获得的，这促使许多体能教练开始研究举重运动员的训练方法。众所周知，具备高功率输出的能力是青少年运动员所期望的一种特质[9, 59]。虽然举重运动员在训练和比赛中会有抓举、挺举等动作，但是他们也会进行许多其他练习，最大程度的提高肌肉力量和爆发力以及力的生成速率[23]。这些训练包括传统的力量训练动作，如蹲类（高杠深蹲、颈前蹲）和推类（军事推举、颈后推举、卧推）以及举重衍生动作的训练，包括颈后宽挺蹲，拉类动作（如从地面、膝上、大腿开始的高拉，涉及抓举和高翻动作的两种提拉高度）以及举重动作的部分环节，例如从地面、膝上、髋部位置开始的高抓和高翻[99]。

举重动作和其衍生动作的使用已经在许多运动内，被纳入运动员抗阻训练中[16, 26, 27, 47, 93]。尽管这些动作的运用对于精英运动员来说是司空见惯的，但对于青少年运动员来说，这种类型的训练方式仍然存在一些争议。争议常常来自于一些错误的观念：举重动作本身就具有危险性[2]。而和这些观念相反的是，目前科学知识认为所有出现在青少年运动员中的举重训练或一般抗阻训练的受伤风险是非常低的[14, 33, 56, 84, 91]。实际上，举重训练的受伤率显著低于其他形式的抗阻训练和其它运动项目[14, 56]。基于青少年运动员在举重和抗阻训练中表现出相对较低的受伤率，大量运动科学机构，包括美国体能协会（NSCA）[73]，澳大利亚体能训练协会（ASCA）[107]，英国体能训练协会（UKSCA）[72]，英国体育与运动科学协会（BASES）[97]和加拿大运动生理学学会（CSEP）[8]，都建议青少年的抗阻训练中要包含举重训练，但需要有合适的、有资质的教练人员进行监督和指导，以便青少年运动员能够安全地训练。此外，2014 年，在一次针对抗阻训练的国际论坛上专家们讨论认为，在有经验的专业人士提供正确的、合理的指导以及基于技术熟练度的循序渐进的前提下，青少年运动员能够安全、有效并愉悦的参与举重训练[74]。

举重训练的安全性

当我们审视举重运动时，常会误以为这项运动以及在训练和比赛中进行的动作本身就是危险的[19]。这也导致部分青少年运动员在进行与举重运动相关的训练时产生担忧[2]。然而，越来越多的证据质疑这种担忧[33, 36, 37, 75]。例如，一些研究表明，在青少年运动员的抗阻训练项目中增加一些基于举重的训练（如改进过的高翻、推和拉），可以增强他们的肌肉力量，且不会增加受伤风险[16, 36, 49]。这些发现和认为举重运动可以被青少年运动员安全地实施的研究是相似的[91]，举重训练总体的受伤风险显著低于其他运动[56]。研究还发现有些运动比如足球（即英式和美式足球）、橄榄球、篮球、体操和网球的受伤率都显著高于举重或举重相关训练。

通过为期 1 年左右的举重比赛和训练观察，Pierce 等人[91]调查了 70 名经常在比赛中完成最大或接近最大举重强度的男生与女生（年龄在 7～16 岁）的受伤情况，该调查获得的其中一个关键结果是，与举重相关的损伤没造成无法参训的情况。同样，Byrd 等人[14]进行了为期 2 年的青少年运动员（年龄在 12～15 岁）的举重训练和比赛调查，在研究过程中，平均进行了 8 次比赛，总共完成了 534 次竞赛中的举重，没有记录到需要医疗处理或导致运动员错过训练的受伤情况。Pierce 等人[91]和 Byrd 等人[14]都提出了一个关键前提，即举重运动的受伤率低是因为有合格的监管和教练的指导。当一名合格的教练监督青少年运动员的举重训练时，总体的受伤风险是最低的，这种观点越来越被人们所接受。

尽管控制这种受伤风险因素最主要是需要青少年运动员受到合格的监管和指导，但还需要考虑一些其他参考因素。第一，提供一个安全的训练环境并且维护好训练器材是非常重要的。第二，要采用适合发展的训练方法，训练量和强度都要契合运动员的技术能力和成熟状态。第三，需要格外注意并确保运动员在每次训练课程后得到适当的休息，以便优化训练课程并保持技术能力。但使这些建议能够被有效实施的核心，仍然是要有熟悉如何指导青少年运动员进行举重训练的高水平专家。建议那些训练或指导青少年举重运动员举重技巧的从业人员，至少要获得一份来自国际举重联合会（IWF）颁发给附属举重联合机构的资质证书。还有一些主流的体能训练机构中得到的相关资质证书，包括 NSCA[73]、ASCA[107]或者 UKSCA[72]。需要特别申明的是，证书和认证仅仅是对个体掌握了适当知识或具备基础从业能力的说明。因此，与青少年运动员一起工作的教练必须具有相关的教学技能与知识，以有效地与不同年龄、能力和志向的运动员沟通，并优化整体训练环境，这是至关重要的[74]。

> 　　指导和监督的质量是需要被纳入降低青少年运动员受伤风险考量的一个重要因素。另外，也要注重训练环境、器械质量、训练课程的强度与量，以及休息时间的安排。

　　青少年运动员参与举重运动的危险性不仅比很多其他运动更低，而且还可以成为一个用来降低运动员参与其他运动而可能发生受伤风险的工具[75]。尤其是那些需要跳跃落地的运动项目，使青少年运动员承受比他们体重高出 7 倍的地面反作用力[16, 79]。举重运动在抓举（在头部以上接住杠铃）、高翻（结合颈前深蹲的姿势，用肩膀前部接住杠铃）、挺举（在下蹲挺和箭步挺的动作中，过顶的位置接住杠铃）接铃部分，运动员下肢参与的主要肌肉表现出离心收缩动作，这在功能上类似跳跃落地的动作[20, 75]。比如，Moolyk 等人[81]在观察高翻和下蹲翻的接铃动作时，发现膝盖和髋关节在下肢运动的作用与在跳跃落地动作相似，这表明举重运动（如高翻）可以作为预防损伤的潜在工具。这对于在跳跃落地前阶段展现出较低神经肌肉效率的青少年运动员[87]与有较高前交叉韧带受伤风险的青少年女运动员[28]尤为重要。因为举重运动中接铃部分比典型的跳跃落地更加可控[46, 81]，而且具有能够增强落地、急停和减速的运动特性的潜能[75]，这可能使得举重运动成为一项特别受欢迎的预防损伤的训练方法。

举重训练的益处

　　以举重动作为基础的训练对成年[14, 16, 19, 32, 50, 74, 91]和青少年运动员[14, 16, 17, 42, 92]的身体成分、运动控制、骨骼肌的适应和运动表现都有很多益处。

身体成分

　　通过研究现有的身体成分和举重数据可以发现，与没接受过举重训练的个体相比，成年男性和女性举重运动员拥有更低的体脂率和更高的瘦体重[94]。通常成年的轻、中量级（即 56kg 以下和 85kg 以下）的男性举重运动员的体脂率在 5%～11%[42, 68, 94, 105]，而那些重量级（即 94～105kg）运动员群体的体脂率趋向于 11%～15%[94]。无差别（即 105kg 以上）的运动员群体的体脂率则大于17%[94, 96]。尽管关于成年女性举重运动员身体成分的数据有限，但现有的数据表明，她们和田径、排球、曲棍球运动员的身体成分相当[94]。尽管这些是成年举重运动员的数据，但重要的是，教练们要了解这些数据，并用来指导青少年举重运动员的长期运动发展计划。

Fry等人[42]在研究平均年龄在（14.3±2.3）岁，体重在（63.3±15.6）kg范围的青少年男性举重运动员时，发现他们的体脂率在6%～11%。有趣的是，当细分到精英（即采用Sinclair等式根据体重调整成绩，排在前17%的国家级水平运动员）和非精英运动员时，这两个群体在身体成分上有显著差异。精英青少年男性举重运动员比非精英举重运动员有更低的体脂率[精英为（6.4±2.9）%；非精英为（10.3±7.1）%]和更高的瘦体重[精英为（63.7±8.4）kg；非精英为（55.0±13.2kg）]。尽管青少年举重运动员身体成分的数据有限，但现有数据表明，举重训练配合合理的饮食计划，可以通过提高瘦体重并降低体脂率来积极改变身体成分，这是举重训练带来的一个最主要的效果。

运动控制

青少年学习和掌握举重基本动作，可以作为一种有效训练运动控制能力的方法，这种能力可以巩固运动员的其他运动项目表现。举重训练由于其技术技能的成分，与改善运动控制有关[17-19, 30]。特别是当成年人进行以举重运动为基础的训练时，肌肉群之间的协调和各运动单位的激活模式会显著增加[4, 40, 54, 69]。实际上，与传统的抗阻训练不同，举重训练提供了一种独特的膝部肌肉协同激活训练方法[4]。这种肌肉协同激活训练的方法可以在增强肌肉和关节的稳定性的同时，平衡关节力量，并提高肌肉伸展-收缩周期（SSC）内肌肉弹性势能的储存和再利用的能力[67]。最后，主动肌能够在在短时间内启用高水平爆发力量的能力，得益于拮抗肌的同步放松[83]。为实现这一目标，必须采用增强拮抗肌交互抑制作用的神经策略[82]。举重训练能够改变肌肉协同激活策略，使主动肌能够获得更多的神经输入信号，同时在跳跃的起跳期减少拮抗肌的协同激活，这可能部分地解释了为什么举重训练与提高运动员的跳跃表现相关[4]。虽然这种推理很大程度上是以对成年人进行的举重训练研究为基础，但可以预见的是，当青年运动员进行举重训练时也会出现类似的反应，但是还需要进一步的研究来支持这一论点。

另一个与举重训练相关的重要益处是开发肌肉激活模式的能力，这种能力有助于优化运动员产生峰值力量和力量生成速率的时间[19, 29, 31]。这种能力的核心来自引膝动作，当杠铃经过膝盖时，这个动作会使膝关节的伸肌放松，同时激活收缩膝关节屈肌[6]。这种运动模式的转换有利于膝关节弯曲，但转变相对较短，因为为了促进第二次提拉动作，膝关节伸肌会被重新激活[19]。所以运动员在举重动作中，执行引膝动作的能力，对于把以举重运动为基础的训练的益处最大化，以及把训练成效转化到运动表现中是至关重要的。

> 举重训练不同于传统的抗阻训练方法，它运用的是一种独特的膝部肌肉协同激活策略。具体来说，这些协同激活可以带来更多的关节力量平衡，增加肌肉和关节稳定性，从而提高了肌肉在拉长 - 收缩周期活动中储存和再利用弹性能量的能力。

骨骼肌的适应

通常，快肌纤维（Ⅱa 和 Ⅱx 型）和慢肌纤维（Ⅰ型）的相对比例会影响骨骼肌的力速特性[21, 96]。在研究成人举重运动员的股外侧肌纤维类型时，发现Ⅱ型肌纤维的整体含量为 52%～59%[44, 53, 55, 103]。尽管有资料显示未经训练的成年人也具有相似的Ⅱ型肌纤维含量[48, 61]，但需要注意的是，举重运动员的Ⅱ型肌纤维横断面明显更大[44]。此外，与参加业余体育活动的成年人相比，成年举重运动员中Ⅱa 型肌纤维和相关肌球蛋白重链Ⅱa 的含量比例更大[44]。总体而言，Ⅱ型肌纤维含量和肌纤维横截面更高之所以重要，是因为与Ⅰ型肌纤维相比，这些肌纤维具有更高的单位肌纤维横截面积输出功率[77, 104]。当探究不同肌纤维类型的含量、肌纤维横截面积和运动员举重表现间的相关性时发现，88.4%（r^2=0.884）的成绩变化与Ⅱa 型肌纤维的含量有关，而 68.9%（r^2=0.689）的变化与Ⅱa 型肌纤维的横截面积有关[44]。因此，举重训练的关键适应性之一可能是改变骨骼肌Ⅱa 型肌纤维含量和肌纤维横断面积。

有科学证据表明，举重训练可通过肌纤维类型的转变显著影响骨骼肌，也可促进成年人[45, 55]和青少年运动员[65]的肌肉肥大。针对成年举重运动员肌纤维含量进行的横断面研究表明，频繁的举重训练会促进运动员Ⅱa 型肌纤维肥大[44, 100]，并同时刺激Ⅱx 型肌纤维向Ⅱa 型肌纤维转变[41]。Taber 等人的最新研究[100]表明，典型的基于举重的训练方法可使运动员Ⅱa 型纤维截面积增加 17.4%～23.9%。尽管尚无直接检验青少年举重运动员的肌纤维类型转化或肌纤维截面积变化的数据，但可以预见长期的举重训练会刺激并激发青少年举重运动员发生与成年举重运动员类似的适应性反应。

大多数研究已经表明成年运动员进行举重训练存在肌肉肥大反应，青少年举重运动员进行举重训练也可能会获得肌纤维横截面积增加。例如，

Kanehisa 等人[65]报告了在 18 周的举重训练后，青少年举重运动员股四头肌的肌纤维横截面积显著增长。虽然肌纤维横截面积的增长是显著和有意义的，但需要注意的是，因为儿童激素分泌达不到成年人水平，所以所呈现的骨骼肌适应性变化比较少[74]。相反，具有较高合成代谢水平的青少年举重运动员，他们的肌纤维横截面积预期增长幅度会更大[72, 74]。

运动表现指标

越来越多的科学证据表明，当青少年运动员执行设计科学的举重训练计划时可以显著提高最大力量和爆发力生成的能力[13, 16]，进而提高运动表现。运动表现能力的一个常见指标是垂直跳跃，它是举重、足球、篮球、排球和田径运动中运动员运动潜力的预测指标之一[16]。基于高拉动作和垂直跳跃运动之间的力学机制相似性，将举重训练纳入运动表现训练计划内，并且使跳跃能力得到比传统的力量训练方法更显著、更大的提高也就不足为奇了。例如，Channell 等人[16]比较了 8 周的举重训练（n=11）与传统抗阻训练（n=10）对青少年足球运动员[年龄（15.9±1.2）岁]的影响，结果显示举重训练的运动员垂直跳跃能力获得了显著提高。在另一项研究中，Chaouachi 等人[17]比较了将举重训练与传统抗阻训练相结合后对青少年运动员的影响。举重训练对运动员垂直跳跃和水平跳远表现的提升比传统的抗阻训练更大。举重训练和传统抗阻训练都可以提高运动员 5m 和 20m 的冲刺时间成绩；但标准传统阻力训练的提升效果更明显。

尽管举重训练和抗阻训练均可以提高冲刺成绩，但需要注意的是，举重训练可提供独特的膝部肌肉协同激活模式[4]，这能够提高肌肉发挥或启用SSC 的能力[67]，此功能非常重要，因为这项能力的提升可以转换为运动员运动表现的提升，并降低潜在的受伤风险。因此，根据目前的知识，将举重与传统的阻力训练方法结合应用到青少年运动员的训练中，可以显著提高肌肉力量和爆发力表现[16, 108]。

青少年举重运动员的可训练性

发展中的运动员，对给定的训练刺激的敏感性通常用"可训练性"一词来描述[74, 76]。有充分的证据表明，儿童和青少年的肌肉力量水平将随着自然成长和成熟而增加[11, 12, 76]。因此，如果一项举重训练计划提供的训练量和强度都不理想，则该训练计划的效果可能会被青少年运动员的自然成长和成熟所掩盖[7, 78, 85]。因此，为了引发比自然生长和成熟效果更显著的肌肉力量适应性，必须要在训练中施加足够的训练刺激（即数量和强度）[70]。

　　许多研究表明，精心设计的适合发展的抗阻训练计划对 5～6 岁的儿童有益[3, 39]。尽管与儿童（效应量 =0.81）相比，青少年（效应量 =1.91），绝对力量增加更大[10]，但儿童和青少年运动员相对力量的增加较为相似[71, 72, 88]。Byrd 等人[14]研究了青年男性[n=8；年龄 =（12.5±1.6）岁]和女性[n=3；年龄 =（13.7±1.2）岁]举重运动员接受至少 22（28.8±4.4）个月的训练后，其举重成绩的变化。统计这些数据，发现女子竞技总成绩（例如，抓举和挺举）平均提高了（54±18）kg，而男子提高了（100±33）kg，这充分表明通过持续的训练，青年运动员可以提高他们的整体举重成绩。值得注意的是，女孩在竞技举重中每千克体重增加了 2 千克[14]，比男孩的增幅表现低。通过对这些数据的仔细研究，结果清楚地支持了这样一种观点，即男孩和女孩对举重训练的反应差异与雄性激素相关[14]。

　　在另一项研究中，Keiner 等人[66]通过检验四组运动员（包括 11～12 岁，13～14 岁，15～16 岁和 17～19 岁的运动员）的后蹲和前蹲力量的发展情况，分别研究了儿童和青少年举重运动员（n=105）的可训练性。研究结果表明，11～19 岁青少年举重运动员的后蹲和前蹲绝对力量和相对力量水平都在逐渐提高（图 8.1）。根据这些数据，青少年举重运动员应该能够在 17～19 岁完成 2.2 倍体重的相对 5RM（最多重复 5 次的重量）后蹲。总之，这些数据清楚地表明，青少年运动员可以通过以举重运动为基础的训练方法来增强肌肉力量。

　　尽管当前的科学证据显示，经过持续的结构化举重训练，男女运动员都可以提高举重成绩，但必须注意的是，只有青少年运动员情绪上足够成熟，可以接受和遵循教练的指导，并表现出应有的平衡和姿势控制能力，才能够有效地进行举重训练[73]。

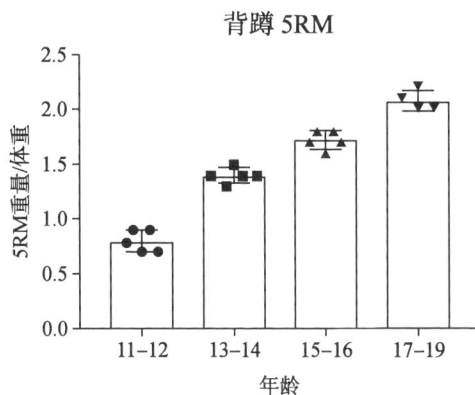

背蹲 5RM

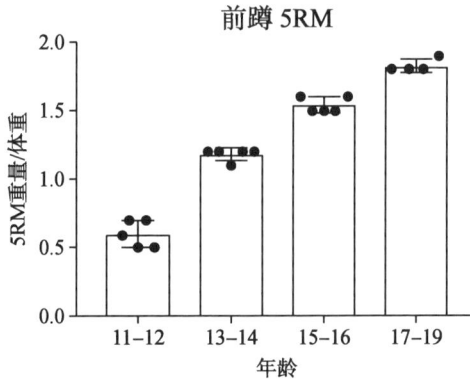

图 8.1　青少年男性运动员的后蹲和前蹲 5RM 力量的发展过程
资料来源: Keiner 等人[66]

青少年运动员举重训练发展过程

人们常常会犹豫是否应该将举重运动纳入青少年运动员的发展计划中，这主要是因为对举重运动的不了解：如举重太难或太耗时且无法进行有效的教学[24, 25, 60, 102]，或者训练结果很难转化为实际的运动成绩。然而，Haug 等人[60]的最新研究表明，持续 4 周，每周至少 2 天的举重技术训练（如高翻），可以显著改善运动员垂直方向上的爆发力生成能力，并促进成年运动员基本举重技能的发展。虽然还没有研究明确表明青少年运动员建立举重技术需要多长时间，或者需要多少训练课才能将训练适应转化为运动成绩，但由于他们总体上对训练刺激的适应速度更快，所以可以预见，青少年运动员也能对举重训练表现出类似的反应；当然为了验证这一论点，还需要进一步的研究。

> 学习举重运动的过程可以显著提高运动表现的各种指标。用时少且有显著的益处使其成为一种理想的训练工具，可纳入青少年运动员的长期运动发展计划。

尽管成功完成抓举和挺举需要一定的技术含量，但如果能有经验丰富的教练做指导，并采用适当的教学方法，青少年运动员亦可有效地学习基本举重动作[64]。发展举重的总体竞技能力在很大程度上取决于如何将这些练习融入运动员的长期发展计划中[90]，以及如何采用系统方法来介绍与主要动作相关的关键动作模式（图 8.2）。

在开始举重训练之前，青少年运动员应发展基本的运动技能，并逐步整

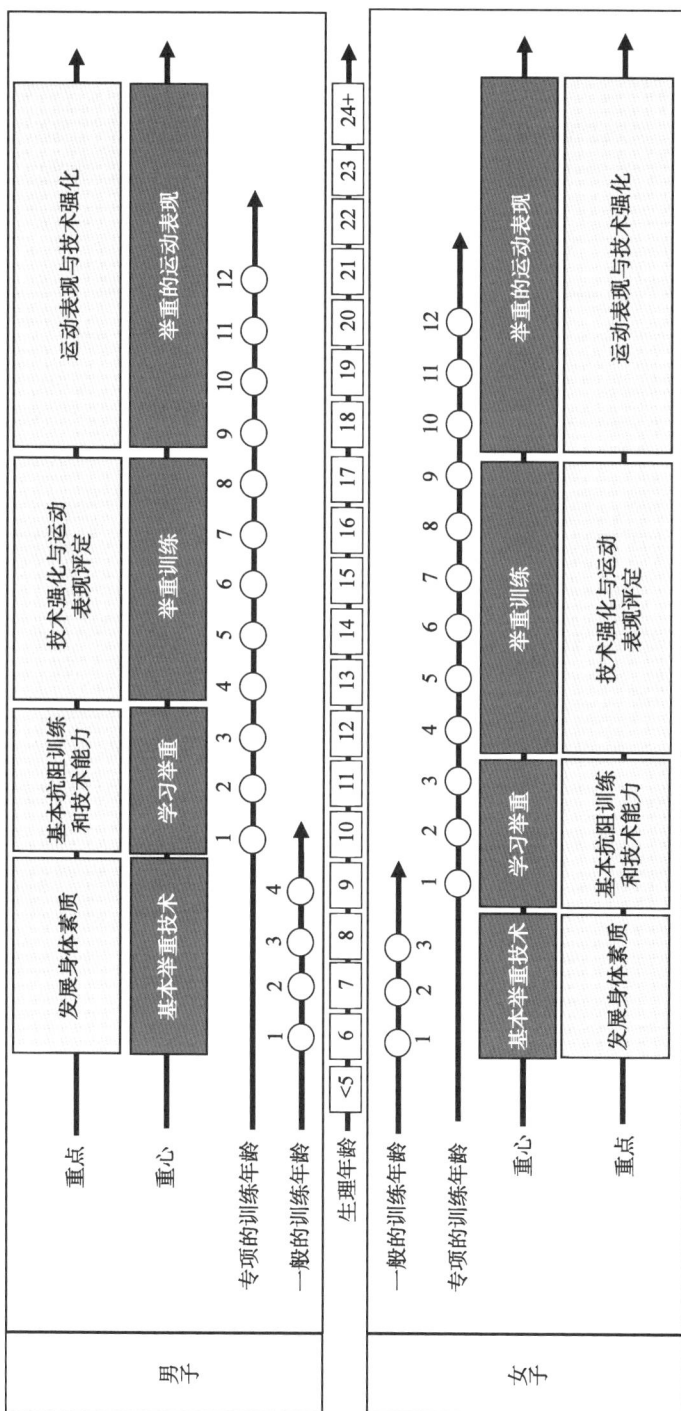

图 8.2　举重训练的长期发展进程

合基本的抗阻训练练习,从而建立起发展举重素质的基础,这一点很重要[38,75]。最近,Lloyd等人[75]建议,对于6~9岁的男孩和6~8岁的女孩来说,应该注重他们基本运动能力的基础训练。在此训练阶段的关键目标是发展敏捷性、平衡性、协调性、灵活性以及运动感觉和空间意识。然而,在这一阶段的所有练习中,举重并不是很重要,而是更多专注于通过各种练习来使青少年运动员学习如何控制自身重量,如体操、爬行和攀登,从而使青少年运动员发展举重竞技能力的基础[75]。

在完成发展的基础阶段后,青少年运动员(男孩9~12岁;女孩8~11岁)可以将重点转移到发展举重的基本抗阻训练技术和专项技术能力上来。在这一阶段,最重要的是,教练必须确保运动员获得正确的举重技术。但如果运动员在这一阶段学习和形成了错误的动作模式,那么教练必须意识到,如果不花大量时间针对错误技术进行纠正,将很难调整这些技术模式,而这个过程可能会使运动员感到沮丧并限制他们的全面发展[57]。青少年运动员通常在此阶段发展速度很快,教练不应像对待成年人一样对待他们,要避免大幅度地提升举重的重量和将过多的精力转移到比赛成功上。相反,这个阶段的关键目标是让运动员掌握技术,根据技术能力增加负荷,培养实现长期举重所需的训练基础。

当青少年运动员持续显示出其对所学举重动作的掌握能力时,就可以开始专注于"举重训练"(男孩12~16岁;女孩11~15岁)。在这一发展阶段,主要的重点是举重专项训练、持续发展(或至少维持)技术能力和力量水平,并逐步增加对青少年(13~17岁)和青年(15~20岁)比赛成绩的关注。在这一发展阶段,青少年运动员将不可避免地经历成长和成熟带来的身体变化[75]。教练员应注意,在此阶段肢体长度发生变化可能会导致身体不适或运动协调的暂时丧失[89]。因此,教练需要认识到技术能力可能会受到突然中断,而训练必须继续注重强化技术动作。

最后阶段可以考虑以下两种情况。第一,如果运动员是以举重成绩为目标,他们的训练将集中在青少年(15~20岁)和成年水平(20岁以上)的举重比赛上。在这一阶段,运动员自然会更加注重比赛的成功和不断提高技术水平。并且会更注重提高最大力量和采用更加先进的训练方法。第二,如果运动员将举重运动作为其他运动项目的体能训练计划的一部分,他们应该在提高整体肌肉力量的同时,继续改进举重技术,并努力将力量和爆发力提高转化为运动表现。

教学过程

进行举重动作教学时,通常建议采用自上而下(Top-down teaching progression)

的教学过程[75, 80]。将抓举和挺举按动作组成分几部分练习,这有助于运动员掌握举重中的分解动作。根据"模块"教学理论,青少年运动员可以分别练习动作的各组成部分,随后将各个练习组合在一起,形成连续的运动模式[58]。

通常建议教练在指导运动员学习一些必要的力量训练练习(例如后蹲、前蹲、硬拉和各种推类动作)之后,再学习举重运动[64]。除了这些练习之外,运动员还应该学习如何进行基本的核心训练,以及加入一些已有的常规训练(表 8.1)。最终,以上这些练习将成为发展举重运动的基础[64]。

表 8.1　举重前的必备基础训练

类型		练习
杠铃训练	深蹲	后蹲
		前蹲
	推举	颈后推举(中握距)
		颈后推举(宽握距)
	硬拉	硬拉(中握距)
		硬拉(宽握距)
核心训练		山羊挺身
		卷腹仰卧起坐
		仰卧两头起
		悬垂举腿
一般身体素质训练		跳跃
		短距离冲刺跑
		药球训练

资料来源:改编自 Jones 等人的研究[66]

在掌握了基本的举重动作后就可以引入更正式的举重教学计划。在进行举重运动教学时,重点应该是技术能力,而不是举起的重量[38, 75]。这通常需要青少年运动员用木棍或 PVC 胶管而不是传统的举重杆开始学习[38]。当青少年运动员证明自己能够熟练使用木棍或 PVC 胶管完成动作后,就可以升级到使用重量较轻的杠铃(5～10kg)。教练的经验和运动员技术的进步情况将会确定运动员学习举重动作时所采用的负荷递增幅度。从发展的角度来看,明智的做法是优先考虑技术能力和使用保守的负荷增长,这可以确保运动员获得安全适当的发展。

> 在学习举重运动时,青少年运动员应从使用木棍或 PVC 胶管开始,而不是传统的举重杆。在这个开发阶段,训练的主要重点应该是让运动员通过每一次举重来掌握技术,而不是关注举重的重量。

由于抓举技术的复杂性和独特的动作节奏,教导的第一个举重动作经常与抓举技术有关[5]。抓举教学过程中的所有动作都使用宽握(即抓举握距),这通常是在引入必备基础练习时就建立起的方法习惯[64]。有三种方法可以确定抓举的握距:①运动员两侧肩关节外展并保持肘部成 90° 且上臂与地面平行,测量运动员肘部之间的距离。②测量伸出的拳头到另一侧肩膀的距离。③一手握住木棍一端并伸过头顶上,另一只手握住木棍另一端外展与地面平行[64, 106]。

抓举握距确定后,教学从下蹲开始,同时将杠铃置于头顶位置(即过顶深蹲),然后进行一组由 8 个动作组成的练习,解决进行高抓前的举重关键问题(表 8.2)。掌握了高抓,运动员就可以将一系列特定的动作结合起来,从高抓转变为下蹲抓举。

表 8.2　自上而下抓举和高翻教学过程

步骤		练习内容	类型
高抓	1	过顶深蹲	技巧
	2	颈后宽挺蹲	技巧
	3	从大腿宽握高拉	力量
	4	从大腿高抓	技巧
	5	宽握罗马尼亚硬拉	力量
	6	从膝盖以下高拉	力量
	7	从膝盖以下高抓	技巧
	8	宽握提拉至膝盖	力量
	9	宽握高拉	力量
	10	高抓	技巧
抓举	1	从大腿高抓 + 过头深蹲	技巧
	2	从大腿抓举	技巧
	3	从膝盖以下高抓 + 过头深蹲	技巧
	4	从膝盖以下抓举	技巧
	5	高抓 + 过头深蹲	技巧
	6	抓举	技巧

续表

步骤		练习内容	类型
高翻	1	从大腿中握高拉	力量
	2	从大腿高翻	技巧
	3	中握罗马尼亚硬拉	力量
	4	从膝盖以下中握高拉	力量
	5	从膝盖以下高翻	技巧
	6	中握高拉至膝盖	力量
	7	中握高拉	力量
	8	高翻	技巧
翻站	1	从大腿高翻 + 前蹲	技巧
（下蹲翻）	2	从大腿翻站	技巧
	3	从膝盖以下高翻 + 前蹲	技巧
	4	从膝盖以下翻站	技巧
	5	高翻 + 前蹲	技巧
	6	翻站	技巧

掌握了抓举动作后，运动员一般会开始进行类似的八步训练，是专为学习如何进行高翻设计的（见表 8.2）。自上而下的教学方式再次被用到与高翻相关的关键动作的教学中。掌握高翻后，运动员就可以将举重技术和关键练习联系到一起，从而掌握翻站（下蹲翻）。

经常教授的第三个动作是挺举，教学初期通常是从颈部后侧的姿势开始，因为这样更容易让运动员发展挺举的基本力学模式。在掌握了颈后动作后，运动员就开始从前架位置（即前蹲握位）学习动作。这七个步骤（表 8.3）是在开始举重教学前的基本推举动作的延展。尽管一些教练分别完成每一个举重动作的教学过程，并随着时间的推移依次教授完三个主要的举重练习，但也可系统地将每一项动作的教学纳入一个长期的训练计划，以同时发展三个动作。

表 8.3　自上而下的挺举教学过程

步骤		练习内容	类型
颈后挺举	1	中握借力推举（颈后）	力量
	2	中握借力挺举（颈后）	力量
	3	颈后推举（用分腿姿势）	力量
	4	颈后借力推举（用分腿姿势）	力量
	5	颈后借力挺举（用分腿姿势）	力量
	6	分腿挺举脚法练习	技巧
	7	分腿挺举（颈后）	技巧

续表

步骤		练习内容	类型
挺举	1	中握借力推举	力量
	2	中握借力挺举	力量
	3	军事推举（用分腿姿势）	力量
	4	借力推举（用分腿姿势）	力量
	5	借力挺举（用分腿姿势）	力量
	6	分腿挺举	技巧

举重训练设计与建议

在设计运用举重动作的训练方案时，重要的是采用适当的训练变量，如练习的选择、训练量、训练强度和训练频率[38, 75]，这些变量应与训练计划的目标结果相一致。此外，要强调基本的训练建议（表 8.4）必须与运动员的个人需求相一致，并且训练方案中的训练变量应始终个性化。

表 8.4　推荐的举重设计指南

训练变量	基础举重技能 [a]	学习举重	举重训练	举重运动表现
	男子：6~9 岁 女子：6~8 岁	男子：9~12 岁 女子：8~11 岁	男子：12~16 岁 女子：11~15 岁	男子：16 岁以上 女子：15 岁以上
训练量（总重复次数 [b]）	36~24	30~24	24~15	18~6
训练强度（%1RM）	自重	30~50	50~85	75~100
每节课的练习动作数	6~10	3~6	3~6	2~5
动作速度	中速 - 快速	中速 - 快速	中速 - 最快	中速 - 最快
频率				
每周训练天数	2~3	2~3	3~4	4~6
每天训练课（次/天）	1	1	1~2	1~2
训练持续时间（小时/节课）	0.5~1	1~2	1~3	1~3

　[a] 在基础举重技能阶段，重复次数不一定对应规定的举重次数，而是与广泛练习从而发展身体素质有关。

　[b] 每项练习的总重复次数可以根据训练目标和周期训练计划阶段配置不同组数与重复次数。

资料来源：改编自 Lloyd 等人[75]

练习的选择

在制订举重运动及其衍生动作的训练计划时,训练项目的选择主要取决于运动员的技术能力和目前的发展阶段。虽然有些练习(如,后蹲、前蹲、过顶深蹲、推举)可以在运动员发展的各个阶段进行,但仍有许多不同的策略可以用来确保运动员不仅能快速发展技术,而且能最大限度地发展他们的整体力量水平。最重要的练习策略是确保举重技术在一般运动能力的基础上发展起来的。因此,在长期运动发展模式的早期阶段,采用的训练方法都经过了特定的挑选,以提供多种运动挑战来发展运动员的基本运动能力(见表 8.1)。随着运动员的进步,应该通过各种练习来使其基本的举重能力得到发展。培养出举重能力后,运动员就可以去努力掌握举重技术,同时最大限度地发展力量。

练习阶段

随着运动员进入学习举重阶段,教练在教学过程中将引入基础练习(见表 8.2),在这个阶段的主要目标是建立熟练的抓举和挺举技术。运动员教学过程是以一系列的练习呈现的,训练过程中包含的各种练习可以随时间变化安排,从而随着时间的推移使运动员逐步增加练习的复杂性。按照顺序会要求运动员首先从大腿处的悬垂高度练习高抓,然后从膝盖处的悬垂高度练习高抓,最后从地面上开始高抓。

高抓(大腿位) ⇒ 高抓(膝盖位) ⇒ 高抓

对于那些不想成为举重运动员的运动员来说,应该逐步发展他们的高翻技术。但如果是以竞技举重为目标,运动员应从相同的位置开始抓举训练。

抓举(大腿位) ⇒ 抓举(膝盖位) ⇒ 抓举

抓举熟练后,举重运动员将从大腿处开始进行高翻,然后向下进行膝盖处的高翻,最后进行地面上的高翻。

高翻(大腿位) ⇒ 高翻(膝盖位) ⇒ 高翻

一旦掌握了高翻,举重运动员就可以从相同的姿势开始练习翻站。对于那些不以举重运动为目标的运动员,他们可能不会把翻站作为训练过程的一部分。

翻站(大腿位) ⇒ 翻站(膝盖位) ⇒ 翻站

类似于抓举和翻站,挺举也可以循序渐进地进行,从基本的颈后推动作开始,然后过渡到借力推,借力挺,最后完成挺举动作。

颈后推 ⇒ 借力推 ⇒ 借力挺 ⇒ 挺举

一旦掌握了颈部后举,运动员就可以在前架位上做这些练习了。对于那些仅仅把举重运动作为训练工具和运动准备的运动员来说,他们可能不会进行挺举训练,而只会把借力推和借力挺举作为训练的一部分。

运动员在练习举重技术(如表 8.2 和表 8.3)的同时,还应进行各种旨在增强肌肉力量和灵活性的练习。所有的基础必备训练(见表 8.1)将归类为用于运动员发展举重基础的基本力量训练,而表 8.2 和表 8.3 中拉和推的动作练习,可以用于发展举重动作中关键部位的特殊力量。无论运动员是想以举重运动员为目标进行训练,还是仅仅作为其它运动项目的练习而进行举重训练,都应将技术、基本力量、专项力量和灵活性训练作为运动员训练计划的一部分。

典型的训练结构

一般来说,举重训练包括一套完整的举重动作,比如抓举及变体动作,抓举的衍生动作,经典的翻站及变体动作,翻站的衍生动作[101]。下一个动作是拉类动作或硬拉,通常紧接的是深蹲。在深蹲动作完成后,经常需要完成一个上推动作或纠正练习(remedial exercise)[101]。如果将以举重运动为基础的练习融入训练项目以提高运动员的运动表现,通常在训练课的早期会选择高抓、高翻或借力挺,然后是蹲类、拉类、推类练习[98]。

当与举重运动员一起训练时,一个典型的训练周将包括 2 节训练课,主要练习抓举和翻站的变体动作,以加强运动员技术技能和神经运动模式[101]。每周通常进行两次蹲类、高拉或硬拉动作训练课。最后,在训练周通常会有 2 次训练课进行挺举和过顶力量训练[101]。当非举重运动员把举重训练融入训练计划时,如高翻、高抓或借力推 / 挺等,可作为全身力量训练计划的一部分,纳入每周一至两次的训练课程中。

训练量

每个练习动作的训练量和练习动作数量应根据运动员的能力水平和发展阶段来确定。Lloyd 等人[75]指出,青少年运动员在学习举重运动的早期阶段需要比后期阶段进行更多的练习动作。在这一阶段的训练需提供多样化的运动模式和自重训练来发展运动能力。在此阶段,建议进行 2～4 组,每组 6～12 次,因为这个训练量能为青少年运动员提供足够的量来发展身体素质和改善动作控制[75]。但如果运动员进行基本的举重入门练习(如过顶深蹲)时,那么每组练习应规定较低的重复次数。通常建议这些类型的练习重复五次或五次以上时,应由教练提供仔细的监督和指导。另一种方法是使用群聚组,单次重复或两次重复之间安排短暂的间歇[51]。通过使用群聚组,来为青少年运动员提供一定的恢复以保持运动表现,并为教练提供相关的反馈以便指导练习。

为了保持专注力和发展技术能力，训练课程应该让初级青少年运动员接触多种练习（如六至十项）。保证青少年运动员可以发展多种运动模式下的运动能力，并使训练过程更有趣。当青少年运动员在他们的长期运动发展计划中进步时，这些"探索性"运动的元素可以作为训练课程中动态热身的一部分保留下来。

随着运动员能力和运动水平的进一步发展，一般建议他们在练习抓举和挺举时，进行每组重复三到五次的多组练习[38]。不建议增多重复次数，因为疲劳累积往往会导致技术变差，这可能会导致不良的运动模式发展，并增加受伤风险。在该发展阶段为确保运动员使用合适的技术，适当的反馈很重要。

如表 8.4 所示，随着训练年限的增加和运动员在举重发展阶段的推移，每个练习动作的训练量和练习动作数量在单节训练课内减少[75]，而训练量的减少可能与训练强度的增加相关，因为需要更多的恢复时间。

强度

在训练的初始阶段，青少年运动员应该以自重练习为主。因此，训练的强度取决于运动员的体重。自重练习非常重要，因为能确保青少年运动员在接触负荷练习之前发展适当的运动能力[75]。当运动员过渡到学习专项举重技术时，通过使用木棍或 PVC 胶管来提供最初的训练强度[38]。在青少年运动员掌握适当的技术后负荷可以逐步增加。在发展早期阶段，技术技能的提高对未来的发展有至关重要的影响。Faigenbaum 与 Polakowski[38]认为在发展的早期阶段使用高强度的训练可能会对运动员的整体发展产生不利影响。因此，在发展阶段，教练必须仔细监控运动员，并根据运动员的能力调整负荷水平，以确保运动员正确地完成举重训练。

随着运动员举重能力的发展，训练可能涉及运动员的 1 次重复最大力量（1RM）[75]或其他 RM 负荷[98]。尽管人们通常认为对青少年运动员进行最大力量测试是危险的，但研究表明 1RM 测试是一种确定青少年运动员最大力量的安全方法[34, 35, 43]。例如 Faigenbaum 等人[35]已经发现，如果使用标准化测试程序和合格的监督，青少年可以安全地进行 1RM 高翻测试。此外，Faigenbaum 等人[35]还发现年龄在 6.5～12.3 岁的青少年运动员可以进行 1RM 力量测试。同样的，Fry 等人[43]也发现 3～7 岁的运动员可以安全地进行 1RM 测试。根据这些数据，可以认为在具备适当的技术熟练度与合理的监督情况下，可以安全地评估青少年运动员的最大力量水平。

确立 1RM 后，就可以使用 1RM 的百分比来代替要求运动员在给定重复次数（即训练至力竭）中举起尽可能重的重量[75]。最近的研究表明，在安排抗阻训练强度时,训练到力竭的效果不如 1RM 百分比的训练效果[15]。此外,在计划中采用 1RM 百分比的阻力训练时,不用再进行力竭训练,则总体受伤风险较低[22]。

经典的举重文献研究表明,50%～70% 1RM 的负荷训练能够优化改善 13～14 岁运动员的抓举的提升率,对于 15～16 岁的人群,60%～90% 1RM 的负荷能最大限度地提高抓举成绩,80%～90% 1RM 的训练负荷最适合 17～20 岁的举重运动员。在进行后蹲练习时,13～14 岁的运动员力量增加的最佳基本负荷是 70% 1RM,而 15～16 岁和 17～20 岁运动员展现最佳表现的负荷为 60%～90% 1RM。这些数据表明,随着运动员训练年龄的增加,训练的总体强度也会增加,根据运动员的周期性训练计划,发展的后期阶段的训练强度将在 75%～100% 1RM 之间波动(见表 8.4)。

频率

与针对青少年运动员的其他抗阻训练建议一样,在早期发展阶段的举重训练计划中,应该以非连续性的方式,安排每周进行 1～3 次的 1 小时训练[38]。而另一种方法,即每节训练课程安排时间更短(30～40 分钟),训练次数更频繁(即 3～5 次)时,或许能够更好地保持运动表现和运动员积极性[75]。随着青少年运动员进入更高阶的发展阶段,抗阻训练的频率(包括举重训练)可能会增加(如每周 2～4 次),青少年举重运动员的训练频率将增加到每周 3～4 天,每天训练 1～2 次。事实上给优秀举重运动员的建议是每天训练 2 次,每次训练时间相对较短,总体表现越好[1,52]。当运动员进入以举重表现为重点的阶段时,训练频率将进一步增加,达到每周进行 4～6 天的训练,每天进行 1～2 次训练。但一定要注意,不论他们是专注于举重运动还是把举重作为一项训练活动来为其他运动做准备,训练频率都需要考虑运动员周期训练计划和他们承受训练负荷的能力以及在连续训练期间恢复的能力。

训练课程示例

尽管大多数举重训练计划都存在着相似性,但每位教练仍应根据运动员的个人发展水平、技术弱点、训练目标以及结合其长期的运动发展方向来制订相对应的训练计划。此外,在给青少年运动员安排训练内容时,教练必须不断监控运动员的技术动作,以确保运动员在安全锻炼的情况下进一步的完善举重技术。当给正在学习举重基本原理的新手举重运动员安排训练内容时,教练应按照之前介绍的教学过程中的练习方法进行训练(见表 8.2 和表 8.3)。这些教学过程中的每个练习都可以用于构建最基本的训练计划,同时这也可以加强和完善与举重运动项目相关的关键动作模式。

表 8.5 中提供了针对新手举重运动员安排训练课程的基本示例。在该示例中，运动员需要提前进行动态热身，以此来适应接下来的训练课程[62]。同时要注意，一旦运动员进入了训练课程主要环节，教练将根据运动员的技术及其执行训练中每组的效率来确定每次练习应达到的训练负荷。如果教练认为运动员的技术是比较稳定的，则可以在杠铃上增加额外的杠铃片重量；如果技术开始变得不稳定，那么教练应该减少杠铃片重量。根据国际举重联合会（IWF）针对初学者计划的指南表明，技术练习应是每个动作安排 5 组，每组重复 3 次（如大腿中段的高抓）；力量练习应是每个动作安排 4 组，每组重复 5 次（例如颈后推举、前蹲、山羊挺身）[63, 64]。同时要强调，这个训练课程的主要重点不是专注于运动员所能承受的最大负荷量，而是要找到科学合理的动作模式，并为运动员的长期发展奠定良好的基础。与所有训练过程一样，举重运动员应在最后阶段进行放松练习，利用静态拉伸来最大限度地提高身体的柔韧性[62]。

如果青少年举重运动员已经有了熟练的技术动作，可以根据当前所能承受的或估计的 1RM，专注于增加目标练习动作的负荷。表 8.6 提供了针对抓举训练课程的基本示例。根据训练课程的基本训练原则，运动员应以训练课程中相关的关键肌肉群为目标以及课程中相关的动作模式，提前进行动态热身，为接下来的训练内容做好充分的准备[62]。表 8.6 中列出的训练课程的主要环节是一般准备阶段的一个示例，其中训练量较大，训练强度为中等。在此示例训练课程中，应遵循以下建议，在该课程的前期阶段（即本例中的抓举）应进行较多的技术性练习，而在训练课程的后期阶段应进行较少的技术性练习[63, 64, 101]。利用这种基本的训练模式，可以确保青少年举重运动员在前期的技术锻炼时不会感到特别疲劳，从而使他们更好地专注于用合理的技术动作进行这些锻炼。此外，关于一些消耗核心的练习，比如掌握罗马尼亚硬拉，都是在训练接近尾声的时候进行的，因为这些类型的练习会使下背部产生明显的疲劳感[95]。

根据国际举重联合会的指导原则，技术性练习（例如抓举、翻站、挺举等）应安排每组重复 3 次，而力量练习（例如深蹲、拉类、推举、硬拉等）应安排每组重复 5 次[63, 64]。由于本次训练课程是为高水平青少年举重运动员所设计的，因此训练负荷是根据运动员当前所能承受的最大负荷量安排的。在此示例中，技术练习所达到的最高负荷为 75%1RM，力量练习所达到的最高负荷为 70%1RM。由于该课程是从一般准备期开始的，因此其中包含的训练负荷代表了一个中周期的一节课，其范围介于 65%～80%1RM[63, 64]。就像新手举重运动员一样，在训练课程的最后阶段应进行放松练习，其中包括柔韧性练习，因为这段时间进行柔韧性练习效果最为明显[62]。

表 8.5 运动员学习举重基本技术的训练方案

热身	动态热身	针对与训练相关的肌肉群，进行 15 分钟的动态热身				
主训练	练习内容	每组目标重复次数				
		第 1 组	第 2 组	第 3 组	第 4 组	第 5 组
	高翻（从大腿）	3	3	3	3	3
	颈后推举（站姿中握）	5	5	5	5	
	杠铃前蹲	5	5	5	5	

续表

热身	动态热身	针对与训练相关的肌肉群，进行 15 分钟的动态热身		
	山羊挺身	5	5	5
	药球投掷	5	5	5
	体侧屈（每侧）	5/5	5/5	5/5
冷身环节	静态拉伸	15 分钟的静态拉伸练习，以发展关节活动度		

表 8.6 具备良好技术的青少年运动员举重训练方案

热身	动态热身	针对与训练相关的肌肉群，进行 15 分钟的动态热身				
主训练			每组目标 % 1RM/ 重复次数			
	练习内容	第 1 组	第 2 组	第 3 组	第 4 组	第 5 组
	抓举	55/3	60/3	65/3	70/3	75/3
	宽握颈后推举	55/5	60/5	65/5	70/5	

续表

热身	动态热身	针对与训练相关的肌肉群，进行 15 分钟的动态热身			
	杠铃后蹲	55/5	60/5	65/5	70/5
	宽握罗马尼亚硬拉	55/5	60/5	65/5	70/5
	进阶侧平板支撑	8	8	8	8
冷身环节	静态拉伸	15 分钟的静态拉伸练习，以发展关节活动度			

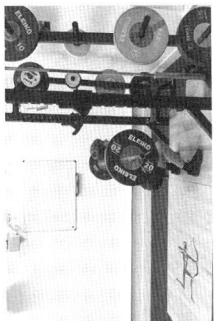

注：重量（% 1RM）/ 重复。

表 8.5 和表 8.6 只是示例性的训练课程，实践中安排的练习组合可以有很多种。要注意的是，当给青少年运动员安排训练内容时，教练应专注于发展运动能力和最大程度地提高技术水平，而不是过分专注于提高最大负荷。

重点总结

- 举重是一项竞技运动，在比赛中通常是以抓举和挺举的形式呈现。尽管传统上将举重运动及其衍生动作视为一项竞技运动，但举重运动已被广泛接受，并成了适用于所有运动项目的有效训练工具。
- 文献表明，举重是一项非常安全的运动，并且在获得认证和 / 或认可的举重教练的监督下，训练和比赛中的受伤风险远低于足球和篮球等较受欢迎的运动。
- 作为一种训练方式，举重运动及其衍生动作提供了独特的膝部肌肉协同激活方式，可以增强相关运动项目的运动表现，并对膝盖起到保护作用。
- 尽管举重运动被归类为复杂的运动技能，但是在获得认证和 / 或授权的教练指导下，使用自上而下的教学方式，可以帮助运动员较快地掌握一系列练习，从而提高举重能力。
- 理想的举重运动及其衍生动作应成为青少年举重运动员长期训练发展的一部分，或作为其他项目青少年运动员进行力量练习的补充部分。

参考文献

1　Aján T and Baroga L. *Weightlifting: Fitness for all sports*. Budapest: International Weightlifting Federation, 1988.

2　American Academy of Pediatrics, Council on Sports Medicine and Fitness. Strength training by children and adolescents. *Pediatrics* 121: 835–840, 2008.

3　Annesi JJ, Westcott WL, Faigenbaum A and Unruh JL. Effects of a 12-week physical activity protocol delivered by YMCA after-school counselors (Youth Fit for Life) on fitness and self-efficacy changes in 5–12-year-old boys and girls. *Res Q Exerc Sport* 76: 468–476, 2005.

4　Arabatzi F and Kellis E. Olympic weightlifting training causes different knee muscle-coactivation adaptations compared with traditional weight training. *J Strength Cond Res* 26: 2192–2201, 2012.

5　Baker G, ed. *The United States Weightlifting Federation: Coaching manual 1 – Technique*. Colorado Springs, CO: US Weightlifting Federation, 1987.

6　Baumann W, Gross V, Quade K, Galbierz P and Schwirtz A. The snatch technique of world class weightlifters at the 1985 world championships. *Int J Sport Biomech* 4: 68–89, 1988.

7　Baxter-Jones A, Helms P, Maffulli N, Baines-Preece J and Preece MJAohb. Growth and development of male gymnasts, swimmers, soccer and tennis players: a longitudinal study. *Ann Hum Biol* 22: 381–394, 1995.

8　Behm DG, Faigenbaum AD, Falk B and Klentrou P. Canadian Society for Exercise Physiology position paper: resistance training in children and adolescents. *Appl Physiol Nutr Metab* 33: 547–561, 2008.

9　Behm DG, Young JD, Whitten JHD, et al. Effectiveness of traditional strength vs. power training on muscle strength, power and speed with youth: a systematic review and meta-analysis. *Front Physiol* 8: 423, 2017.

10　Behringer M, Vom Heede A, Matthews M and Mester J. Effects of strength training on motor performance skills in children and adolescents: a meta-analysis. *Pediatr Exerc Sci* 23: 186–206, 2011.

11　Beunen G and Malina RM. Growth and physical performance relative to the timing of the adolescent spurt. *Exerc Sport Sci Rev* 16: 503–540, 1988.

12　Bohannon RW, Wang YC, Bubela D and Gershon RC. Handgrip strength: a population-based study of norms and age trajectories for 3- to 17-year-olds. *Pediatr Phys Ther* 29: 118–123, 2017.

13　Borms J. The child and exercise: an overview. *J Sports Sci* 4: 3–20, 1986.

14　Byrd R, Pierce K, Rielly L and Brady J. Young weightlifters' performance across time. *Sports Biomech* 2: 133–140, 2003.

15　Carroll KM, Bernards JR, Bazyler CD, et al. Divergent performance outcomes following resistance training using repetition maximums or relative intensity. *Int J Sports Physiol Perf* 29 May: 1–28, 2018.

16　Channell BT and Barfield JP. Effect of Olympic and traditional resistance training on vertical jump improvement in high school boys. *J Strength Cond Res* 22: 1522–1527, 2008.

17　Chaouachi A, Hammami R, Kaabi S, Chamari K, Drinkwater EJ and Behm DG. Olympic weightlifting and plyometric training with children provides similar or greater performance improvements than traditional resistance training. *J Strength Cond Res* 28: 1483–1496, 2014.

18　Chaouachi A, Othman AB, Hammami R, Drinkwater EJ and Behm DG. The combination of plyometric and balance training improves sprint and shuttle run performances more often than plyometric-only training with children. *J Strength Cond Res* 28: 401–412, 2014.

19　Chiu LZ and Schilling BK. A primer on weightlifting: from sport to sports training. *Strength Cond* 27: 42–48, 2005.

20　Cleather DJ, Goodwin JE and Bull AM. Hip and knee joint loading during vertical jumping and push jerking. *Clin Biomech* 28: 98–103, 2013.

21　Cormie P, McGuigan MR and Newton RU. Developing maximal neuromuscular power: Part 1 – biological basis of maximal power production. *Sports Med* 41: 17–38, 2011.

22　Davies T, Orr R, Halaki M and Hackett D. Effect of training leading to repetition failure on muscular strength: a systematic review and meta-analysis. *Sports Med* 46: 487–502, 2016.

23　DeWeese BH, Serrano AJ, Scruggs SK and Sams ML. The clean pull and snatch pull: proper technique for weightlifting movement derivatives. *Strength Cond J* 34: 82-86, 2012.

24　Duba J and Gerard Martin M. A 6-step progression model for teaching the hang power clean. *Strength Cond J* 29: 26, 2007.

25　Duba J, Kraemer WJ and Martin G. Progressing from the hang power clean to the power clean: a 4-step model. *Strength Cond J* 31: 58–66, 2009.

26　Durell DL, Pujol TJ and Barnes JT. A survey of the scientific data and training methods utilized by collegiate strength and conditioning coaches. *J Strength Cond Res* 17: 368–373, 2003.

27　Ebben WP and Blackard DO. Strength and conditioning practices of National Football League strength and conditioning coaches. *J Strength Cond Res* 15: 48–58, 2001.

28　Elliot DL, Goldberg L and Kuehl KS. Young women's anterior cruciate ligament injuries: an expanded model and prevention paradigm. *Sports Med* 40: 367–376, 2010.

29　Enoka RM. The pull in Olympic weightlifting. *Med Sci Sports* 11: 131–137, 1979.

30　Enoka RM. Muscular control of a learned movement: the speed control system hypothesis. *Exp Brain Res* 51: 135–145, 1983.

31　Enoka RM. Load- and skill-related changes in segmental contributions to a weight-lifting movement. *Med Sci Sports Exerc* 20: 178–187, 1988.

32　Eriksson Crommert M, Ekblom MM and Thorstensson A. Motor control of the trunk during a modified clean and jerk lift. *Scand J Med Sci Sports* 24: 758–763, 2014.

33　Faigenbaum A and McFarland J. Relative safety of weightlifting movements for youth. *Strength Cond J* 30: 23–25, 2008.

34　Faigenbaum AD, McFarland JE, Herman RE, et al. Reliability of the one-repetition-maximum power clean test in adolescent athletes. *J Strength Cond Res* 26: 432–437, 2012.

35　Faigenbaum AD, Milliken LA and Westcott WL. Maximal strength testing in healthy children. *J Strength Cond Res* 17: 162–166, 2003.

36　Faigenbaum AD and Myer GD. Resistance training among young athletes: safety, efficacy and injury prevention effects. *Br J Sports Med* 44: 56–63, 2010.

37　Faigenbaum AD, Myer GD, Naclerio F and Casas AA. Injury trends and prevention in youth resistance training. *Strength Cond J* 33: 36–41, 2011.

38　Faigenbaum AD and Polakowski C. Olympic-style weightlifting, kid style. *Strength Cond J* 21: 73, 1999.

39　Faigenbaum AD, Westcott WL, Loud RL and Long C. The effects of different resistance training protocols on muscular strength and endurance development in children. *Pediatrics* 104: 1–7, 1999.

40　Felici F, Rosponi A, Sbriccoli P, Filligoi GC, Fattorini L and Marchetti M. Linear and non-linear analysis of surface electromyograms in weightlifters. *Eur J Appl Physiol* 84: 337–342, 2001.

41　Fry AC. The role of resistance exercise intensity on muscle fibre adaptations. *Sports Med* 34: 663–679, 2004.

42　Fry AC, Ciroslan D, Fry MD, LeRoux CD, Schilling BK and Chiu LZ. Anthropometric and performance variables discriminating elite American junior men weightlifters. *J Strength Cond Res* 20: 861–866, 2006.

43　Fry AC, Irwin CC, Nicoll JX and Ferebee DE. Muscular strength and power in 3-to 7-year-old children. *Pediatr Exerc Sci* 27: 345–354, 2015.

44　Fry AC, Schilling BK, Staron RS, Hagerman FC, Hikida RS and Thrush JT. Muscle fiber characteristics and performance correlates of male Olympic-style weightlifters. *J Strength Cond Res* 17: 746–754, 2003.

45　Fry AC, Schilling BK, Weiss LW and Chiu LZ. beta2-Adrenergic receptor down-regulation and performance decrements during high-intensity resistance exercise overtraining. *J Appl Physiol* 101: 1664–1672, 2006.

46　Garhammer J and Takano B. Training for weightlifting. In: *Strength and Power in Sport*. PV Komi, ed. Oxford: Blackwell Scientific, 2003, pp 502–515.

47　Gee TI, Olsen PD, Berger NJ, Golby J and Thompson KG. Strength and conditioning practices in rowing. *J Strength Cond Res* 25: 668–682, 2011.

48　Gollnick PD, Armstrong RB, Saubert CWt, Piehl K and Saltin B. Enzyme activity and fiber composition in skeletal muscle of untrained and trained men. *J Appl Physiol* 33: 312–319, 1972.

49　Gonzalez-Badillo JJ, Gorostiaga EM, Arellano R and Izquierdo M. Moderate resistance training volume produces more favorable strength gains than high or low volumes during a short-term training cycle. *J Strength Cond Res* 19: 689–697, 2005.

50　Hackett D, Davies T, Soomro N and Halaki M. Olympic weightlifting training improves vertical jump height in sportspeople: a systematic review with meta-analysis. *Br J Sports Med* 50: 865–872, 2016.

51　Haff GG, Hobbs RT, Haff EE, Sands WA, Pierce KC and Stone MH. Cluster training: a novel method for introducing training program variation. *Strength Cond* 30: 67–76, 2008.

52　Häkkinen K and Kallinen M. Distribution of strength training volume into one or two daily sessions and neuromuscular adaptations in female athletes. *Electromyogr Clin Neurophysiol* 34: 117–124., 1994.

53　Häkkinen K, Komi PV, Alen M and Kauhanen H. EMG, muscle fibre and force production characteristics during a 1 year training period in elite weight-lifters. *Eur J Appl Physiol* 56: 419–427, 1987.

54　Häkkinen K, Komi PV and Kauhanen H. Electromyographic and force production characteristics of leg extensor muscles of elite weight lifters during isometric, concentric, and various stretch-shortening cycle exercises. *Int J Sports Med* 7: 144–151, 1986.

55　Häkkinen K, Pakarinen A, Alen M, Kauhanen H and Komi PV. Neuromuscular and hormonal adaptations in athletes to strength training in two years. *J Appl Physiol* 65: 2406–2412, 1988.

56　Hamill BP. Relative safety of weightlifting and weight training. *J Strength Cond Res* 8: 53–57, 1994.

57　Hanin Y, Malvela M and Hanina M. Rapid correction of start technique in an Olympic-level swimmer: a case study using old way/new way. *J Swimming Res* 16: 11–17, 2004.

58　Hansen S, Tremblay L and Elliott D. Part and whole practice: chunking and online control in the acquisition of a serial motor task. *Res Q Exerc Sport* 76: 60–66, 2005.

59　Harries SK, Lubans DR and Callister R. Resistance training to improve power and sports performance in adolescent athletes: A systematic review and meta-analysis. *J Sci Med Sport* 15: 532–540, 2012.

60　Haug WB, Drinkwater EJ, and Chapman DW. Learning the hang power clean: kinetic, kinematic, and technical changes in four weightlifting naive athletes. *J Strength Cond Res* 29: 1766–1779, 2015.

61　Ingjer F. Capillary supply and mitochondrial content of different skeletal muscle fiber types in untrained and endurance-trained men. A histochemical and ultrastructural study. *Eur J Appl Physiol Occup Physiol* 40: 197–209, 1979.

62　Jeffreys I. Warm-up and flexibility training. In: *Essentials of Strength Training and Conditioning*. GG Haff and N Triplett, eds. Champaign, IL: Human Kinetics, 2016, pp 317–350.

63　Jones L and Pierce K, eds. *IWF Level 2: Coaching Manual*. Budapest: International Weightlifting Federation, 2014.

64   Jones L, Pierce K and Keelan M. *IWF Club Coach Manual: Level 1*. Budapest: International Weightlifting Federation, 2010.

65   Kanehisa H, Funato K, Kuno S, Fukunaga T and Katsuta S. Growth trend of the quadriceps femoris muscle in junior Olympic weight lifters: an 18-month follow-up survey. *Eur J Appl Physiol* 89: 238–242, 2003.

66   Keiner M, Sander A, Wirth K, Caruso O, Immesberger P and Zawieja M. Strength performance in youth: trainability of adolescents and children in the back and front squats. *J Strength Cond Res* 27: 357–362, 2013.

67   Komi PV. Stretch-shortening cycle. In: *Strength and Power in Sport*. PV Komi, ed. Oxford: Blackwell Science, 2003, pp 184–202.

68   Kraemer WJ, Fry AC, Warren BJ, et al. Acute hormonal responses in elite junior weightlifters. *Int J Sports Med* 13: 103–109, 1992.

69   Lehr RP and Poppen R. An electromyographic analysis of Olympic power and squat clean. In: *Science in Weightlifting*. J Terauds, ed. Del Mar, CA: Academic Publishers, 1979, pp 15–21.

70   Lesinski M, Prieske O and Granacher U. Effects and dose-response relationships of resistance training on physical performance in youth athletes: a systematic review and meta-analysis. *Br J Sports Med* 50: 781–795, 2016.

71   Lillegard WA, Brown EW, Wilson DJ, Henderson R and Lewis E. Efficacy of strength training in prepubescent to early postpubescent males and females: effects of gender and maturity. *Pediatr Rehab* 1: 147–157, 1997.

72   Lloyd R, Faigenbaum A, Myer G, et al. UKSCA position statement: youth resistance training. *Prof Strength Cond* 26: 26–39, 2012.

73   Lloyd RS, Cronin JB, Faigenbaum AD, et al. National Strength and Conditioning Association Position Statement on Long-Term Athletic Development. *J Strength Cond Res* 30: 1491–1509, 2016.

74   Lloyd RS, Faigenbaum AD, Stone MH, et al. Position statement on youth resistance training: the 2014 International Consensus. *Br J Sports Med* 48: 498–505, 2014.

75   Lloyd RS, Oliver JL, Meyers RW, Moody JA and Stone MH. Long-term athletic development and its application to youth weightlifting. *Strength Cond J* 34: 55–66 2012.

76   Malina RM, Bouchard C and Bar-Or O. *Growth, Maturation, and Physical Activity*. Champaign, IL: Human kinetics, 2004.

77   Malisoux L, Francaux M, Nielens H and Theisen D. Stretch-shortening cycle exercises: an effective training paradigm to enhance power output of human single muscle fibers. *J Appl Physiol* 100: 771–779, 2006.

78   Matos N and Winsley RJ. Trainability of young athletes and overtraining. *J Sports Sci Med* 6: 353–367, 2007.

79   McNitt-Gray JL, Hester DM, Mathiyakom W, and Munkasy BA. Mechanical demand and multijoint control during landing depend on orientation of the body segments relative to the reaction force. *J Biomech* 34: 1471–1482, 2001.

80   Medvedyev AS. *A System of Multi-year Training in Weightlifting*. Moscow Russia: Fizkultura i Sport, 1986.

81   Moolyk AN, Carey JP and Chiu LZ. Characteristics of lower extremity work during the impact phase of jumping and weightlifting. *J Strength Cond Res* 27: 3225–3232, 2013.

82   Moritani T. Neuromuscular adaptations during the acquisition of muscle strength, power and motor tasks. *J Biomech* 26(Suppl 1): 95–107, 1993.

83   Moritani T, Muro M, Ishida K and Taguchi S. Electromyographic analyses of the effects of muscle power training. *J Sports Sci Med* 1: 23–32, 1987.

84　Myer GD, Quatman CE, Khoury J, Wall EJ and Hewett TE. Youth versus adult 'weightlifting' injuries presenting to United States emergency rooms: accidental versus nonaccidental injury mechanisms. *J Strength Cond Res* 23: 2054–2060, 2009.

85　Naughton G, Farpour-Lambert NJ, Carlson J, Bradney M and Van Praagh E. Physiological issues surrounding the performance of adolescent athletes [in process citation]. *Sports Med* 30: 309–325, 2000.

86　Newton H. Weightlifting? weight lifting? Olympic lifting? Olympic weightlifting. *Strength Cond* 21: 15–16, 1999.

87　Oliver JL and Smith PM. Neural control of leg stiffness during hopping in boys and men. *J Electromyogr Kinesiol* 20: 973–979, 2010.

88　Payne VG, Morrow JR, Jr, Johnson L and Dalton SN. Resistance training in children and youth: a meta-analysis. *Res Q Exerc Sport* 68: 80–88, 1997.

89　Philippaerts RM, Vaeyens R, Janssens M, et al. The relationship between peak height velocity and physical performance in youth soccer players. *J Sports Sci* 24: 221–230, 2006.

90　Pichardo AW, Oliver JL, Harrison CB, Maulder PS and Lloyd RS. Integrating Resistance Training into High School Curriculum. *Strength Cond J* 41: 39–50, 2019.

91　Pierce K, Byrd R and Stone M. Youth weightlifting – Is it safe. *Weightlifting USA* 17: 5, 1999.

92　Serairi Beji R, Megdiche Ksouri W, Ben Ali R, Saidi O, Ksouri R and Jameleddine S. Evaluation of nutritional status and body composition of young Tunisian weightlifters. *Tunis Med* 94: 112–117, 2016.

93　Simenz CJ, Dugan CA and Ebben WP. Strength and conditioning practices of National Basketball Association strength and conditioning coaches. *J Strength Cond Res* 19: 495–504, 2005.

94　Stone MH and Kirksey KB. Physiology of weightlifting. In: *Exercise and Sport Science*. WE Garrett and DT Kirkendall, eds. Philadelphia, PA: Lippincott, Williams & Wilkins, 2000, pp 941–964.

95　Stone MH and O'Bryant HO. *Weight Training: A scientific approach*. Edina, MN: Burgess, 1987.

96　Storey A and Smith HK. Unique aspects of competitive weightlifting: performance, training and physiology. *Sports Med* 42: 769–790, 2012.

97　Stratton G, Jones M, Fox KR, et al., REACH Group. BASES position statement on guidelines for resistance exercise in young people. *J Sports Sci* 22: 383–390, 2004.

98　Suchomel TJ, Comfort P and Lake JP. Enhancing the force–velocity profile of athletes using weightlifting derivatives. *Strength Cond J* 39: 10–20, 2017.

99　Suchomel TJ, Comfort P and Stone MH. Weightlifting pulling derivatives: rationale for implementation and application. *Sports Med* 45: 823–839, 2015.

100　Taber C, Carroll K, DeWeese B, et al. Neuromuscular adaptations following training and protein supplementation in a group of trained weightlifters. *Sports* 6: 37, 2018.

101　Takano B. *Weightlifting Programming: A winning coach's guide*. Bradenton, FL: Catalyst Athletics, Inc., 2012.

102　Teo SY, Newton MJ, Newton RU, Dempsey AR and Fairchild TJ. Comparing the effectiveness of a short-term vertical jump vs. weightlifting program on athletic power development. *J Strength Cond Res* 30: 2741–2748, 2016.

103　Tesch PA, Thorsson A and Essen Gustavsson B. Enzyme activities of FT and ST muscle fibers in heavy-resistance trained athletes. *J Appl Physiol* 67: 83–87, 1989.

104　Thorstensson A, Grimby G and Karlsson J. Force-velocity relations and fiber composition in human knee extensor muscles. *J Appl Physiol* 40: 12–16, 1976.

105 Tittle K and Wutscherk H. Anthropometric factors. In: *Strength and Power in SPort.* PV Komi, ed. Oxford: Blackwell Scientific, 1992.

106 Urso A. *Weightlifting: Sport for all sports.* Perugia, Italy: Calzetti Mariucci, 2011.

107 Wilson G, Bird SP, O'Conner D and Jones J. *Resistance Training for Children and Youth: A position stand from the Australian Strength and Conditioning Association (ASCA).* Queensland, Australia: Australian Strength and Conditioning Association, 2017, pp 1–56.

108 Wong PL, Chamari K and Wisloff U. Effects of 12-week on-field combined strength and power training on physical performance among U-14 young soccer players. *J Strength Cond Res* 24: 644–652, 2010.

第9章　青少年运动员快速伸缩复合训练

John B. Cronin, John M. Radnor

引言

　　快速伸缩复合训练是当下一种流行的训练形式，可提高青少年运动员的运动能力。拉长 - 缩短周期（stretch-shortening cycle，SSC）包括肌肉的预激活、肌肉肌腱单位的拉长或伸展（离心收缩）以及向缩短阶段（向心收缩）的过渡（耦合时间），这是进行快速伸缩复合训练的基础（图 9.1）。有研究证明，相比于单独的向心收缩，肌肉在缩短之前被拉长可增强运动表现，如更大的爆发力和跳跃高度（10%～20%）[10]。离心收缩在这种增强中的重要性主要归因于弹性结缔组织成分（如肌腱和筋膜组织）的贡献，快速伸缩复合训练或 SSC能力的发展通常与弹性或反应力量的发展一个意思。

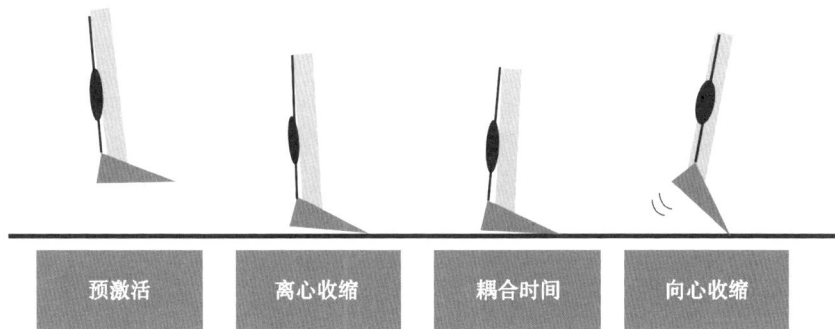

| 预激活 | 离心收缩 | 耦合时间 | 向心收缩 |

图 9.1　SSC 的不同阶段
来源: Komi[10]

　　快速伸缩复合训练训练是一种爆发力训练方法，通常在运动员的力量训练后期进行，即在进行快速伸缩复合训练之前，运动员需要在运动模式上具备一定的技术能力和力量水平，其中包括高水平的离心力量以承受落地时潜在的冲击力。尽管这些概念适用于最大努力的快速伸缩复合训练，但需要承认，青少年通常从事的大多数活动的本质都是快速伸缩复合训练。从本质上讲，在儿童完成奔跑、双腿跳跃、单腿跳跃、闪避或跳舞的过程中，发展次最大快速伸缩复合训练或 SSC 能力。此外，在许多旨在优化基本运动模式的训练计划中也使用了次最大强度快速伸缩复合训练。基于此,本章的重点主要是关于青少年运动员的最大快速伸缩复合训练。此外,本章侧重于下肢的快速伸缩复合训练,但读者应该意识到,本章所讨论的下半身相关内容大部分也可适用于上半身。

SSC 的分类

尽管大多数人类自然运动都被归类为 SSC,但根据触地时间可将其分为慢速 SSC 或快速 SSC[26]。

- 慢速 SSC:SSC 功能主要表现在纵跳或触地起跳类运动中,其特征是地面接触时间较长、重心的位移较大以及臀部、膝和踝关节较大的角位移。反向纵跳(CMJ)是慢速 SSC 力学的一个典型例子,触地时间通常 >250ms。
- 快速 SSC:是跳跃或触地起跳类运动中的一种 SSC 形式,其特征为较短的地面接触时间、最小化重心位移以及臀部、膝和踝较小的角位移。跳深和反应性起跳是快速 SSC 的一个例子,快速 SSC 触地时间 <250ms。

近期对 SSC 进行了细分,将反应力量指数(reactive strength index,RSI)确定为中级 SSC 活动研究[15]。早期 RSI 用以确定快速 SSC 能力;但对青少年而言,RSI 和深蹲跳之间的共同差异表明,RSI 可能是一个更好的衡量中等快速伸缩复合能力的指标。

基于触地时间、使用递增离心负荷测得的训练强度,可将快速伸缩复合训练分为四个亚组:

1. 慢速、低冲击式 入门练习,例如跳箱和跳远,其重点是在离心负荷较低且地面接触时间较长时掌握跳跃和落地机制。

2. 慢速、高冲击式 超负荷慢速 SSC,下落高度增加(如跳跃深度),增加了负荷或单侧的练习,其重点是在地面接触时间较长时,发展高水平力量。

3. 快速、低冲击式 快速 SSC 的入门练习(如踝关节训练),其重点是教会运动员触地前的准备和 / 或预激活,并减少触地起跳时的触地时间。

4. 快速、高冲击式 超负荷快速 SSC,增加下落高度(如跨栏)、运动速度和单侧练习,要求运动员在落地时克服较大的离心负荷,并以最短的触地时间回弹。

儿童和青少年快速伸缩复合能力发展

SSC 能力的自然发展

在各种形式的双脚和单脚跳跃中,SSC 表现随年龄增长呈非线性增加。连续年龄组之间的下蹲和反向纵跳(CMJ)存在差异,表明慢速 SSC 的表现

随年龄的增长而增加[14]。此外，研究表明，正常生长发育过程的加速期处于
10～11 岁以及 12～13 岁。据报道，在整个儿童期和青春期，快速 SSC 的表现
也类似的随年龄增长，其中 RSI 的加速适应期发生在 10～11 岁、13～14 岁以
及 15～16 岁。尽管下肢刚度（最大垂直力与腿部长度最大变化的比值）显示出
与年龄相符的自然增长，但似乎没有任何加速发展的时期。实际上，下肢刚度
可能在 10～11 岁出现负向改变，表明儿童下肢刚度的发展在具有独特性[14]。

　　SSC 的表现受有效的神经肌肉功能支配，需要神经系统和肌肉系统之间
进行有效的相互作用。从儿童期到成年期，身体结构和神经均自然发展，使得
SSC 的神经肌肉调节更加有效[25]。肌肉横截面积是儿童向心力产生的主要预
测指标，由于在成长过程中肌肉围度的增加，因此在 SSC 向心和离心阶段输出
的力更高。向心力量的增加将引起更大的冲量和力量发展速率（RFD），因此在
SSC 动作中表现优异。此外，在 SSC 动作期间，产生的力在很大程度上取决于
离心阶段[3]所涉及的条件。离心阶段的较高力量可能会增大肌肉刚度，使肌
腱拉长，由于较短的过渡期，可使弹性能量存储和再利用效率更高[9]。

　　尽管在整个生长过程中肌肉围度的增长可以改善 SSC 的表现，但是随着
儿童向成年过渡，肌肉结构的变化在 SSC 的表现中起着重要作用。从儿童期
到青春期，筋膜的长度不断增加[25]，由于大量肌原纤维串联，以更快的速度产
生力的能力得到提高。腓肠肌的筋膜长度是成年人反向纵跳（CMJ）过程中
RFD 的阳性预测指标[5]，这意味着整个儿童期和青春期的筋膜长度增加可能与
快速力量产生有关。在 SSC 动作期间，这将减少地面接触时间，通过重新利用
弹性势能[9]改善机械效率，并提高后续向心动作的神经动作电位。同样，在整个
成长发育过程中，羽状角也会增加[25]，增加附着在腱膜或肌腱上的肌筋膜数量，
从而提高产生力的能力。收缩过程中的羽状角的增加意味着筋膜的缩短小于整
个肌肉的缩短，从而在"传动"[28]过程中允许筋膜的速度变慢。"传动"使肌肉能
够在其力量 - 速度和力量 - 长度曲线的最佳区域发挥功能，从而增强快速力量的
发展。最终，较大的羽状角度可在落地跳跃过程中产生更大的 RFD，使肌肉承
受离心负荷的能力增强，导致"硬"着陆[5]。落地时弹性支撑（柔度）的降低可缩
短触地时间，从而可以更好地利用弹性能量和更有效地执行 SSC 动作。

　　除了肌肉的结构之外，肌腱的特定结构也对儿童 SSC 活动期间产生力的
大小和速率有显著影响。整个儿童期和青春期肌腱的发育与内部特性的适应
性以及长度和横截面积的变化有关[29]。当儿童逐渐成熟接近成年时，肌腱刚
度增加，通过影响肌肉激活和力量产生之间的时间间隔影响快速力量产生，
从而增强 SSC 表现[29]。此外，刚度更大的肌腱单位（MTU）可引起儿童更大
的牵张反射，缩短离心向心收缩间间隔阶段和触地时间[12]。

　　与 MTU 结构的变化相似，整个儿童期和青春期的神经适应对调节 SSC

的能力具有重要意义。随着儿童的成长，其募集或利用高阈值Ⅱ型运动单位的能力随之提高，从而提高其力量产生能力[4]。在 SSC 动作期间募集高阈值的运动单位，将带来更早的力量输出和更好地利用基础机制，从而提高 SSC 表现。触地前 100ms 内的肌肉激活称为"预激活"，与年龄较小的儿童相比，年长的儿童的预激活水平更高[16]。在成长过程中，随着儿童从对运动的反应性调节向对运动的主动控制转变，快速力量产生的潜力可能会随之改善，具体反映在触地前肌肉预激活的增加和触地时协同收缩的减少[16]。此外，在预激活增加的同时，本体感受反射活动随着成长而增加，因而更成熟的青少年在动作的离心阶段可产生更多的活动，从而使 SCC 更快、更有力。尽管训练计划主要基于技术能力，但是从业者在考虑训练处方时应意识到 SSC 功能的自然发展，以优化训练反应。

自然发展

随着儿童的成熟，神经和肌肉系统的自然发育会由于以下几个方面的增加而引起快速伸缩复合能力的改善：肌肉围度、筋膜长度、羽状角、肌腱刚度和运动单位募集及预激活。

SSC 能力的可训练性

快速伸缩复合训练可以使儿童在触地弹跳高度[20]、最大跑步速度[19]、灵敏性表现[27]和垂直纵跳能力[19]方面产生积极适应。此外，许多研究表明，不同的训练方法也可对快速伸缩复合能力产生积极影响，包括对儿童和青少年进行传统力量训练[2]和复合训练（快速伸缩复合训练结合力量训练）[19]都可提高跳跃表现。目前采用以下潜在机制解释快速伸缩复合训练后运动表现的适应性变化，包括：运动单位募集和放电频率的改善[27]、牵张反射的激活增加[1]、关节刚度和弹性势能的增加[11]以及肌腱刚度的增强[30]。

近期研究表明，某些训练干预措施对增强男孩的快速伸缩复合能力的有效性，受其发育成熟度的影响[19]。有证据表明处于身高增长速度峰值（PHV）前的男孩可从快速伸缩复合训练中受益更多，而处于 PHV 后的男孩对复合训练干预的反应更佳，即快速伸缩复合训练和传统的力量训练相结合[19]。考虑到 SSC 的活动受有效的神经调节作用支配，而青春期前是儿童中枢神经系统成熟激增的时间段，因此，快速伸缩复合训练的高神经需求可能提供一个刺激，且与青春期前男孩的自然反应一致。另外，复合训练产生的刺激可更密切反映 PHV 后期受试者的内部环境。就发育角度而言，PHV 后男孩会经历形态变化，以促进力量的产生（如增加运动单位的大小和羽状角），以及由于成熟而导致的持续神经适应。复合训练与自然适应过程之间的协同关系可能提供了更有效的与成熟度相关的训练刺激。这些依赖于成熟度的反应可能是"协同适应"的表现,它是指施加的训练需求的特定适应性与伴随的生长和成熟相关的适应之间的共生关系[19]。此外,最近的一项荟萃分析表明,这些与成熟度相关的适应在青少年女性中也很明显,因为未满 15 岁的女孩比大龄同伴对快速伸缩复合训练的反应更大[21]。然而,由于女孩在 PHV 后,睾丸激素的自然增加量低于男孩,因此有必要进一步研究在此类人群中快速伸缩复合能力的可训练性。

协同适应

协同适应的概念也已在青少年的冲刺跑(另一种形式的快速伸缩复合训练)中提出。PHV 前青少年比临近 PHV 前后青少年更能从冲刺跑训练中受益,这表明对冲刺的高神经需求与神经系统成熟阶段发生的自然适应相吻合[22]。

计划设计

在规划和设计任何体能训练计划时,对于体能教练来说,必须考虑青少年运动员是否准备好进行这种练习。此后,需要考虑和计划相关的变量,包括训练量、强度、频率、重复速度和恢复,以最大限度提高训练适应性,避免过度疲劳并降低受伤风险。基于青少年快速伸缩复合训练计划的总体设计,需要强调,任何长期的运动发展模式都必须具有一定的灵活性,以适应技术能力、训练史和成熟度方面的个体差异。这种个性化的方法应最大限度地降低晚熟或缺乏经验的青少年运动员受到过度离心负荷的风险,同时还应避免早熟和具有天分的孩子被低水平的训练刺激所限制。例如,每周进行 4～5 小时的羽毛球或体操训练的青少年运动员的快速伸缩复合能力 / 生理状态,与每周接受 2 次其他运动训练的大多数运动员可能存在明显差异。因此,这类运动员的训练需求可能有所不同,需要进行个性化方案设计(例如,鉴于羽毛球运动员的训练计划中有大量的快速伸缩复合动作,其训练可能会更多地集中在强化和恢复上)。

针对青少年运动员个性化的快速伸缩复合训练计划

青少年的 SSC 能力(反应性 / 弹性力量)根据运动背景的不同而有很大差异。为了最大限度地提高训练适应性和减少损伤风险,应个性化设计所有的快速伸缩复合训练计划,以适应技术能力、成熟度、训练史和运动项目的差异。

运动前筛查

落地阶段力学

在开始实施任何运动方案之前,体能教练都应了解将要施加在青少年运动员身上的生理应激的性质。就快速伸缩复合训练而言,主要的应激通常不是代谢方面,而是来自力学和神经方面。快速伸缩复合训练通常包括推进(跳跃)和吸收(落地)阶段。落地力通常远远大于推进力,并且通常是造成损伤的力量。因此,任何快速伸缩复合训练计划都应从确保青少年运动员能够承受的落地开始(即,最初的训练着重于落地技术)。这样做的先决条件是确保这些运动员在技术上是熟练的,并具有足够的离心力量以保持平衡和下半身落地姿势。下面的练习列表可用于在开始快速伸缩复合训练计划之前筛查落地技术。可以从列表中选择任意数量的动作,然后指示青少年运动员进行一定数量的重复(如 5~10 次重复)以确定技术能力。然后,从业者可以选择实时评估运动或使用视频分析进行回顾。如果需要的话,可以进行纠正性练习以解决可能导致青少年运动员在快速伸缩复合训练中受伤的任何技术缺陷。

- Pogo/踝关节双侧跳落地
- 反向跳跃(CMJ)伴随双侧浅落地
- 反向跳跃(CMJ)伴随双侧深落地
- 向前/向后一次反向跳跃(CMJ)伴随双侧浅落地
- 向前/向后连续 2~3 次反向跳跃(CMJ)伴随双侧浅落地
- 1 次反向跳跃(CMJ)在空中旋转 90°/180° 伴随双侧浅落地
- 2~3 次反向跳跃(CMJ)在空中旋转 90°/180° 伴随双侧浅落地

应该注意的是,相同的练习可以通过使用相同的进阶方法而不同,如侧重于单腿/单侧落地或侧重于垂直中侧力的动作,而不是上述方案更多地强调垂直 - 水平。

推进阶段力学(起跳)

与任何训练方式一样,青少年运动员在开始结构化的,基于快速伸缩复合训练计划之前为了确定初始技术能力,应接受运动筛查评估。第 6 章讨论了基本运动技能和体育素养的概念。但是,需要注意的是,体能教练应特别注意有效进行快速伸缩复合运动所需的动作能力和力量水平。此外,应该强调的是,如果一个人没有表现出适当的能力(例如,落地技术),那么他们应该回归到基本运动技能的训练。相反,如果运动员表现出有效的技巧,则可以进行更多的进阶训练。

评估落地和推进阶段力学

　　落地力通常大于推进力，因此有更大损伤的可能性。因此，落地技术和离心力量应成为青少年运动员训练早期的重点。推进和落地技术的动作筛查应不断进行，并随着运动和负荷量的增加而不断进行。

快速伸缩复合训练指南

训练量与强度

　　对于快速伸缩复合训练，训练量通常是指在一堂训练课中脚接触的总次数，而强度与给定运动中施加在 MTU 上的离心应激有关[24]。由于快速伸缩复合训练动作对神经肌肉系统的要求较高，因此必须从强度的角度，逐步将儿童引入快速伸缩复合训练。此外，循序渐进可能会确保训练重点仍然放在动作质量（如准确性和稳定性）上，之后才是缩短触地时间，募集大量运动单位，刺激高 RFD 和利用牵张反射。

　　重要的是要认识到，快速伸缩复合训练不应被视为一个单一的训练单元，而应视为对青少年运动员的整体力量和体能的贡献。因此，青少年运动员在自由比赛或专项训练课期间可能会出现大量地面接触，所以体能教练应避免在训练期间运动员过度触地。因此，为了提高表现并预防损伤，与快速伸缩复合训练过度的处方相比，训练不足或许对青少年运动员的运动发展更加有利。

　　快速伸缩复合训练的总训练量在很大程度上取决于所选动作的强度（基于离心负荷）和青少年运动员的运动史。尽管快速伸缩复合训练中的训练量很容易监控，但强度却很难测量，因为如果不使用昂贵的设备，离心负荷就很难量化。但是，训练者可将"强度指数"应用到快速伸缩复合训练中，从而根据不同类别的快速伸缩复合动作的离心需求为其赋予强度系数。例如，根据以前的基于青少年的快速伸缩复合训练进展指南[13]，强度系数已分配给图 9.2 中的每个类别的快速伸缩复合训练中。然后可以将强度系数乘以指定动作的脚部接触次数，以估算总训练量负荷。例如：

Pogo 跳跃 −（3×10）×2=60AU

跳深练习 −（3×5）×6=90AU

　　其中 AU 是任意单位。尽管使用这些系数缺乏有力的经验证据，但它可能是一种简单的方法来尝试解释不同的快速伸缩复合练习所具有的离心应激差异，并避免处方在一定程度上随意基于训练量安排（即脚接触）。

强度系数6	高结构性和专项性	阶段6 高强度快速伸缩复合训练（HIP2）跳深	高离心负荷
强度系数5	高结构	阶段5 高强度快速伸缩复合训练（HIP1）弹跳（多次单侧跳）	中-高离心负荷
强度系数4	中-高结构	阶段4 中等强度快速伸缩复合训练（MIP2）跳箱、障碍跳	中-高离心负荷
强度系数3	中等结构	阶段3 中等强度快速伸缩复合训练（MIP1）多次双边跳	中等离心负荷
强度系数2	低结构	阶段2 低强度快速伸缩复合训练（LIP）原地起跳和站立起跳	低离心负荷
强度系数1	非结构性练习	阶段1 基本运动技能（FMS）	最小离心负荷

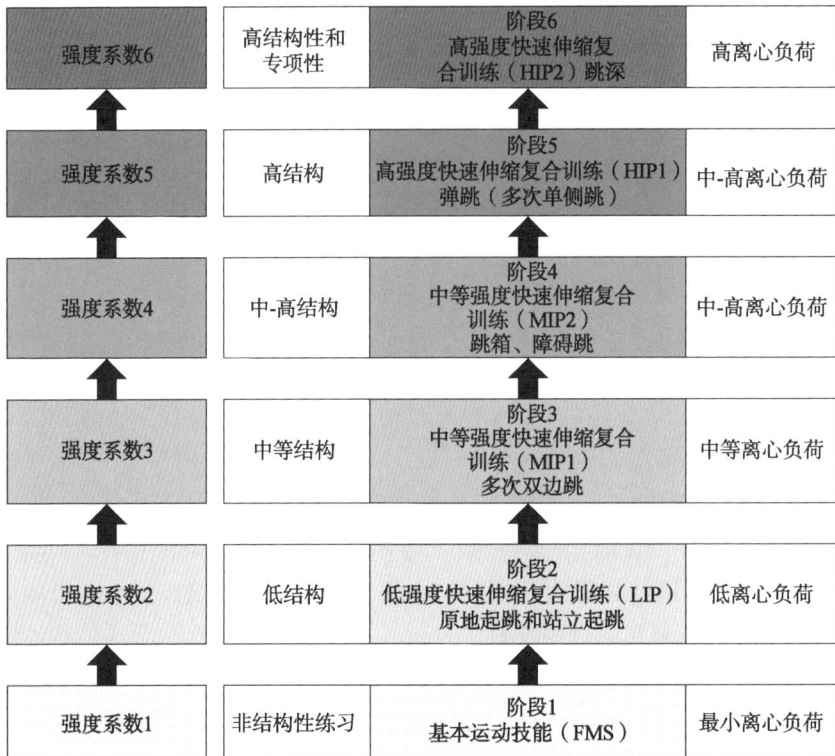

图9.2　快速伸缩复合发展模型,可用于创建强度指数以量化快速伸缩复合训练

对于没有经验的青春期前儿童,建议处方首先进行适量（6～10次）的低强度运动,并使用各种不同的练习使孩子接触一系列运动刺激,以帮助其适应之后技术的特异性。此外,以趣味性为基础的环境,训练计划的主要目标之一应该是为青春期前的儿童发展有效的落地机制[13]。包括脚跟到脚趾着地,脚踝、膝部和髋部三重屈曲下的支撑,腰椎脊柱中立位,以及上肢和下肢的协调性[13]。这些素质应在一个有趣的环境中发展,以保持兴趣和热情,这主要取决于体能教练的技术和想象力,以在发展整体基本运动技能的计划中发展这些能力[18]。随着儿童经验的增加和技术能力的提高,训练强度增加,同时训练量也随之减少。但需要注意的是对成熟率的监控,因为快速增长时期运动员技术能力容易下降,并增加与生长相关的肌肉/关节痛的风险。

先前研究人员发现,SSC功能受疲劳的负面影响,与触地之前的前馈神经调节相反,其对触地期间反馈过程的依赖性更大[23]。在繁忙的训练环境中,可以使用教练友好型工具（如移动电话应用程序或移动接触垫）来更有效地调节训练中的快速伸缩复合训练的表现,以帮助确定训练是否结束,而不是盲目地依赖于预定的重复次数。当表现低于该阈值时（例如,接触时间增加,跳跃高度或反应力量指数(RSI)降低),则要求孩子休息 / 停止。如果使用 RSI 作为表现指标,则需要教练同时监测地面接触时间和跳跃高度。因为尽管 RSI 可能保持恒定,但由于神经疲劳,各部分的值可能会发生波动。使用表现阈值可以解释个体之间和个体内部的差异,并且提供了一种更具体和个性化的快速伸缩复合训练方法。

尽管有观点认为儿童可以从重复的中等强度的阻力训练中恢复,并且恢复时间很短,但快速伸缩复合训练需要更长的休息时间才能使神经肌肉完全恢复,最大化表现并降低受伤风险。两组之间的恢复时间通常为 1～3 分钟,主要取决于所选运动的强度(在慢速、低冲击力练习中,如跳箱,组间可能需要 1 分钟的恢复时间,而快速、高冲击练习如跳深的组间恢复需 2～3 分钟)。

频率

训练的频率,类似于训练量和强度,受青少年运动员的训练状态和运动项目的影响,如青少年体操运动员每周可以进行长达 15～25 小时的训练,而每天大部分时间则是在进行高强度的快速伸缩复合训练。但是,对于未受过训练的运动员而言,由于离心负荷和潜在的肌肉损伤以及需要足够的时间恢复,因此建议训练频率为每周 2 次[7]。这种训练频率也已证实可产生足够的训练刺激,为青春期前的儿童和青少年的 RSI 和腿部刚度产生积极的训练适应性[17],尽管这每周 2 次的训练频率的实验是在学校男孩中进行的,但这可能不能准确的反应参与竞技体育的青少年运动员对该频率的适应情况。可以预测,随着从青春期前发育并进入青春期,青少年可能 / 应该逐渐增加训练频率;但是,由于对神经肌肉系统的需求,即使是经验丰富的青少年运动员也不大可能在给定的小周期中完成 3～4 次以上的训练。

对于更客观、更个性化的规定快速伸缩复合训练频率,体能教练可以评估儿童的神经肌肉准备情况。研究人员认为,即使在控制运动强度的情况下,儿童遭受的肌肉损伤也少于成年人,这可能由于其 MTU 更柔韧[6]。因此,使用肌肉酸痛作为神经肌肉监测标准是不合适的。另外,除了视觉观察和教练的直觉之外,使用运动表现指标,如在弹跳运动(如跳深)过程中对 RSI 进行监控,可深入了解儿童的神经肌肉疲劳情况[13]。

重复速度

在技术执行之后,在进行快速伸缩复合训练时要考虑的最重要的训练变量是重复速度。研究人员已经证明,所使用的训练或测试决定了所需的 SSC 类别[26]。因此,青少年运动员依据其重复速度来选择快速伸缩复合动作是至关重要的。在这种情况下,"儿童不是微型成年人"的概念特别重要,体能教练不应将针对成年人的那些练习叠加到可能无法忍受落地高冲击力的孩子身上。使用关于表现指标的实时反馈（如 RSI 或接触时间）以及体能教练的间歇性反馈，可以帮助教育运动员，增加动力并提高成绩[8]。可以想象，由于成长发育，儿童会自然地发展给定的快速伸缩复合动作的重复速度。但是，在制定快速伸缩复合训练计划时，体能教练应始终强调与接触面之间要快速、爆发式的互动的重要性，因此，没有关于重复速度的明确的指南。

快速伸缩复合训练发展

先前的研究人员提出了不同的发展计划。然而，普遍接受的观点是，低训练年龄的儿童应从低层次的结构化训练方法入手，侧重于基本运动技能的发展，并利用低离心负荷快速伸缩复合训练来掌握落地技术。随着技术能力的提高，快速伸缩复合训练的结构和强度会增加。在该发展阶段，可以向儿童介绍诸如多次跳跃、跳箱以及反复跳过迷你跨栏的练习。青少年和青年人可以采用更加结构化的训练方法，对于此类人群而言，训练计划可以包括强度更高的运动，如触地起跳、多次跳箱和不同高度跳深[13]。快速伸缩复合训练计划应与渐进式力量和平衡计划相辅相成。需要注意的是，与任何训练处方一样，必须考虑训练史以及技术能力。因此应鼓励采用灵活的方法来进行青少年的快速伸缩复合训练。表 9.1 和表 9.2 提供了可用于不同技术能力的儿童的计划示例。

负荷指南

表现出低技术能力、缺乏经验的青少年运动员应选择一套低强度的快速伸缩复合训练，以确保在以较大强度、训练量和 / 或频率递增之前掌握技术。随着运动能力、训练经验和成熟度的增加，可将快速伸缩复合训练的重点转向更高强度的训练。

表 9.1　针对技能水平低的、缺乏经验的运动员的训练计划示例

训练阶段	动作	训练量（组数 × 重复次数）	休息	阶段时间（分钟）
热身	臀桥	2×8	N/A	20min
	螃蟹步	2×8	N/A	
	超人	2×6（每侧）	N/A	
	熊爬	2×6	N/A	
	蜘蛛侠	2×6（每侧腿）	N/A	
	弹力带怪兽步	2×8（每侧腿）	N/A	
	高脚杯蹲	2×6	N/A	

续表

训练阶段	动作	训练量（组数 × 重复次数）	休息	阶段时间（分钟）	
主要内容	自重时钟（单腿平衡）	3×6	30s	30min	
	击掌 - 单腿平衡	3×20s（每侧腿）	30s		
	跳箱	3×8	60s		
	落地	3×6	60s		
	跳远 + 定住稳定姿势	3×6	60s		
	十字单腿跳 + 定住稳定姿势	3×5（每侧腿）	60s		

重点是引入快速伸缩复合训练。主要是低水平的跳跃和学习吸收缓冲力量。逐步引入多方向和单腿。
N/A，不适用。

表 9.2　对具有高技术能力的有经验的运动员的训练计划示例

训练阶段	动作	训练量（组数×重复次数）	休息	阶段时间 / min
热身阶段	单腿臀桥	2×6（每条腿）	N/A	20
	死虫子	2×8	N/A	
	深蹲站立	2×8	N/A	
	多方向弓箭步	2×5（每条腿）	N/A	
	蜘蛛侠	2×6（每条腿）	N/A	
	弹力带野兽步	2×8（每条腿）	N/A	
	十字单腿跳+定住稳定姿势	2×6（每条腿）	N/A	
主体内容	单腿弹跳	4×4（每条腿）	2min	30
	跳深	4×3	2min	
	横向弹跳	4×4（每条腿）	2min	
	原地纵跳接落地（施加阻力干扰）	3×5	90s	

续表

训练阶段	动作	训练量（组数 × 重复次数）	休息	阶段时间 / min	
	落地	3×5	60s		
	跳远 + 定住稳定姿势	3×6	60s		

　　重点是真正的快速伸缩复合训练，关注力的产生和最大化适应率。基于专项增加多方向和单腿练习。在训练课的结束，需要技术动作（落地姿势和力的吸收）得以保持。

　　N/A，不适用。

重点总结

- 现有研究强调，由于肌肉结构和神经调节的自然发展，在儿童期和青春期，快速伸缩复合能力会增加。
- 支撑有效运动的关键生理机制之一是 SSC 的利用。研究人员已经证明，这种特定的肌肉动作的神经调节随着发育得到改善，从保护性长、延迟性反射向主动性短、延迟性反射的过渡转变。
- 对青少年运动员进行快速伸缩复合训练之前，教练应首先确保青少年运动员可以承受落地时的冲击力。对于训练年限少的青少年运动员，应在开始时使用适度训练量的低强度练习，并采用各种不同的动作练习使儿童接受到一系列运动刺激。
- 随着儿童经验的增加和技术能力的提高，他们通常在训练计划中会面临更大的强度，随之而来的是训练量的减少。但是，教练需要了解并可能监控的成熟率，因为快速增长期可能使运动员出现技术能力的下降并增加受伤的风险。
- 对于训练年龄较低的儿童，每周进行 2 次快速伸缩复合训练可改善运动表现。但是，随着训练年龄和技术能力的提高，可能会在一周内进行 3～4 次快速伸缩复合训练。

参考文献

1 Bosco C, Viitasalo JT, Komi PV and Luhtanen P. Combined effect of elastic energy and myoelectrical potentiation during stretch-shortening cycle exercise. *Acta Physiol Scand* 114: 557–565, 1982.

2 Chelly MS, Fathloun M, Cherif N, Amar MB, Tabka Z and Van Praagh E. Effects of a back squat training program on leg power, jump, and sprint performances in junior soccer players. *J Strength Cond Res* 23: 8, 2009.

3 Cormie P, McGuigan MR and Newton RU. Changes in the eccentric phase contribute to improved stretch-shorten cycle performance after training. *Med Sci Sports Exerc* 42: 1731–1744, 2010.

4 Dotan R, Mitchell C, Cohen R, Klentrou P, Gabriel D and Falk B. Child-adult differences in muscle activation – a review. *Pediatr Exerc Sci* 24: 2–21, 2012.

5 Earp JE, Kraemer WJ, Cormie P, et al. Influence of muscle-tendon unit structure on rate of force development during the squat, countermovement, and drop jumps. *J Strength Cond Res* 25: 340–347, 2011.

6 Eston R, Byrne C and Twist C. Muscle function after exercise-induced muscle damage: considerations for athletic performance in children and adults. *J Exerc Sci Fit* 1: 11, 2003.

7 Faigenbaum AD. Plyometrics for kids: facts and fallacies. *Perf Train J* 5(2): 13–15, 2006.

8 Flanagan EP and Comyns TM. The use of contact time and the reactive strength index to optimize fast stretch-shortening cycle training. *Strength Cond J* 30: 7, 2008.

9 Henchoz Y, Malatesta D, Gremion G and Belli A. Effects of the transition time between muscle-tendon stretch and shortening on mechanical efficiency. *Eur J Appl Physiol* 96: 665–671, 2006.

10 Komi PV. Stretch-shortening cycle: a powerful model to study normal and fatigued muscle. *J Biomech* 33: 1197–1206, 2000.

11 Kubo K, Morimoto M, Komuro T, et al. Effects of plyometric and weight training on muscle-tendon complex and jump performance. *Med Sci Sports Exerc* 39: 1801–1810, 2007.

12 Lambertz D, Mora I, Grosset JF and Perot C. Evaluation of musculotendinous stiffness in prepubertal children and adults, taking into account muscle activity. *J Appl Physiol* 95: 64–72, 2003.

13 Lloyd RS, Meyers RW and Oliver JL. The natural development and trainability of plyometric ability during childhood. *Strength Cond J* 33: 9, 2011.

14 Lloyd RS, Oliver JL, Hughes MG and Williams CA. The influence of chronological age on periods of accelerated adaptation of stretch-shortening cycle performance in pre and postpubescent boys. *J Strength Cond Res* 25: 1889–1897, 2011.

15 Lloyd RS, Oliver JL, Hughes MG and Williams CA. Specificity of test selection for the appropriate assessment of different measures of stretch-shortening cycle function in children. *J Sports Med Phys Fitness* 51: 595–602, 2011.

16 Lloyd RS, Oliver JL, Hughes MG and Williams CA. Age-related differences in the neural regulation of stretch-shortening cycle activities in male youths during maximal and sub-maximal hopping. *J Electromyogr Kinesiol* 22: 37–43, 2012.

17 Lloyd RS, Oliver JL, Hughes MG and Williams CA. The effects of 4-weeks of plyometric training on reactive strength index and leg stiffness in male youths. *J Strength Cond Res* 26: 2812–2819, 2012.

18 Lloyd RS, Oliver JL, Meyers RW, Moody JA and Stone MH. Long-term athletic development and its application to youth weightlifting. *Strength Cond J* 34: 12, 2012.

19　Lloyd RS, Radnor JM, De Ste Croix MB, Cronin JB and Oliver JL. Changes in sprint and jump performances after traditional, plyometric, and combined resistance training in male youth pre- and post-peak height velocity. *J Strength Cond Res* 30: 1239–1247, 2016.

20　Meylan C and Malatesta D. Effects of in-season plyometric training within soccer practice on explosive actions of young players. *J Strength Cond Res* 23: 2605–2613, 2009.

21　Moran J, Clarke CCT, Ramirez-Campilo R, Davies MJ and Drury B. A meta-analysis of plyometric training in female youth: its efficacy and shortcomings in the literature. *J Strength Cond Res* 26 July: doi:10.1519/JSC.0000000000002768, 2018.

22　Moran J, Parry DA, Lewis I, Collison J, Rumpf MC and Sandercock GRH. Maturation-related adaptations in running speed in response to sprint training in youth soccer players. *J Sci Med Sport* 21: 538–542, 2018.

23　Padua DA, Arnold BL, Perrin DH, Gansneder BM, Carcia CR and Granata KP. Fatigue, vertical leg stiffness, and stiffness control strategies in males and females. *J Athl Train* 41: 294–304, 2006.

24　Potach D and Chu DA. Plyometric training. In: *The Essentials of Strength Training and Conditioning*. T Baechle and R Earle, eds. Champaign, IL: Human Kinetics, 2008, pp 413–427.

25　Radnor JM, Oliver JL, Waugh CM, Myer GD, Moore IS and Lloyd RS. The influence of growth and maturation on stretch-shortening cycle function in youth. *Sports Med* 48: 57–71, 2018.

26　Schmidtbleicher D. Training for power events. In: *The Encyclopaedia of Sports Medicine*. PV Komi, ed. Oxford: Blackwell, 1992, pp 169–179.

27　Thomas K, French D and Hayes PR. The effect of two plyometric training techniques on muscular power and agility in youth soccer players. *J Strength Cond Res* 23: 332–335, 2009.

28　Wakeling JM, Blake OM, Wong I, Rana M and Lee SS. Movement mechanics as a determinate of muscle structure, recruitment and coordination. *Philos Trans R Soc Lond B Biol Sci* 366: 1554–1564, 2011.

29　Waugh CM, Blazevich AJ, Fath F and Korff T. Age-related changes in mechanical properties of the Achilles tendon. *J Anat* 220: 144–155, 2012.

30　Waugh CM, Korff T, Fath F and Blazevich AJ. Effects of resistance training on tendon mechanical properties and rapid force production in prepubertal children. *J Appl Physiol* 117: 257–266, 2014.

第 10 章　青少年运动员速度训练

Jon L. Oliver，Micheál Cahill，Aaron Uthoff

引言

　　速度素质是青少年竞技运动表现的关键组成要素[46]。青少年时期冲刺能力发展不足，往往会限制运动员成年后的发展，因为速度素质是区分成年运动员竞技水平的重要指标[44]。加速能力和达到最大速度的能力是速度素质的重要组成部分，应作为青少年时期速度素质发展的重点。由于陆地跑动速度是比赛和训练中应用最为广泛的速度能力，本章也将主要围绕该项速度能力进行阐述。此外，"速度素质（speed）"一词将被作为一个通用术语使用，其忽略了冲刺阶段。

　　青少年时期是速度素质全面发展的重要时期，与其他身体素质一样，速度素质的发展过程呈现出非线性的特点[39, 40, 63]。青少年时期速度素质的发展受以下因素的影响：四肢的长度及其肌肉的围度、机体的生理和代谢变化因素、肌肉和肌腱的形态变化、神经动作发育以及生物力学和协调性方面的因素[19]。鉴于上述诸多因素的交互作用，我们很难确定究竟是哪一种机制，在人体生长发育的各个阶段对速度素质的发展起了主要作用。然而，通过对跑步动作技术的生物力学分析，我们可以获得关于速度发展的重要信息，即跑动时的步频与步幅。由于触地时间略有增加，步频会在儿童时期的晚期有轻微下降，但是这都会被从儿童到青少年时期更大的步幅增长来补偿[35, 40]。

　　人体的生长发育变化促进了速度素质的自然增长，教练员可根据这些变化因素，来确定人体生长发育各阶段所对应的速度训练的最佳方式[37, 38, 49]。训练也可以从非短跑专项训练（例如抗阻训练和快速伸缩复合训练）和短跑专项训练的角度来考虑。大量证据表明，专项和非专项短跑训练方法对不同成熟度的青少年都有效[1, 29, 38, 49]，尽管训练专项性的概念表明专项短跑训练方法可能会带来更大的好处[50]。本章考虑速度的自然发展，以及成长和成熟度如何与专项和非专项形式的短跑训练相互作用。

青少年时期速度素质的自然发展

　　儿童时期速度素质的提高遵循非线性过程。20 年前，Viru 等人[63]提出：

188

在 5～9 岁存在青春期前的速度发展陡增期，然后在性成熟期开始后出现第二个青春期的速度素质猛增。这种发展趋势最近在一个大样本日本男孩的 50m 测力台上的冲刺测试中得到证实[40]，其他人也证实了青少年男性也有青春期的速度突增[35,43,67]，然而，女孩是否经历过青春期的猛增并不清楚，文献报道的结果相互"矛盾"[39,41,55]。青春期前的速度素质突增归因于生命的第一个十年中中枢神经系统的快速发育，青春期的突增主要归因于激素水平的增加和成熟[19,63]，这意味着青春期前期未成熟的男孩和女孩的短跑冲刺能力是相似的，随着性成熟的开始，发展速度出现分化，男孩由于睾丸激素水平增加和更多的瘦肌肉质量增加而更快地提高速度，而女孩由于更多的脂肪积累而变得有些不利[32,41]。有研究表明，对于不参与运动的女孩来说，速度发展通常会在青春期的中后期停止[55]。

> 有关 11～18 岁的挪威女子短跑运动员的有史以来最佳 60m 短跑时间的最近数据显示，从 14 岁开始，短跑运动表现的提高速度急剧下降，并且速度每年仅提高 0.2%～1.0 %[58]。这可能表明教练需要采取各种训练策略来促进青春期女运动员速度的持续提高。

影响加速度和最大速度的生物力学因素

速度的发展趋势主要基于 25～50m 的冲刺能力[63]，这个距离内既强调运动员的加速度能力，也需要运动员最大速度的能力。加速与更长的地面接触时间相关，从而提供了产生较大冲量的机会[51]，而最大冲刺速度与较短的地面接触时间和力量生成速率有关[64]。为了支持加速度和最大速度的特异性，Chelly 和 Denis 报道这两个变量在 16 岁儿童中的共同方差只有 21%[10]。作者认为，加速度取决于相对爆发力，而最大速度需要更大的绝对爆发力和增加的下肢刚度。然而，从时间的角度来看，加速度和最大速度都遵循相同的发展趋势，步幅随着年龄的增长而不断增加，而步频在童年后期逐渐降低，直到青春期稳定[40]。

最近，横向和纵向研究也证实了下肢刚度、相对垂直刚度和相对最大垂直力对男孩最大冲刺速度发展的重要性[34,36]。水平方向下肢刚度变化支持在短跑过程中增加腿长和接触长度的作用，这是与地面接触时所覆盖的距离。尽管绝对力量产生随着成熟而增加，但是相对力量产生对于短跑运动表现很重要。短跑期间垂直相对力的产生似乎是与生俱来的品质，随着年龄的增长和成熟度的提高而保持不变[34,36,39,40]。相反，已证明男孩和女孩的相对水平推进力会随着年龄的增长而增加，特别是在加速阶段，从而反映了步幅和速度提高的发展趋势[39,40]。总体而言，研究结果表明，随着青少年的成熟，他们在地面上花费的时间略长，但是与生长相关的变化使他们在地面接触期间可以完成更长的距离，而较高的刚度和相对垂直力，与成熟度相关相对推进力的增加，使更成熟的青少年在腾空阶段将自己推的更远。从力学的角度来看，成长引起的速度增加可能是由内在肌腱特征的改变以及从更多抑制性神经向兴奋性神经调控的转变引起的。

儿童时期速度的可训练性

从业者应考虑不同的训练方式如何影响速度发展，以及成熟度和训练年限如何影响训练反应。短跑专项训练是指涉及自由短跑或适应形式的冲刺训练，例如不同形式的阻力跑（例如，推雪橇、拉雪橇、降落伞、上坡）、辅助冲刺跑（例如下坡、牵引）、向后跑／冲刺和冲刺技术训练（例如短跑力学）。非专项训练不包括短跑冲刺，通常包括不同形式的抗阻训练、快速伸缩复合训练和复合训练。非专项训练的方法主要包括在垂直平面上的运动（例如蹲），但范围包括水平运动。从业者应考虑两种训练方式的益处，它们如何提高短跑运动表现的决定因素（例如，刚度、相对推进力），以及与成熟度和训练史之间的相互作用。

非短跑专项训练

"非短跑专项训练"通常包括不同形式的抗阻训练、快速伸缩复合训练和复合训练，这些训练主要集中于垂直面上的运动。这些非专项训练能够转移到速度素质的提升的能力已得到证实，即对相对垂直力和刚度是速度的重要决定因素的观察。Behringer 等人[2]在一项元分析中证实，抗阻训练对青少年的短跑有益，这种情况在越年轻的时候受益越大，且在未经训练的青少年中，也会快速提高速度。同时训练强度越大，收益越大。在一份系统综述中，Rumpf 等人[49]证明，在达到身高增长速度峰值前（pre-PHV）的儿童中，进行快速伸缩复合训练的速度增长最大，而在达到身高增长速度峰值后的儿童从复合训练中获得的收益最大。Lesinski 等人[29]的综述研究证实了复合训练为青少年的短跑速度提供了最大的收益。自那时以来，这些观点就得到了研究支持，这表明，尽管复合训练在两个成熟度组中同样有效，但力量训练对身高增长速度峰值后的男孩最有益，而快速伸缩复合训练对身高增长速度峰值前的男孩则更为有益[45]。最近，Behm 等人的元分析[1]证明，快速伸缩复合训练对提高青少年的速度更为有优势，而儿童比青少年受益更大，未受过训练的比受过训练的受益更大。表 10.1 提供了一系列研究，这些研究都检验了非专项训练计划提高青少年运动员速度的能力[6-9, 11, 15, 18, 23, 26-28, 31, 56, 52, 66]。

表 10.1 所示的研究表明，尽管与大多数成熟的运动员的结果不一致，但

一系列短期的、非专项性的训练干预措施可以有效地提高不同年龄和成熟度的青少年的速度,这通常比青少年运动员仅靠自然发展所获得的要高[65]。Williams 等人的研究成果表明 11～16 岁男性足球运动员的速度提高每年达到3%。在表 10.1 包含的研究中,相当于在 8～16 周的训练期间内,自然受益增长 0.8%～1.5%,而 16 岁及以上的人的自然增益预计会更低。

表 10.1　研究显示非专项性训练对男性青少年运动员速度的影响

文献	年龄	模式	持续时间/周	频率/每周几次	总次数	测试距离/m	变化百分比
Venturelli 等人[60]	11.0±0.5	复合	12	2	24	0～20	2.2
Kotzamanidis[27]	11.1±0.5	快速伸缩复合	10	1	10	10～20	3.5
Chelly 等人[9]	11.7±1.0	快速伸缩复合	10	3	30	V_{max}	3.7
Ingle 等人[23]	11.8±0.4	复合[a]	12	3	36	0～40	3.2
Diallo 等人[18]	12.3±0.4	快速伸缩复合	10	3	30	0～20	2.8
Wong 等人[64]	13.5±0.7	力量	12	2	34	0～30	2.3
Chaouachi 等人[6]	13.3±0.7	复合	8	3	34	0～30	2.8
Chaouachi 等人[6]	13.7±0.8	快速伸缩复合	8	3	34	0～30	3.4
Christou 等人[11]	13.8±0.4	力量	16	2	32	0～30	2.6
Chatzinikolaou 等人[7]	14.3±0.3	复合	5	4	20	0～10	3.6
Coutts 等人[15]	16.6±1.2	力量	12	1～3	18～36	0～20	≤0.9
Chelly 等人[8]	17.0±0.3	力量	8	2	16	35～40	10.9
Kotzamanidis 等人[28]	17.0±1.1	复合[a]	13	3	39	0～30	3.5
Kotzamanidis 等人[28]	17.1±1.1	力量	13	3	39	0～30	0.5
Thomas 等人[54]	17.3±0.4	快速伸缩复合	6	2	12	0～20	≤0.3
Malo Alves 等人[31]	17.4±0.6	复合	6	1～2	6～12	0～15	≤7.0

注:复合训练[a] 代表力量训练和快速伸缩复合训练的结合;V_{max},最大速度。

　　在实践中,体能教练应考虑采用较长期的方法,包括各种形式的非专项训练并使之周期化,以促进速度和其他运动素质的持续提高。对于进行了 2 年的力量训练的青少年足球运动员,相比于控制组,力量有了可观的改善,且还使冲刺速度取得了小幅持续增长[25, 52]。训练强度是任何训练计划需要考虑的重要因素。在研究抗阻训练强度对青少年运动员速度发展的影响时，Lesinski等[29]报告说，最有效的训练强度是一次重复最大负荷值（1RM）的80%~89%。这可能反映出相对垂直力量在青少年速度发展中的重要性[34, 36]，以及对高强度训练的需求以刺激这种素质的提高。从业者应在非短跑专项训练中保持足够的训练强度，原因是运动员必须在一定负荷状态下保持技术能力。

短跑专项训练

遵循特定性原则，短跑专项训练旨在促进与速度和专项相关的神经和肌肉骨骼适应[16]。短跑专项训练通常被理解为进行线性的无阻力、抗阻或辅助的冲刺训练并穿插有被动恢复期[49]。表10.2提供了一些研究，这些研究检验了专项短跑训练计划在不同成熟阶段提高青少年冲刺能力的有效性[3, 4, 20, 26, 33, 42, 47, 53, 54, 57, 60, 62]。

表10.2的研究表明，进行6~12周的短跑专项训练可有益于增加不同成熟度的青少年的直线加速度和最大冲刺速度。鉴于短跑的复杂性，无阻力的训练可能会改进技巧并有助于促进更有效的跑步模式[30]，而抗阻的短跑可能会促进水平方向上力量的产生能力[14, 24]。有趣的是，已经报道了采用新的短跑训练方法可以最大程度地提高加速运动表现，例如倒退跑（表10.2）[60]。倒退跑专门针对向心力量[59]，这是短距离加速冲刺的表现特征[22]。在当前未出版的文献中，本章的作者发现，在提高青少年运动员的加速度上，重阻力负荷的拉雪橇和推雪橇都是最有效的方法。重要的是，从业者首先要使青少年运动员熟悉所进行的新颖的训练方法，以减少受伤的风险并优化训练效果。

值得注意的是，从表10.2来看，没有关于辅助冲刺训练对青少年影响的研究。这可能是由于以下事实：提供阻力比抗阻更难，并且可能难以量化提供的辅助水平。Clark等[12]发现，当为16~24岁在跑道上冲刺的运动员提供电动拉力辅助时，最大速度增加了近10%。这是由于增加了接触长度（3.7%）、腾空步长（13.1%）和腾空时间（3.4%），而地面接触时间缩短了（5.2%）。观察到的变化反映了以更快的速度向地面施加垂直力的要求，如果在训练期间不断重复进行，这也可能会提供有益的刺激，但还需要更多研究证实这一点[12]。与作者的交流还显示，青少年短跑运动员发现在辅助短跑过程中很难保持身体姿态，因此没有被纳入研究。青少年运动员可能需要额外的力量水平或短跑训练经历才能承受辅助冲刺。

> 需要对青少年运动员进行长期的短跑训练研究，以加深我们对训练方案周期化的了解，其重点是短跑专项训练方法如何促进速度的长期发展。

表 10.2　研究显示短跑专项训练对男性青少年运动员速度的影响

文献	年龄（岁）	模式	持续时间 / 周	频率 / 每周几次	总共次数	测试距离 /m	变化百分比
Kotzamanidis 等[26]	10.9±0.7	冲刺训练	10	2	20	0～30	3.3
Pettersen 和 Mathisen[41]	11.5±0.3	冲刺游戏	6	2	12	0～10	2.2
Rumpf 等[46]	10.4±0.8	拖雪橇阻力跑	6	2～3	16	0～30	1.0
Venturelli 等[60]	11.0±0.5	间歇冲刺	12	2	24	0～20	2.4
Meckel 等[33]	14.5±0.6	短距离冲刺（50）m	7	4	28	0～30	2.5
Meckel 等[33]	14.5±0.6	长距离冲刺（200m）	7	4	28	0～30	1.7
Rumpf 等[46]	15.2±1.6	拖雪橇阻力跑	6	2～3	16	0～30	5.8
Uthoff 等[58]	14.6±0.3	后退跑	8	2	16	0～10	7.6
Uthoff 等[58]	14.6±0.3	后退跑	8	2	16	0～20	5.0
Uthoff 等[58]	14.6±0.3	向前跑	8	2	16	0～10	5.0
Uthoff 等[58]	14.6±0.3	向前跑	8	2	16	0～20	3.9
Borges 等[3]	16.6±0.6	拖雪橇阻力跑	10	1～2	12	0～30	1.2
Bucheit 等[4]	15.8±0.9	速度 / 灵敏	4	2	8	0～10	2.7
Gottlieb 等[20]	16.3±0.5	专项冲刺训练	6	2	12	0～20	2.6
Sekine 和 Okada[51]	16.5±0.5	拖雪橇阻力跑	8	3	24	0～5	5.9
Shalfawi 等[52]	16.3±0.5	间歇冲刺	8	4	32	20～40	5.5
Tonnessen 等[55]	16.4±0.9	冲刺训练	10	1	10	20～40	2.1

实际应用

　　本书的前几章阐述了短跑非专项训练的指南，包括力量和爆发力训练（第 7 章）、举重（第 8 章）和快速伸缩复合训练（第 9 章）。本章介绍了与短跑专项训练有关的实际应用。

短跑专项训练指南

短跑专项训练的模式

　　无阻力的冲刺训练包括以最大程度地努力向前或向后冲刺，且无须额外的设备。毫无疑问，无阻力冲刺训练是最容易实现的训练方法，因为它所需要的只是一个开放的、平坦的，并具有良好的摩擦力的地方。它也是提高青少年短跑成绩的最有效方法之一[60]。在运动的水平面中向运动相反方向添加阻力刺激通常称为抗阻冲刺。存在各种抗阻冲刺的训练方法，例如降落伞、加重背心、拉力带和机械滑轮系统。然而，抗阻冲刺训练最常用和研究的方法是使用雪橇[5]。存在的两种形式的阻力雪橇冲刺是拉雪橇和推雪橇，两者在实践中都很流行，但对后者的研究较少。尽管雪橇的拉动和推动有许多共同点，但在比较尺寸、形状、解剖位置、摩擦力和作用力方面存在许多差异，这可能反过来会导致力学机制、负荷处方和训练的变化[5]。图 10.1 显示了一名女子高中 100m 短跑运动员进行拉雪橇和推雪橇的图像。通过比较这四个图像可以清楚地看出，两种形式的抗阻冲刺在力学机制略有不同，最明显的是推雪橇过程中无手臂摆动。但是，两者都具有与身体姿势和短跑姿势相关的某些特

图 10.1 一个高中女子 100m 短跑运动员展示拉雪橇（上）和推雪橇（下），对抗阻力为体重的 66%（左）和 99%（右）

征：在两种情况下都增加身体的前倾，从而改善了脚的着力方向，这可能导致在较重负荷下抗阻冲刺过程中水平冲量的增加[5]。随着外部负荷的增加，可能会出现差异，具体取决于运动员的力量。在拉雪橇运动中，腰带可以充当外部的教练指示，提示伸髋；但是，过度的负荷可能会导致髋关节处打折。因此，与拉雪橇相比，更倾向于将推雪橇作为抵抗沉重的雪橇冲刺的一种形式。

　　青少年运动员的个人特征，包括体型、力量、训练史和成熟度，可能会影响其承受负荷和拉雪橇冲刺的能力。例如，Rumpf 等人[47,48]报道了在 PHV 前和 PHV 后男孩之间拉雪橇的适应性的急性和纵向差异。在拉动相同的相对负荷（体重百分比）时，PHV 前的男孩比 PHV 后的男孩慢 50%，并且在雪橇训练 6 周后，相比较 PHV 后的男孩子的速度，PHV 前的运动员表现没有任何提高。图 10.2 提供了力量和成熟度如何影响推雪橇的力学机制的示例。图 10.2 中的两个男孩都在以 100% 的自身体重，推动相同的相对负载。然而，图 10.2A 中的男孩更加成熟和强壮，并且其身体姿势具有更大的前倾角度，从而改变了足的着力方向，从而有利于水平力的产生与应用。相反，图 10.2B 中的男孩缺乏保持最佳短跑姿势的力量和成熟度，导致窝髋（髋部打折），继而对脚部着力位置产生负面影响，并可能降低应用水平力的能力。从图 10.1 的观察中可以看出，负荷会影响抗阻雪橇冲刺的力学机制；但是，对青少年运动员的主要影响因素似乎是力量和成熟度。青少年运动员越成熟，相对力量水平越高，训练年龄就越久，那么他们在抗阻冲刺期间可承受的阻力负荷越高。

图 10.2　两个青少年运动员推动自身体重 100% 的负载雪橇，但采用了不同的身体姿势

　　辅助冲刺是一种高级训练方法，通过该方法，个人可以通过在下斜的坡面上奔跑或使用滑轮或弹性系统拖曳来超过其最大奔跑速度，进行超速奔跑。关于青少年辅助冲刺训练的效果知之甚少，因此我们建议谨慎使用。从业者应从提供最小的辅助开始，并在监测运动员保持超速状态的能力的同时逐步发展。

训练频率、训练量和训练强度

　　根据 Rumpf 等人[49]和 Moran 等人[38]对青少年短期冲刺训练研究的结果，针对冲刺训练课程，持续 8～10 周，包括 10～30m 的多达 16 次冲刺，练习与休息的比例为 1∶25，或 90 秒以上，每周 2～3 次，每堂课的总冲刺量为 240～480m 最为有效。练习与休息的比率要允许完全恢复，以确保每次冲刺都是最大努力，并且从业者应记住，与较不成熟的运动员相比，更成熟的运动员的恢复可能需要更长的时间。监控课上的冲刺时间是确保每次竭尽努力，并且确保在冲刺之间提供足够恢复的一种方式。尽管 Rumpfet 等人[49]和 Moran 等人[38]的文献综述表明，短期干预可以有效提高短跑速度，但我们鼓励从业者采取长期的、周期化的方法来促进青少年运动员的速度发展。

　　渐进式超负荷是在任何体能训练计划中提高运动表现的核心原则。当在训练周期中执行向后或向前奔跑时，逐渐增加高强度重复的次数，同时减少低强度重复的次数可显著提高表现[60]。因此，建议在跑步强度和训练量上逐渐增加冲刺训练的负荷。图 10.3 提供了在一般准备阶段和力量 - 速度阶段超过 10 周训练板块的总最大冲刺距离渐近超负荷的示例。在准备阶段，总的冲刺距离是指运动员在距离 10～25m 的距离上完成 8～10 次的重复运动，尽管其他低强度跑步也要完成。在力量 - 速度阶段，进阶也遵循相似的模式，但是距离要短得多，因为运动员推着更重的雪橇。在此示例中，量是青少年运动员进行 5～10 次重复的推雪橇超过 7.5m 的乘积。

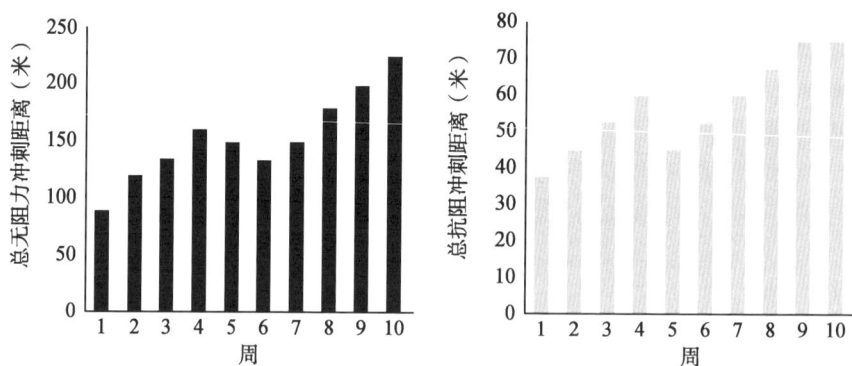

图 10.3　在一般准备阶段，整个 10 周的无阻力冲刺中逐渐增加总冲刺量的示例。在训练的力量 - 速度阶段中，10 周的推雪橇训练的示例

　　抗阻雪橇冲刺最常用的负荷安排的方法是按体重的百分比施加负荷。但是，正如前面的评论和图 10.2 所示，青少年运动员的力量、成熟度和训练年限

的变化会影响他们在抗阻冲刺中应对负荷的能力，就像它会影响传统抗阻训练中承受负荷的能力一样。这意味着以体重的百分比形式施加负荷会在多个运动员之间产生不一致的刺激。有些运动员在负荷下能够保持相对较好的速度，而另一些运动员在负荷下会更快地失去速度。规定负荷的一种更合适的方法是评估个体的负荷 - 速度关系，如图 10.4 所示。使用此方法，可以在无阻力的冲刺和增加负荷的抗阻冲刺中测量冲刺时间或最大速度。然后可以计算线性负荷 - 速度关系，以确定运动员的负荷降低速度的速率。

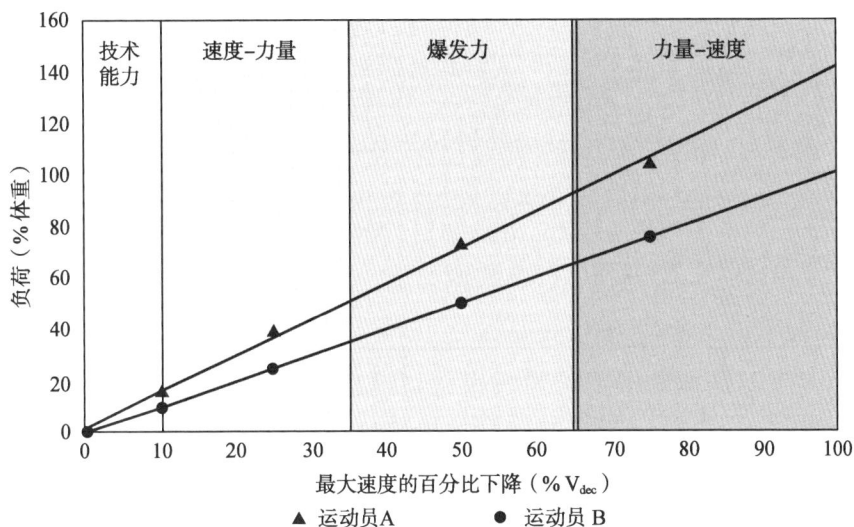

图 10.4　两名青少年运动员在推雪橇过程中的个体负荷 - 速度关系
资料来源：改编自 Cahill 等[5]

　　图 10.4 显示了两名青少年运动员的负荷 - 速度关系，该关系用于制定导致预定速度降低的训练，为不同的运动员提供一致的训练刺激，例如：有人提出，用使速度降低 50% 的阻力进行训练将优化功率输出[17]。在图 10.4 中，运动员 B 的承受力不如运动员 A。如果目标是在使速度降低 50% 的负重下训练，那么运动员 A 将需要 75% 的体重，而运动员 B 仅需要 50% 的体重。图 10.4 显示了四个建议的训练区域，教练可以使用它们采用负荷 - 速度方法来针对特定的训练适应目标，与最大冲刺速度降低 > 65% 相关的负荷可以归类为力量速度训练。最大冲刺速度降低 10%～35% 可以归类为速度力量练习，而爆发力介于这两个区域之间。在运动员真正利用优化爆发力的负荷之前，可能需要确定力量的基线水平（水平和垂直）[17]。教练可以使用速度降低 <10% 的技术能力训练区，目的是增加轻负荷刺激而不影响用于拉雪橇的冲

刺机制。较高的负荷会导致速度降低 > 10%，抗阻冲刺应被视为抗阻训练的一种特殊形式[5]。技术能力、速度 - 力量、爆发力和力量 - 速度的四个训练区域，与非常轻、轻、中和重的负荷相关联。

计划和训练课示例

在对青少年运动员的年度计划中进行短跑专项训练时，为所需的训练适应性选择适当的练习很重要。图 10.5 提供了年度训练计划概要。应在综合训练计划的背景下考虑该计划，该计划应包括补充其他与速度发展相辅相成的训练以及其他理想的训练目标，例如力量、爆发力和敏捷性发展。一般而言，建议从不那么剧烈和非专项的训练到更剧烈和专项的训练保持，沿着一个连续的过程发展[21]。在一般准备阶段，应该通过节奏训练向青少年运动员引入高速跑步，还可以纳入高速倒退跑，以在膝关节承受最小压力的情况下增强爆发力[59]。较重负荷的雪橇冲刺方案可以在赛季前阶段使用，以强调发展水平面运动的最大力量的能力。在比赛期，高强度、低频次、向前和向后的冲刺可用于维持爆发力，从而保持冲刺表现。

周	4/02/19	11/02/19	18/02/19	25/02/19	4/03/19	11/03/19	18/03/19	25/03/19	1/04/19	8/04/19	15/04/19	22/04/19	29/04/19	6/05/19	13/05/19	20/05/19	27/05/19	3/06/19	10/06/19	17/06/19	24/06/19	1/07/19	8/07/19	15/07/19	22/07/19
训练阶段	一般准备期：技术												专项准备期：力量-速度												
训练周	1	2	3	4	5	6	7	8	9	10	11		12	13	14	15	16	17	18	19	20	21			
中周期		1					2					休息	1				2						休息		
小周期	测试	1	2	3	4	1	2	3	4	减量	测试		1	2	3	4	1	2	3	4	减量	测试			
主要练习	节奏跑/后退跑												推雪橇												

周	22/07/19	29/07/19	5/08/19	12/08/19	19/08/19	2/09/19	9/09/19	16/09/19	23/09/19	30/09/19	7/10/19	14/10/19	21/10/19	28/10/19	4/11/19	11/11/19	18/11/19	25/11/19	2/12/19	9/12/19	16/12/19	23/12/19	30/12/19	07/01/20
训练阶段	比赛期前：速度-力量											比赛期：速度保持												
训练周	22	23	24	25	26	27	28	29	30	31		32	33	34	35	36	37	38	39	40	41			
中周期		1			2				休息			1				2					休息			
小周期	1	2	3	4	1	2	3	4	减量	测试		1	2	3	4	1	2	3	4	减量	测试			
主要练习	拉雪橇											最大速度												

图 10.5　青少年运动员速度训练年度计划

如果推雪橇和拉雪橇对于教练都是可以实现的，那么在训练的力量 - 速度阶段推荐使用推雪橇。这是由于雪橇的前置定位和手臂的使用，与拉雪橇相比，推雪橇强调了更多的水平力量训练。中等至较轻的负荷可用于更接近比赛时，以发展力量并增强训练的速度 - 力量阶段。反过来，这将减少进入比赛阶段运动员的总体训练负荷。计划中包括对速度的定期测试，以告知训练处方并评估训练效果。测试速度不仅对田径运动员很重要，而且对参加其他运动比赛的青少年也很重要，因为速度是重要的素质之一，且对运动表现至关重要。从业人员可选择在力量 - 速度和速度 - 力量阶段进行更频繁的测试，以监视负荷速度关系中的任何变化，并相应地调整阻力。教练也可以用此方法根据运动员的力量 - 速度特点来个性化负荷处方，从而确定运动员是否需要更好地发展其力量或速度能力。通过这种方法，教练可以选择将训练区域与运动员的力量 - 速度特征相匹配的负荷（对于需要提高力量而不是速度的运动员），与为所有运动员分配相同的负荷相比，这可能会产生更好的冲刺训练效果[17]。

随着青少年的成熟，他们的跑姿得到改善，将能够以更快的速度跑得更远[40]。重要的是要培养青少年运动员在高速奔跑时保持良好的跑步技术的能力。青少年运动员可以自主调节，以特定强度（例如最大努力的 50%、70% 和 90%）进行跑步[61]。在进行大量的最大速度奔跑之前，可以采用跑步练习和使用次最大强度的跑步（节奏跑）来发展技术能力。这在一般准备阶段特别重要，因为青少年运动员可能会因远离运动、训练的地方或长假回来。如表 10.3 中的示例课程所示，应将不成熟的运动员或训练年限较低，和技术能力水平较低的运动员引入基本的冲刺训练，并以适合的跑步速度进行较高的跑步量。一旦运动员在所有跑步过程中都能保持良好的跑姿，则应提高短跑训练的复杂性，并提高较高速度下的跑量（表 10.4）。这种类型的结构将允许在越来越快的速度下发展动作的协调性，并为最大冲刺速度的需求做好准备。

表 10.3 和表 10.4 还提供了在专项准备阶段的示例训练课程，重点是力量速度训练。抗阻冲刺训练用于提高短跑专项的力量素质，教练应根据运动员的成熟度、能力和训练年龄来区分负荷安排差异。对于较不成熟的运动员，或能力较低和 / 或对短跑专项训练无训练经验的青少年运动员，抗阻冲刺可以用来提供力量刺激，但也可以强调正确的短跑力学，可包括使用腰带和脚步着地提示（例如推离地面），重点关注身体角度和前倾。较成熟的运动员具有良好的冲刺能力和训练经验，可以使用较大负荷的抗阻冲刺（表 10.4），因为更成熟的青少年运动员（例如 PHV 中和后），随着成熟度的提高会具备更高水平力的能力，与之相关的力量也会增加[13,40]。当引入阻力冲刺时，建议教练先使用推雪橇，因为青少年运动员推雪橇比拉沉重的物体更能保持髋关节的姿势，以及身体和下肢的排列。

表 10.3 成熟度、能力或训练年龄较低的年轻运动员，在一般准备阶段和
专项准备阶段期间的训练课程

阶段	一般准备阶段：技术				总距离/m
	练习	重复次数	距离/m	间歇/s	
准备活动/热身	A 字行军步	2	10	30	
	垫步加摆臂	2	20	30	
	侧滑步	一侧 1 次	20	30	
	交叉步	一侧 1 次	10	30	
	直腿跑（低）	2	20	45	
	后踢腿	2	20	45	
	高抬腿跑	3	20	45	
主要内容	向前的节奏跑（50%）	3	30	45	90
	倒退跑（50%）	3	30	45	90
	向前的节奏跑（75%）	5	30	60	150
	倒退跑（75%）	5	30	60	150
	向前的节奏跑（90%）	2	30	90	60
	倒退跑（90%）	2	30	90	60

阶段	专项准备阶段：力量 - 速度				总距离/m
	练习	重复次数	距离/m	间歇/s	
准备活动/热身	A 字行军步	2	10	30	
	抱膝走	2	10	30	
	A 字垫步	2	10	30	
	行进式股四头肌拉伸	2	10	30	
	A 字跑	2	10	30	
	行进式臀部摇篮	2	10	30	
	30m 加速跑（70%～90%）	2	30	60	
主要内容	中负荷推雪橇	3	15	180	45
	轻负荷推雪橇	3	22.5	180	75

数据的百分比代表最大速度的百分比。轻阻力和中等阻力的推雪橇代表使用负荷 - 速度关系，能够导致 25% 和 50% 的最大速度下降的负荷；作为短跑训练年龄小的运动员，常使用轻和中等负荷（而不重）作为入门力量 - 速度刺激。

表 10.4　一般准备阶段和专项准备阶段，成熟度高、能力较强或
训练年龄较高的青少年运动员训练课程

阶段		一般准备阶段：技术			总距离 (m)
	练习	重复次数	距离（m）	间歇（s）	
准备活动 / 热身	双手过顶 A 字行军步	2	10	30	
	A 字垫步	2（每侧）	10	30	
	侧滑步	一侧 1 次	20	30	
	交叉步加跨步	一侧 1 次	10	30	
	直腿跑（高）	2	20	45	
	A 字跑	2	20	45	
	车轮跑	2	20	45	
主要内容	向前的节奏跑（50%）	2	30	45	60
	倒退跑（50%）	2	30	45	60
	向前的节奏跑（75%）	3	30	60	90
	倒退跑（75%）	3	30	60	90
	向前的节奏跑（90%）	5	30	90	150
	倒退跑（90%）	5	30	90	150

阶段		专项准备阶段：力量 - 速度			总距离 (m)
	练习	重复次数	距离（m）	间歇（s）	
准备活动 / 热身	A 字行军步	2	10	30	
	抱膝走	2	10	30	
	A 字垫步	2	10	30	
	行进式股四头肌拉伸	2	10	30	
	A 字跑	2	10	30	
	行进式臀部摇篮	2	10	30	
	30m 加速跑（70%～90%）	2	30	60	
主要内容	重负荷推雪橇	8	7.5	180	60

　　百分比值是指最大速度的百分比。重负荷推雪橇是指使用负荷 - 速度关系导致最大速度降低
75%的负荷。

在任何训练阶段，热身运动都是一个很好的机会，可以让青少年运动员适应训练，也有助于增强理想的冲刺力学元素。在热身期间教练应密切注意，以确保青少年运动员每次用正确的技术进行练习，并提供有助于实现这一目标的提示。

重点总结

- 速度在整个儿童期和青春期自然发展。在儿童时期，男孩和女孩的冲刺速度相近，但随着青春期的到来，男孩比女孩速度提高的更快。
- 冲刺速度的自然发展是由于步幅的增加而不是步频的改变。随着年龄的增长和成熟，青少年保持着足与地面的接触时间，但地面接触和腾空时都更远了。这些变化似乎与相对推进力的增加有关。
- 可以将各种非专项的训练方法产生的训练效益转化到青少年冲刺速度之中，其中包括快速伸缩复合训练、抗阻训练和复合训练。
- 应当使用短跑专项训练来提高速度，无阻力地向前和向后跑、抗阻冲刺以及一定程度的辅助冲刺。教练需要考虑青少年运动员的成熟度、能力和训练年龄，以制订最合适的短跑专项训练计划。

参考文献

1　Behm DG, Young JD, Whitten JHD, et al. Effectiveness of traditional strength vs. power training on muscle strength, power and speed with youth: a systematic review and meta-analysis. *Front Physiol* 8: 423, 2017.

2　Behringer M, Vom Heede A, Matthews M and Mester J. Effects of strength training on motor performance skills in children and adolescents: a meta-analysis. *Pediatr Exerc Sci* 23: 186–206, 2011.

3　Borges JH, Conceição MS, Vechin FS, Pascoal EHF, Silva RP and Borin JP. The effects of resisted sprint vs. plyometric training on sprint performance and repeat sprint ability during the final weeks of the youth soccer season. *Sci Sports* 31: e101–e105, 2016.

4　Buchheit M, Mendez-Villanueva A, Quod M, Quesnel T and Ahmaidi S. Improving acceleration and repeated sprint ability in well-trained adolescent handball players: speed versus sprint interval training. *Int J Sports Physiol Perform* 5: 152–164, 2010.

5　Cahill M, Oliver JL, Cronin JB, Clark K, Lloyd RS and Cross M. Sled pushing and pulling to enhance speed capability. *Strength Cond J* 7 February: doi:10.1519/SSC.0000000000000460, 2019.

6　Chaouachi A, Othman AB, Hammami R, Drinkwater EJ and Behm DG. The combination of plyometric and balance training improves sprint and shuttle run performances more often than plyometric-only training with children. *J Strength Cond Res* 28: 401–412, 2014.

7　Chatzinikolaou A, Michaloglou K, Avloniti A, et al. The trainability of adolescent soccer players to brief periodized complex training. *Int J Sports Physiol Perform* 13: 645–655, 2018.

8   Chelly MS, Fathloun M, Cherif N, Ben Amar M, Tabka Z and Van Praagh E. Effects of a back squat training program on leg power, jump, and sprint performances in junior soccer players. *J Strength Cond Res* 23: 2241–2249, 2009.

9   Chelly MS, Hermassi S and Shephard RJ. Effects of in-season short-term plyometric training program on sprint and jump performance of young male track athletes. *J Strength Cond Res* 29: 2128–2136, 2015.

10 Chelly SM and Denis C. Leg power and hopping stiffness: relationship with sprint running performance. *Med Sci Sports Exerc* 33: 326–333, 2001.

11 Christou M, Smilios I, Sotiropoulos K, Volaklis K, Pilianidis T and Tokmakidis SP. Effects of resistance training on the physical capacities of adolescent soccer players. *J Strength Cond Res* 20: 783–791, 2006.

12 Clark K, Cahill M, Korfist C and Whitcare T. Acute kinematic effects of sprinting with motorized assistance. *J Strength Cond Res* 18 February: doi:10.1519/JSC.0000000000003051, 2019.

13 Comfort P, Stewart A, Bloom L and Clarkson B. Relationships between strength, sprint, and jump performance in well-trained youth soccer players. *J Strength Cond Res* 28: 173–177, 2014.

14 Cottle CA, Carlson LA and Lawrence MA. Effects of sled towing on sprint starts. *J Strength Cond Res* 28: 1241–1245, 2014.

15 Coutts AJ, Murphy AJ and Dascombe BJ. Effect of direct supervision of a strength coach on measures of muscular strength and power in young rugby league players. *J Strength Cond Res* 18: 316–323, 2004.

16 Cronin J, McNair PJ and Marshall RN. Velocity specificity, combination training and sport specific tasks. *J Sci Med Sport* 4: 168–178, 2001.

17 Cross MR, Brughelli M, Samozino P, Brown SR and Morin JB. Optimal loading for maximizing power during sled-resisted sprinting. *Int J Sports Physiol Perform* 12: 1069–1077, 2017.

18 Diallo O, Dore E, Duche P and Van Praagh E. Effects of plyometric training followed by a reduced training programme on physical performance in prepubescent soccer players. *J Sports Med Phys Fit* 41: 342–348, 2001.

19 Ford P, De Ste Croix M, Lloyd R, et al. The long-term athlete development model: physiological evidence and application. *J Sports Sci* 29: 389–402, 2011.

20 Gottlieb R, Eliakim A, Shalom A, Dellolacono A and Meckel Y. Improving anaerobic fitness in young basketball players: plyometric vs. specific sprint training. *J Athl Enhancement* 3, doi:10.4172/2324-9080.1000148, 2014.

21 Haff GG and Triplett TN. *Essentials of Strength and Conditioning*. Champaign, IL: Human Kinetics, 2015.

22 Harris NK, Cronin JB, Hopkins WG and Hansen KT. Relationship between sprint times and the strength/power outputs of a machine squat jump. *J Strength Cond Res* 22: 691–698, 2008.

23 Ingle L, Sleap M and Tolfrey K. The effect of a complex training and detraining programme on selected strength and power variables in early pubertal boys. *J Sports Sci* 24: 987–997, 2006.

24 Kawamori N, Newton R and Nosaka K. Effects of weighted sled towing on ground reaction force during the acceleration phase of sprint running. *J Sports Sci* 32: 1139–1145, 2014.

25 Keiner M, Sander A, Wirth K and Schmidtbleicher D. Long-term strength training effects on change-of-direction sprint performance. *J Strength Cond Res* 28: 223–231, 2014.

26 Kotzamanidis C. The effect of sprint training on running performance and vertical jump in pre-adolescent boys. *J Hum Move Studies* 44: 225–240, 2003.

27 Kotzamanidis C. Effect of plyometric training on running performance and vertical jumping in prepubertal boys. *J Strength Cond Res* 20: 441–445, 2006.

28 Kotzamanidis C, Chatzopoulos D, Michailidis C, Papaiakovou G and Patikas D. The effect of a combined high-intensity strength and speed training program on the running and jumping ability of soccer players. *J Strength Cond Res* 19: 369–375, 2005.

29 Lesinski M, Prieske O and Granacher U. Effects and dose-response relationships of resistance training on physical performance in youth athletes: a systematic review and meta-analysis. *Br J Sports Med* 50: 781–795, 2016.

30 Lockie RG, Murphy AJ, Callaghan SJ and Jeffries MD. Effects of sprint and plyometrics training on field sport acceleration technique. *J Strength Cond Res* 28: 1790–1801, 2014.

31 Maio Alves JM, Rebelo AN, Abrantes C and Sampaio J. Short-term effects of complex and contrast training in soccer players' vertical jump, sprint, and agility abilities. *J Strength Cond Res* 24: 936–941, 2010.

32 Malina RM, Bouchard C and Bar-Or O. *Growth, Maturation and Physical Activity*. Champaign, IL: Human Kinetics, 2004.

33 Meckel Y, Gefen Y, Nemet D and Elliakim A. Influence of short vs. long repetition sprint training on selected fitness components in young soccer players. *J Strength Cond Res* 26: 1845–1851, 2012.

34 Meyers RW, Moeskops S, Oliver JK, Hughes MG, Cronin JB and Lloyd RS. Lower limb stiffness and maximal sprint speed in 11–16-year-old boys. *J Strength Cond Res* 4 December: doi:10.1519/JSC.0000000000002383, 2017.

35 Meyers RW, Oliver JL, Hughes MG, Cronin JB and Lloyd RS. Maximal sprint speed in boys of increasing maturity. *Pediatr Exerc Sci* 27: 85–94, 2015.

36 Meyers RW, Oliver JL, Hughes MG, Lloyd RS and Cronin JB. The Influence of Maturation on Sprint Performance in Boys over a 21-Month Period. *Med Sci Sports Exerc* 48: 2555–2562, 2016.

37 Meyers RW, Oliver JL, Hughes MG, Lloyd RS and Cronin JB. New insights into the development of maximal sprint speed in male youth. *Strength Cond J* 39: 2–10, 2017.

38 Moran J, Sandercock G, Rumpf MC and Parry DA. Variation in responses to sprint training in male youth athletes: a meta-analysis. *Int J Sports Med* 38: 1–11, 2017.

39 Nagahara R, Haramura M, Takai Y, et al. Age-related differences in kinematics and kinetics of sprinting in young females. *Scand J Med Sci Sport* 29 January: doi.org/10.1111/sms.13397, 2019.

40 Nagahara R, Takai Y, Haramura M, et al. Age-related differences in spatiotemporal variables and ground reaction forces during sprinting in boys. *Pediatr Exerc Sci* 30: 335–344, 2018.

41 Papaiakovou G, Giannakos A, Michailidis C, et al. The effect of chronological age and gender on the development of sprint performance during childhood and puberty. *J Strength Cond Res* 23: 2568–2573, 2009.

42 Pettersen SA and Mathisen GE. Effect of short burst activities on sprint and agility performance in 11- to 12-year-old boys. *J Strength Cond Res* 26: 1033–1038, 2012.

43 Philippaerts RM, Vaeyens R, Janssens M, et al. The relationship between peak height velocity and physical performance in youth soccer players. *J Sports Sci* 24: 221–230, 2006.

44 Pyne DB, Gardner AS, Sheehan K and Hopkins WG. Fitness testing and career progression in AFL football. *J Sci Med Sport* 8: 321–332, 2005.

45　Radnor JM, Lloyd RS and Oliver JL. Individual response to different forms of resistance training in school-aged boys. *J Strength Cond Res* 31: 787–797, 2017.

46　Reilly T, Williams AM, Nevill A and Franks A. A multidisciplinary approach to talent identification in soccer. *J Sports Sci* 18: 695–702, 2000.

47　Rumpf MC, Cronin JB, Mohamad IN, Mohamad S, Oliver JL and Hughes MG. The effect of resisted sprint training on maximum sprint kinetics and kinematics in youth. *Eur J Sport Sci* 15: 374–381, 2015.

48　Rumpf MC, Cronin JB, Mohamed IN, Oliver JO and Hughes M. Acute effects of sled towing on sprint time in male youth of different maturity status. *Pediatr Exerc Sci* 26: 71–75, 2014.

49　Rumpf MC, Cronin JB, Pinder SD, Oliver J and Hughes M. Effect of different training methods on running sprint times in male youth. *Pediatr Exerc Sci* 24: 170–186, 2012.

50　Rumpf MC, Lockie RG, Cronin JB and Jalilvand F. Effect of different sprint training methods on sprint performance over various distances: a brief review. *J Strength Cond Res* 30: 1767–1785, 2016.

51　Salo AIT, Keranen T and Vitasalo JT. Force production in the first four steps of sprint running. In: *Proceedings of the XIII International Symposium on Biomechanics in Sports.* Q Wang, ed. Beijing, China: The China Institute of Sport Science, 2005, pp 313–317.

52　Sander A, Keiner M, Wirth K and Schmidtbleicher D. Influence of a 2-year strength training programme on power performance in elite youth soccer players. *Eur J Sport Sci* 13: 445–451, 2013.

53　Sekine Y and Okada J. Effects of resisted sprint training on sprint performance in high school baseball players. *Am J Sports Sci* 4: 90–97, 2016.

54　Shalfawi SA, Ingebrigtsen J, Dillern T, Tønnessen E, Delp TK and Enoksen E. The effect of 40 m repeated sprint training on physical performance in young elite male soccer players. *Serbian J Sports Sci* 6: 111–116, 2012.

55　Szczesny S and Coudert J. Changes in running speed and endurance among girls during puberty. In: *Kinanthropometry IV.* JAP Day and JW Duguet, eds. London: Routledge, 1993, pp 268–284.

56　Thomas K, French D and Hayes PR. The effect of two plyometric training techniques on muscular power and agility in youth soccer players. *J Strength Cond Res* 23: 332–335, 2009.

57　Tønnessen E, Shalfawi SA, Haugen T and Enoksen E. The effect of 40-m repeated sprint training on maximum sprinting speed, repeated sprint speed endurance, vertical jump, and aerobic capacity in young elite male soccer players. *J Strength Cond Res* 25: 2364–2370, 2011.

58　Tonnessen E, Svendsen IS, Olsen IC, Guttormsen A and Haugen T. Performance development in adolescent track and field athletes according to age, sex and sport discipline. *PLoS ONE* 10: e0129014, 2015.

59　Uthoff A, Oliver J, Cronin J, Harrison C and Winwood P. A new direction to athletic performance: understanding the acute and longitudinal responses to backward running. *Sports Med* 48: 1083–1096, 2018.

60　Uthoff A, Oliver J, Cronin J, Harrison C and Winwood P. Sprint-specific training in youth: backward running vs forward running training on speed and power measures in adolescent male athletes. *J Strength Cond Res* 24 October: doi:10.1519/JSC.0000000000002914, 2018.

61 Uthoff A, Oliver J, Cronin J, Winwood P and Harrison C. Prescribing target running intensities for high-school athletes: can forward and backward running performance be autoregulated? *Sports* 6: 77, 2018.

62 Venturelli M, Bishop D and Pettene L. Sprint training in preadolescent soccer players. *Int J Sports Physiol Perf* 3: 558–562, 2008.

63 Viru A, Loko J, Harrow M, Volver A, Laaneots L and Viru M. Critical periods in the development of performance capacity during childhood and adolescence. *Eur J Phys Educ* 4: 75–119, 1999.

64 Weyand PG, Sternlight DB, Bellizzi MJ and Wright S. Faster top running speeds are achieved with greater ground forces not more rapid leg movements. *J Appl Physiol* 89: 1991–1999, 2000.

65 Williams CA, Oliver JL and Faulkner J. Seasonal monitoring of sprint and jump performance in a soccer youth academy. *Int J Sports Physiol Perf* 6: 264–275, 2011.

66 Wong PL, Chamari K and Wisloff U. Effects of 12-week on-field combined strength and power training on physical performance among U-14 young soccer players. *J Strength Cond Res* 24: 644–652, 2010.

67 Yague PH and Fuente DL. Changes in height and motor performance relative to peak height velocity: A mixed-longitudinal study of Spanish boys and girls. *Am J Hum Biol* 10: 647–660, 1998.

第 11 章　青少年运动员灵敏性训练

Ian Jeffreys

引言

　　有效的移动在许多运动项目中都是运动表现非常重要的一个方面。移动不仅对于运动员运动表现的质量发挥着直接的作用，它还会间接影响运动员挖掘其它表现的能力。如果运动员不具备有效移动的能力，那么他就不能充分发挥其技术能力，并且在比赛中不能满足战术需求。因此，发展有效的移动能力应该被融入到运动员的发展计划中。有效的移动与灵敏性的概念紧密相关，它还代表一种选择及有效使用恰当的移动方式以促进完成运动相关任务的能力。考虑到灵敏性与技能的相关性的本质，以及刻意练习对于发展技能的重要作用，任何青少年体育发展计划中都需要重视发展运动表现的这一重要方面。然而，灵敏性仍然是运动表现中人们最不了解的方面之一。想要正确地发展这一素质，需要我们全面地了解它究竟是什么，影响因素有哪些，以及如何使其得到最佳发展。

什么是灵敏性?

　　要适当地发展灵敏性，最关键的是要了解什么是灵敏性。然而，尽管灵敏性被广泛地认为是竞技运动表现的一个关键因素，但它可能在影响体能的所有因素中，是最难被定义以及测量的。对于灵敏性的最终定义需要根据运动情境而进行界定，它在不同的体育项目或相同项目的不同情境下都有区别。鉴于灵敏性对绝大多数场地项目和集体性项目的重要性，本章着重介绍青少年的移动灵敏性能力，"灵敏性"这个术语在本章中主要指的是移动灵敏性。然而，移动灵敏性定义的区别也很大，因此会影响到灵敏性的测量和发展。传统定义已经界定了灵敏性的组成部分，并且特别强调变向能力[15]。关于灵敏性最新的定义增加了其范围，它被认为是"在一定的外界刺激下，做出快速的全身移动的能力，包括了改变方向或速度"[35]；而一个新的术语"变向速度"出现了，它反映的是运动员产生预先计划的改变方向的能力[36]。

　　尽管如此，重要的是，我们需要认识到：在完成运动相关的任务中，青少年运动员需要尝试通过有效的移动，从而使灵敏性能力最终应用到该运动情境中。由于没有考虑灵敏性应用时的运动情境这个事实,因此多数对于灵敏性的定义都存在局限,所以当青少年运动员在其运动项目中需要完成各种动作时,该定义就很难适用。情境是一切运动的基础,因此发展灵敏性的最终计划必须要在一定的运动情境中进行。从根本上而言,灵敏性可以被视为"竞赛速度",也就是完成符合运动专项情境的动作,即运动员根据比赛中的关键感知觉刺激和技术需要,以最合适的速度、准确、有效并且有控制性地完成专项动作,从而实现运动表现最大化[27]。这个定义为灵敏性提供了一个情境,并且要求教练员仔细研究专项所需的灵敏性要求然后在青少年运动员身上进行相应的发展,使训练效果最大程度转化为运动表现。

灵敏性对青少年运动表现的重要性

灵敏性通常被认为是能够区分不同运动项目竞技能力水平高低的体能素质[4]。实际上,灵敏性已被认为是预测 11 岁足球运动员能否获得成功的主要因素之一[27]。因此,对于大多项目而言,高水平的灵敏性能够使青少年运动员的运动表现水平得到提高,灵敏性也是技战术训练和和实际运动表现之间的重要桥梁。通常情况下,青少年运动员运动表现的质量与他们获得和保持最佳位置执行动作技能的能力密切相关。因此,灵敏性在许多项目中被认为是实现高效地运动表现所必须的一种基本技能[2],它所具备的基本动作能力能够为实现成功的专项运动表现提供支撑[15]。以上观点得到以下事实的验证:由于已习得一般基础运动能力,儿童通常能够有效的完成新的技能动作[34]。因此,有效移动能力的发展应成为所有青少年运动员发展计划中必不可少的一个组成部分。但是,培养这些能力需要了解影响灵敏性的因素,然后在运动发展计划中设计针对性的训练计划。

影响灵敏性的因素

要了解灵敏性,首先需要从灵敏性最终应用的视角进行审视,然后对其最佳发展所涉及的关键因素进行分析。从本质上讲,在比赛情境下的有效灵敏性涉及了一个"感知 - 行动"循环的过程,需要青少年运动员积极地从外界环境搜寻、处理信息并做出恰当的运动反应[13]。重要的是,这是一个持续的、主动的过程,在这个过程中,青少年运动员既能够获取信息,又能够影响环境,最终使决策制定的过程更简单。这是进行 OODA 循环的最佳方法(图11.1),在这个循环过程中,运动员观察环境(Observe,O),在环境中进行自我定位(Orient,O),主动地影响环境,使他们能够提取和影响关键信息,制定决策(Decide,D),并在持续循环的过程中根据决策采取行动(Acts,A)[14]。因此,灵敏性表现会受到循环过程中每个阶段的影响,所以在一个有效的灵敏性发展计划中,需要重视循环的每一个阶段,而不能仅仅只考虑行动因素。

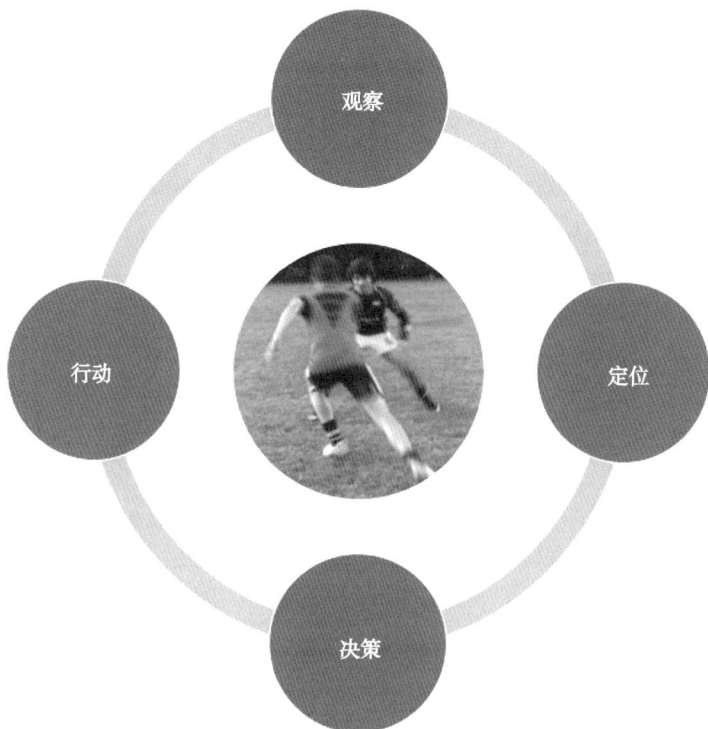

图 11.1　动作过程中的 OODA 循环

对运动表现的限制因素可分为三类:机体的限制、任务的限制和环境的限制[30](图 11.2)。机体的限制是指个体的专项素质,与整个 OODA 循环有关。任务方面的限制涉及任务本身的独特性,主要是指运动员必须遵守比赛规则。环境的限制是指执行任务所处环境的独特性[13]。随着青少年运动员在专项运动表现水平的提高,以及青少年运动员通过金字塔发展模型(图 11.3)逐渐进步,这些限制因素中的大部分将变得越来越重要。鉴于青少年运动的重点在于促进发展,并且青少年运动员往往参加不止一项运动,因此这里主要讨论的是影响青少年运动员的机体限制。

由于灵敏性涉及了整个 OODA 循环过程,因此对灵敏性的机体限制将影响循环中的每个部分[14]。影响灵敏性的机体限制可以归类为感知的限制、认知的限制、身体的限制和动作控制的限制[13]。身体的限制是多元的,例如运动员全身产生力的能力,施力的速度,利用"拉长 - 缩短"周期(stretch-shortening cycle,SSC)能力以及他们的灵活性。很明显,这些关系很大程度上

任务	环境	机体
		• 感知的限制（凝视控制、聚焦点、注意力）
		• 认知的限制（认知模式、注意力、专注力、解决问题的能力）
• 任务目标 • 任务规则 • 设施设备	• 比赛场地 • 比赛地面 • 对手及队友的位置 • 温度、风级等	• 身体的限制（人体测量学、纤维类型、成熟度、力量/爆发力）
		• 动作控制的限制（动作模式的选择、动作模式的质量、动作模式的调整）

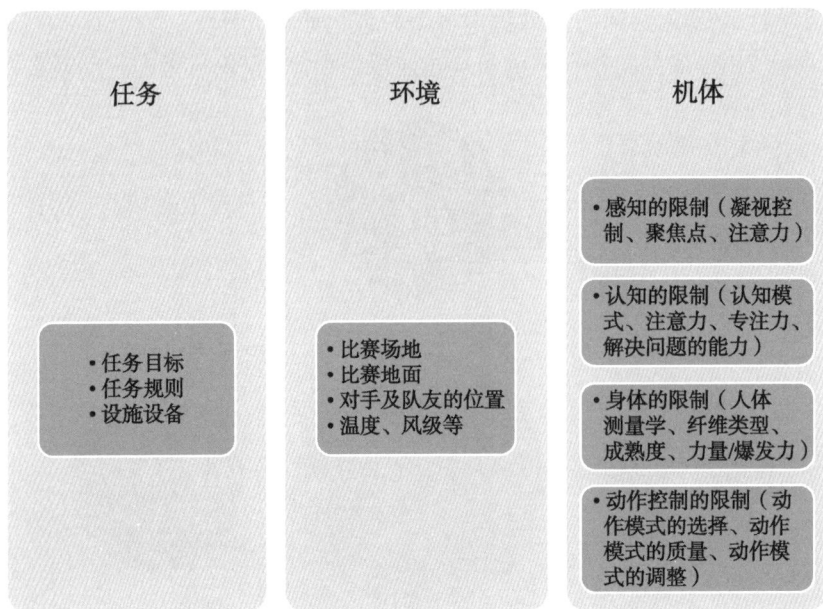

图 11.2　灵敏性的限制因素

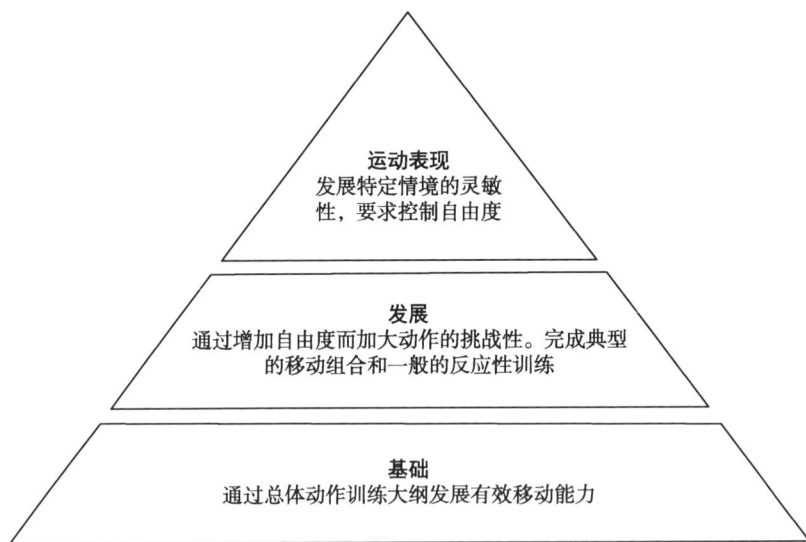

运动表现
发展特定情境的灵敏性，要求控制自由度

发展
通过增加自由度而加大动作的挑战性。完成典型的移动组合和一般的反应性训练

基础
通过总体动作训练大纲发展有效移动能力

图 11.3　发展灵敏性的金字塔模型[15]

取决于观察到的任务、所采取的措施以及在 OODA 循环的关键阶段中的相对重要程度。尽管这些能力很重要，但单靠这些并不能决定灵敏性运动表现的质量。将灵敏性仅仅视为一种身体限制这一观点是错误的，因为有效地移动

能力需要高度的动作技巧发展。因此有效的移动需要高质量的动作训练方案（动作控制能力的限制），并且，与大多数技能一样，这些技能需要经过很长一段时间的发展和完善。这是制订灵敏性训练计划的一个主要矛盾。单纯从身体的角度来看，一名运动员只能承受有限的高强度训练，因此灵敏性训练的训练量就需要合理控制。然而，从动作技能学习的角度来看，训练的连贯性是有效发展灵敏性的重要因素。这种矛盾在训练计划的制订中始终是一个大的挑战。

灵敏性最终展现在专项运动表现中，并且要求在不断变化的比赛中具备有效移动的能力。在灵敏性的表现过程中，感知的限制指的是将注意力集中并发现外环境中的关键要素的能力。同样地，认知限制也会影响灵敏表现，这与处理这些信息并且选择合适的动作的能力有关。实现灵敏性的最优发展需要青少年运动员发展适当的身心联系，从而使整个 OODA 循环得到解决和最佳发展。

灵敏性的发展：自然发展与可训练性的对比

灵敏性最终需要具备在运动专项的情境中持续、经济和高效应用的能力。毫无疑问，灵敏性是一种技能，并且同大多数技能的发展一样，需要按照最优化的学习模式和发展模式来发展。因此，研究青少年运动员灵敏性的自然发展以及如何通过合适的训练计划实现其最优化发展就显得尤为重要。由于灵敏性仍然是儿童运动表现中最缺乏研究的方面之一，因此进一步开发青少年运动员灵敏性发展的最佳模式是一项挑战[24]。这使得研究人员很难确定年龄和成熟度对灵敏性运动表现的影响，并且也使得任何关于灵敏性最佳可训练性的建议在很大程度上都是推测的。这是由于大多数关于灵敏性的研究测量都是采用的封闭式测试的得分，典型的是变向测试，仅仅通过完成测试的时间来进行判断好坏，不能够提供一个适当的情境。而且影响灵敏性表现的许多因素都被忽略了，我们的理解仅限于那些被测量的因素。另外，仅仅关注速度意味着运动员虽然可以利用测试中可能有效的技术，但它可能不能直接转化为比赛中的运动表现。

自然发展：变向能力

确定灵敏性自然发展规律的挑战性就在于它仍是比较难测量的。因此，大多数文献更多的是关注变向能力而不是灵敏性；另外，关于其可训练性也更多地集中在变向能力方面。现存的数据显示这种能力会在儿童发展到青少年时期的过程中自然地提高，尽管它呈现非线性的特点[4, 26, 39]。

在青春期之前，男生和女生灵敏性的表现无显著差异。然而，到了青春期后，男生灵敏性的增长就会高于女生，在 13～14 岁出现增长峰值，它与身高增长速度峰值的时间一致[39]。青春期后，女生的表现会倾向于稳定，甚至还会下降，而男生会持续上升。这些机制的变化反映了成熟发展的两个阶段过程[24, 29]。青春期前，表现的自然变化看起来主要是由于神经主导，使得动作控制能力通过肌肉间和肌肉内的协调而得到提升[24, 41]。在临近青春期以及青春期后，尽管这些神经因素看起来在一定程度上在继续发挥作用，但是适应性似乎也会受到雄性激素的浓度（生长激素、睾酮和胰岛素样生长因子）增长的调节。这些因素结合，就可能引起结构性的适应（例如：肌肉横截面积增加、纤维类型和羽状角的持续变化），从而提升产生力的能力[38]。

灵敏性的可训练性

尽管成熟的过程看起来能够提升变向能力，但是关键的是要确认这种能力是否具备可训练性。有合理的证据表明，可以通过非专项形式的训练转换为变向速度的增长。研究显示许多训练方法都能提升变向能力，如：力量训练[19]，快速伸缩复合训练[1, 28, 37]，以及力量训练和快速伸缩复合训练的结合[6]。然而，考虑到灵敏性测量方法的挑战性，加上影响灵敏性表现因素的多样性，对于专项灵敏性或非专项灵敏性的发展方案在运动表现方面的应用，我们所知甚少。

为了抵消这些限制，通过图 11.2 中所示的机体限制因素来考察灵敏性表现的可训练性也是非常有效的。在身体、感觉、知觉以及动作控制的约束下检测灵敏性，可以检查儿童身体发育其他领域的研究，并将结果推及灵敏性表现。就身体限制而言，与灵敏性运动表现密切相关的两个关键因素是直线跑速度和运动员产生力的能力。

大量有力的证据表明，通过适当的抗阻训练计划，儿童和青少年能够显著地提升自身的力量，并超过仅由身体生长和成熟自然获得力量的提升[7]。在青春期时期以及青春期后，力量的增长与肌肥大因素以及神经因素相关，而在儿童时期，从训练计划中获得的力量增长主要与神经机制有关[7, 25]。神经适应包括了运动单位激活的增加、运动单位的协调、募集与放电方面的变化[31, 33]，并且与运动技能的提高相关[33]。在抗阻训练之后，许多动作表现的技能都得到了提高，主要包括立定跳远、垂直跳、冲刺跑、抛药球[7]。这些潜在的神经适应，以及其对动作表现的影响都能够说明：通过提升力的产生能力能够提升灵敏性表现，并且这一现象会同时存在于儿童和青少年中，但青少年有最大的发展潜力。这一观点也得到了 Keiner 等[20]研究者的支持，他们的研究指出通过两年额外的力量训练计划，青少年足球运动员的变向表现能够显著提升。

和变向能力一样，在没有训练干预的情况下，跑步速度在 PHV 末期也会趋于平稳[8,32]。就速度的可训练性而言，目前的研究强调了如何在青春期前和青春期期间通过适当的速度训练来提高速度[22,23]。考虑到速度的可训练性，以及它对灵敏性表现的潜在促进作用，数据表明青春期前以及青春期运动员的灵敏性都是可训练的。

动作控制、认知和感知限制

同身体发育一样，灵敏性运动表现也需要发展有效和连贯一致的运动方案。动作是通过中枢神经系统（CNS）来控制，所以大脑对于灵敏性十分重要，它包括感知刺激、选择合适的信息的认知能力，以及在之后选择并执行合适的动作程序。已证明，青春期之前为神经肌肉系统快速发展时期[3]，而且认为青春期前期是运动技能学习的"窗口期"[8]。这符合事实，11～12 岁青春期前期的运动员会经历一个神经突触功能细化的生长加速期[10]。

这个过程从大脑的后区开始，逐渐到达中区，最后到前额叶皮质[10]。这个顺序对灵敏性学习有着重要的应用意义。大脑后区负责处理感觉信息，并参与处理与有效灵敏性运动表现有关的知觉信息。大脑的中区是使动作协调的部分，因此负责发展有效的动作程序。前额叶皮质是负责管理、决策和计划的区域，而且最终在运动情境下负责做出有效动作的决策。虽然还没有直接的数据来支持"窗口期"的概念，但是灵敏性发展对于青春期前的运动员的训练具有重要作用是合乎逻辑的，发展动作程序、感知和认知能力将会巩固其后续训练阶段的运动表现。这也会使大脑实现最大程度的自然发育，把从感觉信息开始，逐步发育到有效、高效的动作程序和基于任务的有效决策能力整合到一起。

对初级和高水平的青少年运动员来说，对大脑运作方式的研究，也有助于我们理解开放式训练对灵敏性发展的作用。为了在运动项目中有更好的运动表现，大脑不得不建立最佳的突触联系，使负责决策过程的区域与负责优化身体反应的区域直接相连[40]。当面对富有挑战的认知任务时，大脑的这两个区域被激活，从而有效地发展这些突触联系。发展突触联系的早期阶段需要激励，但是由于前额叶皮质的发展相对滞后，大脑的决策能力受到了限制。因此，在练习时要限制相关信息的数量，同时也限制后续所需的动作决策和选项。随着青少年运动员的发展，通过增加可提取信息的数量和动作选项的数量来逐步发展关键突触联系。如果练习没有进阶，或者仍然是封闭式练习，运动员将能够在逐渐减少认知的情况下完成这些练习。一旦实现自动化，"学习＋运动表现"的过程随着高级中枢神经不再被刺激而逐步减少，并且被中枢神经的自动化过程所取代。中枢神经的自动化能够在可预测的环境中表现良好,但是它无法检测到新的线索并适应不可预测的环境[5]。中枢神经自动化的这种不足,使得在封闭环境下获得的运动模式用在开放的环境(在遇到不寻常的或有压力的环境)中会面临失败的风险[42]。因此,随着青少年运动员的进步,需要给他们增加更多的认知挑战,从而使其持续地学习,最终实现最佳发展。

实际应用

合适的发展顺序是有效技能发展的基础,因为个体的技能学习是一个循序渐进的过程[34]。因此,技能学习的过程就像教育情境一样,需要按照教学大纲使动作能力按序列安排逐步发展,从而最终达到运动员竞技能力表现的最大化。图 11.3 概述了发展灵敏性的金字塔模型,其中引入了动作模式,以及之后如何循序渐进地使运动员能够在专项情境下应用相应的动作。关键是,这一过程应以能力为基础,所有运动员,无论他们在什么年龄开始训练,都应确保基本的动作模式得到适当的发展,这里列出的年龄是理想年龄,但是这一系统可以在任何年龄阶段开始。

儿童的移动技能在年龄较小时候就开始发展,尽管这个阶段的活动是相对无固定结构的。在基础阶段之后,灵敏性进入正式发展阶段(9～12 岁),这个阶段是技能发展的窗口期[8]。但是需要注意的是年龄指南只是简单的概括,无论何时开始进行正式训练时都会存在较大的差异,这种情况取决于多种因素。关键是,运动员通过接受结构良好的发展计划,随着时间的推移发展了移动能力,并且在能力的基础上不断进步。和技能发展的认知阶段类似[34],在早期发展阶段,动作的复杂性需要在很大程度上得到控制。这一阶段的训练目标应该是充分发展全方位的移动能力,并且引入最佳运动表现所需要的感知技能。在这个阶段,移动能力可能会相对较低,因此这个阶段可以使用封闭式的、相对简单的练习和行为活动方式进行学习。如果能在训练中安排一定程度的变化或随机的练习,并辅以有效的提问,会得到非常好的效果。这个阶段的主要目标是将青少年运动员注意力集中到动作的关键规律,并且促使高级运动表现所需的认知能力得到发展。

然而,运动员的经验不足也对这一阶段的练习提出了挑战,青少年运动员通常需要一个情境去学习运动技能并单独进行演练,青少年运动员通常不会意识到运动情境与运动表现的关系[40]。为了更好理解运动模式在具体情境中的运用,并且开始将感知因素、认知元素与运动联系起来,在每个部分的训练中安排一小段开放式训练。在训练之前,给练习提供一个运动场景可以帮助青少年运动员理解随后的练习背景，这也有助于他们提升对外部环境的注意力[13]。举个例子，进行侧滑步镜面练习可以为封闭式的侧滑步训练提供一个情境。在这种情况下每一项关键技术层面（保持运动姿势、维持稳定的髋关节高度、保持双脚之间的距离等）的重点都可以在开放式练习中体现出来，然后在封闭式练习中得到加强。封闭式练习与开放式练习的比例取决于每一位运动员训练年龄和运动能力的差异性，这个阶段完成动作模式的质量要比完成动作模式的速度更重要。

发展阶段将主要发生在 12～15 岁。但是，如前所述，根据年龄推荐的训练计划只是概括性的，更重要的还是取决于技术能力水平。在这个时期，成功完成前一阶段的青少年运动员很可能进入学习和发展的结合阶段，这个时期的目标是让他们掌握常规的动作模式，并且发展与关键动作组合和一般运动任务有关的动作模式。动作组合包括完成一系列的动作模式，这与我们在运动项目中观察到的一连串动作类似。尽管在这个阶段的早期阶段仍然采用封闭式练习，但是需要逐渐强调开放式练习，因此要求逐步提高运动员在本阶段内完成动作的挑战性并且循序渐进地提高专项动作的任务难度。这有助于提高和强化在大多数运动项目的随机环境下完成最佳运动表现所需的认知能力和突触的联系。在这个阶段的开始仍然可以使用一般性的练习，并且可以使用动态系统方法，给运动员提供进阶的训练挑战，增加动作控制的自由度在这一时期尤其有效[9]。例如侧滑步能力就可以通过一些训练手段进行进阶发展，例如基于基础训练增加一些变向挑战，还可以改变训练刺激的时间，让一名运动员模仿另一位运动员的动作，直到能复制比赛中出现的防守性任务。在这个阶段结束时，运动员能够开始专门从事一个或两个专项，并且可以使用更加专项化和富有任务挑战性的练习来加强训练的专项性[13]。

这里需要特别注意的是：本阶段通常包括身高增长峰值早期阶段。如我们在第 6 章中讨论的一样，在此阶段运动员的协调能力会受到很大挑战，因为他们需要学会应对身体结构的快速增长。因此，这一阶段的发展是非线性的，教练或许偶尔需要降低练习的复杂性，从而确保处于快速生长中的运动员获得适当水平的刺激。

在表现阶段，运动员已经完成大量的训练，而且他们的动作模式应该表现出适当的连贯性和有效性水平。在此阶段运动员可能会达到技能发展的自动化水平。这时，他们的动作模式会呈现出高度的自动化，因此需要提供更大的挑战（有效的刺激和认知挑战）来确保灵敏性运动表现的进一步提高。在此阶段运动员很可能专门从事某个运动项目，并在使用动作完成专项任务时既具备较高的情境专项化、又具备较高的自由度[13]。这样的话，之前训练使用的镜像模仿训练就可以发展为专项的情境训练，在训练中加入进攻和防守的任务。

这里的重点是将发展的模式应用到实践中解决专项相关的问题。

灵敏性发展计划

灵敏性训练计划的变量

有效发展灵敏性的关键是需要具备将精心制订的发展计划进行有效指导的能力。训练计划需要围绕以下关键变量进行安排：

- 训练手段的选择。
- 训练的挑战性（难度）。
- 训练量与强度。
- 训练频率。

训练手段的选择

灵敏性训练的挑战就是与运动表现紧密相关的运动模式种类的多样性与复杂性。典型技能发展计划的一个关键方面，就是技能首先需要被分解为不同的组成部分，然后逐步将这些小的部分组成整体，从而满足运动表现的需求。尽管这个典型的技能发展模式在一些项目中做起来相对简单，但使技能达到灵敏性的要求并不容易，因为任何项目都需要完成大量的动作。然而，将灵敏性的目标分类有助于教练将动作分解成准确而清晰的组成部分[11]。按照这种方式制订相应的灵敏性训练大纲，这样就可以应用于各项运动中。

这样分类的第一要素是"目标功能"，即从回答"运动员需要达到的目的"这个问题的角度来审视动作。从本质上说，所有的动作都可以分解为三类：启动动作、过渡动作、实施动作（图 11.4）。启动动作是指运动员尝试开始进行动作或改变动作方向的时候。这个过程主要是运动员试图开始启动动作的过程，这个过程中的重点是第一步的质量。一旦开始动作，紧随其后的往往是实施动作，它指的是运动表现的充分展现，并且包括其他元素，例如加速和高速冲刺跑。实施动作通常是速度和灵敏性训练的重点。然而，我们在观察了许多运动后发现，运动员在训练启动动作和实施动作时用时相对较少，反而花了大量的时间等待回应给定的刺激，此时进行的是过渡动作。决定过渡动作表现的关键因素不仅有速度，更重要是保持对身体位置的控制，从而可以快速反应并做出随后的启动动作。

这些动作（表 11.1）可以被视作一个动作大纲，而那些能够高质量完成这些动作的运动员，将能够在绝大多数的运动情境中将其有效地表现出来。

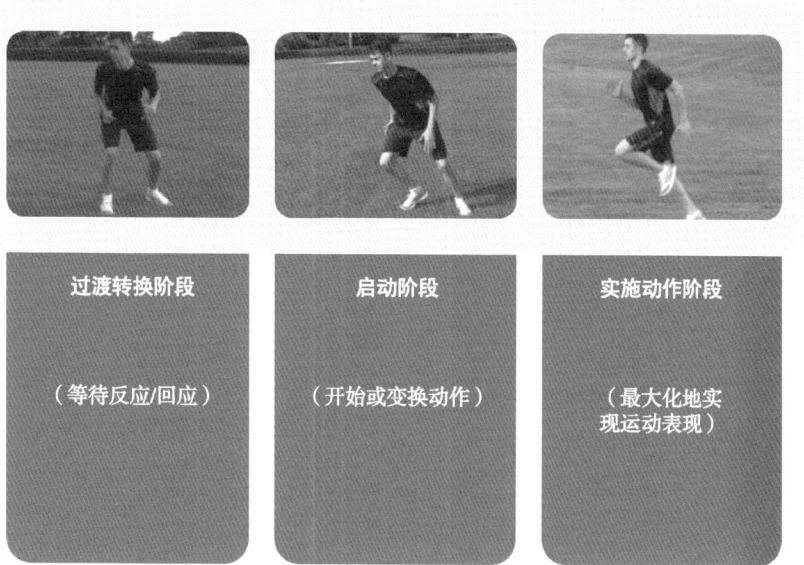

过渡转换阶段	启动阶段	实施动作阶段
（等待反应/回应）	（开始或变换动作）	（最大化地实现运动表现）

图 11.4 目标功能

表 11.1 目标动作和目标机制

目标功能	目标动作	目标动作模式
启动阶段		
开始	开始向前	加速模式
	开始向侧面	转髋
	开始向后	后撤步
改变方向	横向改变方向	侧切步
	从前到后改变方向，反之亦然	转体步
过渡阶段		
静态等待反应	静态等待	运动的位置
运动中	准备就绪	移动
	向前	控制跑
	侧向、横向	侧滑步
	对角线	交叉步跑
	向后	后退 / 原路返回
减速	线性	后撤、下劈返回运动姿势
	横向	侧切步
实施动作阶段		
加速	加速度	加速模式
最大速度	线性速度	最大速度模式
	曲线速度	弧线、曲线跑

来源：Jeffreys[12]。

很多时候，灵敏性训练计划都不过是随机的练习。为了保持有效性，练习必须是有策略性的，目标清晰，选择的训练方式就是为了达到训练目标。在灵敏性发展的开始阶段，训练可以围绕着不同的能力分开进行训练，例如运动姿势、加速等。随着运动员能力的提升，就可以进行组合练习，例如加速形成不同的起始姿势，然后进一步发展为一般运动能力，例如通过变向和加速创造空间的能力。这些能力依次被发展为运动专项能力，其中比赛的限制是围绕着一般运动能力设置的。

必须注意的是：只有以正确的方式完成练习才能达到发展运动能力的作用。教练员进行有效指导的一个重要前提是教练必须充分理解他所要发展的动作模式，及这些动作模式如何在运动中发挥作用。同样，他们必须具备识别和纠正错误动作的能力，适当地根据运动员的表现增加或减小训练的挑战难度。

调整灵敏性练习的挑战性：如何保持对青少年运动员的挑战性

循序渐进是保障训练有效性的关键原则之一。因此，无论青少年运动员的表现水平如何，教练都要调整灵敏性练习的复杂性和挑战性，从而提供有效的刺激，这一点非常重要。对于调整灵敏性复杂性而言，一个有用的概念就是自由度的概念。一项练习的自由度指的是该练习所有具备的潜在差异来源（变化），以及运动员在进行练习时必须考虑的因素[13]。实质上，所有的灵敏性练习都可以被看作是一个连续体，从封闭的练习（例如从一个锥形桶侧滑至另一个锥形桶）到完全开放的练习，（一个运动员追逐试图超过另一个运动员）完全依赖于表现出的自由度[13]。当一个人能够控制动作的自由度时便可以被称为获得了技能[21]，因此调整练习以及该练习的变化形式中所表现出自由度的能力，是发展灵敏性技能十分有效的工具。

变化本身可以通过两种形式来实现：空间和时间。空间变化是指基本因素的变化，例如距离和方向；而时间变化是指接受刺激的时间变化[13]。典型的封闭式练习没有自由度，因为所有的动作都是预先计划好的，方向、距离也是预先设计好的，并且动作的完成时间完全取决于运动员。增加时间变化、空间变化或者结合起来会增加运动员需要处理的自由度，就会增加练习的挑战性，因为这种情形下运动员无法预先计划他们的动作。这将有助增加训练的复杂性，因此需要增加认知方面的努力程度，并且为循序渐进地进行任何灵敏性训练提供方法。循序渐进地发展灵敏性应该以之前表现出的运动能力为基础，而且一旦达到一定的运动能力，就可以通过增加自由度来继续提升训练难度。这样的话，不同的运动员在同一次训练课中通过策略性地选择训练方法，而面对不同的挑战。

训练量与强度

在这里，灵敏性既是一种身体能力，又是一种技能，这种矛盾也是一个挑战。技能的发展需要不断地重复，也就需要大量的练习和重复，然而身体方面的能力最好通过高强度、低运动量来发展提升。

运用不同强度的训练是关键。许多启动和过渡动作都可以通过 RAMP 热身活动中（raise，提升；activate，激活；mobilise，动员；potentiate，加强）较低强度的活动来发展[16,18]。因此，一个基于线性模式的热身活动主要包括了向前、向后、向侧面以及对角线移动等，以此实现热身环节的提升目标，同时还能提升动作质量。这样就能实现广泛的重复与练习，同时还不会消耗额外的能量[17]。较高强度的活动就可以在热身环节的加强阶段以及专门训练课进行[17]。这样能够建立过渡、启动、实施动作之间的桥梁，以及专项运动所需要的应用动作，如防御能力、进攻能力等。

通常来说，训练强度较高时，训练量较低，在制订高训练量灵敏性训练计划时需要谨慎考虑。根据笔者的经验，通过每周 2 次 15～20 分钟的热身，可以显著提高灵敏性。这些热身活动可以通过以下方法结构化，即在热身的提升阶段涵盖广泛的动作大纲动作，相对高强度和更专项化的活动在增强阶段进行[16-18]，还可以在运动员专项训练课之前进行。实际上，这 15～20 分钟的训练是有益处的，因为它使得运动员以非疲劳的状态完成练习，还能够自然地限制高强度活动的训练量。

训练频率

训练频率与上述的技能/身体能力之间的矛盾相关。通常每周限制进行 2 次较高强度训练[17]。然而，低强度的训练，如集中在过渡和启动的动作，可以在运动员热身时进行，从而使得运动员能在给定的时间框架内获得更大的技能发展机会。从本质上而言，每当运动员移动时，都有机会有效地发展灵敏性，应注意确保在专门的灵敏性训练课或在与运动相关的环境中进行热身时，为运动员提供正确的指导。

训练课的示例

侧向急停动作是一个常见的动作，在许多不同的运动项目中都可用来发挥迅速的变向作用。通常而言，它是一个进攻动作，被用来创造空间或进行进攻。和所有的灵敏性动作一样，它可以通过一系列的进阶训练，从一种基本能力发展成为一种具体专项化的能力。这项 RAMP 热身活动能够使运动员进行进阶式的训练。具体内容在表 11.2 中展示出来了，它关系到了两种类型运动员的需求：第一种是低技术能力的运动员，第二种是具备较高技术能力的运动员。他们的练习方式基本上是一样的，并且都依据同一个进阶方案，但是针对运动员不同能力水平对相应的训练量进行了调整。

表 11.2　发展变向能力的 RAMP 准备活动示范

练习	目的	设置与执行	执教要点	低技术能力	高技术能力
提升阶段 设置线路	根据关键过渡动作提高全身温度	准备两个相距 10m 的圆锥筒。按照以下顺序在圆锥筒 A 和 B 之间跑动：向前方、后方、侧滑步、后方折返、交叉步跑，在每一项练习之间慢跑恢复	在整个移动过程中都要保持运动姿势，关注动作质量	每一个动作跑动三次	每一个动作跑动三次
激活与动员阶段 设置线路	对关键动作和关节进行激活和动员	按照以下顺序在圆锥筒 A 和 B 之间移动：小腿踮足步行伴随肩关节旋转、弓箭步行走时手触碰对侧、行进间深蹲行走、毛虫爬行	缓慢地保持控制地完成每一个动作，关注技术能力	每个动作练习一次	每个动作练习一次
增强阶段					
侧向滑步与侧向稳定	发展维持有效滑步的能力，并且形成有效的急停动作	准备两个相距 5m 的圆锥筒。运动员在两侧圆锥筒之间进行侧滑步，每到达一侧圆锥筒，就做一次急停步，并维持急停位置；左右侧脚每个动作各维持稳定一次	髋关节保持同一高度，外侧脚保持位于膝关节和髋关节外侧，足部保持垂直于运动方向	每个动作重复四次，四组	
侧向滑步与急停	在维持有效运动姿势的同时，提高外侧足推动的能力	准备两个相距 5m 的圆锥筒。运动员在每个圆锥筒之间完成一次侧切步，主动推动外侧足变向，四次急停相当于一组	髋关节保持同一高度，外侧足位于膝关节和髋关节外侧，足部垂直于运动方向，主动推动足外侧进行变向	每个动作重复四次，四组	

练习	目的	设置与执行	执教要点	低技术能力	高技术能力
跑步与急停	在向前跑动的同时发展侧向切步急停的能力	两圆锥筒之间间隔5m，运动员从一个圆锥筒向前跑，在下一个圆锥筒处急停并向45°方向加速跑5m	运动员应该缩短步幅、增大支撑面，降低身体重心。急停的时候应该推动外侧足	五组，每组重复四次	三组，每组重复四次
教练员指挥下跑步与急停	在向前跑动时的反应能力和侧切能力	两圆锥筒之间间隔5m，教练员站在第二个圆锥筒处。运动员从第一个圆锥筒处向前跑，当教练向某个方向移动时，运动员就急停，然后向反方向加速跑5m	和前面一样，但是需要关注运动员如何根据教练员的动作调整他们的步幅	两组，每组重复四次	四组，每组重复四次
"通过"练习	利用急停动作的能力，结合假的攻击动作，完成进攻任务	需要一个10m²的空间，运动员在一侧的末端（进攻），另一个站在另一端（防守）。开始后，进攻方运动员试图在不被防守方标记的情况下跑向空间的另一端。也可以攻防转换提供不同的训练场景	和前面一样，但现在需要关注的是运动员如何进行自我定位，并且按照OODA循环进行运动		三组，每组重复六次（双方攻防交替）

　　在这个准备活动部分，每一项练习都是前一项练习的进阶。它使得训练强度逐步增加，但也提供了一个教练和教学的机会。运动员在进阶训练之前要保证前一项练习已经达到了适当水平，如果该水平的能力未达到，应该继续该项练习而不能升级至下一项练习。

　　这个准备活动还展示了如何为不同水平的运动员安排训练，使得运动员花更少的时间在基本练习上，而更多的时间花在应用上。通过以上方法，较高和较低能力的运动员不需要分开训练。较低能力的运动员处于基础阶段，开始可以进行更多的基础练习，但是也需要花费时间在培养动作的应用能力上；而较高水平的运动员开始是中等水平，需要花费一些时间巩固基础，然后花费更多的时间在应用能力方面。

　　这个准备活动还展示了每个动作模式是如何处在基本和应用之间的连续统一体上，并且强调了一个事实，即每一个动作最终都应该反映出它在体育运动中的应用方式。这样的话，教练员就能够形成他们自己的发展模式，反映出他们指导的运动项目。

　　每项动作的时间安排在2~4秒。在此之后，运动员将需要足够的时间来完全恢复，通常在低强度时恢复时间为10~20秒，在高强度时恢复时间为20~30秒。具体恢复过程可以通过变化同伴、组别来实现。举个例子，上面表格中的"通过"这一练习方式可以在每个空间内安排6组。这样的话，在每一组完成之后，运动员就移动至对侧的位置，会有随后5组的恢复时间。同一练习内安排多组就为了在重复过程中能够提供更多的恢复时间。在高阶训练时，可以在适当的地方做细微的变化，例如，变换起始位置，改变活动规则等。

重点总结

- 对于许多运动项目而言，灵敏性都是运动表现中关键的一环，并且应该成为青少年运动员训练中必不可少的组成部分。
- 灵敏性的表现受机体限制、任务限制和环境限制的影响。
- 灵敏性的最佳发展需要基于青少年运动员的生理、运动和认知发展的序列模型，按时序进行培养。
- 我们可以根据目标将灵敏性按组成部分进行分类，然后依次发展，这样可以使青少年运动员在特定专项情境下充分发挥运动表现。
- 自由度的应用可以循序渐进地增加灵敏性训练的难度，从而不断提高对青少年运动员认知方面的挑战。

参考文献

1 Asadi A, Arazi H, Ramirez-Campillo R, Moran J and Izquierdo M. Influence of maturation stage on agility performance gains after plyometric training: a systematic review and meta-analysis. *J Strength Cond Res* 31: 2609–2617, 2017.
2 Balyi I and Hamilton A. A key to success. Long term athlete development. *Sport Coach* 23: 10–32, 2000.
3 Borms J. The child and exercise: an overview. *J Sport Sci* 4: 3–20, 1986.
4 Chiodera P, Volta E, Gobbi G, et al. Specifically designed physical exercise programs improve children's motor abilities. *Scand J Med Sci Sports* 18: 179–187, 2008.
5 Draganski B, Gaser C, Busch V, Schuierer T, Bogdahn U and May A. Neuroplasticity: changes in grey matter induced by training. *Nature* 427: 311–331, 2004.
6 Faigenbaum A, McFarland J, Keiper F, et al. Effects of a short term plyometric and resistance training program on fitness performance in boys age 12 to 15 years. *J Sports Sci Med* 6: 519–525, 2007.
7 Faigenbaum AD, Kraemer WJ, Blimkie CJR, et al. Youth resistance training: updated position statement paper from the National Strength and Conditioning Association. *J Strength Cond Res* 23(5): S60–S79, 2009.
8 Gamble P. Approaching physical preparation for youth team sport players. *Strength Cond J* 30: 29–42, 2008.
9 Holcomb PM. Agility training for experienced athletes: a dynamical systems approach. *Strength Cond J* 31: 73–78, 2009.
10 Howard PJ. *The Owner's Manual of the Brain.* Austin TX: Bard Press, 2006.
11 Jeffreys I. Motor learning – applications for agility, Part 1. *Strength Cond J* 28: 72–76, 2006.
12 Jeffreys I. Movement training for field sports: soccer. *Strength Cond J* 30: 19–27, 2008.
13 Jeffreys I. A task based approach to developing reactive agility. *Strength Cond J* 33: 52–59, 2011.
14 Jeffreys I. Agility training for team sports – running the OODA loop. *Prof Strength Cond J* 42: 15–21, 2016.
15 Jeffreys I. *Gamespeed: Movement training for superior sports performance*, 2nd edn. Monterey, CA: Coaches Choice, 2017.

16　Jeffreys I. RAMP warm-ups: more than simply short-term preparation. *Prof Strength Cond J* 44: 17–23, 2017.

17　Jeffreys I, Huggins S and Davies N. Delivering a Gamespeed focussed speed and agility development programme in an English premier League Soccer Academy. *Strength Cond J* 40(3): 23–32, 2018.

18　Jeffreys I. *The Warm-up: Maximize performance and improve long-term athletic development.* Champaign IL: Human Kinetics, 2018.

19　Jullien H, Bisch C, Largouët N, Manouvrier C, Carling CJ and Amiard V. Does a short period of lower limb strength training improve performance in field-based tests of running and agility in young professional soccer players? *J Strength Cond Res* 22: 404–411, 2008.

20　Keiner M, Sander A, Wirth K and Schmidtbleicher D. Long-term strength training effects on change of direction sprint performance. *J Strength Cond Res* 28: 223–231, 2014.

21　Kelso JAS. *Dynamic Patterns: The self organisation of brain and behaviour.* Boston, MA: MIT Press, 1995.

22　Kotzamanidis C. The effect of plyometric training on running performance and vertical jump in preadolescent boys. *J Strength Cond Res* 44: 225–240, 2006.

23　Kotzamanidis C, Chatzopoulos D, Michailidis C, Papaiakovou G and Patikas D. The effect of a combined high-intensity strength and speed training program on the running and jumping ability of soccer players. *J Strength Cond Res* 19: 369–375, 2005.

24　Lloyd RS, Read P, Oliver JL, Meyers RW, Nimphius S and Jeffreys I. Considerations for the Development of agility during childhood and adolescence. *Strength Cond J* 35: 2–11, 2013.

25　Lloyd RS, Faigenbaum AD, Stone MH, et al. Position statement on youth resistance training: the 2014 International Consensus. *Br J Sports Med* 48: 498–505, 2014.

26　Malina RM and Eisenmann JC. Trainability during childhood and adolescence. In: *Youth Sports: Perspectives for a new century.* RM Malina and MA Clark, eds. Monterey, CA: Coaches Choice, 2013, pp 76–93.

27　Mirkov DM, Kukolj M, Ugarkovic D, Koprivica VJ and Jaric S. Development of anthropometric and physical performance profiles of young elite male soccer players: a longitudinal study. *J Strength Cond Res* 24: 2677–2682, 2010.

28　Meylan C and Malatesta D. Effects of in-season plyometric training within soccer practice on explosive actions of young players. *J Strength Cond Res* 23: 2605–2613, 2009.

29　Negra Y, Chaabene H, Hammami M, et al. Agility in young athletes: is it a different ability from speed and power. *J Strength Cond Res* 31: 727–735, 2017.

30　Newell KM and McDonald PV. Learning to coordinate redundant biomechanical degrees of freedom. In: *Interlimb Co-ordination: Neural dynamical and cognitive constraints.* S Swinnen, JH Huser, J Massion and P Caeser, eds. New York: Academic Press, 1994, pp 515–536.

31　Ozmun J, Mikesky A and Surburg P. Neuromuscular adaptation following prepubescent strength training. *Med Sci Sports Exerc* 26: 510–514, 1994.

32　Philippaerts RM, Vaeyens R, Janssens M, et al. The relationship between peak height velocity and physical performance in youth soccer players. *J Sport Sci* 24: 221–230, 2006.

33　Ramsay J, Blimkie C, Smith K, Garner S, Macdougall J and Sale D. Strength training effects in prepubescent boys. *Med Sci Sports Exerc* 22: 605–614, 1990.

34　Schmidt RA. and Lee TD. *Motor Control and Learning: A behavioural emphasis.* Champaign IL: Human Kinetics, 2005.

35　Sheppard JM and Young WB. Agility literature review: classifications, training and testing. *J Sport Sci* 24: 919–932, 2006.

36　Sheppard J, Dawes JJ, Jeffreys I, Spiteri T and Nimphius S. Broadening the view of agility: a scientific review of the literature. *J Aust Strength Cond* 22(3): 9–28, 2014.

37　Thomas K French D and Hayes PR. The effect of two plyometric training techniques on muscular power and agility in youth soccer players. *J Strength Cond Res* 23: 332–335, 2009.

38　Tonson A, Ratel S, Le Fur Y, Cozzone P and Bendahan D. Effect of maturation on the relationship between muscle size and force production. *Med Sci Sports Exerc* 40: 918–925, 2008.

39　Vänttinen T, Blomqvist M, Nyman K and Häkkinen K. Changes in body composition, hormonal status, and physical fitness in 11-, 13-, and 15-year-old Finnish regional youth soccer players during a two-year follow up. *J Strength Cond Res* 25: 3342–3351, 2011.

40　Vickers JN. *Perception, Cognition and Decision Training: The quiet eye in action*. Champaign, IL: Human Kinetics, 2007.

41　Viru A, Loko J, Harro M, Volver A, Laaneots L and Viru M. Critical periods in the development of performance capacity during childhood and adolescence. *Eur J Phys Educ* 4: 75–119, 1999.

42　Weinstein CJ and Schmidt RA. Reduced frequency of knowledge of results enhances motor skill learning. *J Exp Psych Learn Mem Cogn* 16: 677–691, 1990.

第12章　青少年运动员有氧和无氧能力训练

Jon L.Oliver, Craig B.Harrison

引言

　　运动中的能量代谢过程为阐明"儿童不是微型成年人"提供了明显证据。对儿童而言,运动过程中的能量供应更多地依赖有氧系统而非无氧糖酵解系统。由于肌肉含量较低,儿童通常以较低的极限强度,较少疲劳以及更快的恢复状态进行间歇性运动。由于青少年运动员在重复进行全力运动时恢复较差,教练们可能会意识到以上反应。

　　生长和成熟可引起生理变化,从而影响能量代谢,包括心脏体积和血容量的增大,血红蛋白含量增加,Ⅱ型肌纤维比例升高,以及无氧酶活性的增加[4,59]。因此,成熟可导致绝对峰值摄氧量和无氧供能系统能量产生的能力发生巨大变化[41,52,70],其改善速度在生长高峰期达到峰值。这些改变应有助于提升青少年运动员在耐力和全力性运动中的表现,而且这些提升仅通过自然发育就可实现。然而,与有氧供能能力相比,成熟过程中无氧供能能力的改善更为明显。这主要反映在峰值无氧功与峰值有氧功的比值上,该值可从8岁时的2倍增加至14岁时的3倍[2]。因此,随着青少年运动员的成熟,其供能方式更偏向于无氧供能,以提高产生更高水平的代谢能力,但随之而来的是更多的疲劳和更长的恢复时间。

　　触发假说认为青少年在达到青春期开始后的某个触发点后才能体验到训练带来的益处[33],但这个假说目前已被推翻[6,26,47]。尽管很难搜集到训练引起无氧代谢变化的直接证据,但仍有大量的证据表明,各成熟阶段的青少年运动员的峰值摄氧量都可以提高[2,6,26]。从业者应了解影响运动表现的生理和代谢决定因素、在某项运动中的相对重要性、其自然发展过程以及训练如何促进进一步的积极性适应。

有氧能力的自然发展

　　当测量跑步、骑车或进行一定距离的划船时可以发现,生长和成熟可以提高青少年运动员在耐力项目中的表现。这种变化与体型和肌肉的增长有关,但有氧系统发展也会有很大的贡献。耐力表现取决于峰值摄氧量、乳酸阈值和经济性,所有这些变化都是生长和成熟的结果[4, 41]。

峰值摄氧量

峰值摄氧量由心输出量和肌肉提取、利用氧气的能力决定,是耐力表现的主要决定因素。反过来,心输出量(由每搏输出量和心率的乘积)是峰值摄氧量的关键决定性因素,同时也反映了向工作肌输送氧气的能力。随着生长和成熟,心输出量随着体型、心脏容积和血容量的增加而增长,使峰值摄氧量和耐力表现出现大幅度绝对增长,男生较女生更为明显[55, 59]。在 8～16 岁,男生的峰值摄氧量增加 150%,女生增加 80%。这些变化在临近 PHV 时期速度最大[41, 70]。而在青春期,与女孩相比,男孩器官大小和血容量增加更为明显,同时睾酮的增加也刺激了血液中血红蛋白含量的增加,进一步提高了血液的携氧能力[41]。尽管心输出量随着成熟而增加,由于肌肉在生理上尚未成熟,青少年相对较多的提取和利用肌肉中的氧气[54]。

峰值耗氧量通常以相对于身体体重的单位[ml/(kg•min)]表示,而不是以绝对单位(L/min)表示。有人认为,简单地用耗氧量除以体重来划分是不合适的,结果应该按不同的比例进行衡量[5]。但是,以 ml/(kg•min) 为单位描述峰值摄氧量仍较为常见,这可能是运动员在需要移动自身体重的比赛中最合适的单位[3]。简单地用绝对耗氧量除以体重的方法忽略了体脂这一影响因素,而当女性在青春期开始积累更多的脂肪时,这一测量方法不利于女性的评估。考虑到身体体重和绝对耗氧量的同步变化,相对峰值耗氧量在男孩中是否可能存在自然增加值得商榷;鉴于身体脂肪增加的影响,女性峰值摄氧量实际上可能减少,尽管教练员能够通过训练对此产生积极影响。

如第 4 章所述,Gagné[23]将有天赋个体归类为调查人口的前 10%。Tomkinson 等[68]人从超过 100 万名儿童的数据中估计峰值耗氧量时,在 9～17 岁之间,90% 的男孩的峰值耗氧量维持在 52～53ml/(kg•min)。而在同一年龄段,90% 女孩的耗氧量峰值从 51ml/(kg•min) 下降到 41ml/(kg•min)。以上临界值可以帮助从业者在儿童中进行有氧能力相关的运动选材。Armstrong 和 Barker[2]的回顾性工作进一步发现,受过训练的青少年男女运动员参加自行车、游泳、皮划艇和越野滑雪等运动时经常被报道峰值摄氧量分别达到>60ml/min 和>50ml/(kg•min)的水平。

乳酸阈

乳酸阈值反映了在运动强度逐渐增加的过程中,乳酸开始迅速积累的点。乳酸阈值以峰值摄氧量的百分比表示,代表较高的运动强度,可维持很长一段时间,因为超过这个强度而产生的副产物将导致疲劳。由于较低的肌肉质量、糖酵解活动较少,以及对有氧代谢的高度依赖,未成熟的儿童将产生乳酸的能力较差。各种证据表明，随着儿童日渐成熟，肌纤维类型的分布发生了变化，在青春期后期，青少年儿童的无氧类型的Ⅱ型肌纤维将达到成人比例[54]。这有助于解释为什么未成年儿童的乳酸阈值较高。在此基础上，当血乳酸积累达到 4mmol/L 时，相应的青春期前男孩、十几岁男孩和成人的峰值摄氧量分别为 94%、92% 和 87%[67]。乳酸阈值发生的相应运动强度的降低被认为，是由于随着成熟[18,57]，糖酵解酶活性增加，同时提示Ⅱ型肌纤维比例增加。应该注意的是，随着体型的增加，乳酸阈值的绝对耗氧量（以 L/min 计）将随着成熟而增加。

经济性

　　运动经济性描述在一定的稳定强度下工作所需耗氧成本，如以设定的次极限速度奔跑（如 10km/h）或以设定的输出功率（100W）骑自行车。从本质上讲，运动经济性反映了将生理能量转化为机械功的能力。如前面提到的，随着成熟Ⅰ型肌纤维的比例降低，但代谢角度来说，Ⅰ型肌纤维比Ⅱ型纤维[29]能够更有效率地进行工作。尽管如此，研究表明，健康的儿童和青少年[1,35,60]的跑步经济性随着年龄的增长而改善，女孩的运动经济性可能比男孩更好[7,35]。儿童的跑步经济性较低与更高水平的主动肌 / 拮抗肌协同合作[21]以及固定跑速下步频更高等因素有关。

有氧能力的自然发展小结

　　如图 12.1 所示的主要生理因素，这些因素会影响耐力表现并会随着成熟

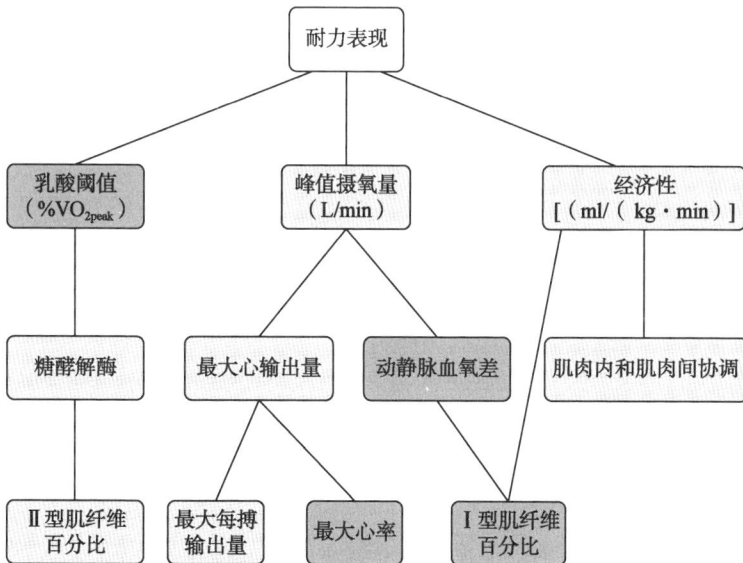

图 12.1　成熟是对耐力表现起主要影响的决定性生理因素。阴影的浅灰色代表随着成熟将向有利于提高表现的方向转变，而阴影的深灰色将向不利的方向转变

而发生变化。尽管有一些生理指标的改变实际上会导致有氧能力的下降（如
Ⅰ型肌纤维比例的减少），但更多的是被其他积极变化所弥补（如最大心输出量
的增加）。随着体型的增加，青少年的耐力表现将随生长和成熟而得到改善。

无氧能力的自然发展

　　无氧能力通常是指在持续 6～30 秒的力竭性运动中产生和维持峰值功率
的能力。随着成熟，无氧能力的改善主要归因于肌肉含量的增加、糖酵解活
动的增加和神经肌肉协调性的改善[7]。然而，当以体型为标准进行最大强度
的运动测试时，儿童的分数总是明显低于青少年，而青少年的分数又低于成
年人[71]。这意味着无论是绝对值还是相对值，机体无氧能力随年龄增长和成
熟而得到改善，但有氧能力的相对值并非如此。在儿童时期和青春期，无氧
能力发展速度大于有氧能力，而这可能会对运动表现产生不同的影响。随着
儿童的成熟，他们将能够在间歇性、短时间的力竭性运动中产生更多的功率，
但需要更长的恢复时间。

　　高能量、低容量的三磷酸腺苷 / 磷酸肌酸（adenosine triphosphate/
phosphocreatine，ATP/PC）系统是持续 10 秒左右剧烈运动时的主要能量来源，
尚不清楚肌肉内 PC 水平是否随着成熟[3]而增加。但有研究表明，儿童在力竭
性运动期间消耗 PC 的速率低于成人[32]。相比之下，成人和青少年的糖酵解
酶活性明显高于儿童[8,25]，这是由于随着成熟度的提高，在持续的高强度运动
中，机体对无氧糖酵解的依赖程度越来越高。为了反映对无氧糖酵解的更大
依赖，有报道称，通过反复测试发现，在 10 秒的力竭性冲刺中，成人的血乳酸
峰值几乎是 9 岁男孩的 2 倍（分别为 15.4mmol/L 和 8.5mmol/L）[55]。

疲劳与恢复

　　虽然一个青少年运动员在一次高强度运动中产生爆发力（功率）的能力有
所提高，但随着成熟，需要的恢复时间却随之增加。对未成熟的青少年而言，
更快的恢复时间并不仅仅是因为在一次性高强度运动中造成的疲劳较少，更
重要的是因为缓冲导致疲劳的无氧代谢副产物的能力较强，以及较强的恢复
无氧酶底物的氧化能力[56]。例如，Taylor 等人[66]报道称，当个人 PC 耗竭时，
儿童所需要的恢复时间约为成人的一半。这一代谢功能的转变将对运动表
现产生影响，特别是在高强度间歇性运动中。Ratel 等人研究[53]认为，在 10
次 10 秒力竭性冲刺中，青春期前的男孩只需恢复 30 秒就能维持功率输出，
而青春期男孩和成年男性在 2 次努力冲刺之间则需要 5 分钟的恢复时间才

能保持表现水平。因此，对不成熟的运动员进行反复的剧烈运动时，教练员可以给予他们非常短的恢复时间，但随着运动员的成熟，需要考虑增加恢复时间。

> 青春期前的儿童生理学与训练良好的耐力运动员相似，I 型纤维比例相似，线粒体密度相似，有氧酶活性相似，pH 和 PC 恢复率相似[54]。

有氧能力的可训练性

作为耐力表现的主要决定因素，对儿童和青少年而言，峰值摄氧量的可训练性受到了最广泛的关注[2]。在对游泳、自行车和长跑等耐力项目的青少年运动员的比较研究中发现，未受过训练的青少年在运动中的峰值摄氧量不断增加[39]。这是否是一种选择效应或训练效果尚不清楚，但似乎有可能是两者的结合。更重要的是，大量的研究探讨了训练对不同成熟程度青少年运动员峰值摄氧量的影响均认为，无论成熟与否，峰值摄氧量都可以通过训练得到改善[2,6,26]。研究发现，持续 6~13 周的训练，成功地提高了峰值摄氧量，报告获得 8%~10% 的提高[2,5]。训练强度似乎是峰值摄氧量增长的主要调节因素，训练的时长和频率也会对其产生影响[2,6,26]；实际应用部分将对这些变量作进一步讨论。关于长期训练的研究证据较少；一项研究中提到，对青春期前游泳运动员进行每周 10 次的训练，1 年后发现其峰值摄氧量出现 29% 的显著增长[49]。

极少有研究专门就训练对青少年运动员的乳酸阈值的影响进行研究。在现有证据中，受过训练的青少年运动员在一定的强度运动时积累的乳酸含量低于未受过训练的人群[5]，表明了训练后乳酸阈值的提高和运动经济性的改善。Armstrong 和 Barker[2]也推测，与未受过训练的青少年相比，青少年运动员在训练中出现乳酸阈值时的峰值摄氧量百分比更高。由于无侵入性，通气阈值有时被用作乳酸阈值的替代指标。在另一项为期 8 周的研究中，使用 30 秒间歇训练[45]，或间歇和持续[40]相结合的训练方法，10~14 岁男孩的乳酸阈值时的相对耗氧量增加了 20%。表明与峰值摄氧量相比，乳酸和通气阈值受训练的影响更大。

关于短期或长期训练改善青少年运动员运动经济性的支撑证据都较为模棱两可。在现有的少数关于短期训练的研究中，部分报道称，持续性或间歇性的跑步训练并不会对男生的跑步经济性起促进作用[38,46,51]，尽管 Larsen 等人的研究指出[36]，12 周的高原训练使 16 岁的肯尼亚男孩们运动经济性提高，间歇耐力训练也可以改善 18 岁足球运动员的运动经济性[28]。Daniels 等人在对 10~13 岁的中长跑运动员进行为期 2.5 年的纵向监测中[13]发现,在相对峰值摄氧量保持不变的情况下,跑步经济性的提高可缩短比赛时间。然而,尽管青少年跑者的运动经济性可能要好于普通人群,但据报道,这两个群体在 8 年期间的改善率相似[61]。因此,目前尚不清楚运动经济性对青少年运动员耐力训练有多大程度的反应。

无氧能力的可训练性

由于直接测量肌肉的无氧代谢存在困难,因此直接测量无氧供能系统的可训练性的研究相对较少。间歇性、短暂的、力竭性运动(如 6~30 秒)的输出功率,常用来作为间接测量无氧功率和无氧能力的指标。将相对功率输出的训练增益与神经肌肉或代谢适应分开有些困难。已证明,输出功率的间接指标表明,间歇性训练可提高男孩和女孩的无氧功率和能力[44, 58]。早期关于短跑或间歇训练的研究表明,训练可增加男孩的 PC 和糖原储存,糖酵解酶浓度增加[11, 15, 20]。Fournier 等人[20]的研究进一步表明,在 6 个月的停训后,酶浓度可恢复到训练前的水平。总而言之,有证据表明,青少年运动员可通过训练改善无氧代谢能力,但如果不进行一定量的维持训练,任何适应都可能丧失。

实际应用

有氧训练 VS 无氧训练

尽管有人认为有氧能力和无氧能力是两种不同的身体素质,但它们并不是相互排斥的,不一定需要相互独立地进行训练。恢复是一个有氧过程,而提高有氧能力的训练可能会提高青少年运动员在高强度运动之间的恢复能力。这对于参加间歇性运动的青少年运动员来说可能至关重要。同样,训练无氧能力的高强度运动也能改善峰值摄氧量[26]。对于从业者来说,同时以适应有氧和无氧为目标的方案也是一种高效的训练方法。然而,在决定需要安排多少有氧和无氧训练时,应考虑到专项运动的需求、运动员当下的体能和成熟度,以及随后的针对性训练适应。

耐力运动 VS 其他运动

耐力运动定义为以时间来衡量运动员表现的运动,项目的距离或持续时间决定了能量主要依靠有氧供能系统。显然,耐力项目如中长距离的跑步、自行车和划船。有氧能力是决定耐力性项目成功与否的关键因素。耐力运动冠军的峰值摄氧量为 70～85ml/（kg·min），在高达 90% 的峰值摄氧量的乳酸阈值下工作经济性和效率都很高[31]。因此，参加耐力比赛的青少年运动员可能会花费大量的时间进行专门为提高其峰值摄氧量、乳酸阈值和经济性而设计的训练。然而，教练员应该意识到，参加个人耐力项目的青少年运动员可能比那些参与其他运动的运动员更容易发生过度训练[34, 42]。这可能与身体上的压力和 / 或单调性的大量重复训练有关。

在许多运动项目（如团队、击球和格斗运动）中，无氧能力以及在整个比赛中的恢复能力可能更为重要。在某些情况下，技战术训练的要求也为提高有氧和无氧能力提供了有效刺激。例如，精英青年学校的足球运动员可能会花大部分时间参加基于场地的训练，如小型比赛或竞技比赛，而花费相对较少的时间从事力量训练[72]。研究发现，作为精英青年足球学院的成员，与对照组[73]相比，青少年球员在 3 年的时间中有氧能力大大增加。

持续训练 VS 间歇训练

持续性和间歇性训练都能刺激改善青少年运动员的耐力。然而，尽管参加耐力比赛的青少年运动员会从模仿运动强度和要求的持续性训练中受益，但绝大多数青少年运动员不会参加这种训练。儿童更有可能享受和参与那些他们自然而然进行的间歇性运动[50]。改善儿童和青少年峰值摄氧量的相关研究表明，间歇性训练方案与持续性训练[2, 6, 62, 63]可产生类似的改善效果甚至更好，尤其表现在通气阈值和计时赛表现，[45, 62]并且需要较少训练时长[63]。间歇训练的形式多样，包括间歇训练、重复冲刺训练和小规模比赛。这些训练模式可同时刺激有氧训练和无氧训练的适应性。

18 岁足球运动员进行 8 周的高强度间歇性训练（high-intensity interval training, HIIT），包括 4 轮每轮持续 4 分钟 90%～95% 最大心率（HR_{max}）强度的训练，峰值摄氧量、乳酸阈和跑步经济性明显提高，同时比赛中完成的冲刺次数是训练前的 2 倍[28]。Impellizzeri 等[30]发现同样的训练对提高 17 岁男性足球运动员有氧能力同样有效。而且，持续时间相同的小场比赛也可产生类似的效果。麦克米伦等[46]调整了 4 分钟的间歇训练，对 16 岁足球运动员进行 10 周的赛道带球训练，峰值摄氧量从每分钟的 63.4ml/kg 提高到 69.8ml/kg。Buchheit 等[9]报道，短时间歇性训练（15s 训练：15s 休息）提高了手球运动员的有氧能力，也获得了与使用小场比赛相似的好处。因此，有人建议，基于专项的、基于比赛的训练可能比一般的间歇训练更为有效，因为它也伴随部分技术的发展[9, 30, 46]。更加结构化的普通 HIIT 可能更适合较为成熟的有丰富训练经验的运动员，这一点得到了 Harrison 等人回顾性研究的支持[26]，并建议将 HIIT 应该在团队性运动项目的运动员开始专项化以后再引入,只有在青少年的专项发展阶段(16 岁以上)时才应成为训练的重点。

> 当参与小场比赛时,运动员需要自我调节和休息时间,这可能是向青少年运动员介绍一种特定运动形式的 HIIT[24]的一种安全方法。

重复冲刺训练是一种短暂的间歇性训练,通常指在复制一项运动比赛中要求苛刻的阶段,运动员需要进行一系列短距离的最大冲刺训练,恢复间隔较短。冲刺训练通常需要尽自己最大努力去完成,距离 20～40m,重复 5～10 次,恢复时间≤30s。一般在完成 2～3 组后有一段较长的恢复时间(如 3 分钟)。使用以上类型的干预训练已被证明可提高青少年运动员的最大速度和重复冲刺能力[10,19,69],同时也表明了可改善无氧能力。目前已发现,重复冲刺训练为改善青少年运动员的有氧能力提供一定益处[19,26],并且可能作为改善或保持有氧能力的一种有效选择。为了保持训练时间,冲刺距离可以随着青少年运动员的成熟而延长,但恢复间隔可能需要延长,以补偿更大程度的疲劳。随着训练经历和体能的增加,每组可以增加更多的冲刺次数和组数,缩短恢复时间。

循环训练

循环训练可以提供一种高效的空间训练模式,以潜在地刺激无氧和有氧适应能力。循环训练在青少年运动员中尚未进行广泛应用,但却在体育教育背景下得到了广泛研究[16,17,43]。例如,6～8 周的循环训练成功地提高了小学生和高中生[16,17,43]的爆发力、肌肉耐力和有氧能力,包括使用药球的循环训练。同样,在一项研究中观察到,对高中生进行有 6～7 位同伴合作辅助的练习,每个练习 10～14 次,每组之间休息 20～30 秒,循环训练与有氧训练相结合情况下,干预结束后各受试者 1.6km(1 英里)跑步表现取得了非常大的进步[14]。循环训练应该以大肌肉群为目标,要求青少年运动员在高强度下进行训练,各站点之间恢复不充分。可以通过增加训练时间、缩短恢复时间、增加组数或使提高动作要求(例如增加阻力)进行训练。

训练的量、频率和强度

Armstrong 和 Barker[2]为优秀的年轻运动员提供了耐力训练的指导方针,建议持续至少 12 周、每周 3～4 次、每次持续 40～60 分钟、运动强度为 85%～90% 最大心率,采用连续性和间歇性练习相结合的训练。应注意,这些指导方针专门用于改善峰值摄氧量,仅限于制订现有指导方针的依据。在耐力运动中,青少年运动员有氧能力发展的经验证据很少,其中许多人积累的训练量远超上述指导方针的范围。对于这些运动员,教练员也应该考虑到神经肌肉训练的好处,这将有助于保护青少年耐力运动员免于受伤,并帮助他们为训练和比赛的需要做好准备。

Harrison 等[26]同样提供了训练建议,以改善团体运动项目青少年运动员的有氧运动能力,这些建议基本符合 Armstrong 和 Barker[2]的方针,建议需要进行高强度训练(90%～95% 最大心率)的运动员应重视间歇性训练,但持续性训练也带来部分好处。Harrison 等[26]建议,从 13 岁起,HIIT 或小场比赛训练每周可进行 2～3 次,每次 8～28 分钟,为期 4～12 周。作者还建议辅以每周一次或两次重复冲刺训练,每次完成 4～6 组全力冲刺跑,在冲刺跑之间休息 20～120秒,组间休息 4～10 分钟。在提高有氧运动能力的同时,运用间歇性训练、小场比赛和反复冲刺训练,也可同时发展青少年运动员的无氧能力。

> 为了确保青少年运动员能够在小场比赛中接受高强度的训练,从业者应该确保比赛不应过度强调技术。对于刚开始接触训练的应该采用更简单的比赛。教练应该调整每一边球员的数量、球场尺寸和规则,以确保运动员必须在高强度[12]下训练。

显而易见,在有氧和无氧能力的发展中,训练的强度是很重要的。从定义上讲,无氧训练要求青少年运动员在极限强度以及亚极限强度下进行运动,而高强度的运动对促进有氧运动非常重要。如果从业人员无法获得心率监测器来评估有氧训练强度,使用主观用力程度评价运动强度可发挥一定作用。根据在跑步过程中收集到的男孩和女孩的数据,RPE 评分大于等于 7/10 相当于 85% 的最大心率以及大于等于 8 时相当于 90% 的最大心率(https://www.ncbi.nlmnihgov/pubmed11782659)的运动强度。教练员可以利用这些评级来指导青少年运动员在不同类型的训练课中选择不同的目标强度,并评估训练强度是否合适。

同期训练

教练员应同时提高青少年运动员多方面的素质,以支持他们的长期运动发展。但是教练可能会担心同时进行耐力和力量训练会降低其中一种或两种素质训练效果[37]。Gabler 等人最近对 15 项研究进行荟萃分析[22],报道了对青少年运动员同时进行力量和耐力训练的反应。作者指出,与单纯的耐力训练相比,同期训练并未抑制峰值摄氧量提高,同期训练在计时赛表现上也有更大的提高,而青少年的成绩则比儿童的更好。力量训练和快速伸缩复合训练已被证明能改善运动经济性[48,64,65],而同期训练将其与传统的耐力训练相结合,对青少年运动员有较好的促进作用[22]。Gabler 等人也报道说，与单纯的力量训练相比，同期训练对青少年运动员的力量促进作用较小。作者推测，在所分析的研究中，增强效应可能是低训练状态的一种假象，因为任何训练刺激都能在低训练状态的人群中获得多种益处[22]。同期训练将会促进有氧能力，对低训练年龄的青少年来说，可能会使力量增加，但随着训练年龄的增加会出现干扰效应。

训练课案例

表 12.1 为低年龄段和高年龄段的青少年运动员提供了不同形式的示例训练课程。这些训练课需要先进行适当的热身，或者先进行一些其他形式的训练（如技术、速度、神经激活），有氧 / 无氧训练的疲劳性意味着应该在训练课结束时完成。在绝大多数情况下，只有那些已经决定从事耐力运动（如长跑、划船、骑自行车）的成熟运动员才有可能进行长时间的持续训练。对于缺乏训练经验的青少年运动员，如果要进行持续的训练，建议从短时间或短距离开始，如一公里的跑步。即使这样，教练员也应该意识到，青少年运动员可能还没有学会如何在持续训练中调整自己的节奏，而且可能会间歇地完成训练。同样值得记住的是，许多青少年运动员如果经常参加足球、无挡板篮球或曲棍球等运动，意味着他们定期参加长时间的间歇性锻炼，这将为促进有氧和无氧能力提供一定刺激。

表 12.1   青少年运动员高和低训练年限的训练课案例

	低训练年限	高训练年限
持续训练	5～20 分钟	40～60 分钟
	50%～85% 最大心率	50%～85% 最大心率
高强度	使用小场比赛	4×4 分钟跑
间歇训练		3 分钟间歇
		90%～95% 最大心率
小场比赛	3 vs 3 小比赛（如桶球）	5 vs 5 专项比赛（足球）4×4 分钟
	2×4 分钟 3 分钟间歇，	3 分钟间歇
	90%～95% 最大心率	90%～95% 最大心率
重复冲刺训练	重复冲刺接力	重复冲刺
	4 人一组	3 组 6×30m
	2 组 6×20m 跑 1：3 训练与休息比	次间间歇 20 秒
	组间 3 分钟恢复	组间间歇 4 分钟恢复
循环训练	20 秒训练，40 秒间歇	30 秒训练，30 秒间歇
	2 组，组间 2 分钟恢复	4 组，组间间歇 3 分钟
	深蹲，俯卧撑，行进间弓步，坐姿划船，双脚跳，仰卧起坐	药球下蹲，负重俯卧撑，持药球行进间弓步，爬绳，单脚跳，药球仰卧起坐

无论运动员是低训练年龄还是高训练年龄，间歇性训练的关键是保持高强度。如果运动员的训练水平很低，那么小场比赛的技术要求就会很低，就像任何循环练习的复杂性一样，要确保运动员能够保持高强度的训练。在表12.1 中包含了一个简单的游戏—桶球[27]，但是游戏实际上仅受教练的想象限制。对于训练年龄较低的运动员来说，保持训练的乐趣是很重要的，应该着重在游戏上。在上述表格中，结构化 HIIT 不适用于低训练年龄的运动员，且重复冲刺训练是一种游戏形式，运动员以接力的形式进行训练。随着运动员训练经验的积累，并专注于某项运动，将会引入更多的结构性训练，进行更多高要求的训练。重要的是，表 12.1 指出有多种方法可以在比赛之外进行有氧和无氧能力的训练，教练员应利用这一优势，让青少年运动员投入训练，并激发积极性。

重点总结

- 未成熟儿童在运动过程中更依赖于有氧代谢，但随着生长发育，无氧能力的发展速度优于有氧能力。
- 随着生长和成熟，青少年运动员的代谢随之变化，可在高强度运动中产生更多的功率，同时承受更多的疲劳，且需要更长的恢复时间。
- 儿童和青少年的摄氧量峰值和乳酸阈值具有可训练性，但运动经济性的可训练性尚不明确。
- 无氧代谢对训练是有反应的，但任何训练效果都可能在停止训练后很快消失。
- 运动强度是促进青少年运动员有氧和无氧能力提高的关键。不同形式的间歇运动可能最能让青少年运动员积累高强度的训练量。

参考文献

1 Ariens GA, van Mechelen W, Kemper HC and Twisk JW. The longitudinal development of running economy in males and females aged between 13 and 27 years: the Amsterdam Growth and Health Study. *Eur J Appl Physiol Occup Physiol* 76: 214–220, 1997.

2 Armstrong N and Barker AR. Endurance training and elite young athletes. In: *The Elite Young Athlete*. N Armstrong and AM McManus, eds. Basel: Karger, 2011, pp 59–83.

3 Armstrong N, Barker AR and McManus AM. Muscle metabolism changes with age and maturation: how do they relate to youth sport performance? *Br J Sports Med* 49: 860–864, 2015.

4 Armstrong N and Fawkner SG. Exercise metabolism. In: *Paediatric Exercise Science and Medicine*. N Armstrong and W van Mechelen, eds. Oxford: Oxford University Press, 2008, pp 213–226.

5 Armstrong N and Welsman JR. Development of aerobic fitness during childhood and adolescence. *Pediatr Exerc Sci* 12: 128–149, 2000.

6 Baquet G, van Praagh E and Berthoin S. Endurance training and aerobic fitness in young people. *Sports Med* 33: 1127–1143, 2003.

7 Bar-Or O and Rowland TW. *Pediatric Exercise Medicine From physiological principles to health care application.* Champaign, IL: Human Kinetics, 2004.

8 Berg A, Kim SS and Keul J. Skeletal muscle enzyme activities in healthy young subjects. *Int J Sports Med* 7: 236–239, 1986.

9 Buchheit M, Laursen PB, Kuhnle J, Ruch D, Renaud C and Ahmaidi S. Game-based training in young elite handball players. *Int J Sports Med* 30: 251–258, 2009.

10 Buchheit M, Mendez-Villanueva A, Delhomel G, Brughelli M and Ahmaidi S. Improving repeated sprint ability in young elite soccer players: repeated shuttle sprints vs. explosive strength training. *J Strength Cond Res* 24: 2715–2722, 2010.

11 Cadefau J, Casademont J, Grau JM, et al. Biochemical and histochemical adaptation to sprint training in young athletes. *Acta Physiol Scand* 140: 341–351, 1990.

12 Cronin JB, Harrison C, Lloyd RS and Spittle M. Modifying games for improved aerobic fitness and skill acquisition in youth. *Strength Cond J* 39: 82–88, 2017.

13 Daniels J, Oldridge N, Nagle F and White B. Differences and changes in VO_2 among young runners 10 to 18 years of age. *Med Sci Sports* 10: 200–203, 1978.

14 Dorgo S, King GA, Candelaria NG, Bader JO, Brickey GD and Adams CE. Effects of manual resistance training on fitness in adolescents. *J Strength Cond Res* 23: 2287–2294, 2009.

15 Eriksson BO, Gollnick PD and Saltin B. Muscle metabolism and enzyme activities after training in boys 11–13 years old. *Acta Physiol Scand* 87: 485–497, 1973.

16 Faigenbaum AD, Farrell A, Fabiano M, et al. Effects of integrative neuromuscular training on fitness performance in children. *Pediatr Exerc Sci* 23: 573–584, 2011.

17 Faigenbaum AD and Mediate P. Effects of medicine ball training on fitness performance of high-school physical education students. *Physical Educator* 63: 160–167, 2008.

18 Fellmann N and Coudert J. [Physiology of muscular exercise in children]. *Arch Pediatr* 1: 827–840, 1994.

19 Ferrari Bravo D, Impellizzeri FM, Rampinini E, Castagna C, Bishop D and Wisloff U. Sprint vs. interval training in football. *Int J Sports Med* 29: 668–674, 2008.

20 Fournier M, Ricci J, Taylor AW, Ferguson RJ, Montpetit RR and Chaitman BR. Skeletal muscle adaptation in adolescent boys: sprint and endurance training and detraining. *Med Sci Sports Exerc* 14: 453–456, 1982.

21 Frost G, Dowling J, Dyson K and Bar-Or O. Cocontraction in three age groups of children during treadmill locomotion. *J Electromyogr Kinesiol* 7: 179–186, 1997.

22 Gabler M, Prieske O, Hortobagyi T and Granacher U. The effects of concurrent strength and endurance training on physical fitness and athletic performance in youth: a systematic review and meta-analysis. *Front Physiol* 9: 1057, 2018.

23 Gagné F. Constructs and models pertaining to exceptional human abilities. In: *International Handbook of Research and Development of Giftedness and Talent.* KA Heller, FJ Monks and AH Passow, eds. Oxford: Pergamon Press, 1993.

24 Gamble P. Metabolic conditioning development for youths. In: *Strength and Conditioning for Young Athletes: Science and application.* RS Lloyd and JL Oliver, eds. Oxford: Routledge, 2014.

25 Haralambie G. Enzyme activities in skeletal muscle of 13–15 years old adolescents. *Bull Eur Physiopathol Respir* 18: 65–74, 1982.

26　Harrison CB, Gill ND, Kinugasa T and Kilding AE. Development of aerobic fitness in young team sport athletes. *Sports Med* 45: 969–983, 2015.

27　Harrison CB, Kilding AE, Gill ND and Kinugasa T. Small-sided games for young athletes: is game specificity influential? *J Sports Sci* 32: 336–344, 2014.

28　Helgerud J, Engen LC, Wisloff U and Hoff J. Aerobic endurance training improves soccer performance. *Med Sci Sports Exerc* 33: 1925–1931, 2001.

29　Horowitz JF, Sidossis LS and Coyle EF. High efficiency of type I muscle fibers improves performance. *Int J Sports Med* 15: 152–157, 1994.

30　Impellizzeri FM, Marcora SM, Castagna C, et al. Physiological and performance effects of generic versus specific aerobic training in soccer players. *Int J Sports Med* 27: 483–492, 2006.

31　Joyner MJ and Coyle EF. Endurance exercise performance: the physiology of champions. *J Physiol* 586: 35–44, 2008.

32　Kappenstein J, Ferrauti A, Runkel B, Fernandez-Fernandez J, Muller K and Zange J. Changes in phosphocreatine concentration of skeletal muscle during high-intensity intermittent exercise in children and adults. *Eur J Appl Physiol* 113: 2769–2779, 2013.

33　Katch VL. Physical conditioning of children. *J Adolesc Health Care* 3: 241–246, 1983.

34　Kentta G, Hassmen P and Raglin JS. Training practices and overtraining syndrome in Swedish age-group athletes. *Int J Sports Med* 22: 460–465, 2001.

35　Krahenbuhl GS and Williams TJ. Running economy: changes with age during childhood and adolescence. *Med Sci Sports Exerc* 24: 462–466, 1992.

36　Larsen HB, Nolan T, Borch C and Sondergaard H. Training response of adolescent Kenyan town and village boys to endurance running. *Scand J Med Sci Sports* 15: 48–57, 2005.

37　Lloyd RS, Cronin JB, Faigenbaum AD, et al. National Strength and Conditioning Association Position Statement on Long-Term Athletic Development. *J Strength Cond Res* 30: 1491–1509, 2016.

38　Lussier L and Buskirk ER. Effects of an endurance training regimen on assessment of work capacity in prepubertal children. *Ann N Y Acad Sci* 301: 734–747, 1977.

39　Mahon AD. Aerobic training. In: *Paediatric Exercise Science and Medicine*. N Armstrong and W van Mechelen, eds. Oxford: Oxford University Press, 2008, pp 513–530.

40　Mahon AD and Vaccaro P. Ventilatory threshold and $\dot{V}O_{2max}$ changes in children following endurance training. *Med Sci Sports Exerc* 21: 425–431, 1989.

41　Malina RM, Bouchard C and Bar-Or O. *Growth, Maturation and Physical Activity*. Champaign, IL: Human Kinetics, 2004.

42　Matos NF, Winsley RJ and Williams CA. Prevalence of nonfunctional overreaching/overtraining in young English athletes. *Med Sci Sports Exerc* 43: 1287–1294, 2011.

43　Mayorga-Vega D, Viciana J and Cocca A. Effects of a circuit training program on muscular and cardiovascular endurance and their maintenance in schoolchildren. *J Hum Kinet* 37: 153–160, 2013.

44　McManus AM, Armstrong N and Williams CA. Effect of training on the aerobic power and anaerobic performance of prepubertal girls. *Acta Paediatr* 86: 456–459, 1997.

45　McManus AM, Cheng CH, Leung MP, Yung TC and Macfarlane DJ. Improving aerobic power in primary school boys: a comparison of continuous and interval training. *Int J Sports Med* 26: 781–786, 2005.

46　McMillan K, Helgerud J, Macdonald R and Hoff J. Physiological adaptations to soccer specific endurance training in professional youth soccer players. *Br J Sports Med* 39: 273–277, 2005.

47　McNarry M, Barker AR, Lloyd RS, Buchheit M, Williams CA and Oliver JL. The BASES expert statement on trainability during childhood and adolescence. *Sport Exerc Scientist* 22–23, 2014.

48　Millet GP, Jaouen B, Borrani F and Candau R. Effects of concurrent endurance and strength training on running economy and $\dot{V}O_2$ kinetics. *Med Sci Sports Exerc* 34: 1351–1359, 2002.

49　Obert P, Courteix D, Lecoq AM and Guenon P. Effect of long-term intense swimming training on the upper body peak oxygen uptake of prepubertal girls. *Eur J Appl Physiol Occup Physiol* 73: 136–143, 1996.

50　Oliver JL, Lloyd RS and Meyers RW. Training elite child athletes: welfare and well-being. *Strength Cond J* 33: 73–79, 2011.

51　Petray CK and Krahenbuhl GS. Running training, instruction on running technique, and running economy in 10 y old males. *Res Q Exerc Sport* 56: 251–255, 1985.

52　Philippaerts RM, Vaeyens R, Janssens M, et al. The relationship between peak height velocity and physical performance in youth soccer players. *J Sports Sci* 24: 221–230, 2006.

53　Ratel S, Bedu M, Hennegrave A, Dore E and Duche P. Effects of age and recovery duration on peak power output during repeated cycling sprints. *Int J Sports Med* 23: 397–402, 2002.

54　Ratel S and Blazevich AJ. Are prepubertal children metabolically comparable to well-trained adult endurance athletes? *Sports Med* 47: 1477–1485, 2017.

55　Ratel S, Duche P, Hennegrave A, Van Praagh E and Bedu M. Acid-base balance during repeated cycling sprints in boys and men. *J Appl Physiol* 92: 479–485, 2002.

56　Ratel S, Duche P and Williams CA. Muscle fatigue during high-intensity exercise in children. *Sports Med* 36: 1031–1065, 2006.

57　Reybrouck T, Weymans M, Stijns H, Knops J and van der Hauwaert L. Ventilatory anaerobic threshold in healthy children. Age and sex differences. *Eur J Appl Physiol Occup Physiol* 54: 278–284, 1985.

58　Rotstein A, Dotan R, Bar-Or O and Tenenbaum G. Effect of training on anaerobic threshold, maximal aerobic power and anaerobic performance of preadolescent boys. *Int J Sports Med* 7: 281–286, 1986.

59　Rowland TW. *Children's Exercise Physiology*. Champaign; IL: Human Kinetics, 2005.

60　Sallis JF, Buono MJ and Freedson PS. Bias in estimating caloric expenditure from physical activity in children. Implications for epidemiological studies. *Sports Med* 11: 203–209, 1991.

61　Sjodin B and Svedenhag J. Oxygen uptake during running as related to body mass in circumpubertal boys: a longitudinal study. *Eur J Appl Physiol Occup Physiol* 65: 150–157, 1992.

62　Sperlich B, De Marees M, Koehler K, Linville J, Holmberg HC and Mester J. Effects of 5 weeks of high-intensity interval training vs. volume training in 14-year-old soccer players. *J Strength Cond Res* 25: 1271–1278, 2011.

63　Sperlich B, Zinner C, Heilemann I, Kjendlie PL, Holmberg HC and Mester J. High-intensity interval training improves $\dot{V}O_{2peak}$, maximal lactate accumulation, time trial and competition performance in 9–11-year-old swimmers. *Eur J Appl Physiol* 110: 1029–1036, 2010.

64　Spurrs RW, Murphy AJ and Watsford ML. The effect of plyometric training on distance running performance. *Eur J Appl Physiol* 89: 1–7, 2003.

65　Storen O, Helgerud J, Stoa EM and Hoff J. Maximal strength training improves running economy in distance runners. *Med Sci Sports Exerc* 40: 1087–1092, 2008.

66　Taylor DJ, Kemp GJ, Thompson CH and Radda GK. Ageing: effects on oxidative function of skeletal muscle in vivo. *Mol Cell Biochem* 174: 321–324, 1997.

67　Tolfrey K and Armstrong N. Child–adult differences in whole blood lactate responses to incremental treadmill exercise. *Br J Sports Med* 29: 196–199, 1995.

68　Tomkinson GR, Lang JJ, Tremblay MS, et al. International normative 20 m shuttle run values from 1 142 026 children and youth representing 50 countries. *Br J Sports Med* 51: 1545–1554, 2017.

69　Tonnessen E, Shalfawi SA, Haugen T and Enoksen E. The effect of 40-m repeated sprint training on maximum sprinting speed, repeated sprint speed endurance, vertical jump, and aerobic capacity in young elite male soccer players. *J Strength Cond Res* 25: 2364–2370, 2011.

70　Viru A, Loko J, Harrow M, Volver A, Laaneots L and M V. Critical periods in the development of performance capacity during childhood and adolescence. *Eur J Phys Educ* 4: 75–119, 1999.

71　Williams CA. Maximal intensity exercise. In: *Paediatric Exercise Science and Medicine.* N Armstrong and W van Mechelen, eds. Oxford: Oxford University Press, 2008, pp 227–242.

72　Wrigley R, Drust B, Stratton G, Scott M and Gregson W. Quantification of the typical weekly in-season training load in elite junior soccer players. *J Sports Sci* 30: 1573–1580, 2012.

73　Wrigley RD, Drust B, Stratton G, Atkinson G and Gregson W. Long-term soccer-specific training enhances the rate of physical development of academy soccer players independent of maturation status. *Int J Sports Med* 35: 1090–1094, 2014.

第13章 青少年运动员灵活性和柔韧性训练

William Sands，Jeni Mcneal

引言

　　一直以来柔韧性都被认为是青少年及成人的一项基本身体能力。经常在身体素质测试中包含柔韧性测试项目，这足以体现出柔韧性的重要，在青少年运动员的测试中同样如此[45,49]。柔韧性，从结构的角度来讲，是指"一个关节或者多个相关关节的活动幅度（ROM）"[53]，而从功能角度来讲，是指"关节在全活动范围内顺畅移动的能力"[24]。对于所有运动员来说，在最佳关节活动范围内自由并高效移动的能力是重要的运动目标之一[43,44]。因此关节灵活性不仅是简单的指关节结构的柔韧性，而是更加确切指特定的关节力量、协调及运动控制前提下以预定速度、正确的顺序、特定的时间和在既定方向上的高效准确的运动。遗憾的是，"灵活性"一词通常与静态姿势联系在一起，例如将两腿伸展至极限或将后背极度弯曲。柔韧性及灵活性对青少年运动员的相对重要性取决于运动项目的技术要求及运动员的成熟程度。例如，许多技巧类项目需要运动员在比赛中展示超高柔韧性来提高得分[43,74]。而其他项目则是利用较大的关节活动范围来改善动作的力学特性从而提高运动成绩，例如投掷[66]和击打类项目[39,60]。

　　许多运动员长期发展模型指出[64]，运动员不同身体素质和运动能力的发展存在对应的"敏感期"或"关键期"，儿童时期是柔韧素质发展的"敏感期"。然而已经被证明在特殊的敏感期能够提高柔韧性，特别是表现难美型项目[12,37]。关于柔韧素质发展的敏感期一般出现在6～11岁。关于敏感期和关键期的概念进行了修改并加入了"关键期的顺序"的概念[2]。关键期顺序强调，技能和子技能的序列与技能获得有关，并且敏感或关键期处于学习技能的初期阶段，直到掌握该技能为止。柔韧是一种技能，涉及学习"拉伸耐受性"[35]。柔韧性是在与年龄、生理条件和准备状态相关的背景下习得的[12,51,54]。柔韧性在童年时期更容易达到一定水平并且在成年时期保持。[43,72]

> 提高柔韧性的障碍既是结构性的又是功能性的。

基础理论概念

柔韧性通常指特定关节经过专门训练后在特定运动平面中的移动能力，而非整个身体的柔韧素质[7,40]。某个关节在特定运动平面中的柔韧素质不会影响与其他关节的柔韧水平，甚至同一关节在其他运动平面的柔韧水平。柔韧素质受到许多个体特征的影响[9]，肌肉肌腱的刚度被认为是可以通过柔韧性训练，尤其是通过各种拉伸练习最易于改善和提高的部分。肌肉与肌腱的刚度受到主动成分和被动成分的影响。被动成分是由收缩组织（肌动蛋白 - 肌球蛋白和横桥）及连接组织（并联和串联弹性成分）的材料特性所决定的[17]；主动部分则由神经系统通过反射和主动收缩机制进行调节[35]。当前相关研究已指出在某些关节中，被动成分会对成人的关节活动范围造成影响，而主动成分，例如肌肉放松能力、张力水平、张力类型也会以不同的方式对关节活动范围造成影响，但主动成分对关节活动范围具体的影响方式还不明了[46]。

当前关于主被动刚性的所有认识均是从成年人的研究中获得的。众所周知，婴儿刚出生时由于受到妊娠期体位的影响，全身不同关节具有不同的被动活动范围。例如，在刚出生时，婴儿的踝关节具有极高的背屈活动度，在被动背屈动作时足部甚至能够接触到胫骨；然而，膝关节的伸展活动度却存在严重不足，这与婴儿在妊娠期时的膝关节屈曲体位有关[70,71]。婴儿踝关节的被动活动度在 7 岁时会与成人接近[68]，但目前关于其他关节的时间 - 活动度变化概况还不得而知。在儿童时期早期和中期的肌肉肌腱的刚性会有上升的趋势。7～11 岁的儿童肌肉肌腱刚度与肌腱反射的程度存在正向相关性。随着年龄的增长，儿童肌梭的敏感性会增加，但依然低于成人[68]。研究还发现儿童具有较高的肌肉协同活动指数，但随着年龄增长这个指数会逐渐下降[21,22,31]。肌肉协同活动会通过改变肌肉的触变性导致肌肉在安静时横桥连接数目减少[13]。肌肉对牵拉的耐受性提高被认为是儿童柔韧性提高的机制之一，尤其是在使用振动设备进行柔韧性练习的情况下，这种设备能够降低柔韧性练习时的不适感并改变肌肉的触变性[56,57]。

在关节活动度减少或停滞期间，暗示了生长速度突增[47,65,73]。据推测，在此期间，由于骨骼的增长先于肌肉增长，柔韧性可能会降低，从而导致柔韧性暂时降低。此外，各种运动员和运动之间的成熟度和性别差异也会影响关节松弛的能力，在青春期之前男女之间几乎没有差异。然而，青春期后，女性比男性表现出更高的关节松弛度[48]。需要进行纵向研究，以追踪一些不受生长影响的肢体长度变化对柔韧度的改变[6]。青少年柔韧性的横断面研究表明，成长与柔韧性之间没有关系[15]。尽管文献上存在差异，但应谨慎地对10～14岁的运动员进行柔韧性训练。增强柔韧性和提高运动表现的直接证据较少。目前有一些研究探究了不同运动水平的运动员，他们都认为柔韧性是运动表现非常重要的因素。在青少年女性游泳运动员中，肩部的灵活性越高，运动员100m的游泳速度就越快，但这种相关性，在男性运动员中较低[19]。在男性游泳运动员的潜在研究中发现，动态拉伸能够提高柔韧性进而提高运动员表现[28]。一项对三个棒球投手的高中生的研究得出，在最大肩外旋点，投球速度与骨盆和上部躯干的较大关节活动度有关[67]。在难美型运动中，这种关系更加明显，项目的评分标准包括与技术动作相关关节的关节活动度有关。由于许多动作所需的最佳或必要的关节活动度尚不明确，教练很难确定最佳柔韧度。运动技术的发展可能会受到最佳的"关节活动度"的影响[43]。因此，教练员需要做更多的工作来提高柔韧性与运动表现的关系。

过高或过低的柔韧性都容易导致运动损伤，但鉴于界定和描述"运动损伤"与"柔韧性"的复杂性，这两者之间的关系是站不住脚的。事实上，目前没有任何关于青少年的研究数据。一项优秀青少年划船运动员的研究显示，腘绳肌柔韧性的不足会对躯干最大屈曲时的脊柱姿势产生影响[32]。但作者认为这种不良的脊柱姿势会增加脊柱和椎间盘的负荷，从而增加损伤风险。一组青少年游泳运动员执行了6周的肩部拉伸和力量训练干预，结果有效地改善了这组运动员的"圆肩姿势"，俗称"游泳肩"，但该研究无法得出结论，因为缺乏关于力量方面的数据[30]。基于成年人的研究数据同样不足以清晰阐明柔韧素质与一般和专项相关的损伤风险的关系，因此在这方面仍需做进一步研究[61]。

> 柔韧性对于每个关节和动作都是特有的。它被肌肉肌腱的刚性所影响，同时具有主动和被动成分。拉伸可通过改变肌腱刚性来增强柔韧性。

实践建议

表现难美型与非表现难美型项目

在不同项目中进行柔韧性练习时，首先要考虑柔韧性练习目标。对于体操、花样滑冰和跳水等具有特定的柔韧性要求的项目，需要建立有利于展示最大的关节活动度的动作。表现难美型运动往往需要在训练早期去准备[3]。而对于非表现难美型项目而言，提高柔韧性的目标主要在于通过增加肢体在运动过程中产生力量或力量吸收过程中的距离与时间来提高动作力学优势，进而增加动作的力学冲量（力×时间）。例如，运动员在棒球挥棒动作之前往往会迅速向后做一个挥棒准备动作，做这个动作目的是增加挥棒动作的挥棒距离和时间，此外通过预拉伸肌肉来促进挥棒动作阶段的力量输出。同理，如果力的吸收过程能在更长的时间和距离内发生，那么减速过程往往就能以更为可控和慢速的方式发生，例如滑雪和武术中的摔倒。较大的关节活动度可以在更长的距离和时间上吸收摔倒下落的缓冲力，从而减小峰值力[43]。因此非表现难美性项目则应当致力于达到最佳关节活动范围，而非追求过大的关节活动范围[69]。

主动和被动关节活动度

被动关节活动度是指在肌肉不参与主动收缩发力的前提下，肢体的动作或姿势。例如坐姿分腿动作，利用自身重量（图 13.1）。主动关节活动度是指在主动肌收缩发力的前提下，四肢或身体的某一部分在关节活动范围内的活动幅度（图 13.2）。例如，在坐位体前屈练习中，运动员主动屈曲髋部和躯干来触摸自己的脚趾。如果该运动员站起来并弯腰触摸自己的足趾，重力将有助于髋部和躯干的屈曲，从而降低相关主动肌的张力[34]。一般而言，主动关节活动度对运动表现更为重要，但由于收缩肌肉的长度 - 张力关系提高，主动关

图 13.1　运动员在大幅度分腿中进行被动拉伸

节活动度也更为困难。然而提高主动关节活动度需要以被动关节活动度为基础,只有当运动员的关节能够达到某个被动活动范围时,运动员才可以在此关节活动范围内发展肌肉力量。当然主动与被动关节活动度也可以同时进行训练,例如采用弹力带或其他方法进行训练[53]。对儿童来说,应鼓励其在已有的关节活动度的全范围进行力量和动作控制练习。教练员应更加注意保持正确姿势及关节排列,以确保练习所需要的结构。

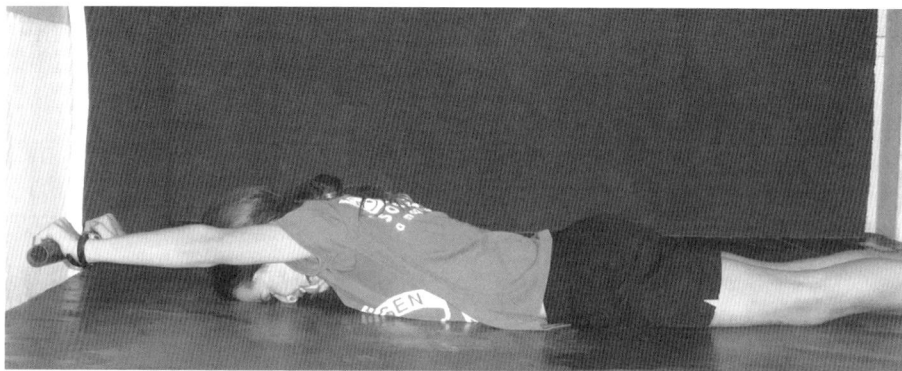

图 13.2　肩关节大幅度屈曲的活动范围。请注意,运动员正在尝试将手臂从地板上抬起

拉伸频率

当进行专业训练时,每周需要拉伸至少 2～3 次[4, 6]。然而在表现难美型项目中,几乎每天都会进行拉伸练习。一项关于青春发育期之前的研究发现儿童每周进行 4 次拉伸对柔韧素质的提升效果要好于每周进行 2 次[59]。青少年训练中迄今没有记录到每天进行柔韧性训练会产生不良副作用的情况[54]。相反,已证明会出现停训现象,如 5 周停训后柔韧性会恢复到拉伸训练之前的水平[41]。

拉伸持续时间

每次拉伸持续 10～30 秒能获得最佳效果[37]。拉伸时通常每个动作大约可重复 3 次。虽然更长的拉伸时间能够提高拉伸效果,但这种效果会随拉伸时间的延长而逐渐下降。此外,更长的拉伸时间往往导致结缔组织在拉伸后立即弱化[25],这种影响随着休息出现下降。在大多数青春期前的女性体操运动员中,间歇性拉伸所产生的效果会优于长时间持续拉伸[11]。此外,研究表明,长时间持续的拉伸会降低男性青少年半职业足球运动员拉伸后的峰值扭矩[75]。

拉伸强度

拉伸往往伴随着不适感。尽管拉伸刺激的强度与不适感之间往往存在正相关关系,但拉伸超过受试者不适感的耐受水平必然会导致受伤。仅有一项研究使用疼痛量表来控制拉伸强度和感觉[58]。尽管实验中使用的是成人,当强度保持在最大可容忍的拉伸位置时,拉伸强度与膝关节伸屈时的关节活动范围增大有关,而在低于最大拉伸强度时没有关节活动度变化[16]。未来的研究应该专门针对拉伸强度问题进行。

拉伸强度似乎也与肌肉僵硬度急剧下降以及随后训练中肌肉力量和爆发力下降有关。尽管大多数研究是关于成年人的,但有一些关于青少年的研究同样也表现出在拉伸练习之后,力量和爆发力的急剧下降[42]。然而这些不好的影响可以通过"二次热身"中积极的动态热身来减弱和消除。

柔韧性训练方法

静态拉伸可能是最常见、最易理解且最易实施的儿童柔韧性训练方法。静态拉伸时运动员首先将肢体移动到理想的拉伸位置,然后在自我控制的前提下逐渐提高拉伸强度(图 13.3)。运动员保持该姿势 10~30s。静态拉伸虽然很常见,但由于人体固有的对机体不适感的自我抑制,静态拉伸可能会因此受到影响。

当运动员达到其功能范围的极限时,通常会使用弹震式拉伸。在肢体运动的终点位置,弹震式拉伸会通过小幅度的震动或小幅度的快速运动以获得更大的关节活动度。对于提高关节活动度,成人的弹震式拉伸与静态拉伸一样有效[8,36]。并且在男子大学生的垂直纵跳测试中,在弹震式拉伸后并未表现出成绩的下降[5]。弹震式拉伸在实践中应用相对较少,主要原因是这种拉伸方式容易激活肌肉的牵张反射,导致目标肌群发生收缩对抗主动牵拉,并且抑制拉伸刺激,甚至还会出现拉伤[1]。弹震式拉伸应是足够成熟的青少年才能进行的拉伸方式,但也应谨慎控制好强度。

本体感觉神经肌肉促进疗法(proprioceptive neuromuscular facilitation,PNF),诞生于 20 世纪 40~50 年代,当时主要用于治疗瘫痪病人[62]。尽管PNF 拉伸有很多变化,但基本原理是在拉伸之前先利用肌肉张力可以提高关节活动范围。PNF 拉伸通常需要一个细心专业的同伴,拉伸过程中注意不要超过被拉伸者的疼痛极限和关节活动度范围[52]。由于儿童天性好玩及冲动,在操作 PNF 拉伸时往往风险较大,这可能会导致他们在无意识下超出自身的关节活动度和疼痛极限。而且,研究已经证明,儿童在进行 PNF 拉伸后会对垂直纵跳测试[10]造成暂时性的力量和爆发力下降。因此,我们需要更多的研

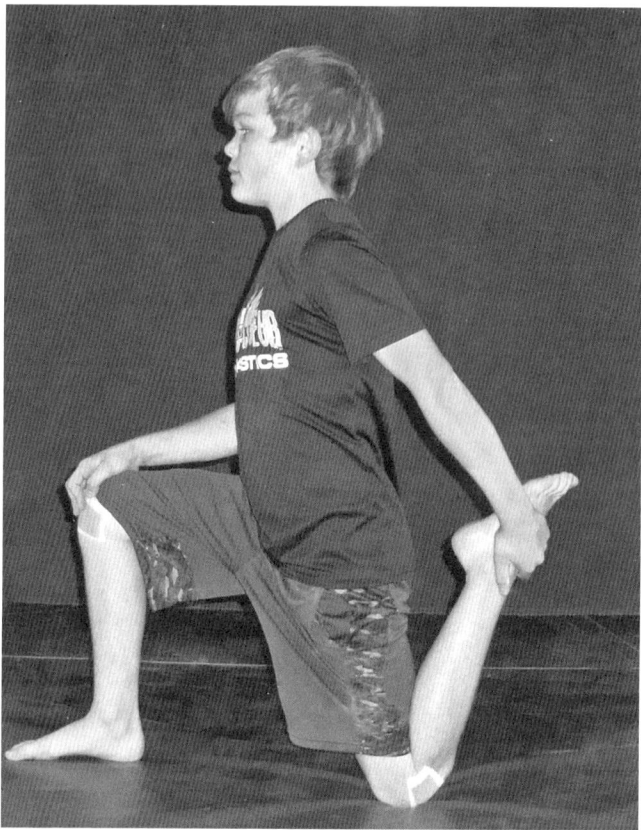

图 13.3   男孩在进行左腿髋关节屈肌和膝关节伸肌的静态拉伸

究来揭示儿童在进行 PNF 拉伸时的特性。但在表现难美型项目中，教练和运动员已经应用此技术数十年之久了[50, 52]。

动态拉伸要求练习者动态地移动肢体或身体某部分在全关节活动范围内进行移动，具体动作例如肢体摆荡、轻踢腿等，以此来提高关节活动幅度（图 13.4）。动态拉伸的优势在于将技能练习和热身融入拉伸动作中，通过这种练习既能够提高关节活动范围，同时还能在主要运动之前很好地模拟和提高专项动作技能[14, 20, 38]。

实验已经证明，通过增加振动来进行柔韧性训练可以提高儿童的关节活动度[29, 55]。目前尚不清楚振动诱导柔韧性增强的机制，但相关因素可能包括，由于血流量增加引起组织温度升高[27]，肌肉和结缔组织细胞内触变性增加[25, 26]以及疼痛的减轻有关[29, 56]。振动辅助拉伸的效果非常明显，急性关节活动度最高可提高 400%，长期可提高 100%[57]（图 13.5）。

图 13.4　运动员运用栏架在低姿态下进行的动态拉伸

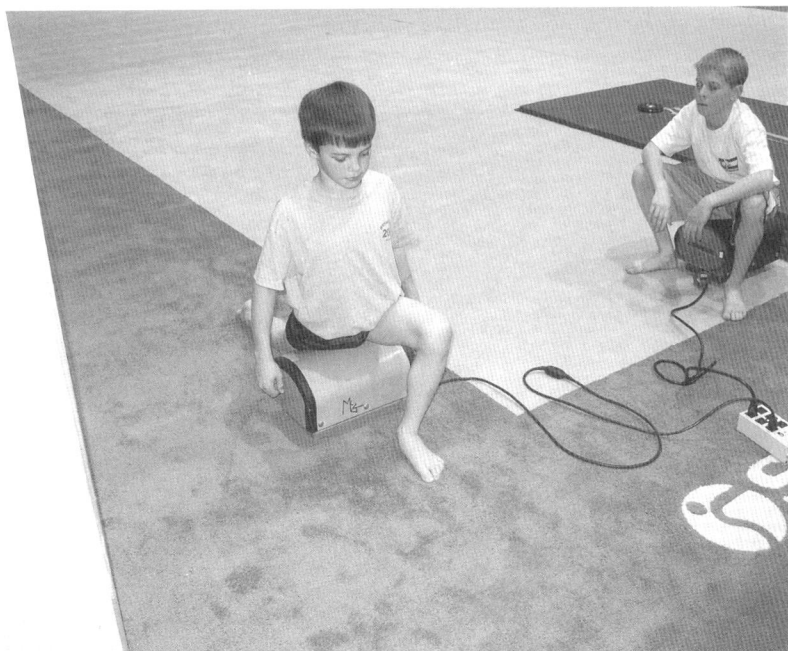

图 13.5　正在使用振动设备拉伸屈髋肌和右腿股四头肌

柔韧性测试

　　柔韧性与运动员的性别、活动关节、动作平面、关节活动度的极限范围、速度、力量以及与其他关节运动的协调性高度相关[63]。因此，柔韧性测试应模仿运动所需的特殊姿势或动作，然后再考虑运动员的性别、专项、关节、肌肉收缩类型、动作变化和稳定性。

　　在测试和测量静态姿势时，有一点非常重要，积极进取的运动员可能会施加过大的压力来获得更大的关节活动度，这就会增加他们受伤的风险。因此，当进行静态柔韧性测试时，不应鼓励运动员在拉伸时弹动或进行弹震式运动。柔韧性测试，例如在近几年"坐姿体前屈"已经调整成为"背部触地"的抬腿测试[23, 33]。该测试需要每条腿分别进行，以体现左右两腿屈髋肌的对称性。数十年来，在评估关节活动度的大多现场测试的作用一直受到质疑，许多研究都检测了这些测试的信度和各种类型测试的有效性[18, 33]。动态柔韧性测试比静态柔韧性测试要复杂得多。但是，仍然有许多简单、免费、精确的方法来测量静态和动态的关节活动度。该过程涉及免费软件（请参阅 https：//www.theimagingsource.com/media/press releases / archive / 201509171），该软件可用于数字化和测量数字图像中的任何二维角度。首先观察想要观测的关节或四肢标志，然后选择并拖动可视工具即可轻松测量静态姿势的角度（图 13.6）。通过捕获感兴趣的帧数，可以从数字视频中获取动态过程中的最大角度。分析的图像很容易添加到运动员和教练的反馈报告中。

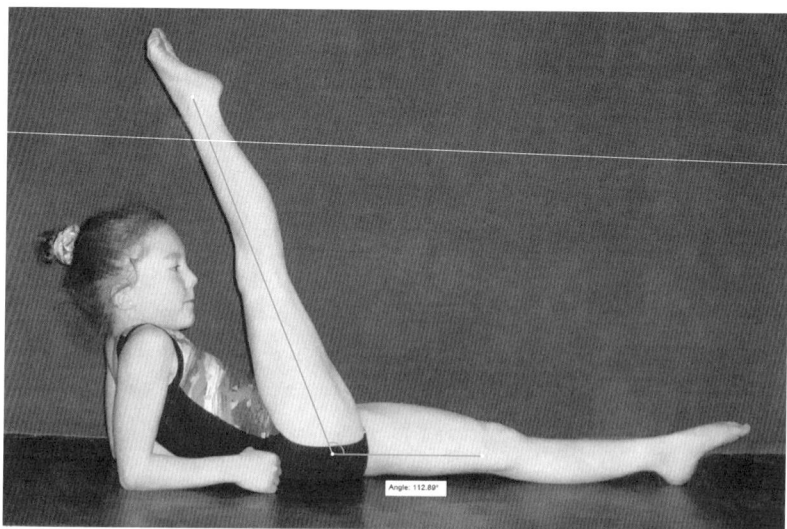

图 13.6　测量右腿主动屈髋的活动度。请注意，臀部右侧的线代表股骨的长骨。上述软件提供了线和角度的有效信息

重点总结

- 不同的运动对柔韧性和伸展性要求不同。
- 主动柔韧性是建立在被动柔韧性的基础上的，并且相对更难完成。
- 拉伸运动应每周至少进行 2 次，也可以每天进行。
- 伸展运动应安排合理的组数进行，每次练习持续 10～30 秒。
- 拉伸强度应接近最大可忍受的不适感，以确保获得改善。
- 可以使用计算机等数字化软件来测量柔韧度。

参考文献

1 Alter MJ. *Science of Flexibility*. Champaign, IL: Human Kinetics, 2004.

2 Anderson DI, Magill RA and Touvarecq R. Critical periods, sensitive periods, and readiness for motor skill learning. In: *Skill Acquisition in Sport*. NJ Hodges and AM Williams, eds. London: Routledge, 2012, pp 211–228.

3 Arkaev LI and Suchilin NG. *How to Create Champions*. Oxford: Meyer & Meyer Sport (UK) Ltd, 2004.

4 Beunen G and Malina RM. Growth and biological maturation: relevance to athletic performance. In: *The Child and Adolescent Athlete*. O Bar-Or, ed. Oxford: Blackwell Science, 1996, pp 3–24.

5 Bradley PS, Olsen PD and Portas MD. The effect of static, ballistic, and proprioceptive neuromuscular facilitation stretching on vertical jump performance. *J Strength Cond Res* 21: 223–226, 2007.

6 Brodie DA and Royce J. Developing flexibility during childhood and adolescence. In: *Pediatric Anaerobic Performance*. E Van Praagh, ed. Champaign, IL: Human Kinetics, 1998, pp 65–93.

7 Chandler TJ, Kibler WB, Uhl TL, Wooten B, Kiser A and Stone E. Flexibility comparisons of junior elite tennis players to other athletes. *Am J Sports Med* 18: 134–136, 1990.

8 Covert CA, Alexander MP, Petronis JJ and Davis DS. Comparison of ballistic and static stretching on hamstring muscle length using an equal stretching dose. *J Strength Cond Res* 24: 3008–3014, 2010.

9 Cribb AM and Scott JE. Tendon response to tensile stress: an ultrastructural investigation of collage: proteoglycan interactions in stressed tendon. *J Anat* 187: 423–428, 1995.

10 de Paiva Carvalho FL, Prati JELR, de Alencar Carvalho MCG and Dantas EHM. Acute effects of static stretching and proprioceptive neuromuscular facilitation on the performance of vertical jump in adolescent tennis players. *Fit Perf J* 8: 264–268, 2009.

11 Donti O, Papia K, Toubekis AG, Donti A, Sands WA and Bogdanis GC. Flexibility training in preadolescent female athletes: Acute and long-term effects of intermittent and continuous static stretching. *J Sports Sci* 36: 1–8, 2017.

12 Drabik J. *Children & Sports Training*. Island Pond, VT: Stadion Publishing Co., 1996.

13 Enoka RM. *Neuromechanical Basis of Kinesiology*. Champaign, IL: Human Kinetics, 1994.

14 Faigenbaum AD, Bellucci M, Bernieri A, Bakker B and Hoorens K. Acute effects of different warm-up protocols on fitness performance in children. *J Strength Cond Res* 19: 376–381, 2005.

15 Feldman D, Shrier I, Rossignol M and Abenhaim L. Adolescent growth is not associated with changes in flexibility. *Clin J Sport Med* 9: 24–29, 1999.

16 Freitas SR, Vilarinho D, Vaz JR, Bruno PM, Costa PB and Mil-homens P. Responses to static stretching are dependent on stretch intensity and duration. *Clin Physiol Funct Imaging* 35: 478–484, 2015.

17 Gajdosik RL. Passive extensibility of skeletal muscle: review of the literature with clinical implications. *Clin Biomech* 16: 87–101, 2001.

18 Gard M and Pluim C. Why is there so little critical physical education scholarship in the United States? The case of Fitnessgram. *Sport Educ Soc* 22: 602–617, 2017.

19 Geladas ND, Nassis GP and Pavlicevic S. Somatic and physical traits affecting sprint swimming performance in young swimmers. *Int J Sports Med* 26: 139–144, 2005.

20 Gelen E. Acute effects of different warm-up methods on jump performance in children. *Biol Sport* 28: 133–138, 2011.

21 Grosset JF, Mora I, Lambertz D and Perot C. Reflex and stiffness of the triceps surae for prepubertal children of different ages. *Comput Methods Biomech Biomed Eng* 8: 123–124, 2005.

22 Grosset JF, Mora L, Lambertz D and Perot C. Changes in stretch reflexes and muscle stiffness with age in prepubescent children. *J Appl Physiol* 102: 2352–2360, 2007.

23 Hemmatinezhad MA, Afsharnezhad T, Nateghi N and Damirchi A. The relationship between limb length with classical and modified back saver sit-and-reach tests in student boys. *Int J Fit* 5: 69–78, 2009.

24 Heyward VH. *Designs for Fitness: A guide to physical fitness appraisal & exercise prescription*. Minneapolis, MN: Burgess, 1984.

25 Hutton RS. Neuromuscular basis of stretching exercises. In: *Strength and Power in Sport*. PV Komi, ed. Oxford: Blackwell Scientific, 1992, pp 29–38.

26 Ishihara Y, Izumizaki M, Atsumi T and Homma I. Aftereffects of mechanical vibration and muscle contraction on limb position-sense. *Muscle Nerve* 30: 486–492, 2004.

27 Issurin VB. Vibrations and their applications in sport a review. *J Sports Med Phys Fit* 45: 324–336, 2005.

28 Keles Ş and Karacan S. The effect of dynamic stretching exercises on flexibility development and swimming performance in 10–12 year-old male swimmers. *J Phys Educ Sports Sci* 10: 328–337, 2016.

29 Kinser AM, Ramsey MW, O'Bryant HS, Ayres CA, Sands WA and Stone MH. Vibration and stretching effects on flexibility and explosive strength in young gymnasts. *Med Sci Sports Exerc* 40: 133–140, 2008.

30 Kluemper M, Uhl T and Hazelrigg H. Effect of stretching and strengthening shoulder muscles on forward shoulder posture in competitive swimmers. *J Sport Rehab* 15: 58–70, 2006.

31 Lambertz D, Mora I, Grosset JF and Perot C. Evaluation of musculotendinous stiffness in prepubertal children and adults, taking into account muscle activity. *J Appl Physiol* 95: 64–72, 2003.

32 López-Miñarro PA and Alacid F. Influence of hamstring muscle extensibility on spinal curvatures in young athletes. *Sci Sports* 25: 88–93, 2010.

33 López-Miñarro PA, de Baranda Andújar PS and Rodríguez-García PL. A comparison of the sit-and-reach test and the back-saver sit-and-reach test in university students. *J Sports Sci Med* 8: 116–122, 2009.

34 Luttgens K and Wells KF, eds. *Kinesiology*. Philadelphia, PA: CBS College Publishing, 1982.

35 Magnusson SP, Simonsen EB, Aagaard P, Boesen J, Johannsen F and Kjaer M. Determinants of musculoskeletal flexibility: viscoelastic properties, cross-sectional area, EMG and stretch tolerance. *Scand J Med Sci Sports* 7: 195–202, 1997.

36 Mahieu NN, McNair P, De Muynck M, et al. Effect of static and ballistic stretching on the muscle-tendon tissue properties. *Med Sci Sports Exerc* 39: 494–501, 2007.

37 Malina RM. Growth, maturation and development: Applications to young athletes and in particular to divers. In: *USA Diving Coach Development Reference Manual*. RM Malina and JL Gabriel, eds. Indianapolis, IN: USA Diving, 2007, pp 3–29.

38 Mann DP and Jones MT. Guidelines to the implementation of a dynamic stretching program. *Strength Cond J* 21: 53–55, 1999.

39 Marey S, Boleach LW, Mayhew JL and McDole S. Determination of player potential in volleyball: coaches' rating versus game performance. *J Sports Med Phys Fit* 31: 161–164, 1991.

40 Marshall JL, Johanson N, Wickiewicz TL, et al. Joint looseness: a function of the person and the joint. *Med Sci Sports Exerc* 12: 189–194, 1980.

41 Mayorga-Vega D, Merino-Marban R, Sánchez-Rivas E and Viciana J. Effect of a short-term static stretching training program followed by five weeks of detraining on hamstring extensibility in children aged 9–10 years. *J Phys Educ Sport* 14: 355–359, 2014.

42 McNeal JR and Sands WA. Acute static stretching reduces lower extremity power in trained children. *Pediatr Exerc Sci* 15: 139–145, 2003.

43 McNeal JR and Sands WA. Stretching for performance enhancement. *Curr Sports Med Rep* 5: 141–146, 2006.

44 Miletic D, Katic R and Males B. Some anthropological factors of performance in rhythmic gymnastics novices. *Coll Antropol* 28: 727–737, 2004.

45 Mirkov DM, Kukolj M, Ugarkovic D, Koprivica VJ and Jaric S. Development of anthropometric and physical performance profiles of young elite male soccer players: a longitudinal study. *J Strength Cond Res* 24: 2677–2682, 2010.

46 Nordez A, McNair PJ, Casari P and Cornu C. Static and cyclic stretching: their different effects on the passive torque-angle curve. *J Sci Med Sport* 13: 156–160, 2010.

47 Philippaerts RM, Vaeyens R, Janssens M, et al. The relationship between peak height velocity and physical performance in youth soccer players. *J Sports Sci* 24: 221–230, 2007.

48 Quatman CE, Ford KR, Myer GD, Paterno MV and Hewett TE. The effects of gender and pubertal status on generalized joint laxity in young athletes. *J Sci Med Sport* 11: 257–263, 2008.

49 Rost K and Schon R. *Talent Search for Track and Field Events*. Leipzig, Germany: German Track and Field Association. Translated by MR Hill, Heinz Nowoisky and NN Wegink. University of Utah, Salt Lake City, UT, 1997.

50 Sands B. *Coaching Women's Gymnastics*. Champaign, IL: Human Kinetics, 1984.

51 Sands WA. Physical abilities profiles – 1993 National TOPs testing. *Technique* 14(8): 15–20, 1994.

52 Sands WA. Flexibility. In: *USA Diving Coach Development Reference Manual*. RM Malina and JL Gabriel, eds. Indianapolis, IN: USA Diving, 2007, pp 95–103.

53 Sands WA and McNeal JR. Enhancing flexibility in gymnastics. *Technique* 20: 6–9, 2000.

54 Sands WA, McNeal JR, Penitente G, et al. Stretching the spines of gymnasts: a review. *Sports Med* 46: 315–327, 2015.

55 Sands WA, McNeal JR and Stone MH. Vibration, split stretching, and static vertical jump performance in young male gymnasts. *Med Sci Sports Exerc* 41: S255, 2009.

56 Sands WA, McNeal JR, Stone MH, Haff GG and Kinser AM. Effect of vibration on forward split flexibility and pain perception in young male gymnasts. *Int J Sports Physiol Perf* 3: 469–481, 2008.

57 Sands WA, McNeal JR, Stone MH, Russell EM and Jemni M. Flexibility enhancement with vibration: Acute and long-term. *Med Sci Sports Exerc* 38: 720–725, 2006.

58 Sands WA, Murray MB, Murray SR, et al. Peristaltic pulse dynamic compression of the lower extremity enhances flexibility. *J Strength Cond Res* 28: 1058–1064, 2014.

59 Santonja Medina FM, Sainz De Baranda Andujar P, Rodriguez Garcia PL, Lopez Minarro PA and Canteras Jordana M. Effects of frequency of static stretching on straight-leg raise in elementary school children. *J Sports Med Phys Fit* 47: 304–308, 2007.

60 Schmidt-Wiethoff R. Kinematic analysis of internal and external rotation range of motion in professional tennis. *Med Sci Tennis* 8: 18–19, 2003.

61 Shrier I. Does stretching improve performance? A systematic and critical review of the literature. *Clin J Sport Med* 14: 267–273, 2004.

62 Siff MC. *Supertraining*. Denver, CO: Supertraining Institute, 2000.

63 Silveira G, Sayers M and Waddington G. Effect of dynamic versus static stretching in the warm-up on hamstring flexibility. *Sport J* 14: 1–8, 2011.

64 Smith DJ. A framework for understanding the training process leading to elite performance. *Sports Med* 33: 1103–1126, 2003.

65 Steinberg N, Hershkovitz I, Peleg S, et al. Range of joint movement in female dancers and nondancers aged 8 to 16 years. *Am J Sports Med* 34: 814–823, 2006.

66 Stodden DF, Fleisig GS, McLean SP and Andrews JR. Relationship of biomechanical factors to baseball pitching velocity: within pitcher variation. *J Appl Biomech* 21: 44–56, 2005.

67 Stodden DF, Fleisig GS, McLean SP, Lyman SL and Andrews JR. Relationship of pelvis and upper torso kinematics to pitched baseball velocity. *J Appl Biomech* 17: 164–172, 2001.

68 Sutherland DH, Olsen RA, Biden EN and Wyatt MP. *The Development of Mature Walking*. Philadelphia, PA: JB Lippincott, 1988.

69 Verkhoshansky Y and Siff M. *Supertraining*. Rome, Italy: Ultimate Athlete Concepts, 2009.

70 Waugh KG, Mikel JL, Parker R and Coon VA. Measurement of selected hip, knee, and ankle joint motions in newborns. *Phys Ther* 63: 1616–1621, 1983.

71 Wong S, Ada L and Butler J. Differences in ankle range of motion between pre-walking and walking infants. *Aust J Physiother* 44: 57–60, 1998.

72 Wormhoudt R, Savelsbergh GJP, Teunissen JW and Davids K. *The Athletic Skills Model*. London: Routledge, 2018.

73 Yague PH and De La Fuente J. Changes in height and motor performance relative to peak height velocity: A mixed-longitudinal study of Spanish boys and girls. *Am J Hum Biol* 10: 647–660, 1998.

74　Yamamura C, Zushi S, Takata K, Ishiko T, Matsui N and Kitagawa K. Physiological characteristics of well-trained synchronized swimmers in relation to performance scores. *Int J Sports Med* 20: 246–251, 1999.

75　Zakas A, Doganis G, Galazoulas C and Vamvakoudis E. Effect of acute static stretching duration on isokinetic peak torque in pubescent soccer players. *Pediatr Exerc Sci* 18: 252–261, 2006.

第三部分

青少年运动员相关的前沿话题

第14章 青少年运动员的周期化策略

G.Gregory Haff

引言

周期化是一种计划范式，以系统的方式组织和构建训练干预，以实现训练适应和运动表现效果的最优化[14]。在青少年运动员训练实践中，虽然周期化通常不被认为是青少年或发展中运动员训练实践重要的组成部分，但它是所有运动员长期发展模式的基础。运动员长期发展模型明确提出了时间框架或周期，能使运动员在整个体育生涯中，沿着特定的目标从早期的基础训练走向高水平的运动表现竞赛。如果我们认为这些结果是训练过程的目标或者重点，很明显我们可以根据这些既定参数，将运动员的训练活动进行结构化或精细化的设计（图14.1）。这种类型的框架设计将增加整体运动员长期发展模型的有效性。

从概念上讲，我们可以将运动员的发展想象成金字塔的各个阶段，其中金字塔的基础是以基本的运动技能为中心的，而顶端则是高水平运动表现的专项训练（图14.2）。沿着此发展的金字塔，每个层次都代表运动员长期发展的关键阶段，并作为基本的结构指导，制订周期化的训练计划。最终，对青少年运动员的训练计划进行周期化与培养一名精英运动员的训练结构没有什么不同。无论目标人群是谁，总体计划都是基于运动员的需要、运动员的发展状况和运动员的整体优劣势来制定的[14]。

译者注：多年训练计划：一个指导青少年运动员长期训练重点的结构设计。这些结构是内在联系的，每一个计划都是建立在前一个计划上。通常这些计划包含2～4个年度的训练计划，这可以根据运动员个人的需求进行调整。周期：训练周期用于将年度训练分为根据运动员长期发展计划构建的集中训练。典型地，这些被分成准备期、竞赛期和过渡期（见图14.3）。特定训练年龄：指青少年运动员参加专项运动干预的年限。一般训练年龄：指青少年运动员参加一般或基本训练活动的年限。着重点：指个人运动员的有针对性的训练目标。对于青少年运动员，有五个层次的重点，涉及运动员的发展水平（见图14.2）。

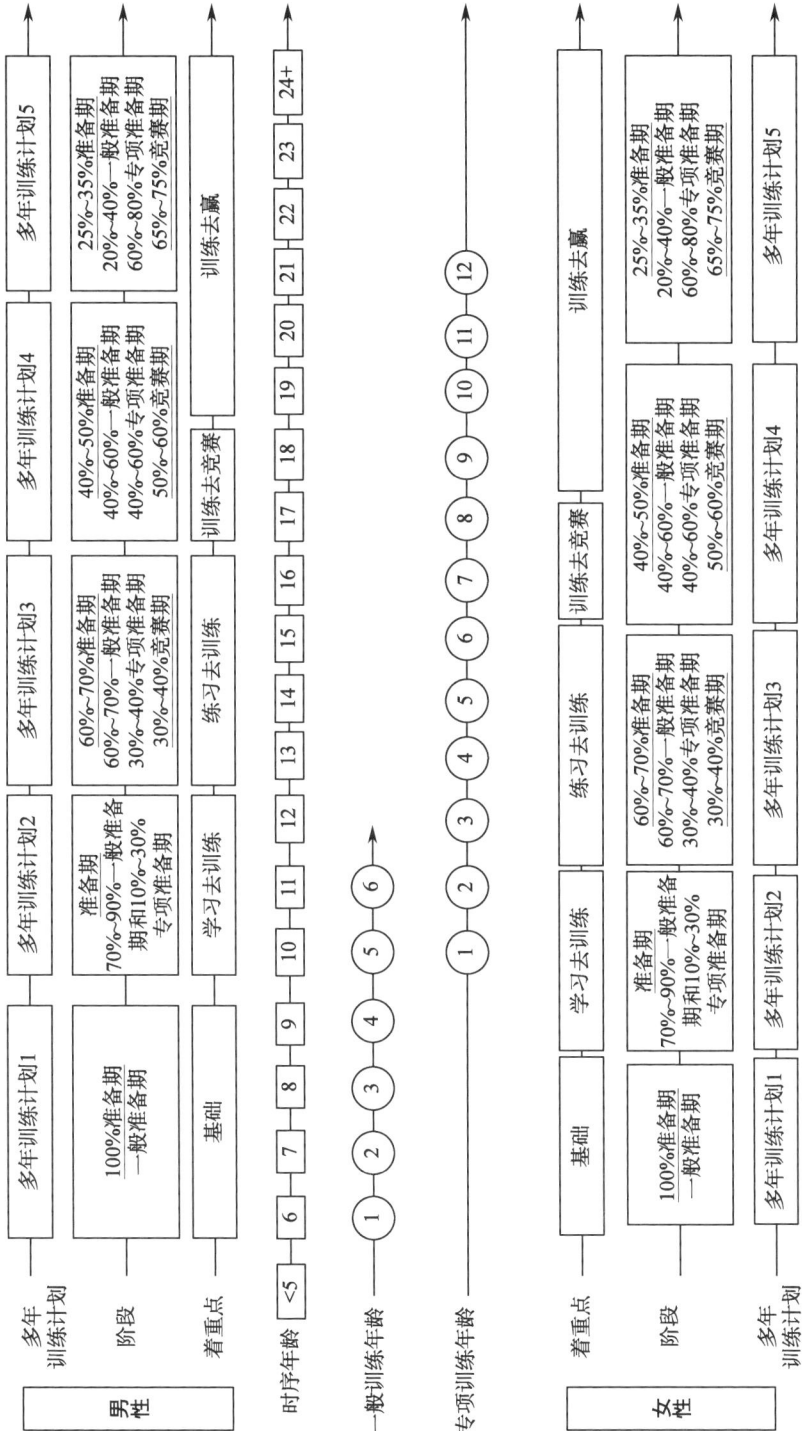

男性

多年训练计划	多年训练计划1	多年训练计划2	多年训练计划3	多年训练计划4	多年训练计划5
阶段	100%准备期 一般准备期	准备期70%~90%一般准备期和10%~30%专项准备期	60%~70%准备期 60%~70%一般准备期 30%~40%专项准备期 30%~40%竞赛期	40%~50%准备期 40%~60%一般准备期 40%~60%专项准备期 50%~60%竞赛期	25%~35%准备期 20%~40%一般准备期 60%~80%专项准备期 65%~75%竞赛期
着重点	基础	学习去训练	练习去训练	训练去竞赛	训练去赢

时序年龄　<5　6　7　8　9　10　11　12　13　14　15　16　17　18　19　20　21　22　23　24+

一般训练年龄　1　2　3　4　5　6

专项训练年龄　1　2　3　4　5　6　7　8　9　10　11　12

女性

着重点	基础	学习去训练	练习去训练	训练去竞赛	训练去赢
阶段	100%准备期 一般准备期	准备期70%~90%一般准备期和10%~30%专项准备期	60%~70%准备期 60%~70%一般准备期 30%~40%专项准备期 30%~40%竞赛期	40%~50%准备期 40%~60%一般准备期 40%~60%专项准备期 50%~60%竞赛期	25%~35%准备期 20%~40%一般准备期 60%~80%专项准备期 65%~75%竞赛期
多年训练计划	多年训练计划1	多年训练计划2	多年训练计划3	多年训练计划4	多年训练计划5

图 14.1　整合周期模型和运动员长期发展的假设模型

资料来源：Ford 等人（2011）和 Balyi 和 Hamilton（2004）

训练完全针对于在预期时间点实现最高水平的运动表现，所有的训练活动都指向于优化专项化的技术精髓和成术技巧，以及竞赛结果。

训练变得更注重对竞赛的准备和专项运动的适应。花时间进一步发展专项技巧、体能，技术和成术能力。比赛逐渐变得更为重要。运动表现测试可开始被用来指导训练。

训练的着重点转为一般发展的指向于更加专项化的基础训练。这包括更大的比赛密度以及专门针对将要参与的项目的训练。

首要重点仍是在一般能力的发展。然而，一些专项运动的技巧开始被加入。在该时期，添加一些比赛作为训练工具。

培养高水平运动表现所需的运动素养和基础的体能（灵活性、平衡性、协调性、速度）。很少强调竞赛。

训练去赢

训练去比赛

练习去训练

学习去训练

基础训练

专项运动

一般发展

专项化

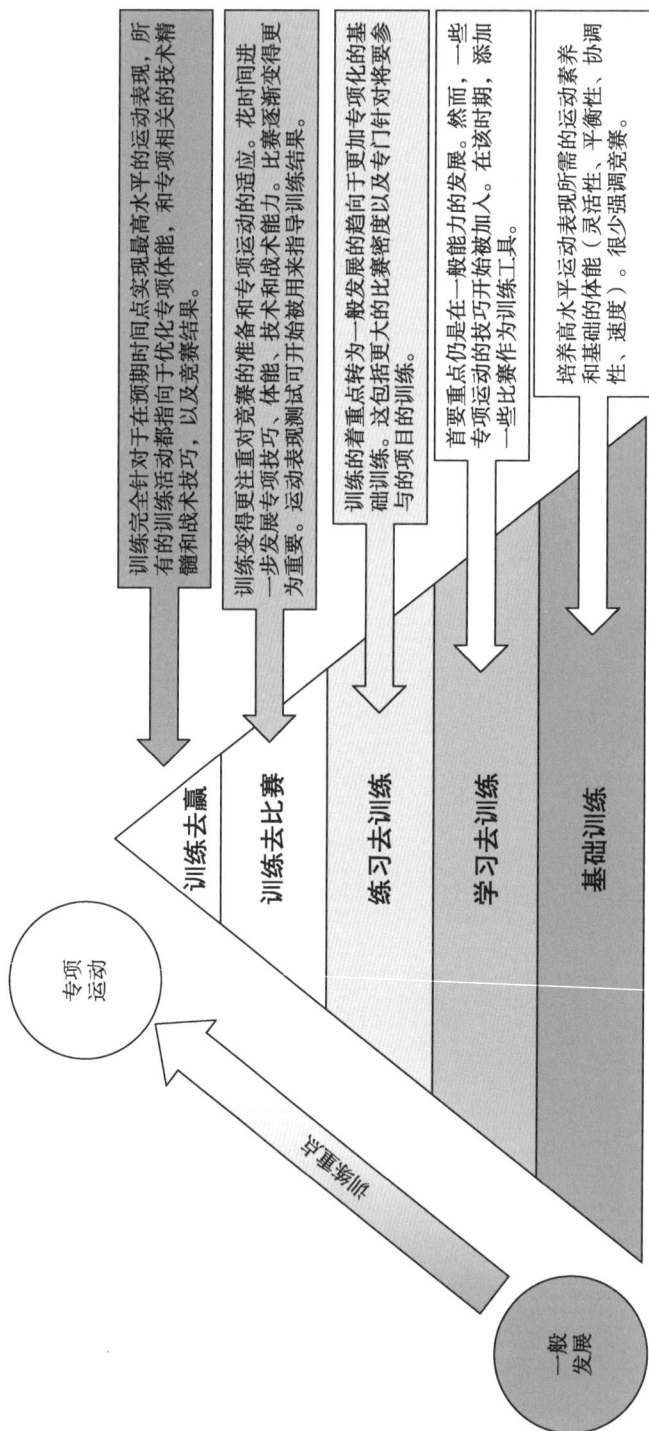

图 14.2　长期发展的金字塔理论模型，及各阶段的训练重点

资料来源：改编自 Balyi 和 Hamilton（2004），Ford 等人（2011）和 Jeffreys（2008）

制订适合的运动员长期发展计划的能力,取决于理解和制订周期化训练计划相关的各阶段计划。因此,本章的主要目的是讨论:①如何界定周期化;②周期化的主要目标;③与周期化训练计划相关的各阶段计划水平;④传统周期化模型;⑤青少年运动员长期发展中的周期化应用。

基本理论概念

定义周期化

周期化是一个实践性和理论性相结合的计划范式,但在文献及训练实践中,周期的概念经常被曲解或误解的。对经典文献的审阅表明,周期化是一种非线性计划模式[14, 22, 29, 32],旨在最大化运动员的发展,同时消除训练的单调性和线性[8, 22, 29, 34]。因此,周期化模型不应该被定义为线性的、非线性的、或反向线性的,因为这些术语会导致周期化的概念被误解。

根据运动员在生理和心理上对各种训练刺激的适应情况,在构建训练干预的逻辑和适当应用时,必须考虑周期化。因此,周期化最好定义为:根据运动员的个人需要和长期运动发展模式中的阶段,将特定的训练因素合理地整合和排序到相互依存的训练期,以在预定的时间点上使专项生理、心理和表现结果达到最佳[14]。

> 周期化是特定训练因素在相互依存的训练周期中的合理整合和排序,以在预定的时间点使专项生理、心理和运动表现的结果达到最佳。

周期化的目标

任何周期化训练计划的主要目标是发展在预定时间点提升运动表现或跨赛季保持运动表现所必需的生理、心理和运动表现特性[14, 31]。以结构化的方式制定训练干预,使各项生理适应、心理反应得到多维度反应,以提升运动员的表现。

当在青少年运动员长期发展的背景下考虑这些目标时,快速发展的特定时期可以根据其窗口期来确定,并在几个相互关联的多年训练期内整合和排序[1-3, 10]。这些横向、连续的发展模式是运动员长期发展的核心[1-4, 10, 14, 27]。在审查《国际奥委会关于青少年体育发展的共识声明》以及《美国体能协会长期运动发展的官方声明》时,很明显,周期概念对于青少年运动员的发展是重要的。如果长期运动计划的周期安排是正确的,那么在计划的每一个层次上运用训练因素,就能在压力、恢复和适应之间取得平衡,最终使得青少年运动员过度训练的可能性或训练的单调性降低,这是周期安排的目标之一。

计划的层级

周期化训练计划的制订是基于几个不同层级的计划(表 14.1)。这些计划的设定必须符合运动员发展的总体目标,并考虑青少年运动员在不同阶段的生理特征年龄及运动表现发展等级[5]。一般来说,周期化训练从全局或长期的结构,如多年训练计划到个别的训练单元,精确到每一天的训练课。横向排列和纵向整合这些训练结构的能力决定了周期化训练计划能否实现青少年运动员既定的训练目标[14]。

表 14.1　周期化训练计划的组成

组成	持续时间	描述
多年训练计划	2～4 年	包含多年的训练,最传统的是 4 年
年度训练计划	1 年	众所周知,一个年度的训练计划,通常是由一个或多个大周期的训练组成,每个年度训练计划是多年训练计划一个组成部分
大周期	几个月至一年	当年度训练计划中只包含一个大周期时,这两种形式相近。通常认为,大周期是一个赛季。各个大周期被细分为准备期、竞赛期和过渡期,再细分为特定的阶段。大周期是年度训练计划的基础
中周期	2～6 周	即中等规模的训练周期,有时又称为板块训练。持续 2～6 周,通常为 4 周时间。从结构的观点来看,中周期形成了大周期的基础
小周期	几天到 2 周	被认为是最重要的计划结构,一般持续 7 天左右,但可以从几天到 2 周不等。小周期由独立的训练日组成,其结构是为了实现中周期所提出的目标
训练日	1 天	一个单独的训练日,可以由多个训练课和单元组成。每个训练日按照小周期计划中的目标进行
训练课	几个小时	一般由几个小时的训练组成。如果一节训练课中的训练单元之间的休息时间持续超过 30 分钟,则应将该训练课视为多个训练课
训练单元	几分钟到 1 小时	训练单元是一种专门的活动,针对特定的训练目标。例如,训练单元可以是热身中的动态拉伸或训练课中的敏捷性训练。几个训练单元可以串联在一起,建立一个训练课程

资料来源: 基于 Bompa and Haff(2009),Issurin(2008, 2009)and Stone 等(2007)。

从层级划分的角度来看,所有周期化训练计划包含八个相互关联的计划层级,包括:①多年训练计划;②年度训练计划;③大周期;④中周期;⑤小周期;⑥训练日;⑦训练课;⑧训练单元。

多年训练计划

多年训练计划是运动员长期发展模型的核心，因为这个结构决定了所有其他层级的周期化过程的构建路径[14]。这个计划包括一系列相互关联的年度训练计划，指导运动员走向特定的发展和成绩目标[17, 18]。以四年为周期的训练计划是多年训练计划中最常用的模式。虽然我们最常用它来指导运动员参加奥运会的准备工作[5, 7, 11]，但同时四年制训练计划也非常适合青少年运动员[26]和大学运动员的发展[15]。例如，Jeffreys[26]提供了一个多年训练计划的建议，它将四年制的训练结构整合到高中体育中。同时这个模型也可以应用到更早期的学校体育训练中，甚至包括小学早期（幼儿园）教育。每个年度训练计划的构建，都以运动员的不同发展水平为基础，以达到具体发展目标为指导，最终实现四年训练结构的整体目标结果。在这个模型中，运动员的四年计划从基础发展（一般准备）、持续发展到运动表现发展，最终实现多年训练计划最后一年的最佳运动表现（表 14.2）。

表 14.2　Jeffrey 为高中橄榄球（足球）运动员建议的四年制计划

年度训练计划	第 1 年	第 2 年	第 3 年	第 4 年
学年	新生	二年级	三年级	四年级
等级	基础发展	继续发展	运动表现发展	巅峰运动表现
目标	发展与橄榄球相关的关键通用动作模式	发展与橄榄球相关动作的关键组合	发展与橄榄球相关的关键动作模式，以及对橄榄球专项刺激的阅读和反应能力	优化足球的专项竞技能力
时期	准备期	准备期	准备期到竞赛期	准备期到竞赛期
阶段	一般准备期	一般到专项准备期	一般准备到专项准备到赛前到竞赛期	一般准备到专项准备到赛前和竞赛期

资料来源：改编自 Jeffreys，2008。

总的来说，多年训练计划为青少年运动员计划发展道路提供了整体路线图[5]。它提出了每个训练层级计划的目标和任务，而没有罗列出每个训练课的精确训练动作或干预措施（图 14.3）。因此，多年发展计划提供了总体发展框架，个人的年度训练计划就是据此制订的。利用这种类型的计划范式，教练就能够根据运动员在计划的每个阶段的个人技术发展或成熟的速度来调整训练干预。

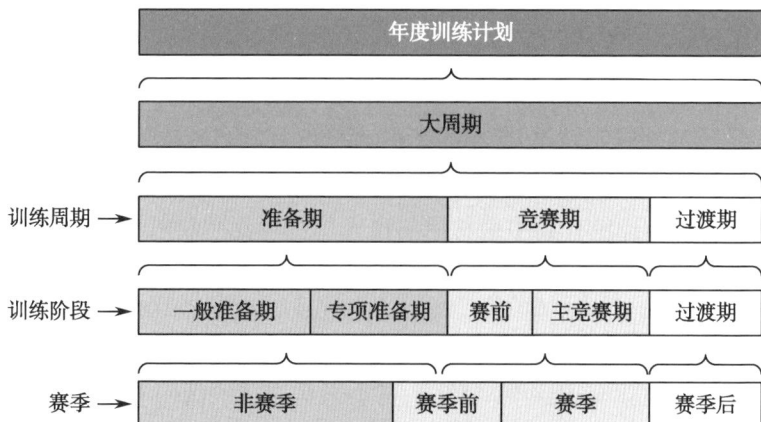

图 14.3 训练周期和赛季的关系

年度训练计划

基于多年训练计划,年度训练计划应该涵盖全年的训练,并以具体的训练目标为导向。非常重要的是,年度训练计划并非紧密契合日历年份,而是和竞赛时间表一致[5],或者是和青少年运动员的学业课程日历保持一致[33]。这种训练计划是根据运动员的发展水平、发展速度和竞赛的时间表制订的[5]。有些作者把年度训练计划称为一个大周期,但在一个训练年之中可以包含 1～3 赛季,这取决于运动项目(例如田径有两个赛季)或一名青少年运动员参加运动项目数量(一个冬季项目,一个夏季项目),因此最好把一整年训练作为年度训练计划[14]。基于这条线的推理,大周期,或多赛季,将是年度训练计划的子成分,并且是计划层级的另一个层次(图 14.3)[6, 36]。就像多年训练计划一样,年度训练计划是一个广义的训练结构,它作为一个模板,从中构建其他层级的计划[5]。

大周期

由于年度训练计划可能包含几个不同的赛季,大周期应该被认为是代表一个赛季的计划结构[14]。根据青少年运动员的需要,可以在每年的训练计划中采用各种大周期结构(图 14.4)。例如,一个青少年运动员可能参加只有一个赛季的运动,因此将为这个运动员设计只有一个大周期的训练计划(图 14.4,模型 1-4)。相反,运动员可以参加某一项运动,如田径运动,他可能要参加室内和室外两个赛季的比赛,这就需要两个大周期(图 14.4,模型 5 和模型 7)甚至三个大周期的年度训练计划(图 14.4,模型 6)。当与青少年运动员一起工作时,他们很可能参加多种运动,运动员的年度训练计划内都会有相互联系的大周期,每个周期都是围绕着特定项目的赛季进行的。例如,每

无比赛的发展性年度训练计划

月		8	9	10	11	12	1	2	3	4	5	6	7
模型1	时期	准备期											过渡期
	阶段	一般准备阶段					专项准备阶段						过渡期

单赛季发展年度训练计划

月		8	9	10	11	12	1	2	3	4	5	6	7
模型2	时期	准备期					竞赛期						过渡期
	阶段	一般准备阶段				专项准备阶段			赛前阶段		比赛阶段		过渡期
模型3	时期	准备期						竞赛期					过渡期
	阶段	一般准备阶段			专项准备阶段			赛前阶段		比赛阶段			过渡期
模型4	时期	准备期						竞赛期					过渡期
	阶段	专项准备阶段			一般准备阶段			专项准备阶段	赛前阶段		比赛阶段	比赛阶段	过渡期

多赛季发展年度训练计划

月		8	9	10	11	12	1	2	3	4	5	6	7
模型5	时期	准备期		竞赛期		赛阶段	过渡期	过渡期	准备期	赛前阶段	竞赛期	比赛阶段	过渡期
	阶段	一般准备阶段		专项准备阶段		比赛阶段	过渡期	过渡期	专项准备阶段	赛前准备阶段	竞赛期	比赛阶段	过渡期
模型6	时期	准备期		竞赛期		过渡期	竞赛期	竞赛期	准备期	准备期	竞赛期		过渡期
	阶段	一般准备阶段	一般准备阶段	赛前阶段	比赛阶段	专项准备阶段	竞赛期	竞赛期	过渡期	专项准备阶段	竞赛期		过渡期
模型7	时期	准备期				准备期			竞赛期	竞赛期	过渡期		7
	阶段	专项准备阶段				一般准备阶段		专项准备阶段	竞赛期		过渡期	准备阶段	一般准备阶段

图 14.4　青少年运动员的年度训练计划结构的示例

资料来源：改编自 Bondarchuk (1986)，Counsilman and Counsilman (1994)，Haff and Haff (2012)

译者注：这里提出的各种年度计划结构代表不同的方法，用于对包含在全年度计划中的各个周期进行排序。这些只是示例，因为可以创建无限数量的顺序结构。所选择的顺序取决于个人运动员的发展水平和训练需求。

年在夏秋季的几个月内以橄榄球为目标进行训练，从春到夏季的训练围绕田径运动进行，这就需要一个双周期的设计（图 14.4 模型 5 或模型 7）。此外，重要的是要考虑每个大周期如何服务于运动员的整体发展进程，它们是如何相互结合的，以及它们如何与年度训练计划目标相一致。

不管在年度训练计划中包含多少大周期数，所有大周期都被细分为三个主要阶段，包括：①准备期；②竞赛期；③过渡期[6, 14, 36]。这些关键时期可以在整个训练年中发生多次，这取决于运动员的个体需要、运动员的发展水平、比赛日程和已选择的训练计划的结构（图 14.3）。

准备期

这一时期的目标，是根据运动员的发展水平和运动项目要求，针对运动员的生理、心理和技术能力的基础性发展[5]。通常，年度训练计划中有 3～6 个月时间是专门用于准备期的，但这可以根据运动员的发展水平和年度训练计划的结构而缩短或延长[15]。更年轻的运动员通常在这一时期投入更多的时间，因为他们训练的基础水平较低，而高级运动员在这段时间内不需要花太多的时间，因为他们已经建立了一个良好的训练基础。

参加一项运动的青少年运动员一般有一个较长的准备期，而参加多种运动项目的运动员的准备期被分到年度计划所包含的每个大周期中。不管准备期的持续时间有多长，它将细分为①一般准备阶段；②专项准备阶段[5, 14, 36]。

一般准备阶段：这一阶段一般是在整个准备期的早期阶段，它旨在建立一个一般训练基础[5]。此外，这一阶段对任何运动员长期发展计划早期的基本发展阶段的整体训练有非常大的贡献[1-3]。通常，这一阶段将包含多种训练手段，旨在培养基本的运动表现特征，如一般运动能力或基本技巧发展、技能和基本体能（例如力量、耐力），这为青少年运动员的训练根基打下基础[25, 29]。在青少年运动员的早期发展阶段，这一阶段将占整个准备期的较大一部分。随着运动员从发展到高阶水平，这一阶段将根据运动员各自的发展速度和训练需求进行调节。

专项准备阶段：准备阶段的第二部分是专项准备阶段，其目的是利用一般准备阶段所建立的生理和心理适应[5]。传统上，这一阶段结合了更多的运动专项的活动，其特征是通过更高的训练负荷来设计，以提升运动员在进入竞赛期之前的运动表现能力。此外，技术和战术能力会越来越受到重视，以便在进行竞赛之前奠定运动表现基础。

一般准备阶段和专项准备阶段在整个准备阶段的比例取决于运动员的发展阶段[5]。具体而言，处于发展初期阶段的青少年运动员将在一般准备阶段投入更多的时间，以建立更大的训练基础；而发展水平更高的运动员则利用现有的训练基础，将更多的精力放在专项准备阶段。

　　与高水平运动员相比,青少年运动员和新手应该在年度训练计划准备期的一般准备阶段投入更多的时间。

竞赛期

　　竞赛期包括实际的比赛时间表,在这个时间段内力图优化运动员的竞技准备状态[5,14]。这是通过保持或适当提高运动员在准备期内建立的生理心理适应和运动专项技能来实现的。一般来说,这一时期的特点是减少一般性训练的负荷量,而增加针对专项的训练活动:围绕比赛(竞赛日历)所需的技战术能力,同时加强对专项体能的训练[5]。这一时期的特点是根据运动员的比赛时间表,同时要考虑到旅途、实际的竞赛压力和恢复所需的时间导致训练量和训练强度上存在波动[5,35]。对于青少年运动员来说,重要的是还要考虑到他们的个人成长或成熟率,应适应他们的发展阶段,而这些因素会影响到训练量和训练强度的整体波动(例如根据生长高峰调控训练量和强度)。通常利用两个阶段来解决这些问题,包括赛前阶段和主竞赛阶段。

　　赛前阶段:通常被认为是一个连接阶段,赛前阶段是运动专项准备阶段和主竞赛阶段的桥梁。传统上,这一阶段包括表演赛和非官方的比赛(比如友谊赛),以发展运动员的专项体能、专项技术和战术,同时允许教练评估团队的内部工作[14]。这一阶段的主要目标不是竞赛的成功,而是作为主要竞赛阶段的准备手段。对于青少年运动员,这个阶段作为一个发展工具,基于比赛的活动用来发展运动专项技能。考虑到比赛的负荷压力,周期化计划的重点将随着这些变化的目标而变化。

　　主竞赛阶段:主竞赛期阶段的主要目标是在预定的时间点优化运动表现,这取决于运动员的实际竞赛时间表。对于青少年运动员来说,个人训练年龄、技术能力或发展阶段将决定对主竞赛阶段的重视程度。对于较年轻的、发展较差的运动员来说,这一阶段将被当作促进发展的手段。而对于更高级别、经验更丰富或发展成熟的运动员来说,他们将更加注重竞技的成功。当他们进入竞赛行程时(临近比赛),运动表现需要以竞赛的特殊需求达到最佳[13]。这一阶段的成功主要取决于调节旅途、训练和竞赛压力的能力,同时最大限度地恢复,同时还要帮助管理青少年运动员的全面发展。

过渡期

　　从概念上来讲,过渡期是大周期训练计划、年度训练计划或多年训练结构之间的桥梁[5,32,36]。这一时期的特点是训练应激源大大减少,并且力争以最小的训练刺激来保持体能和技能水平，同时允许运动员的生理和心理上从之前的训练活动中恢复过来[32]。传统上，这一时期持续 2～4 周[5]，这取决于它在年度训练计划中的位置。在某些情况下，这一时期可以延长到 6 周，这取决于在年度训练计划期间的竞赛期、大周期、年度计划内参与的运动项目数所产生的累积疲劳[5]。另外，如果是为还处在学校阶段的青少年运动员设计训练计划，过渡期还要考虑与学期之间的契合（例如，暑假、寒假等）。重要的是要注意，过渡阶段越长，运动员的整体体能和能力的下降越大，这需要在下一个大周期中由较长的准备期来解决。

中周期

中周期是一个中等持续时间的训练结构，通常持续 2～6 周的训练[14, 25]。中周期，或者称为板块训练[25, 36]，被认为是年度训练计划的关键组成部分[36]。这些训练模块应该在逻辑上对特定运动属性（能力）的发展进行排序，后一个模块的训练应该建立在前一模块的基础上进行[12, 23, 30, 40]。最常用的中周期长度是 4 周，因为渐近效应通常在这个时间段之后开始出现[12, 14]。这些渐进效应表现为波动的状态，在生理功能和运动表现获得方面表现出停滞或衰退[39]，如果恰当地改变训练重点或应激，则可以避免"渐进效应"，运动员可以继续发展。

中周期训练的负荷结构可以多种多样，但是 3:1 的负荷安排模式（训练量增加 3 个小周期：训练量减少 1 个小周期）被认为是最常见的[5, 12, 14]。这种基本结构最适合青少年运动员的发展计划，因为其简单的性质和易于管理训练应激。其他中周期训练负荷结构，例如 3:2，4:1 或 4:2，也适用于青少年发展计划（图 14.5）。但这取决于运动员的发展阶段、训练经验和赛季需求。中周期中的负荷与恢复的比率很大程度上取决于运动员的训练年龄和从训练刺激中恢复的能力（相关内容见第 2 章）。有关中周期结构的更多信息，请参见Bompa 和 Haff[5]或 Haff[14]。

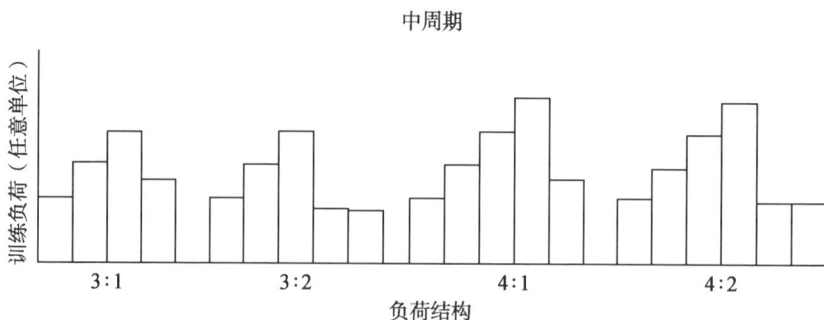

图 14.5 中周期负荷结构的示例

小周期

从训练计划的角度来看，小周期是最重要的结构，因为它需要考虑日常训练的每个细节[16, 38]。在大多数情况下，小周期持续约 7 天，但根据训练计划的总体需要可以从几天到一周或两周[12, 16, 38]。小周期训练活动的选择取决于小周期、大周期和年度训练计划中规定的目标。

尽管小周期具有重复性，但很明显，基于中周期的结构，并非所有的小周期都包含相同的内容或目标。可以使用的小周期结构有很多[36, 38]，但大致可以分为几类：①发展型；②准备型；③竞赛型；④恢复型[29, 38]。这些小周期结构通常用于根据训练目标调节训练应激源。无论小周期如何分类，训练负荷的变化应该贯穿于每一个小周期中，以刺激适应和恢复[32]。重要的是要注意青少年运动员，尤其是训练年龄较低的运动员，他们不能承受与高水平运动员一样的训练频率、训练量和训练强度。此外，重要的是，不应该将青少年运动员作为小型成年人来训练，因为这些运动员没有训练基础来应对成人训练项目[9]。

同样重要的是伴随着运动员的成长，尤其是加速生长阶段，必须考虑将足够的恢复训练纳入青少年运动员的周期化训练中[27]。小周期由训练日和恢复训练日构成，其多种形式包括以 1∶1，2∶1，3∶1 或 5∶2 的训练 - 恢复率[38]。有关小周期的更多信息见 Bompa 和 Haff[5]。

训练日

训练日是根据小周期的目标而构建的。为实现这些目标，在预先计划好的训练日内，安排专门的训练课程来发展运动员的一个关键方面。在安排训练日活动时，重要的是考虑运动员的发展水平、进行训练活动的能力、分配给训练的时间和训练周期的目标[14]。对于青少年运动员来说，每天训练一次可能就绰绰有余了，但是随着青少年运动员进入成年期，他们的训练年龄（年限）也在提高，每天进行多次更简短的训练是必要的。这种策略对更优秀的运动员来说是有利的，因为把训练日的活动分解成一天中均匀间隔的训练课，由于训练量的提高而产生了优异的运动表现适应性[19, 24]，以及减少与同期训练相关的干扰效应[37]。

训练课

一节训练课或锻炼是周期化计划中最小的计划单位之一[14, 25, 41]。训练课程通常被定义为训练活动，其中单个活动或训练单元之间的间隔时间不超过 40 分钟[14, 20, 21]。通常，训练课将包含针对特定能力开发的特定训练单元。

训练单元

训练单元是用来构建一节训练课的重点训练活动[14]。例如，一节训练课可以包含动态热身单元、灵敏单元、力量单元和柔韧性单元。训练单元的选择很大程度上取决于训练课的重点和运动员的发展状况。对青少年运动员而言，训练单元的选择主要取决于他们的训练年龄、训练重点和发展阶段。例如，在发展阶段的早期，青少年运动员的主要训练目标集中在多样的训练活动上，即以基本运动能力发展为中心的一般性或基础性训练活动。

实际应用

尽管研究最适合青少年运动员的周期化模式的有效性的实际科学数据是有限的，(尤其是那些处于发展阶段早期的运动员)，但基于科学文献中提出的大多数长期运动发展模式，可以为周期化的应用构建一个理论框架。

周期化与长期运动发展模型的整合

运动员长期发展模型是一个简单的多年训练结构，类似于经典周期化模型研究[1-3,1]。基于 Ford 等[10]的研究，可以建立特定的发展时期，作为周期化训练的框架(图 14.1)。图 14.1 提出了将周期化与运动员长期发展模式相结合的基本框架，重要的是要意识到一些青少年运动员将是"早熟者"，而有些人可能是"晚熟者"，所呈现的时间框架仅仅是指导方针，必须根据青少年的个人需求进行调整[28]。

> 同样重要的是要理解青少年运动员的发展速度是不同的，而且作为长期运动发展模式的一部分，所提出的周期和时间框架仅仅是指导方针，必须适应青少年运动员的实际需求。

各个发展阶段可以作为周期化模型发展的框架。例如，在图 11.1 中从进入训练开始(本案例中为 6 岁)，这一阶段训练计划的重点是建立基本的运动技能[10]，弱化对竞赛的关注。这一阶段直到男生 10 岁，女生 9 岁截止。根据这一建议，可以建立一个 3～4 年的多年训练计划，围绕着发展重点目标，使用大量一般性准备训练，建立基本的竞技能力。随后，每个连续的年度培训计划都将根据运动技能学习的原理和不同体能要素的可训练性来推进这些发展过程。

在第一个多年训练计划中建立的能力，可以作为随后的多年训练计划的基础，它可以随着运动员的逐渐成熟而进行修正。在图 14.1 中发展模式的这一部分将开始纳入专项准备方法,以及开始开展包含专项发展的竞赛活动。Balyi 和 Hamilton[3]推荐在发展模型的这个阶段中,训练或练习与竞赛的比率按照 70∶30 进行。然而,这个比例很可能在第一个年度训练计划中是 90∶10,然后在第二个年度计划中变为 80∶20,在第三个年度达到 70∶30。尽管这些训练和比赛的比例只是指南,但在制订周期性训练计划时,考虑运动员的个人运动项目,训练经验和技术能力以及成熟度是很重要的。

　　在多年训练计划中的第 3 年,越来越强调竞赛活动,但重要的是要认识到,过多的比赛将减少训练时间,并最终影响运动员的整体发展[3]。通常情况下,在这一阶段中,通常推荐 60∶40 的比率(训练∶竞赛),但要根据运动项目和发展水平而变化。虽然竞赛在这个阶段发展计划中变得越来越普遍,但重点并不是简单地为了取胜。在训练中继续发展,进一步发展专项运动技能,学习如何在比赛中运用这些技能变得更加重要[3]。

　　多年训练计划的第四年开始向以竞赛为重点转变。在这一时期,重点放在最大限度地强化专项体能、技能、战术,并强调向运动表现的转化[3]。通常情况下,建议训练∶竞赛的比例为 50∶50,但可以在 40∶60 到 60∶40 之间适当变动,以确保青少年运动员持续发展必要的生理适应和技能,同时仍允许对比赛重视程度的提高。

　　一旦运动员得到充分发展,将根据运动员在该项目中投入的时间规划之后的多年训练计划。此时,一个 25%～35% 的训练、65%～75% 的竞赛比重是可行的。然而,这一比例将取决于运动员需要或能够参加比赛的频率。

　　虽然图 14.1 为运动员长期发展理论与周期化概念的整合提供了一个可能的模型,但重要的是要记住,在这一章中没有给出青少年运动员训练的实际方法和手段。虽然提供了一个如何利用周期化来构建长期运动发展的例子,重要的是要注意,无论如何应用周期化训练计划,其成功仍依赖于个性化的方案以及如何指导训练。在制订计划时,必须考虑青少年运动员的具体需求和发展速度,同时还要根据既定的计划结构来整合和安排具体的训练干预,以最大程度地提高运动员的长期发展。

重点总结

- 周期化只是一种计划范式,用以厘清训练过程的逻辑和系统结构。根据运动员的发展水平,系统地整合和排序训练因素,旨在消除直线性和训练单调性。
- 在采用长期运动发展模式时,应利用周期化过程,根据加速发展的阶段构建训练干预措施,以优化青少年运动员的发展。

- 利用长期训练结构,如多年训练计划,是将周期化与长期运动发展成功结合的关键。具体而言,重要的是利用这些结构来概述青少年运动员从新手到精英运动员的顺序发展。

- 周期化不应该是一个固定的结构,它应该是一个,可以根据运动员的技术能力、训练经验和成熟度进行修改的过程。

参考文献

1 Balyi I. *Sport System Building and Long-Term Athlete Development In British Columbia*. British Columbia, Canada: SportMed BC, 2001.

2 Balyi I and Hamilton A. Long-term athlete development: trainability in childhood and adolescence. *Olympic Coach* 16: 4–9, 1993.

3 Balyi I and Hamilton A. *Long-Term Athlete Development: Trainability in Childhood and Adolescence: Windows of opportunity, optimal trainability*. Victoria, BC: National Coaching Institute British Columbia & Advanced Training and Performance Ltd, 2004.

4 Bergeron MF, Mountjoy M, Armstrong N, et al. International Olympic Committee consensus statement on youth athletic development. *Br J Sports Med* 49: 843–851, 2015.

5 Bompa TO and Haff GG. *Periodization: Theory and methodology of training*. Champaign, IL: Human Kinetics Publishers, 2009.

6 Bondarchuk A. Periodization of sports training. *Legkaya Atletika* 12: 8–9, 1986.

7 Counsilman JE and Counsilman BE. *The New Science of Swimming*. Englewood Cliffs, NJ: Prentice Hall, 1994.

8 Dick FW. *Sports Training Principles*. London: A & C Black, 2002.

9 Faigenbaum AD, Kraemer WJ, Blimkie CJ, et al. Youth resistance training: updated position statement paper from the National Strength and Conditioning Association. *J Strength Cond Res* 23(5): S60–S79, 2009.

10 Ford P, De Ste Croix M, Lloyd R, et al The long-term athlete development model: physiological evidence and application. *J Sports Sci* 29: 389–402, 2011.

11 Fry RW, Morton AR and Keast D. Overtraining in athletes. An update. *Sports Med* 12: 32–65, 1991.

12 Fry RW, Morton AR and Keast D. Periodisation of training stress: a review. *Can J Sport Sci* 17: 234–240, 1992.

13 Haff GG. Peaking for competition in individual sports. In: *High-performance Training for Sports*. D Joyce and D Lewindon, eds. Champaign, IL: Human Kinetics, 2014, pp 524–540.

14 Haff GG. The essentials of periodisation. In: *Strength and Conditioning for Sports Performance*. I Jeffreys and J Moody, eds. Abingdon, Oxon: Routledge, 2016, pp 404–448.

15 Haff GG. Periodization. In: *Essentials of Strength Training and Conditioning*. GG Haff and N Triplett, eds. Champaign, IL: Human Kinetics, 2016, pp 583–604.

16 Haff GG and Haff EE. Training integration and periodization. In: *Strength and Conditioning Program Design*. J Hoffman, ed. Champaign, IL: Human Kinetics, 2012, pp 209–254.

17 Haff GG, Kraemer WJ, O'Bryant HS, Pendlay G, Plisk S and Stone MH. Roundtable discussion: periodization of training – part 2. *Strength Cond J* 26: 56–70, 2004.

18　Haff GG, Kraemer WJ, O'Bryant HS, Pendlay G, Plisk S and Stone MH. Roundtable discussion: periodization of training – part 1. *Strength Cond J* 26: 50–69, 2004.

19　Häkkinen K and Kallinen M. Distribution of strength training volume into one or two daily sessions and neuromuscular adaptations in female athletes. *Electromyogr Clin Neurophysiol* 34: 117–124, 1994.

20　Häkkinen K, Pakarinen A, Alen M, Kauhanen H and Komi PV. Daily hormonal and neuromuscular responses to intensive strength training in 1 week. *Int J Sports Med* 9: 422–428, 1988.

21　Häkkinen K, Pakarinen A, Alen M, Kauhanen H and Komi PV. Neuromuscular and hormonal responses in elite athletes to two successive strength training sessions in one day. *Eur J Appl Physiol* 57: 133–139, 1988.

22　Harre D. *Principles of Sports Training*. Berlin, GDR: Sportverlag, 1982.

23　Harris GR, Stone MH, O'Bryant HS, Proulx CM and Johnson RL. Short-term performance effects of high power, high force, or combined weight-training methods. *J Strength Cond Res* 14: 14–20, 2000.

24　Hartman MJ, Clark B, Bembens DA, Kilgore JL and Bemben MG. Comparisons between twice-daily and once-daily training sessions in male weight lifters. *Int J Sports Physiol Perf* 2: 159–169, 2007.

25　Issurin V. Block periodization versus traditional training theory: a review. *J Sports Med Phys Fit* 48: 65–75, 2008.

26　Jeffreys I. Quadrennial planning for the high school athlete. *Strength and Cond J* 30: 74–83, 2008.

27　Lloyd RS, Cronin JB, Faigenbaum AD, et al. National Strength and Conditioning Association Position Statement on Long-Term Athletic Development. *J Strength Cond Res* 30: 1491–1509, 2016.

28　Lloyd RS and Oliver JL. The youth physical development model: a new approach to long-term athletic development. *Strength Cond J* 34: 61–72, 2012.

29　Matveyev LP. *Fundamentals of Sports Training*. Moscow: Fizkultua i Sport, 1977.

30　Minetti AE. On the mechanical power of joint extensions as affected by the change in muscle force (or cross-sectional area), ceteris paribus. *Eur J Appl Physiol* 86: 363–369, 2002.

31　Mujika I, Halson S, Burke L, Balagué G and Farrow D. An integrated, multifactorial approach to periodization for optimal performance in individual and team sports. *Int J Sports Physiol Perf* 13: 538–561, 2018.

32　Nádori L and Granek I. *Theoretical and Methodological Basis of Training Planning With Special Considerations Within a Microcycle*. Lincoln, NE: NSCA, 1989.

33　Pichardo AW, Oliver JL, Harrison CB, Maulder PS and Lloyd RS. Integrating resistance training into high school curriculum. *Strength Cond J* 41: 39–50, 2019.

34　Plisk SS and Stone MH. Periodization strategies. *Strength Cond* 25: 19–37, 2003.

35　Robertson SJ and Joyce DG. Informing in-season tactical periodisation in team sport: development of a match difficulty index for Super Rugby. *J Sports Sci* 33: 99–107, 2015.

36　Rowbottom DG. Periodization of training. In: *Exercise and Sport Science*. WE Garrett and DT Kirkendall, eds. Philadelphia, PA: Lippincott Williams & Wilkins, 2000, pp 499–512.

37　Sabag A, Najafi A, Michael S, Esgin T, Halaki M and Hackett D. The compatibility of concurrent high intensity interval training and resistance training for muscular strength and hypertrophy: a systematic review and meta-analysis. *J Sports Sci* 36: 2472–2483, 2018.

38　Viru A. Some facts about microcycles. *Mod Athlete Coach* 28: 29–32, 1990.

39　Viru A. *Adaptations in Sports Training*. Boca Raton, FL: CRC Press LLC, 1995.

40　Zamparo P, Minetti AE and di Prampero PE. Interplay among the changes of muscle strength, cross-sectional area and maximal explosive power: theory and facts. *Eur J Appl Physiol* 88: 193–202, 2002.

41　Zatsiorsky VM. Basic concepts of training theory. In: *Science and Practice of Strength Training*. Champaign, IL: Human Kinetics, 1995, pp 3–19.

第15章 青少年运动员的营养策略

Marcus P. Hannon，Viswanath Unnithan，James P. Morton，
Graeme L. Close

引言

目前，通常将成年运动员的营养指南应用于青少年运动员，可能有用但并不完全合适。青少年运动员在生命最初的20年生长发育过程中，经历了许多解剖学和生理学上的变化，这影响了他们的营养需求。对青少年运动员的营养建议也不能仅注重运动成绩，最重要的还是要满足其最佳生长发育的需要。本章内容根据现有文献，对青少年运动员的营养策略做一简要概述。

青少年运动员概述

尽管一些青少年运动员可以在最高水平竞技能力上与成年运动员竞争（表15.1），但是青少年运动员不能简单地被认为是"迷你型成年运动员"。总之，男女青少年运动员在营养需求上的任何性别差异，都是由他们的身高和体型差异造成的，当然，也有一些例外情况需要进一步探讨。在与青少年运动员合作时，需要考虑以下主要因素：①目前的成熟度和生长发育速度；②当前生理状态和代谢能力；③目前的运动和锻炼需求。如图15.1所示，以上所有因素都是相互联系的，并影响青少年运动员的营养需求。因此，在为青少年运动员制订具体的运动营养策略之前，有必要认真了解这些因素以及它们之间的相互关系。

表15.1 在奥运会及专业赛事中曾与顶级成人运动员同场竞技的青少年运动员

姓名	年龄	性别	国家	项目	荣誉
Gaurika Singh	13	女	尼泊尔	游泳	参加里约奥运会100m仰泳比赛，2016
Tara Lipinski	15	女	美国	花样滑冰	长野冬奥会金牌得主，1998
Tom Daley	14	男	英国	跳水	参加北京奥运会10m跳台比赛，2008
Ken Lester	13	男	英国	赛艇	参加罗马奥运会，1960
Dominique Moceanu	14	女	美国	体操	参加格鲁吉亚奥运会，1996

续表

姓名	年龄	性别	国家	项目	荣誉
Kim Yun-Mi	13	女	韩国	速滑	利勒哈默尔冬奥会金牌得主, 1994
Mauricio Baldivieso	12	男	玻利维亚	足球	拉巴斯足球俱乐部有史以来最年轻的职业球员, 2009
Matthew Briggs	17	男	英格兰	足球	富勒姆历史上最年轻的超级联赛球员, 2007
George Ford	16	男	英格兰	橄榄球	男子职业橄榄球联盟莱斯特老虎队有史以来最年轻的球员
Martina Hingis	16	女	瑞士	网球	世界第一, 澳大利亚公开赛冠军, 温布尔登和美国公开赛冠军, 1997
Guan Tianlang	14	男	中国	高尔夫	参加 2013 年大师赛, 并获得了参赛资格
Lucy Li	11	女	美国	高尔夫	获得美国公开赛资格最年轻的选手
Ian Thorpe	14	男	澳大利亚	游泳	珀斯世锦赛最年轻的 400m 自由泳世界冠军, 1998
Amir Khan	17	男	英国	拳击	雅典奥运会银牌得主, 2004
Anna Hursey	11	女	威尔士	乒乓球	参加黄金海岸联邦运动会, 2018

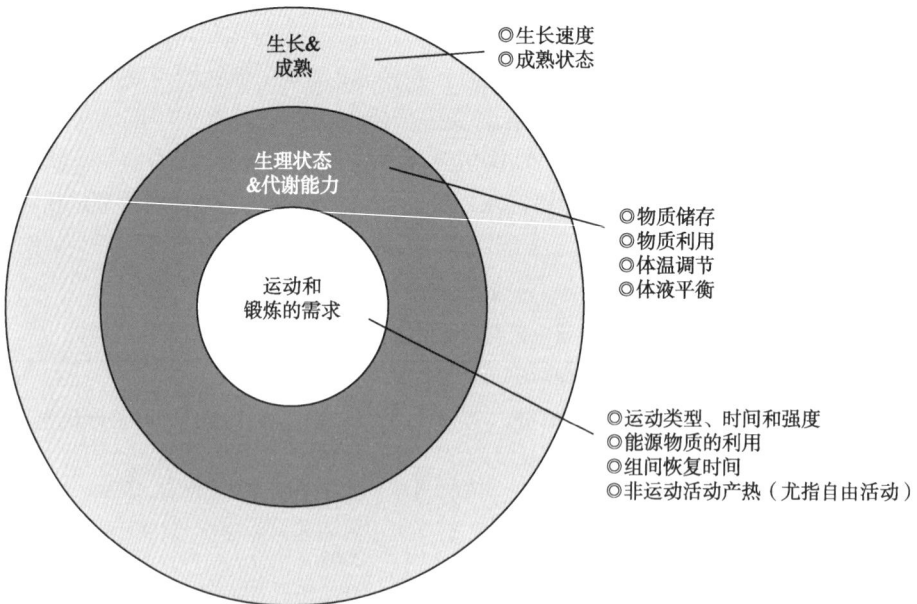

图 15.1 影响青少年运动员营养需求的相关因素

负责青少年运动员的科研人员，应重点关注能够满足其生长发育的营养需求。由于青少年运动员在生长发育过程中生理和代谢发生重大变化，其在底物储存和代谢方面与成年运动员相比，存在一定差异，这些生理和代谢变化影响青少年运动员的营养需求（表 15.2）。

表 15.2　青少年运动员与成年运动员的主要生理和代谢差异及对青年运动员营养建议的影响

围绕生长和成熟的主要生理和代谢问题总结	生理和代谢差异对营养建议的潜在影响
更多的能量消耗 与成年人相比，儿童和青少年运动能量消耗相对更高。这可能与步频增加、体表面积与体型比更大，下肢质量分布更远、运动时腿部拮抗肌收缩程度增加等[52]有关。	需要考虑增加体育活动时的能量供应。
肌糖原储备能力弱 和成年人相比，青少年内源性糖储备更低[28]。	青少年运动员在比赛或者训练之前应适当减少碳水化合物的摄入。
糖酵解能力弱 儿童和青少年在青春期结束前，在整个无氧代谢能力中，糖酵解能力相对较弱[75]。因此，在相对强度相同或者高强度运动中，儿童和青少年的乳酸水平低于成年人[27, 28]。	减少对青少年运动员使用缓冲剂的要求，特别是青春期前后。
更高的有氧代谢率 儿童在运动过程中存在较高的有氧代谢率。与成年人相比，儿童和青少年在进行次最大强度运动（相对强度相同）时的脂肪氧化率更高。与青少年相比，儿童更依赖脂肪作为燃料。有研究表明，与成年人相比，儿童较高的脂肪氧化率是内源性碳水化合物储量较少和糖酵解能力较弱的结果[77]。	相比成年运动员，青少年运动员可能不需要太多的碳水化合物；然而，这些观点尚缺乏证据支持，需进一步研究。
更依赖外源性碳水化合物 在运动过程中，相比成年人，儿童和青少年更依赖外源性碳水化合物作为燃料来源，外源性碳水化合物在总能量供应中的贡献更大[77]。低龄男孩相比高龄男孩，外源性碳水化合物氧化率更高，而女孩的情况并非如此[78, 79]。	外源性碳水化合物应在持续 60min 以上的中高强度运动中摄入。
体温调节的差异 儿童和青少年有相对较大的体表面积[45]，因此通过传导、对流和辐射可从环境中获得和失去更多的热量。然而，经常锻炼的青少年可以通过增强外周血管的舒张功能来提高体温调节能力[62]。	在运动期间可经常饮用冷饮。

续表

围绕生长和成熟的主要生理和代谢问题总结	生理和代谢差异对营养建议的潜在影响
出汗能力弱 儿童和青少年的出汗能力比成年人低,因此通过蒸发而失去汗液的能力较低。随着儿童的成长,他们的体温调节机制(尤其是出汗的能力)也随之成熟;然而,这些能力直到青春期后期才能完全成熟[29]。	在运动期间定时饮用冷饮。目前尚无证据表明,由于青少年运动员出汗率降低,其对液体的需求量就比成年运动员少。

青少年运动员生长发育速度较快,影响其营养需求。重要的是,他们的饮食摄入不但要满足运动需求,还要满足最佳的生长需要。

营养原则

可用能量(EA)

在机体生长过程中,无论是合成新组织还是组织增殖都需要大量能量[80]。青少年运动员之间生长发育速度各有不同,尤其是在 PHV 阶段的差异更大,这将影响能量需求[46]。与成年人相比,儿童和青少年的肌肉量、骨骼组织增殖相对较大,因此他们相对的基础能量需求也较大。从作者尚未发表的研究中观察到,优秀的青少年足球运动员(年龄 11~18 岁)的静息代谢率在 1 347~2 382kcal/d。

一个青少年运动员的能量摄入是由总能量消耗决定。总能量消耗主要表现在三个方面:①基础代谢(安静状态下维持生理所需的能量消耗);②食物的热效应(食物和饮料的消化、吸收、运输、代谢和储存等的能量消耗);③计划性体力活动能量消耗和非运动活动产热(NEAT)。对于运动员来讲,体育活动能量消耗(physical activity energy expenditure,PAEE)通常是总能量消耗的最大贡献者。运动类型、持续时间和强度及个体测量学差异,都会影响体育活动的能量消耗。如表 15.3 所述,这些因素导致了青少年运动员之间总能量消耗间的较大个体差异。因此,非运动儿童和青少年的能量需求是适合青少年运动员的,而不是采用成人运动员的营养需求。

虽然很难确定青少年运动员确切的能量需求,但仍然建议青少年运动员要有足够的的可用能量(EA)以促进生长。可用能量是指能量摄入扣除 PAEE 用于维持生理功能、温度调节和生长的能量(EA = 能量摄入 −PAEE)[44]。长期低 EA[即每日每千克瘦体重能量<30 千卡,<30kcal/(kg FFM·d)]可能会危及生长及组织和器官发育,骨骼矿物质积累减少,应力性骨折风险增加,晚年

表 15.3　青少年运动员在不同运动项目中的能量摄入和消耗

运动项目	训练和竞赛负荷	年龄(年)	性别	EI方法	EI(kcal/d)	宏量营养素(g/d)	EE方法	EE(kcal/d)
活跃的青少年[12]	—	~15	男/女	—	—	—	DLW	M: 3 361±557 F: 2 546±392
团体项目								
篮球[70]	>10h/周	~17	男/女	24h 回顾	M: 2 895±479 F: 1 807±46	M: 碳水化合物=365.5±64.4 M: 脂肪=93.5±20.7 M: 蛋白质=135.4±23.5 F: 碳水化合物=218.8±1.8 F: 脂肪=64.1±1.2 F: 蛋白质=92.8±1.7	DLW	M: 4 626±682 F: 3 497±242
橄榄球[73]	—	~15	男	—	—	—	DLW	4 010±744
足球[14]	5d/周	~15	男	称重食物日记 24h回顾	2 245±321	碳水化合物=318±24 脂肪=70±7 蛋白质=86±10	加速度计	2 552±245
足球[13]	~85min/周	13~17	女	食物日记	2 262±368 (1 702~3 194)	碳水化合物=303±62 脂肪=78±19 蛋白质=77±11	活动日记	2 403±195 (范围: 1 946~2 753)
排球[33]	6~8次/周	12~17	男/女	24h 回顾	M: 3 725±753 F: 2 786±529	M: 碳水化合物=520±98 M: 脂肪=127±39 M: 蛋白质=124±17 F: 碳水化合物=356±91 F: 脂肪=106±29 F: 蛋白质=100±38	—	—

续表

运动项目	训练和竞赛负荷	年龄(年)	性别	EI方法	EI (kcal/d)	宏量营养素 (g/d)	EE方法	EE (kcal/d)
力量和爆发力项目								
速滑[26]	—	~18	男	—	—	—	DLW	4 103±908 (范围:3 057-5 971)
短跑[3]	—	13~19	男/女	食物日记	2 569±508	—	活动日记 SenseWeararmband 运动传感器	3 196±590
表现难美性项目								
体操[22]	4h/d	6~8	男/女	食物称重	1 744±444	—	DLW	2 004±258
耐力性项目								
长跑[25]	>30~40周/年	10~19	男/女	—	—	—	活动日记	M: 3 609±928 F: 2 467±426
游泳[81]	5~6h/d及以下	~19	女	食物日记	3 129±239	—	DLW	5 589±502
其他项目								
现代五项[21]	3次/周	10~18	男/女	FFQ 24h回顾	M: 2 749±1 024 F: 2 558±808	M: 碳水化合物=(6.3±2.5)g/kg M: 脂肪=(31.4±8.4)%EI M: 蛋白质=(1.6±0.5)g/kg F: 碳水化合物=(6.6±2.2)g/kg F: 脂肪=(30.3±6.6)%EI F: 蛋白质=(1.7±0.6)g/kg	—	—
乒乓球[65]	~3h/d	~19	男	食物日记 手机拍照	3 211±566	—	DLW	3 695±449

续表

运动项目	训练和竞赛负荷	年龄(年)	性别	EI方法	EI(kcal/d)	宏量营养素(g/d)	EE方法	EE(kcal/d)
青少年运动员 a[17]	≤5 次/周	~15	男/女	—	—	—	活动日记	M: 3 635±828 F: 3 100±715
青少年运动员 b[57]	≥5h/周	11-18	男/女	24h 回顾	M(11-13): 2 745 M(14-18): 2 905 F(11-13): 2 159 F(14-18): 2 177	M(11~13): 碳水化合物=386 M(11~13): 脂肪=92 M(11~13): 蛋白质=114 M(14~18): 碳水化合物=353 M(14~18): 脂肪=108 M(14~18): 蛋白质=123 F(11~13): 碳水化合物=264 F(11~13): 脂肪=72 F(11~13): 蛋白质=94 F(14~18): 碳水化合物=281 F(14~18): 脂肪=79 F(14~18): 蛋白质=97	—	—

注: a 运动员来自田径、足球、手球、赛艇、皮划艇、游泳、铁人三项。
b 运动员来自耐力性项目、间歇性项目、表现难美性项目或力量/爆发类项目。
DLW, doubly labelled water, 双标水; EI, energy intake, 能量摄入; EE, energy expenditure, 能量消耗; FFQ, food frequency questionnaire, 食物频率调查问卷;
F, females, 男性; M, Male, 男性。

骨质疏松风险增加,性成熟的延迟,月经紊乱或停经以及免疫系统抑制[44],这不仅会影响青少年运动员的运动表现,还可能会对他们长期的身心健康产生负面影响。建议成年运动员每天的 EA≥45kcal/(kg FFM·d),以维持正常的生理功能[44]。考虑到青少年运动员比成年人有更高的相对能量需求,≥45kcal/(kg FFM·d)可能是青少年运动员所需的最低限度,但这还需要进一步的研究。Koehler 等(2013)[40]研究表明,11~25 岁的男女青少年运动员,在参加国家级或国际级比赛时(表现难美性项目、球类、耐力、挥拍类及水上运动),平均 EA 为 28.5~29.4kcal/(kg FFM·d)。

使用传统方法记录饮食摄入数据(食物摄入日记)的准确性经常受到质疑[43,70]。然而,随着当下技术的进步,通过拍照和手机 App 评估饮食摄入量的新方法可能更适合青少年运动员[11,20]。如此,运动员容易坚持,依从性高,因为它允许工作人员可直接与运动员对话交流,也减少了运动员的负担。这些新方法也被证明可以减少漏报情况的出现[11]。

> 青少年运动员比成年人有更大的(相对)能量需求,他们需要足够的能量来满足最佳成长和发育需求。

碳水化合物建议

鉴于糖原消耗是耐力和高强度间歇运动疲劳的主要原因,青少年运动员必须在饮食中摄入足够的碳水化合物,以保证训练和比赛中的运动表现及运动后恢复。运动类型、强度和持续时间决定了运动员对碳水化合物的需求。强度增加或持续时间延长,均可增加运动员对碳水化合物的需求。

碳水化合物食物可以依据血糖指数(glycaemic index,GI)进行分类。GI 是某种碳水化合物提高血糖浓度的能力,可以通过一个数值量表(1~100)进行排名。食物可分为高 GI(>70)、中 GI(55~70)和低 GI(<55)三种[6]。低 GI 食物的特点是比高 GI 食物含有更多的膳食纤维,如全谷物面包、意大利面、糙米和燕麦。高 GI 食物如白面包、大米、土豆、运动饮料和高糖早餐谷物[6]。考虑到高、低 GI 食物对餐后的机体反应与运动时的代谢反应的影响,故关注食物的 GI 值很重要。

训练或比赛前,低 GI 的碳水化合物可能比高 GI 有更多的代谢优势,因为它们可增加脂质氧化,更好的维持血糖稳定,并在运动过程中节省肌糖原[87]。因此,在训练前或比赛前及休息日食用低 GI 食物是明智的选择。由于青少年运动员没有像成年运动员那样的储存糖原能力,而且他们的比赛时间可能较短,因此在比赛前没有必要增加碳水化合物的摄入量,尽管目前没有更多的相关数据证明这一点。

由于评估肌糖原的侵入性技术限制，有关青少年运动员运动期间糖原利用的研究数据也有限。早期肌肉活检研究表明，一轮递增负荷直至意志疲劳的功率自行车运动后，11 岁和 12 岁男孩肌糖原浓度从每千克湿重 71mmol 下降到 34mmol（约下降 52%）[27]。青少年男性足球运动员（～17 岁）在一次力竭性跑步体能测试中，观察到消耗约 36% 的糖原（通过磁共振光谱技术评估）[59]。基于以上数据以及青少年儿童在运动中对外源性碳水化合物的依赖，建议青少年运动员在持续时间超过 60 分钟的中和 / 或高强度运动中，应考虑增加外源性碳水化合物。青少年男孩在运动过程中补充碳水化合物，不仅可节约内源性碳水化合物[60]，还可降低运动过程中的自我疲劳感（RPE），有利于不同类型的运动表现[19]。Phillips 等人（2010）[58]研究表明，与安慰剂相比，在进行间歇性高强度运动期间摄入 6% 的碳水化合物溶液（500ml）可提高 12～14 岁男孩的运动能力。Riddell 等人（2001）[61]研究同样表明，10～14 岁男孩摄入 6% 的葡萄糖和果糖溶液（25ml/kg）后，在功率自行车上运动至疲劳的时间延长 40%。

研究表明，青少年男孩外源性碳水化合物的峰值氧化速度约为 0.81g/min（0.63～0.95g/min）[60]，外源性碳水化合物氧化速度受吸收率限制。研究表明，外源性碳水化合物的吸收率和氧化率无论是在休息时还是运动期间，在儿童和成人之间没有明显差异[37]。Jeukendrup 和 Cronin[37]认为，尽管外源性碳水化合物氧化速度类似，成年人由于运动强度更高，其能量消耗要高于儿童和青少年，故成年人外源性碳水化合物对能量消耗的贡献相对少一些。因此，在运动期间（持续性运动），青少年运动员摄入的碳水化合物不应超过 1g/min。推荐补充液态高 GI 碳水化合物，因为它对运动时的补液有额外好处。常用饮料的碳水化合物浓度为 6%，因为含碳水化合物较高的饮料（8%）已被证明会增加男性和女性及青少年的肠胃不适感[68]。竞赛规则可能会规定何时可以补充碳水化合物（或者补液），因此在比赛规则允许的情况下，运动员和从业者需要尽可能方便地获得碳水化合物（饮料）（如放置场地一侧）。

在进行糖原耗尽的运动后，运动后补充碳水化合物的目的就是尽快恢复糖原储备。然而，目前尚无青少年运动员运动后补充碳水化合物的研究数据。成年人研究数据显示，糖原再合成的最快速度发生在运动后的第 1 小时内，延迟 2 小时再摄入碳水化合物，糖原再合成的速度明显变慢[35]。因此，青少年运动员应在运动后的 2 小时内摄入 1.2g/（kg•h）的高 GI 碳水化合物。高 GI 碳水化合物是运动后的首选，因为它们能够快速升高血糖并促进糖原再合成[36]。运动后碳水化合物准确摄入量的确定取决于至下一次训练和 / 或比赛的恢复期，以及下一次训练和 / 或比赛的强度和持续时间。短暂的恢复期需要采取更积极的措施,但青少年运动员如果 1 周只有一次比赛,可能就不需要如此高的碳水化合物摄入。研究表明,运动后果糖(水果和果汁)和半乳糖(奶制品)比葡萄糖更有利于促进肝糖原再合成[23]。还有研究表明,同时摄入蛋白质与适量的碳水化合物也能加速糖原再合成[9]。因此,运动后来 1 份水果奶者是不错的选择,因为它包含所有上述营养成分。

运动后食谱建议:水果奶者

材料:300ml 全脂牛奶,1 根香蕉,1 杯冰冻浆果,1 汤匙蜂蜜。
方法:把所有原料加入搅拌机中,搅拌即可。
营养:能量 396kcal,59g 碳水化合物,11g 脂肪,12g 蛋白质。

脂肪建议

膳食脂肪是促进脂溶性维生素吸收所必需的,同时还提供人体不能合成必须通过食物来获取的必需脂肪酸(ω-3 和 ω-6)[71],在运动过程中,脂肪也是一种重要能量来源,特别是超过 60~90 分钟的运动。根据其化学结构,脂肪通常分为饱和脂肪和不饱和脂肪。不饱和脂肪可进一步细分为单不饱和脂肪和多不饱和脂肪。

传统上,饱和脂肪被归类为"坏"脂肪,而不饱和脂肪被归类为"好"脂肪。已有研究表明,饮食中含有的不饱和脂肪,如富含油脂的鱼类、鳄梨、坚果和种子对健康有益。此外,个别饱和脂肪酸因为它们的化学组成可对血脂水平产生不同的影响。例如,月桂酸(椰子油中浓度高)可以降低高密度脂蛋白(HDL)胆固醇的比率,因此,相比推荐不同类型的脂肪而言,推荐适当的食物更重要[9]。青少年运动员应选用天然来源的脂肪,特别是富含 ω-3(富含油脂的鱼类、坚果和种子)的脂肪。人工处理过的脂肪,如反式脂肪(加工食品中的人造黄油、蛋糕和饼干)应限制摄入,因为可增加低密度脂蛋白(LDL)胆固醇,降低高密度脂蛋白胆固醇,从而增加心血管疾病的风险[5]。即使是体脂含量低的运动员,也需要有充足的脂肪储备来支持长时间的耐力性比赛,运动后无须立即补充足量脂肪储备。但是,正如前面所讨论的,青少年运动员应该保持能量过剩以获得最佳的成长。

尚无证据表明一个青少年运动员的脂肪需求应该不同于他的非运动员同龄人。青少年儿童的脂肪摄入不应超过总能量的 35%,其中饱和脂肪不应超过总能量的 11%[15]。因此,与非运动员相比,由于摄入能量更多(高能量摄入是高能量消耗的结果),青少年运动员的绝对脂肪摄入量应该更高。由于脂肪是能量密度最大的宏量营养素,所以参加耐力比赛、控体重和表现难美性运动(应低体质指数和体脂率)的青少年运动员应限制脂肪的摄入,但也要避免长期能量缺乏产生的负面效应，否则某些脂溶性维生素（维生素 A、维生素 E 和维生素 K）、ω-3 和 ω-6 脂肪酸，以及铁和钙都有缺乏的潜在风险。

蛋白质建议

　　蛋白质是一种重要的宏量营养素，以支持青少年运动员的组织更新和生长。然而，蛋白质绝不仅仅是支持肌肉增长，其还具有各种各样的功能。蛋白质为合成千万种酶提供了物质基础，而这些酶又是碳水化合物和脂肪代谢提供能量所必需的。氨基酸是蛋白质的组成单位，合成新的蛋白质需要 20 种氨基酸，其中 8 种是必需氨基酸（即必须通过饮食获得），12 种是非必需氨基酸（即人体可以合成这些氨基酸）。亮氨酸、异亮氨酸和缬氨酸为支链氨基酸，对于促进肌肉蛋白合成是必需的，尤其是亮氨酸[76]。

　　对于儿童和青少年来说，由于新组织的生长需要额外的蛋白质，因此对蛋白质的需求量增加[80]。然而，青少年运动员在生长高峰期对蛋白质的需求并没有进一步增加。考虑到个体的体型差异，蛋白质的需求量是按体重规定的。有些研究测量了青少年短跑运动员和足球运动员体内的氮平衡（食物蛋白质中摄入的氮对比尿液中排出的氮）[2, 10]，每天摄入蛋白质 1.4～1.6g/kg 男女青少年运动员都能达到体内的正氮平衡[2]；也有研究称，两名青少年运动员尽管每天摄入蛋白质 2g/kg，但仍然出现了负氮平衡。根据以上证据，建议青少年运动员每天至少摄入蛋白质 1.4～2g/kg。

　　对活跃儿童的研究也表明，和成年人一样，蛋白质摄入的时机可影响全身蛋白质平衡（whole-body protein balance，WBPB）。早餐时摄入蛋白质，WBPB 会由负平衡转向正平衡[39]，并在一天中均匀（每隔 3～4 小时）摄入一次蛋白质，每餐平均适宜摄入量 0.22～0.33g/kg[83]。在运动前（为增加可利用的氨基酸）和运动后摄入蛋白质尤其重要。运动后若缺乏蛋白的摄入，9～13 岁的儿童 WBPB 呈负平衡趋势[82]。然而，运动后仅摄入 5 克蛋白质（0.12g/kg）就可促进 WBPB 正平衡，这表明与成年人相比，儿童在运动后 3 小时内对于补充蛋白质更为敏感。运动后 6 小时内若补充 10g 和 15g（0.22g/kg 和 0.33g/kg）两种剂量的蛋白质，会进一步增加 WBPB 正平衡[83]。睡前也应注意补充蛋白质，为肌肉提供氨基酸，促进肌肉质量和力量的增长[74]。最近的一项研究表明，在青少年的足球运动员中，蛋白质的日常摄入不均衡，早餐摄入较少，晚餐摄入较多[54]。

　　理想的蛋白质来源应该是富含亮氨酸的肉类、家禽、鱼类、蛋类和奶制品。植物性蛋白质来源包括大豆、扁豆、坚果和种子，但应该注意的是，植物来源的蛋白质大多缺乏一些必需氨基酸，如亮氨酸。大豆是唯一含有所有必需氨基酸的植物性蛋白质来源[50]。与青少年素食运动员一起工作的科研人员应密切关注他们的蛋白质摄入量，以确保在饮食中能摄入足够的蛋白质。

> 运动后仅摄入 5 克蛋白质(0.12g/kg)便可促进 WBPB 正平衡,这表明与成年人相比,儿童在运动后 3 小时内对于补充蛋白质更为敏感。

食谱建议:高热量、高蛋白球

材料:燕麦 80 克,奶粉 60 克,杏仁 60 克(整粒 / 去屑 / 磨碎),腰果 60 克,杏干 80 克(切碎),70% 的黑巧克力 50 克(粉碎),全脂牛奶 60~100ml。

方法:①把燕麦、奶粉和杏仁混合成粉;②将混合粉杏干和黑巧克力混合;③每次加入 20ml 牛奶,直到得到理想的黏稠度;④用手搓成 10 个球,然后在燕麦 / 奶粉 / 椰子粉中滚动。

营养(两个):356kcal,碳水化合物 30g,脂肪 18g,蛋白质 14g。

纤维素

纤维素是植物性碳水化合物中不可消化的部分。食用纤维素能促进正常排便,调节餐后高血糖,促进心血管健康等[72]。纤维素富含在燕麦、全谷类、水果和蔬菜中。目前英国的纤维素摄入指南建议,<16 岁的人每天摄入 ≥25g,>16 岁的人每天摄入 ≥30g[64]。然而,最近研究表明,青少年的足球运动员(12~17 岁)纤维素摄入量低于推荐量(每天摄入纤维素不超过 19g)[53]。

微量营养素建议

微量营养素是维持正常生理功能所需的微量物质(<1g)。虽然微量营养素不能直接为人体运动表现提供能量,但在许多代谢途径中起着重要作用。微量营养素可分为维生素和矿物质。表 15.4A 列出了主要的维生素种类,表 15.4B 列出了青少年运动员最可能缺乏的矿物质。目前缺乏证据表明,与非运动员相比,青少年运动员有额外的微量营养素需求。虽然青少年运动员摄入足量、全面的微量营养素是必要的,但某些维生素和矿物质更为重要。

表 15.4A 主要的脂溶性和水溶性维生素,生理功能,食物来源和儿童、青少年 RNI

维生素	生理功能	食物来源	RNI	
			男(岁)	女(岁)
脂溶性维生素				
维生素 A	抗氧化剂,提高视力,促细胞生长和分裂	鱼油、肝、蛋黄、牛奶、黄油、胡萝卜、杏仁	7~10: 500µg 11~14: 600µg 15~18: 700µg	7~10: 500µg 11~14: 600µg 15~18: 600µg

续表

维生素	生理功能	食物来源	RNI	
			男（岁）	女（岁）
维生素 D	促进钙吸收、细胞分化、促进免疫、皮肤细胞的发育和肌肉功能提高	鱼油、蛋类、强化食品	因阳光的原因无 DRVs，安全上限为 4 000IU/d	
维生素 E	主要的脂溶性抗氧化剂，促进生长发育	杏仁、花生、虾、葵花籽、玉米油	无 DRVs，男性 4mg，女性 3mg，被认为足够了	
维生素 K	对血液凝结和某些蛋白质的合成至关重要	西蓝花、卷心菜、肝、菜花、菠菜	无 DRVs，1 μg/kg 足够	
水溶性维生素				
维生素 C	主要水溶性抗氧化剂，促进铁吸收，对皮肤、牙龈和血管健康很重要	芦笋、葡萄柚、酸橙、柑橘、柠檬、西蓝花、甘蓝	7～10: 30mg 11～14: 35mg 15～18: 40mg	7～10: 30mg 11～14: 35mg 15～18: 40mg
维生素 B₁ （硫胺素）	对碳水化合物和氨基酸代谢很重要（能量）	杏仁、肝、花生、全麦面包和谷类、青豆	7～10: 0.7mg 11～14: 1.0mg 15～18: 1.0mg	7～10: 0.7mg 11～14: 0.8mg 15～18: 0.8mg
维生素 B₂ （核黄素）	对碳水化合物代谢很重要（能量）	芦笋、西蓝花、菠菜、香蕉、蘑菇、金枪鱼、乳制品	7～10: 1.0mg 11～14: 1.2mg 15～18: 1.3mg	7～10: 1.0mg 11～14: 1.1mg 15～18: 1.1mg
维生素 B₃ （烟酸）	对碳水化合物、脂肪和氨基酸代谢很重要（能量）	肝、肉类、鱼、牛奶、蛋类、牛油果、番茄、豆类、胡萝卜	7～10: 12.0mg 11～14: 16.5mg 15～18: 16.5mg	7～10: 11.2mg 11～14: 13.2mg 15～18: 13.2mg
维生素 B₅ （泛酸）	辅酶 A 合成，对碳水化合物、脂肪和氨基酸代谢很重要（能量）	鸡肉、牛肉、土豆、番茄、肝、蛋黄、西蓝花、全谷物	无 DRV，3mg 是安全的	
维生素 B₆ （吡哆醇）	血红蛋白合成，对碳水化合物代谢很重要（能量）	香蕉、鱼、菠菜、金枪鱼、蛋黄、鸡肉	7～10: 1.0mg 11～14: 1.2mg 15～18: 1.5mg	7～10: 1.0mg 11～14: 1.0mg 15～18: 1.2mg

续表

维生素	生理功能	食物来源	RNI	
			男（岁）	女（岁）
维生素 B₁₂（钴胺类）	血红蛋白合成及预防贫血，碳水化合物代谢（能量）	牛肉、乳制品、鸡肉、蛋黄、金枪鱼	7～10: 1.0μg 11～14: 1.2μg 15～18: 1.5μg	7～10: 1.0μg 11～14: 1.2μg 15～18: 1.5μg
叶酸	神经细胞分裂，某些蛋白质的产生	肉类、肝、绿叶蔬菜、豆类、水果	7～10: 150μg 11～14: 200μg 15～18: 200μg	7～10: 150μg 11～14: 200μg 15～18: 200μg
生物素	对碳水化合物、脂肪和氨基酸代谢很重要（能量）	蛋黄、肝、肾、肉类	无 DRV，10～200μg 安全、足够	

数据来源于英国营养基金会[15]。

重要的是不同国家的参考营养摄入量不同，因此所提供的数值可能并不适用于所有国家。

DRV. 膳食参考值（dietary reference value，DRV）；RNI. 参考营养摄入量（reference nutrient intake，RNI）。

表 15.4B　青少年运动员容易缺乏的矿物质、生理功能和食物来源及 RNI

矿物质	生理功能	食物来源	RNI	
			男（岁）	女（岁）
钙	肌肉收缩，神经冲动的传递，骨骼生长和强壮	所有奶制品包括牛奶、奶酪和酸奶，有骨头的小鱼（如沙丁鱼）、豆类和花椰菜	7～10: 550mg 11～14: 1 000mg 15～18: 1 000mg	7～10: 550mg 11～14: 800mg 15～18: 800mg
铁	运输氧气	红肉、肝、花椰菜、菠菜、强化谷物、鸡蛋、干果、坚果和种子	7～10: 8.7mg 11～14: 11.3mg 15～18: 11.3mg	7～10: 8.7mg 11～14: 14.8mg 15～18: 14.8mg
镁	肌肉收缩，神经冲动传递	肉类和奶制品、蔬菜和土豆、面包和谷物、坚果（胡桃仁、巴旦木、腰果）、蘑菇	7～10: 200mg 11～14: 280mg 15～18: 300mg	7～10: 200mg 11～14: 280mg 15～18: 300mg
锌	提高免疫功能，抗氧化剂，帮助蛋白质消化，有助于能量代谢	肝、肾、红肉，海鲜、家禽、牛奶、全谷物、叶和根类蔬菜	7～10: 7.0mg 11～14: 9.0mg 15～18: 9.5mg	7～10: 7.0mg 11～14: 9.0mg 15～18: 9.0mg

数据来源于英国营养基金会[15]。RNI. 参考营养摄入量（reference nutrient intake，RNI）。

钙和维生素 D

钙和维生素 D 是影响骨骼矿物质积累和骨骼维护健康的两种关键微量营养素。维生素 D 是钙平衡的关键调节因子，促进钙吸收。约 95% 的成人骨矿物质积累在青春期结束前完成，其中约 26% 是在骨矿物质积累速度达到峰值时积累的（女孩在 12.5 岁以前，男孩在 14 岁以前）[7]。在骨矿物质积累达到峰值速度时，骨骼钙的累积量为 300mg/d[1]。确保最大的骨骼矿物质含量对于青少年运动员达到成年期的峰值骨量，减少骨骼损伤（如应力性骨折）和骨质疏松风险都至关重要。

研究表明，在青少年时期参加负重体育活动的男孩和女孩比非运动对照组积累的骨矿物质更高[7]。由于骨矿物质含量的增加，青少年的钙需求量增多。然而，一些研究报告显示，在一些运动项目中，男女青少年运动员的钙摄入量都很低，远远低于每日推荐摄入量[47]。

目前英国男女青少年的钙推荐摄入量分别为 1 000mg/d 和 800mg/d[15]，这些都低于美国和澳大利亚的每日推荐摄入量 1 300mg/d。钙的最佳饮食来源是奶制品，包括牛奶、酸奶和奶酪。沙丁鱼、鲭鱼、绿叶蔬菜和橙子也含有一定量的钙。建议青少年运动员在运动前摄入富含钙的小吃或正餐，以减少对骨的吸收[31]。

维生素 D 除了参与维持钙平衡外，还参与支持免疫功能和骨骼肌重建[56]。维生素 D 是一种独特的微量营养素，因为它主要是通过人体暴露于紫外线 B（ultraviolet, UVB）后由皮肤合成。从肝和鸡蛋等某些食物中也可以获取少量的维生素 D。在英国，每年从 10 月到来年 3 月（超过 35°纬度的地区）由于缺乏 UVB，建议这个时期补充维生素 D 以防止缺乏（血清 25- 羟基维生素 D [25（OH）D] <30nmol/L）。目前，英国青少年的维生素 D_3 补充建议为每天 400～4 000IU[55]。全年在室内训练和比赛的青少年运动员应该多补充，但不建议补充每天 >4 000IU 的维生素 D_3，因为可能与维生素 D 毒性积累有关。尽管补充维生素 D 促进运动表现的证据有限，但很明显，缺乏维生素 D 会损害肌肉骨骼健康，增加受伤的风险。Ward 等[86]研究表明，低水平的维生素 D 与青少年女性的爆发力和力量输出减少有关。

铁

铁是一种参与许多生化反应过程的矿物质，包括氧气运输和能量代谢。人体内大约 60% 的铁以血红蛋白的形式存在于红细胞中，在体内血红蛋白是一种负责运输氧气的蛋白质[32]。在儿童和青少年时期，由于组织的生长，铁的需求量增加。女性月经初潮会导致铁的流失，铁的需求量进一步增加[66]。参加长跑的青少年运动员可能会经历更严重的胃肠失血，也可能会有"足部撞击性溶血"（反复足底冲击导致足部毛细血管内红细胞受损）[32]。青少年运动员（特别是耐力性运动员）可能比他们的同龄人（非运动人群）拥有更高的血红蛋白量，这是适应性训练的结果。

　　虽然许多参与表现难美型项目、团队、耐力和格斗运动的青少年运动员的铁含量都低于最佳水平，但却少有证据表明这对运动表现有负面影响[41]。然而，很明显，运动员严重的缺铁（贫血）会导致运动表现下降，而适当的铁补充可以改善体内铁的状态，并提高运动表现[90]。只有那些患有贫血症的青少年运动员，在接受了医生或营养师的建议后，才应该补铁。

　　青少年男孩和女孩每日铁摄入量建议分别为 11.3mg 和 14.8mg[15]。这可以从两种类型的膳食铁中获得：血红素铁和非血红素铁。虽然铁的吸收水平取决于机体的铁储备，但血红素铁的吸收（15%～35%）要大于非血红素铁的（2%～20%）。血红素铁主要来自肉类（特别是红肉），而非血红素铁则来自干豆类、青豆类和绿叶蔬菜。维生素 C 可促进非血红素铁的吸收，而钙、多酚和植酸则抑制非血红素铁的吸收[63]。由于素食运动员主要补充非血红素铁，铁的生物利用度下降可能是导致缺铁的一个主要原因，因此建议监测其铁含量。

> 某些微量营养素，包括钙、维生素 D 和铁，对青少年运动员至关重要。

温度调节和补水

　　体温调节是机体调节温度的内稳态过程。在运动中，体温调节可降低核心温度升高的危险。青少年运动员和成年运动员在体温调节方面存在生理性差异（见表 15.2）。在高温、潮湿条件下锻炼，对青少年运动员来说可能存在一定危险。如果环境温度高于皮肤温度，青少年运动员便会吸收热量，使皮肤和核心温度升高，增加热病的风险[30]。此外，当环境潮湿时，由于空气中水分含量高，身体通过蒸发汗液散热的能力降低[8]。研究表明，与成年人相比，儿童适应湿热环境的时间也更长[85]。不建议儿童在这种情况下训练和比赛，但如果必须这样训练，青少年运动员应该定时在阴凉处休息，并定时饮用冷水。

　　青少年运动员应该在正常的水合状态和正常的血浆电解质浓度下开始锻炼，以抵消与脱水相关的表现能力下降。青少年运动员应在运动前 4 小时内补液 5～7ml/kg，摄入 20～50mmol/L 的钠[67]。这个量的钠几乎是商业运动饮料的 2 倍，所以青少年运动员应考虑补充电解质。在运动过程中，需避免因出汗造成的过度脱水。电解质平衡的破坏会损害最佳肌肉功能，2%～3% 的脱水会增加心血管压力，加速糖原分解，增加运动时的主观努力感，还会增加核心体温并导致热病[67]。研究表明,2%(占体重)的脱水会降低男性青少年篮球技术表现[24],缩短自行车运动至力竭的时间[89]。尽管如此,许多从事不同运动的青少年运动员在锻炼时均会脱水,因为他们没有充足补液[4]。在水里添加调味料,比如果汁,已被证明可增加青少年运动员的主动饮水量,这可能是因为增加了他们的口感[88]。因此,建议青少年运动员在训练和比赛期间携带和饮用调味饮料,喝自己瓶子里的水,以便评估所消耗的液体,并减少感染的可能性。除了液体摄入,补充在运动中损失的电解质和碳水化合物也是必要的。

由于青少年运动员之间出汗率存在巨大差异,采用统一的补水标准是不明智的,建议采用个性化的补水策略[49]。青少年运动员补液的目标除了解渴,还应防止过度脱水(减少锻炼前体重的2%)[67]。由于体重变化是一种有效的失水评估手段,即通过训练前和训练后或赛后体重的变化来评估青少年运动员所需的补液量。这个衡量补液量的过程应遵循严格的程序,如用毛巾擦去的汗水和收集的所有尿液,都应纳入评估。尿比重和渗透压将为运动员提供更准确的水合状态评估;然而,这需要一个渗透计,可能不适合许多青少年运动员。另外,通过检查尿液颜色可提供一种评估水合状态的粗略方法,应该注意某些 B 族维生素的补充及大量的低渗液体的摄入也会影响尿液颜色。通常在正常状态下,尿液颜色较淡,而在脱水状态下,尿液颜色会变得更暗、更黄。因此,可教育青少年运动员,推荐使用标准的尿液颜色图表。

运动或赛后,如果恢复期较短,就需要积极的补液策略。在运动中,每减少 1kg 体重,就要补充 1.5L 的液体,因为身体不会保留住全部液体。如果恢复期够长,可以忽略这一步。摄入含有碳水化合物的食物、零食或饮料,配以白水便足够[67]。考虑到 1g 碳水化合物与 3g 水结合,碳水化合物的摄入将促进补水。牛奶或调味乳已被证明是一种有效的运动后补水饮料,因为它们不但含有大量的水和电解质,也含有碳水化合物和蛋白质,因此可以促进机体快速恢复[69]。调味乳是许多青少年运动员比较喜爱的恢复饮料。

> 尽管在体温调节机制上存在差异,但青少年运动员对补水的需求与成年人相似。

补剂

建议青少年运动员采取"食补优先"的方法,因为所有的宏量和微量营养素(除了冬季的维生素 D)都可以通过饮食获得。如果他们通过食物来源难以满足营养目标,可通过某些补剂(能量棒或者蛋白粉)来帮助满足营养目标,这也可能是大体型运动员面临的情况[38]。然而,相关科研人员应该把他们的教育重点放在食物优先的原则上,也要明确使用补剂的相关风险。

目前,在补剂生产和质量控制方面的相关制度和法规并不像制药业那样严格,还缺乏严格规定[18]。因此,这些补剂可能含有某些有害成分(通常不标明),对健康有害;然而,在大量不良事件被报道之前,这些产品通常不会被发现并退出市场[48]。也有可能存在一些补剂被无意污染的情况,主要是通过加入污染的成分,或交叉污染[38],因此,使用补剂有误服兴奋剂的风险,这对正在接受检测的青少年运动员有较大影响[18]。世界反兴奋剂机构(World Anti-Doping Agency,WADA)的规则每年都会更新,其实行严格的责任政策,即运动员对其体内的任何物质或使用的任何违禁方法负全部责任[84]。兴奋剂(有意或无意)可能导致不良的分析结果(药检失败),从而使运动员面临长达4年的禁赛风险。

Informed Sport(无兴奋剂认证标识)是一个质量保证测试项目,对WADA禁止名单上的违禁物质的补剂、原材料和生产设施进行检测。通过选择经过Informed Sport批量检测过的补剂,会使青少年运动员意外服用兴奋剂的风险降至最低,然而并不能保证该补品100%不含违禁物质[34]。因此,青少年运动员服用任何补剂,均需向体育和运动营养注册机构(sport and exercise nutrition register,SENr)认证的运动营养师和/或营养师寻求建议。

实践注意事项

能源和水合

解读科学,并把当前的宏观和微量营养素、补水和补剂建议付诸运动实践对于成就一个青少年运动员是必不可少的。如何为青少年运动员设计个性化的营养计划可参见图15.2,表15.5提供了一个青少年运动员典型的学校和训练日营养建议。

人体测量

通过人体测量学(如身高、体重)的方法测量和跟踪人体生长速度,可以帮助科研人员评估能量供应是否符合最佳生长需要。尽管通过皮褶厚度测量或双能X线吸收测量法监测脂肪水平可能有效,但不应该把重点放在青少年运动员的体重(尤其是身体脂肪)减少上。与成年运动员相比,青少年运动员的相对体脂率高,这是因为体重较轻,肌肉量少[51]。随着青少年男性运动员的成长,体重和肌肉量增加,会导致其体脂率相对水平降低[46]。因此,对于青少年运动员不建议关注体脂率,而应重点增加他们的肌肉量。

1. 了解训练和比赛需求
参考相关的科学文献来评估训练和比赛的能量需求。例如，优秀青年足球运动员的训练和比赛日程安排与优秀青年田径运动员的训练和比赛日程有很大不同。不建议从成人研究中推断结果并应用于青少年运动员。

2. 人体测量评估
利用身高、坐高和体重等指标评估成熟状态。应定期评估（8~12周/次），以确定生长率。体成分常用评估方法为ISAK皮褶厚度、双能X射线吸收仪（DXA）、Bod Pod等。将每天的水合状态、运动前后标准化评估，运动当天评定时标准化评估，否则会降低测量的准确性。每个团队都应该建立自己的科学评价体系。

3. 膳食摄入量评估
针对特定的营养问题，采用最合适的营养摄入量评估方法进行膳食摄入量评估。如食物频次法、问卷、24小时回忆、3~7天的饮食日记及拍照反馈。确保在评估前提供相关的教育，并使用合适的饮食分析软件。

4. 能量消耗评估
使用最合适的方法，利用如GPS、心率监测、加速计、Actiheart、SWA、双标水（DLW）等方法，对训练、比赛和休息日的能量消耗进行评估。同时要考虑生长所需能耗（尤其是在接近PHV），还可以通过间接量热法或群体特异性预测方程评估静息代谢率（RMR）。

5. 生物化学评估和临床观察
如运动员有任何营养不良（如维生素D或铁缺乏等），可通过临床检测确定。其他参数的评估（如内分泌激素、骨代谢指标等）也可以监测运动员在运动中可能表现出的相对能量不足（RED-S）。

6. 水合状态评估
水合状态的常规评估（早晨体重、尿比重、尿液渗透压）可帮助运动员在赛前制订补水策略，同时也可帮助确定运动员是否长期处于低水合状态。

7. 主观健康评估
日常健康评估得分（如睡眠、疲劳、肌肉酸痛、情绪等）有助于评估能量不足、恢复不良和过度训练和RED-S症状。

8. 制订饮食计划
与运动员和相关人员（家长、监护人、教练、队医、科研人员）一起制订营养计划，并确保计划有明确的目标和时间表，并做好记录和监控。

9. 评估和改进
一旦干预完成，自我评估和他人（队友、父母、监护人、队医、科研人员）评估中的正面和负面信息均会形成经验教训，并转化为对未来的实践指导。

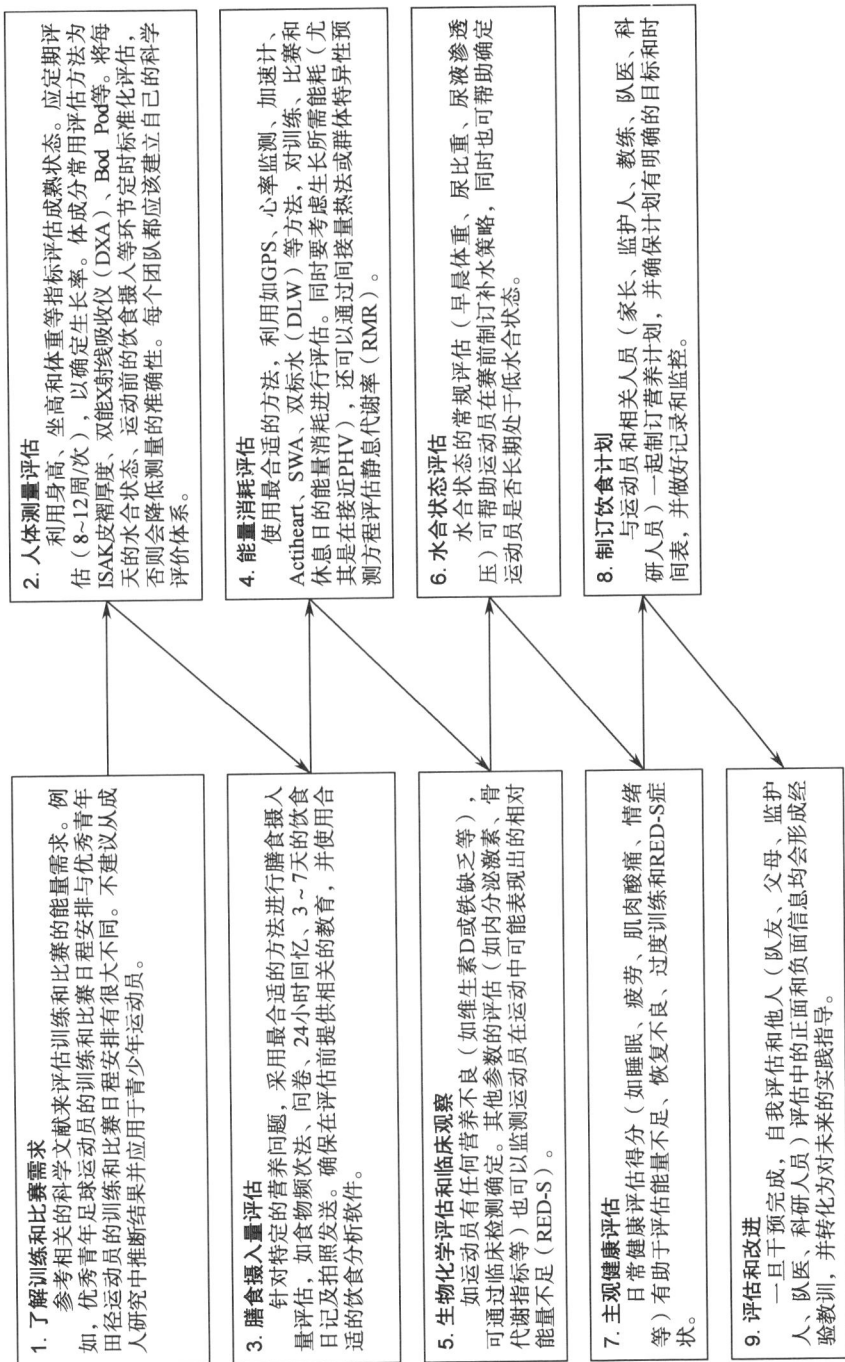

图 15.2 制订营养计划的过程

表 15.5　一名体重 50kg 的足球运动员一天的营养状况

在学校上课，训练 90min，目标能量>3 000kal

时间 （餐食或小吃类型）	食品 / 补液	营养成分
07：00 早餐	1 大碗麦片配 250ml 全脂牛奶 蜂蜜 1 根香蕉	778kcal C：109g；F：30g；P：18g F&V：1 补液：300ml 备注：低 GI 来源的 C
10：00 加餐	1 大杯全脂希腊酸奶 1 条谷物棒 1 个苹果 300ml 水加南瓜	437kcal C：57g；F：15g；P：18g F&V：1 补液：300ml 备注：良好的钙来源
13：00 中餐	意大利肉酱面（牛肉末、洋葱、 番茄罐头、大蒜、香草）配全麦 意大利面 300ml 盒装橙汁（非浓缩汁）	620kcal C：96g；F：14g；P：28g F&V：3 补液：300ml 备注：含铁和维生素 C
16：00 训练前加餐	三明治（两片夹黄油的全麦面 包，两片火腿，奶酪和生菜） 300ml 水加南瓜	368kcal C：35g；F：17g；P：19g F&V：1 补液：300ml
17：00-18：30 训练 期间	500ml 运动饮料	140kcal C：33g；F：0g；P：0g F&V：0 补液：500ml 备注：高 GI 的 C 和补水
19：00 训练后正餐	300ml 菠萝汁 1 份小鲑鱼片配香蒜沙司，中 等份量的白米饭和四季豆 1 小包甜品	786kcal C：119g；F：24g；P：24g F&V：2 补液：300ml 备注：良好的 Omega-3 来源 1 天合计： 3 129kcal C：449g；F：100g；P：107g C：9.0g/kg；F：2.0g/kg；P：2.1g/kg F&V：8 补液：2 000ml（来自液态水）

注：C. 碳水化合物（carbohydrate）；F. 脂肪（fat）；F&V. 水果或蔬菜份数（portions of fruit and/or vegetables）；P：蛋白质（protein）。

在某些运动项目中,运动员的人体测量评价是重点,参加橄榄球、足球和健美等项目的青少年运动员会有增加身体重量(尤其是肌肉量)的压力。为了使肌肥大最大化,青少年运动员不仅要坚持适当的抗阻训练,还要保证他们每天至少有 500kcal 的能量盈余[42]。在其他需要控体重的项目中(如拳击、柔道、轻量级划船、举重),情况可能正好相反。参赛者可能必须"控制体重"才能参加某一重量类别的比赛。"控体重"的压力会增加心理压力,也会有患饮食失调症的风险。参加控制体重项目的青少年运动员,其体重减少量不应超过 1 磅或 0.45kg/ 周[16],而应在 SENr 认证的运动营养师和 / 或营养师的监督下,通过逐渐减少能量摄入来实现。强烈建议青少年运动员不要使用急性脱水的方法控体重[16]。

青少年运动员营养教育

随队的科研人员应该整体把握青少年运动员的营养教育。首先,将营养知识提高到"适当"的水平是至关重要的,这应该是所有营养教育方案的基础。营养教育可以在规模大或小的团队中,通过各种方法(如信息图表、视频等),可以单独指导或远程指导完成。相关营养技能,如预算、购物、食物处理和储存、准备、烹饪均应被教授,对营养的态度、趋势和文化也应纳入营养教育方案。任何营养教育的最终目标都是教育运动员达到适当的营养知识水平,最终使其转化为适当的自我维持的营养习惯或行为。科研人员应定期评估运动员的营养知识和行为,以监测其进步,同时利用人体测量或健康方面的数据,这些信息来源可以相互补充,从而对运动员进行更深入地了解。

对于大多数青少年运动员来说,他们的父母或监护人将决定为他们提供什么食物。因此,随队科研人员不应该仅仅关注运动员的教育,还应该关注其父母或监护人的教育。家长或监护人也应通过一些方法,鼓励子女对饮食产生兴趣,并掌控自己的营养,如带他们去买食物,种植自己的食物(香草、蔬菜等),做饭的时候让孩子们参与进来,让他们的味觉接触到不同的味道和材质。家长也应该遵循以上提到的营养原则,并确保孩子不遗漏正餐和加餐(尤其是早餐)。

通过各种方法对青少年运动员及其相关人员展开营养教育,应该是每一个从业者的工作重点。从业者还应通过定期测量某些人体测量学指标来监测其生长,并制订个性化的营养干预方案。

案例学习 1：增重

　　Serge 是一名 16 岁的橄榄球运动员，他最近开始为一所职业学院打球，同时他也在学校打球。在学校橄榄球比赛中，Serge 一直被认为是一个中等身材的球员，然而，学院教练指出，他需要增加自己的体重，以便在对抗中更具优势。

初始评估

　　在最初的非正式谈话中，Serge 意识到自己需要增重来提高运动表现，过去也一直在努力增重。但从 14 岁开始在寄宿学校，由于食物的选择和进食时间是自己无法选择的，饮食习惯和饮食模式不稳定。Serge 的初始特征如表 15.6 所示。

表 15.6　Serge 初始评估的特征

特征	数值
年龄 / 岁	16
身高 /cm	179.0
体重 /kg	70.2
皮褶厚度 /mm	46
成熟度偏离 /a	+2.0
预测成年身高百分比	99.2
静息代谢率 /(kcal·d^{-1})	1 950
估计体力活动水平[80]	～2.0
估计总能量消耗 /(kcal·d^{-1})	3 900

　　为了评估能量摄入，Serge 完成了 4 天的食物拍照记录，包括训练日、比赛前一天、比赛当天和休息日。为了增加数据的可靠性，每天还进行 24 小时饮食回忆。初步评估显示，Serge 的人体测量学特征是：与同位置的其他球员相比欠佳，这与俱乐部教练组的意见一致。从饮食分析中也可以清楚地看出，球员的饮食模式（表 15.7）和饮食摄入（表 15.8）不能满足身体需要，也不能提供适当的能量、宏量和微量营养素。

表 15.7　Serge 4 天内的正餐、加餐时间，拍照并发送（X 表示没有餐点）

正餐 / 加餐	1	2	3	4
早餐	07：15	07：20	X	11：00
加餐 1	X	X	09：00	X
中餐	13：00	12：45	14：00	14：40
加餐 2	X	14：30	X	15：55
晚餐	19：00	19：00	19：15	19：00
加餐 3	X	X	X	X

表 15.8　Serge 干预前后营养摄入比较

干预前		干预后	
饮食	时间	饮食	时间
4 个维他麦 250ml 半脱脂牛奶 1 汤匙蜂蜜	07：15	3 个鸡蛋 1 个大番茄 1 把奶酪 2 片烤面包黄油 1 汤匙布朗酱 300ml 苹果汁	07：15
		500ml 全脂牛奶 1 根香蕉 1 汤匙花生酱 1 汤匙亚麻籽粉 1 汤匙热巧克力粉	10：30
2 片棕色面包黄油 1 罐金枪鱼 1 汤匙蛋黄酱 2 个洋葱 500ml 水	13：00	2 个玉米薄饼卷 1 罐金枪鱼 1 汤匙蛋黄酱 1 个红辣椒 2 个洋葱 1 个苹果 500ml 运动饮料	13：00
4 块奥利奥饼干 1 品脱半脱脂牛奶	14：30	1 份高蛋白酸奶 1 杯浆果 400ml 调味牛奶	16：00

续表

干预前		干预后	
饮食	时间	饮食	时间
1 个中号鸡胸 1/2 罐甜玉米 1 杯棕色意大利面 1/2 罐 Dolmio 番茄酱 500ml 水	19：00	1 个中号鸡胸 6 个中号新鲜土豆 黄油 3 份西蓝花 1/2 西葫芦 300ml 蔓越莓汁 3 勺冰淇淋	19：30
		1 品脱全脂牛奶 2 片棕色面包 黄油 果酱	22：00
碳水化合物 /(g•kg^{-1})	3.7	碳水化合物 /(g•kg^{-1})	7.4
脂肪 /(g•kg^{-1})	1.1	脂肪 /(g•kg^{-1})	2.5
蛋白质 /(g•kg^{-1})	2.0	蛋白质 /(g•kg^{-1})	3.0
总能量（kcal）	2 319	总能量（kcal）	4 466

营养干预概述

调查评估表明，可以通过适当的营养干预来增加体重，不需要额外的补剂。体重增加必须有能量盈余，能量摄入增加到约 4 400kcal/d。为了适应如此高的能量摄入，进食频率增加，每 3～4 小时一次，相当于每天 6 顿饭（包括加餐）。为了保证能量摄入，换成了更高能量的食物，如半脱脂牛奶换成全脂牛奶。

为了最大限度地提高肌肉蛋白质的合成，每餐中需含有 30～40g 蛋白质。已有研究表明，睡前摄入富含酪蛋白的蛋白质（牛奶或酸奶），可以促进骨骼肌肉量的增加。蛋白质总摄入量增加至 3g/（kg•d）（～216g/d），可通过食用鸡蛋、牛奶、酸奶、鸡肉、肉类和鱼类来实现。为满足学校、训练和比赛的高能量消耗，并实现能量盈余，建议碳水化合物摄入量增加至 7g/（kg•d）（～514g/d）。全天都在摄入碳水化合物，尤其训练或比赛前后，为最大限度地保证糖原储备，可通过谷物、面包、面食、大米和土豆等食物实现。为满足增加体重所需的高热量，脂肪摄入量也显著增加至 2.5g/（kg•d）（～172g/d），可通过摄入黄油、含油坚果、鱼油和牛奶等天然食物实现。

表 15.8 向运动员提供了示例菜单，其中包括食物摄入的时间和食谱，为确保计划完成，定期通过电话和照片信息与运动员在"WhatsApp"上联系。干预措施大约每 4 周重新评估一次，并根据人体测量指标及同球员一对一交流

后，及时进行计划调整。

干预后的成果

Serge 在 4 个月的干预期间人体测量指标变化如表 15.9 所示，共增重 3.2kg，平均每 4 周增重 0.8kg。干预后，Serge 经常有饱腹感，感觉很难完成既定的宏量营养素摄入目标，但他感觉自己"更大了""更强壮了"。教练还评论说 Serge"在球场上有更多的存在感"，而且"比以前主导了更多的对抗"。

表 15.9　干预前后 Serge 人体测量学指标比较

特征	初始评估	干预后	变化
身高 /cm	179.0	179.2	+0.2
体重 /kg	70.2	73.4	+3.2
皮褶厚度 /mm	46	50	+4

案例学习 2：能量摄入不足的补充

Helen 是一名 14 岁的公路自行车运动员，她每周训练 3 天，每个周末都参加比赛。教练认为她在 50 公里计时赛中很有潜力，但担心比赛的后程。因为 Helen 比其他运动员更容易疲劳，偶尔还会出现肌肉抽筋。他觉得 Helen 没有适当地为比赛补充能量，也没有寻求一些营养支持。

初始评估

在与 Helen 的教练交谈后，他透露 Helen 的身体成分良好，体能测试分数在训练组中名列前茅。Helen 虽然知道自己需要根据比赛日程调整营养，但不知道该如何做。Helen 的特征如表 15.10 所示。

表 15.10　Helen 初始评估的特征

特征	数值
年龄 / 岁	14
身高 /cm	166.8
体重 /kg	45.0
成熟度偏离 / 年	+1.1
预测成年身高百分比	96.5
150 公里计时赛 PB/（min：s）	87：13

为了评估 Helen 在比赛前一天和比赛当天的营养习惯，她完成了一个为期两天的拍照和上传，为增加数据的可靠性，每天还进行 24 小时饮食回忆。从表 15.11 中可以看出，Helen 2 天的拍照结果印证了她教练的担忧，她在比赛前和比赛中没有适当地补充能量。在随后的讨论中，Helen 透露她在比赛前吃东西很困难，但可以喝液体饮品，很想学营养学方面的知识，但对碳水化合物及比赛能量补充的知识仍然很贫乏。

营养干预概述

在进行干预之前，Helen 了解了碳水化合物的作用（特别是对练习和骑行表现的作用），不同种类碳水化合物所涉及的食物和饮料，不同食物和饮料中包含的碳水化合物量，以及什么时候摄入碳水化合物比较合适等。在 Helen 了解了这些基本知识后，开始进行营养干预措施同时兼顾 Helen 对食物和饮料选择偏好。

由于碳水化合物是中强度至高强度自行车运动所需的关键宏量营养素，因此决定在赛前一天和比赛当日增加 Helen 的碳水化合物摄入量。赛前一天 Helen 的碳水化合物从～4g/kg 增加到～8g/kg，以促进肌肉和肝的糖原储存。为达到这一目的，每顿饭和加餐所含的碳水化合物量增加，并添加富含碳水化合物的零食。低 GI 的饮食被换成高 GI 的饮食（如糙米换成白米），限制膳食纤维的摄入（减少比赛期间出现胃肠道症状的可能性），并使糖原的储存量最大化。

因为 Helen 在赛前很难吃下食物，因此赛前为 Helen 选择了一份富含碳水化合物的水果奶昔（124g 碳水化合物或 2.8g 碳水化合物 /kg）可能是最佳的选择。燕麦、蜂蜜、香蕉和芒果提供了低 GI 和高 GI 的混合碳水化合物，其中，水果含有果糖，可确保在赛前补充肝糖原（夜间肝糖有所减少）。在赛中，两瓶运动饮料（1 000ml）含有 60g 碳水化合物（葡萄糖），以维持血糖水平和节省肌糖原，这些运动饮料还同时提供了赛中丢失的水份和电解质。由于比赛时间不超过 90min，因此不需要摄入更多的或不同种类的碳水化合物（如多种来源的葡萄糖 - 果糖混合物）。

干预的结果

Helen 和她的教练都注意到，Helen 在比赛中的表现有了立竿见影的进步。Helen 没有在比赛中出现任何胃肠道症状或不适，她说"在整个比赛中从开始到结束，她的感觉一直都很好"。在实施这一营养策略 1 个月后，Helen 取得了 85min49s 的个人最好成绩，并获得了参加全国锦标赛的资格。Helen 还发现，在训练日没有摄入足够的碳水化合物，随后她增加了摄入量，以提高她的训练质量。

表 15.11　Helen 干预前后营养摄入比较

赛前一天（初始评估）		赛前一天（干预后）		比赛日（初始评估）		比赛日（干预后）	
时间	饮食	时间	饮食	时间	饮食	时间	饮食
07：40	1 中等碗可可米 250ml 半脱脂牛奶 250ml 橙汁	07：40	1 大碗可可米 250ml 半脱脂牛奶 350ml 橙汁	08：30	300ml 苹果汁	08：30	水果奶昔： 300ml 全脂牛奶 1 个香蕉 1 杯芒果 1 杯燕麦 1 汤匙蜂蜜
		10：15	1 个谷物能量棒 1 个梨子 500ml 水	11：00 （赛中）	500ml 水	11：00 （赛中）	1 000ml 运动饮料
12：30	1 个中号烤土豆 1/2 听烤豆子 1 把奶酪 500ml 水	12：30	1 个中号烤土豆 1/2 听烤豆子 1 把奶酪 1 份水果酸奶 300ml 苹果汁	13：30	2 片面包 黄油 2 片火腿 2 片奶酪 1 个大土豆 1 个苹果	13：30	2 片面包 黄油 2 片火腿 2 片奶酪 1 个大土豆 1 个苹果
16：00	1 根香蕉 2 块饼干 500ml 水	16：00	1 份水果酸奶 1 个香蕉	16：00	1 包薯片 1 个香蕉 300ml 水果汁	16：00	400ml 风味牛奶 1 个香蕉

续表

赛前一天（初始评估）		赛前一天（干预后）		比赛日（初始评估）		比赛日（干预后）	
饮食	时间	饮食	时间	饮食	时间	饮食	时间
1中份鲑鱼片 1/2杯糙米饭 3份西蓝花 1汤匙香蒜沙司 500ml水	19:15	1中份鲑鱼片 1/2杯白米饭 3份西蓝花 1汤匙香蒜沙司 500ml水 1碗苹果沙拉	19:15	1中份披萨 1中份附餐沙拉 300ml水	20:00	1中份披萨 1中份附餐沙拉 300ml水	20:00
碳水化合物/(g·kg⁻¹)	4.4	碳水化合物/(g·kg⁻¹)	7.5	碳水化合物/(g·kg⁻¹)	5.3	碳水化合物/(g·kg⁻¹)	8.7
脂肪/(g·kg⁻¹)	1.0	脂肪/(g·kg⁻¹)	1.3	脂肪/(g·kg⁻¹)	1.5	脂肪/(g·kg⁻¹)	1.8
蛋白质/(g·kg⁻¹)	1.5	蛋白质/(g·kg⁻¹)	1.8	蛋白质/(g·kg⁻¹)	1.4	蛋白质/(g·kg⁻¹)	2.1
总能量（kcal）	1 481	总能量（kcal）	2 174	总能量（kcal）	1 839	总能量（kcal）	2 670

重点总结

- 青少年运动员生长发育迅速，影响其营养需求。需要摄入足够的食物以满足最佳生长发育及运动需要，这点非常重要。
- 青少年运动员比成年人的（相对）能量需求量更大。青少年运动员摄入充足的能量对于满足最佳的生长发育是必不可少的。能量摄入不足对健康和运动表现均不利。
- 蛋白质是必需的宏量营养素，用以满足青少年运动员组织的更新和生长。运动后仅摄入 5g 蛋白质就有助于机体蛋白质的正平衡。因此，儿童、青少年比成年人对于蛋白质补充更为敏感（相对而言），故建议其在运动后 3 小时内补充蛋白质。
- 尽管目前还缺乏明显的证据，表明青少年运动员与非运动员相比，需要额外补充微量营养素，但某些微量元素，包括钙、维生素 D 和铁，对于青少年运动员是至关重要的。
- 青少年运动员尽管在温度调节机制方面与成年运动员有差异，但对于补水的需求相似。
- 通过多种方式对青少年运动员及其相关人员展开营养教育是每一个从业者的工作重点。此外从业者还要通过人体测量学指标来监测运动员的成长，并提供个性化的营养干预方案。

参考文献

1　Abrams SA, Griffin IJ, Hicks PD and Gunn SK. Pubertal girls only partially adapt to low dietary calcium intakes. *J Bone Miner Res* 19: 759–763, 2004.

2　Aerenhouts D, Van Cauwenberg J, Poortmans JR, Hauspie R and Clarys P. Influence of growth rate on nitrogen balance in adolescent sprint athletes. *Int J Sport Nutr Exerc Metab* 23: 409–417, 2013

3　Aerenhouts, D, Zinzen, E and Clarys, P. Energy expenditure and habitual physical activities in adolescent sprint athletes. *J Sport Sci Med* 10: 362–368, 2011.

4　Arnaoutis G, Kavouras SA, Angelopoulou A, et al. Fluid balance during training in elite young athletes of different sports. *J strength Cond Res* 29: 3447–3452, 2015.

5　Astrup A, Dyerberg J, Elwood P, et al. The role of reducing intakes of saturated fat in the prevention of cardiovascular disease: where does the evidence stand in 2010? *Am J Clin Nutr* 93: 684–688, 2011.

6　Atkinson F, Foster-Powell K and Brand-Miller JC. Glycemic load values: 2008. *Diabetes Care* 31: 2281–2283, 2008.

7　Bailey D, McKay H, Mirwald RL, Crocker PR and Faulkner R. A six-year longitudinal study of the relationship of physical activity to bone mineral accrual in growing children: the university of Saskatchewan bone mineral accrual study. *J Bone Miner Res* 14: 1672–1679, 1999.

8　Bergeron MF. Hydration in the pediatric athlete: how to guide your patients. *Curr Sports Med Rep* 14: 288–293, 2015.

9   Betts JA and Williams C. Short-term recovery from prolonged exercise. *Sport Med* 40: 941–959, 2010.

10   Boisseau N, Le Creff C, Loyens M and Poortmans JR. Protein intake and nitrogen balance in male non-active adolescents and soccer players. *Eur J Appl Physiol* 88: 288–293, 2002.

11   Boushey CJ, Spode M, Zhu FM, Delp, EJ and Kerr DA. New mobile methods for dietary assessment: review of image-assisted and image-based dietary assessment methods. *Proc Nutr Soc* 76: 283–294, 2017.

12   Bratteby L-E, Sandhagen B, Fan H and Samuelson G. A 7-day activity diary for assessment of daily energy expenditure validated by the doubly labelled water method in adolescents. *Eur J Clin Nutr* 51: 585–591, 1997.

13   Braun H, von Andrian-Werburg J, Schänzer W and Thevis M. Nutrition status of young elite female German football players. *Pediatr Exerc Sci* 30: 157–167, 2018.

14   Briggs MA, Cockburn E, Rumbold PLS, Rae G, Stevenson EJ and Russell M. Assessment of energy intake and energy expenditure of male adolescent academy-level soccer players during a competitive week. *Nutrients* 7: 8392–8401, 2015.

15   British Nutrition Foundation. Nutrition Requirements., 2017. Available at: https://www.nutrition.org.uk/attachments/article/907/Nutrition   Requirements_Revised June 2016.pdf.

16   Carl RL, Johnson MD and Martin TJ. Promotion of healthy weight-control practices in young athletes. *Pediatrics* 140: e20171871, 2017.

17   Carlsohn A, Scharhag-Rosenberger F, Cassel M, Weber J, Guzman A de G and Mayer F. Physical activity levels to estimate the energy requirement of adolescent athletes. *Pediatr Exerc Sci* 23: 261–269, 2011.

18   Chester N. *Drugs in Sport.* Abingdon: Routledge, 2015.

19   Close GL, Hamilton DL, Philp A, Burke LM and Morton JP. New strategies in sport nutrition to increase exercise performance. *Free Radic Biol Med* 98: 144–158, 2016.

20   Costello N, Deighton K, Dyson J, Mckenna J and Jones B. Snap-N-Send: a valid and reliable method for assessing the energy intake of elite adolescent athletes. *Eur J Sport Sci* 17: 1044–1055, 2017.

21   Coutinho LAA, Porto CPM and Pierucci APTR. Critical evaluation of food intake and energy balance in young modern pentathlon athletes: a cross-sectional study. *J Int Soc Sports Nutr* 13: 1–8, 2016.

22   Davies PSW, Feng J-Y, Crisp JA, et al. Total energy expenditure and physical activity in young Chinese gymnasts. *Pediatr Exerc Sci* 9: 243–252, 1997.

23   Décombaz J, Jentjens R, Ith M, et al. Fructose and galactose enhance postexercise human liver glycogen synthesis. *Med Sci Sports Exerc* 43: 1964–1971, 2011

24   Dougherty KA, Baker LB, Chow M and Kenney WL. Two percent dehydration impairs and six percent carbohydrate drink improves boys basketball skills. *Med Sci Sports Exerc* 38: 1650–1658, 2006.

25   Eisenmann JC and Wickel EE. Estimated energy expenditure and physical activity patterns of adolescent distance runners. *Int J Sport Nutr Exerc Metab* 17: 178–188, 2007.

26   Ekelund U, Yngve A, Westerterp K and Sjostrom M. Energy expenditure assessed by heart rate and doubly labeled water in young athletes. *Med Sci Sport Exerc* 34: 1360–1366, 2002.

27   Eriksson BO, Gollnick PD and Saltin B. Muscle metabolism and enzyme activities after training in boys 11–13 years old. *Acta Physiol Scand* 87: 485–497, 1973.

28　Eriksson BO and Saltin B. Muscle metabolism during exercise in boys aged 11 to 16 years compared to adults. *Acta Paediatr Belg* 28: 257–265, 1974.

29　Falk B, Bar-Or O and MacDougall JD. Thermoregulatory responses of pre-, mid-, and late-pubertal boys to exercise in dry heat. *Med Sci Sports Exerc* 24: 688–694, 1992

30　Falk B and Dotan R. Children's thermoregulation during exercise in the heat: a revisit. *Appl Physiol Nutr Metab* 33: 420–427, 2008.

31　Haakonssen EC, Ross ML, Knight EJ, et al. The effects of a calcium-rich pre-exercise meal on biomarkers of calcium homeostasis in competitive female cyclists: a randomised crossover trial. *PLoS ONE* 10: e0123302, 2015.

32　Hinton PS. Iron and the endurance athlete. *Appl Physiol Nutr Metab* 39: 1012–1018, 2014.

33　Hosseinzadeh J, Maghsoudi Z, Abbasi B, Daneshvar P, Hojjati A and Ghiasvand R. Evaluation of dietary intakes, body composition, and cardiometabolic parameters in adolescent team sports elite athletes: a cross-sectional study. *Adv Biomed Res* 6: 107, 2017.

34　Informed Sport. About Informed-Sport, 2018.Available at: www.informed-sport. com/about.

35　Ivy JL. Glycogen resynthesis after exercise. *Int J Sports Med* 19: S142–S145, 1998.

36　Jentjens R and Jeukendrup AE. Determinants of post-exercise glycogen synthesis during short-term recovery. *Sport Med* 33: 117–144, 2003.

37　Jeukendrup A and Cronin L. Nutrition and elite young athletes. In: *The Elite Young Athlete*, vol 56, 2010, pp 47–58

38　Judkins C and Prock P. Supplements and inadvertent doping – how big is the risk to athletes. *Med Sport Sci* 59: 143–52, 2012.

39　Karagounis LG, Volterman KA, Breuillé D, Offord EA, Emady-azar S and Moore DR. Protein intake at breakfast promotes a positive whole-body protein balance in a dose-response manner in healthy children: a randomized trial. *J Nutr* 148: 729–737, 2018.

40　Koehler K, Achtzehn S, Braun H, Mester J and Schaenzer W. Comparison of self-reported energy availability and metabolic hormones to assess adequacy of dietary energy intake in young elite athletes. *Appl Physiol Nutr Metab* 38: 725–733, 2013.

41　Koehler K, Braun H, Achtzehn S, et al. Iron status in elite young athletes: gender-dependent influences of diet and exercise. *Eur J Appl Physiol* 112: 513–523, 2012.

42　Kreider RB. Dietary supplements and the promotion of muscle growth with resistance exercise. *Sport Med* 27: 97–110, 1999.

43　Livingstone MBE, Prentice AM, Andrew Coward W, et al. Validation of estimates of energy intake by weighed dietary record and diet history in children and adolescents. *Am J Clin Nutr* 56: 29–35, 1992.

44　Loucks AB, Kiens B and Wright HH. Energy availability in athletes. *J Sports Sci* 29: S7–S15, 2011.

45　MacDougall JD, Roche PD, Bar-Or O and Moroz JR. Maximal aerobic capacity of Canadian schoolchildren: prediction based on age-related oxygen cost of running. *Int J Sports Med* 4: 194–198, 1983.

46　Malina RM and Geithner CA. Body composition of young athletes. *Am J Lifestyle Med* 5: 262–278, 2011.

47　Martínez S, Pasquarelli BN, Romaguera D, Arasa C, Tauler P and Aguiló A. Anthropometric characteristics and nutritional profile of young amateur swimmers. *J strength Cond Res* 25: 1126–1133, 2011.

48　Maughan RJ, Greenhaff PL and Hespel P. Dietary supplements for athletes: emerging trends and recurring themes. *J Sports Sci* 29(Suppl 1): S57–S66, 2011.

49　Maughan RJ and Shirreffs SM. Dehydration and rehydration in competitive sport. *Scand J Med Sci Sports* 20(Suppl 3): 40–47, 2010.

50　Michelfelder AJ. Soy: a complete source of protein. *Am Fam Physician* 79: 43–47, 2009.

51　Milsom J, Naughton R, O'Boyle A, et al. Body composition assessment of English Premier League soccer players: a comparative DXA analysis of first team, U21 and U18 squads. *J Sports Sci* 33: 1799–1806, 2015.

52　Morgan DW. Locomotor economy. In: *Paediatric Exercise Science and Medicine.* Armstrong N and van Mechelen W, eds. Oxford; Oxford University Press, 2008, pp. 283–295.

53　Naughton RJ, Drust B, O'Boyle A, et al. Free-sugar, total-sugar, fibre, and micronutrient intake within elite youth British soccer players: a nutritional transition from schoolboy to fulltime soccer player. *Appl Physiol Nutr Metab* 42: 517–522, 2017.

54　Naughton RJ, Drust B, O'Boyle A, et al. Daily distribution of carbohydrate, protein and fat intake in elite youth academy soccer players over a 7-day training period. *Int J Sport Nutr Exerc Metab* 26: 473–480, 2016.

55　NHS. Vitamin D, 2017.Available from: https://www.nhs.uk/conditions/vitamins-and-minerals/vitamin-d.

56　Owens DJ, Fraser WD and Close GL. Vitamin D and the athlete: emerging insights. *Eur J Sport Sci* 15: 73–84, 2015.

57　Parnell JA, Wiens KP and Erdman KA. Dietary intakes and supplement use in preadolescent and adolescent Canadian athletes. *Nutrients* 8: 1–13, 2016.

58　Phillips SM, Turner AP, Gray S, Sanderson MF and Sproule J. Ingesting a 6% carbohydrate-electrolyte solution improves endurance capacity, but not sprint performance, during intermittent, high-intensity shuttle running in adolescent team games players aged 12–14 years. *Eur J Appl Physiol* 109: 811–821, 2010.

59　Rico-Sanz J, Zehnder M, Buchli R, Kühne G and Boutellier U. Noninvasive measurement of muscle high-energy phosphates and glycogen concentrations in elite soccer players by ^{31}P- and ^{13}C-MRS. *Med Sci Sport Exerc* 31: 1580–1586, 1999.

60　Riddell MC, Bar-Or O, Schwarcz HP and Heigenhauser GJF. Substrate utilization in boys during exercise with [^{13}C]-glucose ingestion. *Eur J Appl Physiol* 83: 441–448, 2000.

61　Riddell MC, Bar-Or O, Wilk B, Parolin ML and Heigenhauser GJ. Substrate utilization during exercise with glucose and glucose plus fructose ingestion in boys ages 10–14 yr. *J Appl Physiol* 90: 903–911, 2001.

62　Roche DM, Rowland TW, Garrard M, Marwood S and Unnithan VB. Skin microvascular reactivity in trained adolescents. *Eur J Appl Physiol* 108: 1201–1208, 2010.

63　Rodenberg RE and Gustafson S. Iron as an ergogenic aid: ironclad evidence? *Curr Sports Med Rep* 6: 258–264, 2007.

64　Scientific Advisory Committee on Nutrition. *Carbohydrates and Health.* London: Public Health England, 2015.

65　Sagayama H, Hamaguchi G, Toguchi M, et al. Energy requirement assessment in Japanese table tennis players using the doubly labeled water method. *Int J Sport Nutr Exerc Metab* 27: 421–428, 2017.

66　Sandström G, Börjesson M and Rödjer S. Iron deficiency in adolescent female athletes :is iron status affected by regular sporting activity? *Clin J Sport Med* 22: 495–500, 2012.

67 Sawka MN, Burke LM, Eichner ER, Maughan RJ, Montain SJ and Stachenfeld NS. American College of Sports Medicine position stand. Exercise and fluid replacement. *Med Sci Sports Exerc* 39: 377–390, 2007.

68 Shi X, Horn MK, Osterberg KL, et al. Gastrointestinal discomfort during intermittent high-intensity exercise: effect of carbohydrate-electrolyte beverage. *Int J Sport Nutr Exerc Metab* 14: 673–683, 2004.

69 Shirreffs SM, Watson P and Maughan RJ. Milk as an effective post-exercise rehydration drink. *Br J Nutr* 98: 173, 2007.

70 Silva AM, Santos DA, Matias CN, Minderico CS, Schoeller DA and Sardinha LB. Total energy expenditure assessment in elite junior basketball players: A validation study using doubly labeled water. *J Strength Cond Res* 27: 1920–1927, 2013.

71 Simopoulos AP. The importance of the ratio of omega-6/omega-3 essential fatty acids. *Biomed Pharmacother* 56: 365–379, 2002.

72 Slavin JL. Position of the American Dietetic Association: health implications of dietary fiber. *J Am Diet Assoc* 108: 1716–1731, 2008.

73 Smith DR, King RFGJ, Duckworth LC, et al. Energy expenditure of rugby players during a 14-day in-season period, measured using doubly labelled water. *Eur J Appl Physiol* 118: 647–656, 2018.

74 Snijders T, Res PT, Smeets JSJ, et al. Protein ingestion before sleep increases muscle mass and strength gains during prolonged resistance-type exercise training in healthy young men. *J Nutr* 145: 1178–1184, 2015.

75 Stephens BR, Cole AS and Mahon AD. The influence of biological maturation on fat and carbohydrate metabolism during exercise in males. *Int J Sport Nutr Exerc Metab* 16: 166–179, 2006.

76 Tang JE, Moore DR, Kujbida GW, Tarnopolsky MA and Phillips SM. Regulation of protein metabolism in exercise and recovery ingestion of whey hydrolysate, casein, or soy protein isolate: effects on mixed muscle protein synthesis at rest and following resistance exercise in young men. *J Appl Physiol* 107: 987–992, 2009.

77 Timmons BW, Bar-Or O and Riddell MC. Oxidation rate of exogenous carbohydrate during exercise is higher in boys than in men. *J Appl Physiol* 94: 278–284, 2003.

78 Timmons BW, Bar-Or O and Riddell MC. Energy substrate utilization during prolonged exercise with and without carbohydrate intake in preadolescent and adolescent girls. *J Appl Physiol* 103: 995–1000, 2007.

79 Timmons BW, Bar-Or O and Riddell MC. Influence of age and pubertal status on substrate utilization during exercise with and without carbohydrate intake in healthy boys. *Appl Physiol Nutr Metab* 32: 416–425, 2007.

80 Torun B. Energy requirements of children and adolescents. *Public Health Nutr* 8: 968–993, 2005.

81 Trappe TA, Gastaldelli A, Jozsi AC, Troup JP and Wolfe RR. Energy expenditure of swimmers during high volume training. *Med Sci Sports Exerc* 29: 950–954, 1997.

82 Volterman KA, Moore DR, Breithaupt P, et al. Postexercise dietary protein ingestion increases whole-body leucine balance in a dose-dependent manner in healthy children. *J Nutr* 147: 807–815, 2017.

83 Volterman KA, Moore DR, Breithaupt P, et al. Timing and pattern of post-exercise protein ingestion affects whole body protein balance in healthy children: a randomized trial. *Appl Physiol Nutr Metab* 42: 1143–1148, 2017.

84 WADA. Strict liability in anti-doping, 2018. Available from: https://www.wada-ama.org/en/questions-answers/strict-liability-in-anti-doping.

85 Wagner JA, Robinson S, Tzankoff SP and Marino RP. Heat tolerance and acclimatization to work in the heat in relation to age. *J Appl Physiol* 33: 616–622, 1972.

86 Ward KA, Das G, Berry JL, et al. Vitamin D status and muscle function in post-menarchal adolescent girls. *J Clin Endocrinol Metab* 94: 559–563, 2009.

87 Wee S-L, Williams C, Tsintzas K and Boobis L. Ingestion of a high-glycemic index meal increases muscle glycogen storage at rest but augments its utilization during subsequent exercise. *J Appl Physiol* 99: 707–714, 2005.

88 Wilk B and Bar-Or O. Effect of drink flavor and NaCl on voluntary drinking and hydration in boys exercising in the heat. *J Appl Physiol* 80: 1112–1117, 1996.

89 Wilk B, Meyer F, Bar-Or O and Timmons BW. Mild to moderate hypohydration reduces boys' high-intensity cycling performance in the heat. *Eur J Appl Physiol* 114: 707–713, 2014.

90 Zoller H and Vogel W. Iron supplementation in athletes – first do no harm. *Nutrition* 20: 615–619, 2004.

第16章 降低青少年运动员损伤风险

Paul J. Read, *Jon I. Oliver*, *Gireg D. Myer*, *Rhodri S. Lloyd*

引言

青少年运动员是特殊的群体,必须考虑到青少年、儿童并不是小大人,这给指导他们训练的教练员们提供了挑战。他们经历了骨骼结构快速和不均匀生长的时期,导致身体表现和运动技能发展的改变[79, 87, 90, 91]。这些儿童生长与运动能力发展的重要时期也可能增加受伤的风险[111]。青少年运动员在参加运动期间遭受肌肉骨骼损伤,可能无法完全康复,并可能出现后遗症,限制了他们今后从事运动和体育活动的能力;因此,了解常见的损伤情况和相关的危险因素,对于制订合适的青少年运动员训练策略以减少受伤风险是至关重要的。本章的目的是指导青少年体能训练的从业人员,以实用的工具来识别相关的损伤风险因素,通过个性化的风险分层为方案设计提供指导。

常见损伤

确定青少年参加各种运动的损伤发病率的研究证据很少[1]。损伤发生率、机制、解剖位置和类型也会因为运动的需求不同而有不同[85]。然而,教练应该从现有的数据和常见的与成长相关的损伤中认识到这些趋势,而这些都是青少年运动员容易发生的。

流行病学数据表明,对男孩来说,冰球、英式橄榄球、美式橄榄球、足球和越野跑的损伤发病率最高[14]。对女孩来说,足球、篮球、越野和体操是风险最高的项目(表16.1)。在美国男女都参加的高中体育运动中,足球和篮球的事故率最高[31]。这些运动的特点是重复的负荷,高强度的动作和对抗接触,这是一种共同的损伤机制[25]。高中运动员中最常见的严重损伤部位和诊断包括膝盖和足踝韧带扭伤[18]。骨软骨病和骨骼骨折在青少年体育运动中也经常发生,肌肉损伤和肌腱病变较少发生[112]。

目前已表明,运动损伤更多可能出现在高龄青少年和身体成熟的后期阶段[64, 82, 88],此外该阶段也会增加韧带扭伤的风险,但骨折发生率下降了[1]。

这可能是由于大强度的运动对抗、体重增加和骨长度的改变导致关节力矩增加[1, 32, 33]。杠杆长度的变化改变了肌肉力量与身体/肢体质量和惯性矩的比例，增加了软组织结构的应力和形变。更高的身高也导致更高的质量中心，使动态关节稳定更具挑战性。因此，软组织结构将可能承受更高的负荷及其损伤风险。

表 16.1 青少年在运动中的损伤率

运动项目	每练习 1 000 小时损伤率	每 1 000 小时运动员接触的伤害
男孩		
冰球	5～34.4	—
英式橄榄球	3.4～13.3	1.6
足球	2.3～5.2	2.4～17.0
越野跑	—	10.9～15.0
美式橄榄球	—	3.5～16.3
女孩		
足球	2.5～10.6	2.4～23.0
篮球	3.6～4.1	1.3～4.4
体操	0.5～4.1	8.5
越野跑	—	16.7～19.6

资料来源：改编自 Caine 等人。

> 青少年运动员的运动损伤类型和发生率受运动、性别、年龄、生长和发育等因素影响。

身高增长速度峰值（peak height velocity，PHV）和体重增长速度峰值（peak weight velocity，PWV）是成熟过程中的重要标志，与受伤风险增加相关[88, 89, 112]。此外，在青少年足球运动员中，在成熟阶段过度使用的损伤呈线性增长的趋势是非常明显的[111]。据报道，肌肉长度和横断面积的增长之间存在延迟[113]，这可能是由于发育滞后造成的。在没有肥大的情况下，肌肉和肌腱长度的变化可能发生在生长高峰期之后的一段时间，由于肢体长度的增加，肌肉需要以其最大能力的更大比例发挥功能，才能使张力正常化[40]。这使得肌腱结构受到更大的力和张力，从而可能导致过度使用的损伤[40]。

另一个青年运动员特有的情况是骨骺线损伤（apophyseal injuries），这可能是由于剧烈运动引起的[66]。骨骺是骨质突起，有肌腱和韧带附着。由于骨骼结构的快速增长，肌肉系统必须在长度上发展，从而使骨骼生长产生的张力和尺寸正常化，这样就可以产生足够的力量来支撑和移动更大更重的骨骼[114]。这就意味着青少年运动员在快速成长时期和以重复运动为特征的运动中存在着骨骺线损伤的风险。

损伤的危险因素

关于青年运动员受伤危险因素的研究文献很少，大多数研究集中在成年人和青少年女性身上。鉴于青少年体育运动的身体需求和参与的儿童和青少年的数量，十分需要确定不同年龄和性别的损伤危险因素。损伤风险是多因素的，因此，要明确运动员的风险状况就必须进行全面的检查[86]。虽然许多方面都需要注意，但重点应该放在可调整的因素上，图16.1中的红绿灯原则已经表明了这一点。下面将详细讨论这些危险因素。

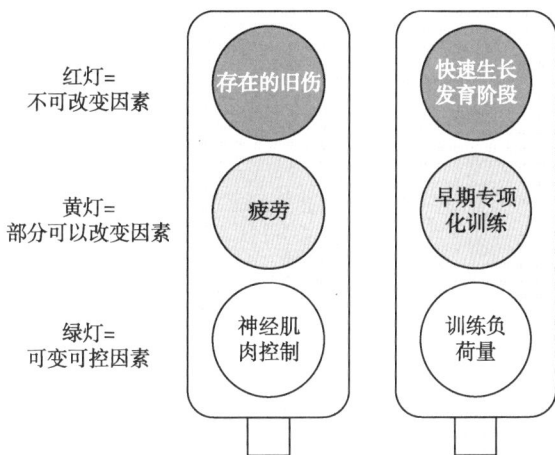

图16.1 用红绿灯系统来显示损伤危险因素

红灯是指不可改变的因素，包括以前的损伤和快速生长阶段；这些需要重点监控，但无法改变。早期专项化训练是黄色的，因为这是需要达到精英水平的一个必然要素；然而，过早、过多地专注于一个专项运动可能会增加受伤的风险。疲劳是许多运动不可避免的组成部分，但提高疲劳耐受能力可能在一定程度上降低受伤的风险。力量训练和体能训练教练能产生最大影响的方面是神经肌肉控制和训练负荷量，因此这些应该被首先予以关注。

旧伤

伤病史通常是未来损伤发生的主要危险因素。这一点在青少年女子体操运动员[13]、高中越野赛跑运动员[84]、拉拉队员[101]和足球运动员中表现得很明显[56]。现有的文献表明，在一次主要损伤后，再次损伤的可能性增加了2～5倍[56, 84]，而且这种风险随着损伤数的持续增加，其相关性呈指数增长[56]。这些研究并没有对再次发生的损伤做出解释；然而，不充分的康复看似是合理的，同时也强调了以标准为导向的工具和详细评估的必要性，以更明确地指导重返比赛的过程。

与旧损复发相关的机制尚不清楚。神经肌肉抑制是看似一个合理的解释，因为这可能导致改变本体感受和动作模式[38, 76]。例如，研究表明前交叉韧带[50]、腘绳肌[16, 76]和踝关节损伤[12, 34]后，肌肉激活明显减少。因此，力量和体能训练教练应该认识到损伤后神经肌肉募集的潜在变化和由此产生的运动模式改变，尽量减少由于代偿性运动控制策略而导致原损伤部位或其他解剖位置再次发生损伤的风险。建议对损伤发生率进行前瞻性监测，如果没有这方面的信息，还应获得详细的损伤史，可通过适当的重新调整和动作纠正进行针对性治疗来确定现有训练方案的缺陷和运动员潜在风险。

快速生长发育

在生长发育的不同阶段，运动相关的损伤风险不同程度增加[88, 98, 112]。由于肢体长度的快速增长，青少年运动员可能会经历短暂的运动技能表现下降，通常被称为"青春期笨拙"时期[79]。虽然这并不会发生在所有的青少年身上，但由于骨骼和肌肉组织的不成比例的生长和神经肌肉功能的变化，青少年可能会经历短暂的运动控制干扰[20]。体能教练在这里扮演着重要的角色，因为获得的技能和运动模式可能需要在这一时期重新完善[24]。此外，随着孩子年龄的增长，他们会有更多的机会参加训练和比赛，其中包括高水平的重复的负荷刺激，这可能会增加受伤的风险[47]。

最近的数据表明了人体测量指标变化速度的重要性[54]。在优秀青年足球运动员中，身高每年增长≥7.2cm，身体质量指数（body mass index，BMI）每年增长≥3.6kg/m²，是受伤的显著预测因子[54]。之前对青少年女足运动员的研究也表明，BMI是导致新的下肢损伤的唯一因素[72]。一种合理的解释是，体重较重的运动员在撞击时承受的冲击力更大，而这些力必须被软组织结构吸收[25]。建议适当地对训练负荷进行规划和监测，并定期跟踪生长率，以甄别在这敏感时期可能有更大受伤危险的青少年运动员，并避免其经常接触重复相同类型的活动。

青少年时期骨骼的快速生长可能会暂时扰乱神经肌肉的控制，也会使青少年运动员面临更大、过度使用的损伤风险。

疲劳

研究表明，剧烈运动后疲劳加剧会增加损伤风险，从而可能影响关节的动态稳定[62, 77, 103]。虽然这并不一定支持疲劳相关的损伤机制，但在青年运动员中的一些证据表明，在比赛的后期阶段，损伤发生率更高[82]。现有的证据累积起来表明，在青少年中，疲劳引起的神经肌肉改变会导致在接触地面时动态稳定性的整体下降[21, 36, 74]；同时，力的产生也减少了，这可能会增加软组织结构的后续冲击载荷。基于年龄、生长和成熟的不同反应也可能是其中一个原因[21, 22]。PHV 后期的女性运动员在模拟比赛后，腘绳肌和股四头肌的活动比例下降幅度最大，尤其是在膝盖接近完全伸展的情况下[22]。进一步的研究需要更清楚地阐明疲劳是否是青少年运动员下肢损伤的一个因素。对于教练员来说，检查个体对疲劳的反应并考虑对新人以及疲劳状态下实施有针对性的干预，以提高神经肌肉能力，这可能也是一种谨慎的策略。特别是提高青少年运动员的生理表现将提高"抗疲劳能力"，避免运动控制能力的迅速下降。

除了疲劳的急性影响外，还应考虑慢性反应。以前的研究表明，尽管在高负荷、离心、训练方案后 96 小时，力量输出接近基准线，但延迟性损伤（疲劳）仍然存在[48]。这在青少年男性橄榄球运动中也很明显，从赛前到赛后，他们的跳跃表现和健康状况都有所下降[75]。在 7 周的比赛期间，在下蹲跳的跳跃高度和反应力量指数方面的基线表现也有显著下降，表明存在累积疲劳[75]。这对监测神经肌肉在经过一段时间的极度疲劳运动后（包括大量的离心肌肉运动，如反复减速和变向等），是否准备好开始新的运动具有意义。随后，体能训练的从业者可能希望测量处于疲劳前状态的关键指标，以确定基线变化，并在比赛后进行重复评估，以监测恢复时间，从而尝试个性化恢复和训练方案（有关监测疲劳和准备情况的更多信息，请参见第 3 章）。

早期专项训练和训练量

当青少年运动员参加早期专项性训练项目时，存在相当大的受伤风险[11, 110]，同时也存在因过度疲劳而导致运动员高损耗的风险[60]。这种方法在体操和跳水等项目中早已司空见惯；然而，现在更多的青少年选择更早地专注于其他运动[27]。虽然众所周知，为了取得体育上的成功，需要刻意练习、训练和正规的运动训练，但保障青少年运动员的健康是所有运动、体能教练的基本职责。要做到这一点，除了要经常接触来自各种运动和运动任务的各种各样的运动刺激外，还应鼓励训练负荷的循序渐进和管理，以促进长期的运动发展和降低受伤的风险。

有报道显示，在青年足球[11, 39]，篮球[39]、排球[39]和网球运动员中[52]，与密集、线性增长的训练相关的物理应力与损伤和疾病有一定的关系。此外，在高中运动员中重复性使用已被确定为一个关键的风险因素，训练阈值超过16h／周的高中运动员将导致受伤的风险升高[94]。从事高度专业化的运动训练的青少年运动员，受伤风险也更大[53]，这表明过度使用是受伤的一个风险因素，与年龄、生长、发育成熟和训练量无关。建议运动员的专业水平和训练量应与运动员的身体和心理成熟水平相适应。此外，确保训练主要根据每个运动员的技术能力和训练年龄来决定，这对于最小化受伤风险和最大化运动员的长期发展至关重要。

> 如果青少年运动员每周参加的运动时间超过了他们的年龄所能承受的负荷，或者有组织的运动与自由活动时间的比例大于2:1，那么他们过度运动损伤的风险就更大[53]。

神经肌肉控制

高速和高冲击活动（如落地）中神经肌肉控制的改变是下肢韧带损伤的关键机制[44]。神经肌肉控制的缺陷会导致韧带结构承受过大的压力，超过其可承受的张力阈值，导致结构损伤[57]。这些缺陷的存在并没有明确的损伤原因；但是，软组织损伤可能发生在动态运动中涉及减速[8]和大力量输出时，主动肌受限无法减少关节力矩情况下。虽然每个运动员的损伤都源自各自不同的机制，本章讨论的重点是最常见的、青少年运动员成熟后期的[1]、运动损伤发生率较高的部位[64]，尤其是严重受伤的膝盖和脚踝[18, 112]。造成这些损伤的神经肌肉危险因素包括腘绳肌与股四头肌比例失衡、高度不对称和额状面控制能力下降，以及欠佳的神经肌肉激活模式和动态稳定性[86]。

额状面控制

额状面控制能力降低的特征是膝关节外翻和同侧躯干姿势控制的丧失，因此，重心明显地移动到支撑面之外。有研究指出，在那些前交叉韧带损伤风险将持续增加的人中，姿势失控发生在与地面接触的时候[23, 44, 78]。在青春期前，男孩和女孩的下肢排列相似[5, 25, 32, 83]；然而，在成熟期开始后，女孩的膝关节外翻往往大于男孩[43, 44]。最近的研究也揭示了在快速生长和额状面控制改变之间的相互作用。例如，Read等人[91]在反复的抱膝跳任务中评估了膝关节外翻评分，发现在青少年足球运动员成熟后期，很明显增加了落地控制的能力，大多数为 0（无外翻）和 1（小外翻）评分（图 16.2）。然而，在球员生长高峰期和青春期早期，不对称的落地机制预示了高风险的关节位置，这可能增加了创伤性损伤的风险。

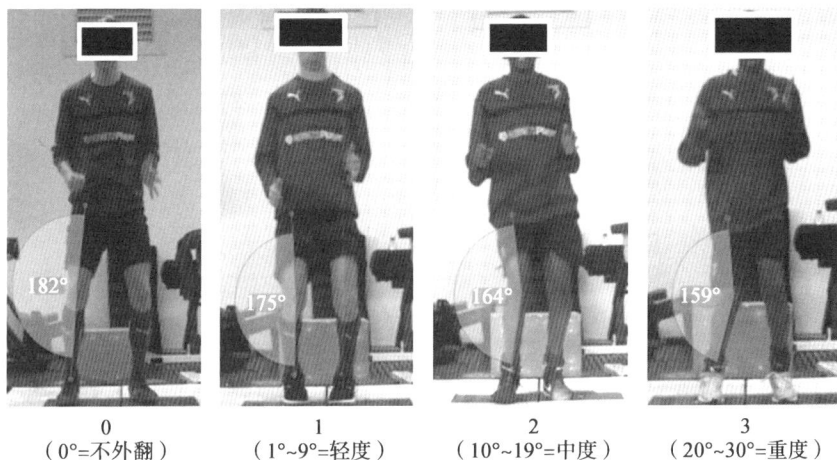

图 16.2 基于额状面投影角度分类的膝关节外翻评分
注：以图中绘制的角度，180° 为中性点对齐（0），如第四幅图中运动员绘制的外翻角度为 159°（为外翻 21°），属于严重外翻。来源：引自 Read 等人[19]。

还应该承认，大多数评估落地缓冲力学的研究都使用了双脚落地。最近一项针对优秀青年足球运动员的研究，调查了单腿下蹲跳时的落地运动学[90]。随着年龄的增长，膝外翻逐渐减少，但是在 PHV 后期的球员中，组间的差异比较明显。大龄球员股骨干侧屈曲角较大，容易失去了对额状面的控制。因此，教练员应该重视跳跃落地的任务本质，包括各种形式的评估，以更全面地评估青少年运动员的运动情况。

青少年在成长和成熟不同阶段的切步训练力学及其与受伤风险的关系，均缺乏足够证据支持。因此，有必要进一步的研究更多运动员反应和动态动作。

股四头肌的主导地位

高强度的动作需要快速地减速，并通过膝伸肌产生大量的离心肌力[102]。股四头肌和腘绳肌的不成比例的募集可能反映了力量吸收的不平衡，从而增加了非接触韧带损伤的风险[70]。已证明，青春期后儿童和青少年的腘绳肌和股四头肌的功能比例会增加，作为一种平衡形式，这是为了协同激活腘绳肌，以减少胫骨前移位和股四头肌在高速运动时的高剪切力[19]。然而，反复接受高强度的单项运动训练和比赛，如足球，使股四头肌的增强不成比例，改变高速运动时膝盖周围力量和动态稳定的相互平衡[51]。为了解决这个问题，教练应该确保有针对性地和多样化地加强后侧链，这应该视作所有力量训练计划必不可少的组成部分。

不平衡

不平衡是两侧下肢力量、协调性和控制力的不对称[67]。虽然缺乏证据支持不对称作为基准受伤的风险因素，但不平衡赤字加剧，会影响肌力低的肢体运动功能[9]，诱发运动损伤[46,92]。Plisky 等人[80]研究表明，高中篮球运动员左右两侧股四头肌的长度差异大于 4cm，测量平衡试验期间，其下肢损伤风险是常人的 2.5 倍甚至更大。最近，在一大批优秀青少年足球运动员（U-11 到 U-18 年龄组）中，单腿反作用力、跳跃落地缓冲力失衡是不同年龄组中最突出的风险[92]。因此，定期对青少年运动员进行测量是很有必要的，使用不同结构的神经肌肉控制的单侧测试，以识别出肢体间高度不平衡的个体，并尽可能地确定其病因。

> 对于失衡（例如差异大于 15%），没有标准的风险阈值。不同项目的受伤风险增加阈值不同。

据研究，在青少年进行诸如双侧蹲[2]、等速运动和运动范围评估[17]、短跑[63,99]和各种跳跃测试[87]时，普遍存在着不对称现象。Atkins 等[2]研究表明，在 PHV 和青春期早期，双侧力量不对称增加。然而，最近的数据表明，在以最大速度冲刺时记录的无训练基础男孩的时空变量在很大程度上不受年龄或成熟阶段的影响[63]。这在跳跃和动态平衡测试中得到支持，在一些常用的筛选试验中，单腿下蹲跳落地缓冲力是不同阶段组（PHV 之前、PHV 中、PHV 后期）之间有显著差异的唯一指标[87]。研究还表明，在不同的项目和变量中，不平衡的水平和模式是不同的[87]。因此，不对称性似乎是基于项目的，而成熟期对肢体间功能表现的差异并没有深远的影响，因为这些差异是在儿童早期形成的。力量和体能教练在设计处于 PHV 之前的运动员的训练项目时，可能希望用有效的方法来对抗这一风险因素，包括进一步维持整个儿童和青少年时期，确保失衡不会增加。尽力避免达到不对称阈值，因为在不同任务和运动表现指标之间阈值不同。相反，应该根据所测量的人、所进行的运动和所测验的指标来考虑肢体间失衡问题。

预激活

在含有预判成分的体育项目或动作中,用于决策和姿势调整的时间相对受限,导致不合理的体位及过大的关节负荷[7],在较短的时间内不能采用反射性神经肌肉反馈机制,但是,能依赖于前馈性肌肉活动来维持关节的整体性,并对力进行吸收[7]。

已有的文献比较了在垂直跳跃测试中,青春期前男孩(9～11 岁)和青春期后男孩(19～29 岁)的肌肉预激活情况[15]。青春期后的青少年在落地前表现出更高水平的腘绳肌活动和协同收缩比率。相反,青春期前的受试者在落地后和初次与地面接触到最大膝关节屈曲时,表现出更大的腘绳肌活动水平,同时也表明了落地后的协同收缩比例比青春期后青少年更大。从直觉上看,这表明在成熟男性落地前,在控制地面反作用力时,会形成一种更有效的神经肌肉前馈策略。研究证实,从垂直起跳到落地时,成人的预备性协同收缩比率是儿童的 2 倍[100]。数据还表明,随着儿童的成熟,他们更加依赖于脊髓上前馈输入和短潜伏期牵张反射[58],即预激活策略是一种随着成熟而发展的习得技能。从业者应该考虑增加快速伸缩复合训练来减少受伤的风险,因为有证据表明,青少年的女运动员在经过 6 周的训练后,肌肉的准备活动增加[37]。

动态平衡

研究表明,受伤后姿势控制和动态平衡方面的障碍[97],这可能是未来再受伤的危险因素[61,80]。以前的文献表明,神经系统、视觉系统、前庭系统和本体感受系统的成熟可能会导致单腿平衡动作表现增强[65]。但是青少年的受试者在单腿平衡动作中表现出更大的姿势摇摆,丧失一定的稳定性[65]。在高中男子篮球运动员中,单侧平衡中较大的姿势摇摆也与踝关节扭伤的风险增加有关[61]。

改善动态平衡可以显著降低踝关节扭伤的风险。此外,青少年运动员在进行本体感觉训练干预的情况下,在星型偏移平衡测试中增强了前后侧和中外侧的姿势稳定性指数,这使得膝关节和踝关节的损伤减少[59]。整理现有的文献表明,缺乏动态稳定性可能会增加青少年运动员下肢损伤的风险。因此,使用适当规定的动态平衡和稳定练习来针对这些缺陷可能有助于降低受伤的风险。

筛查和监控

虽然了解前面所概述的危险因素很重要,但为了建立损伤风险档案,负责力量和体能训练的教练还应使用适当的评估和监测工具来系统地对运动员进行筛查。最近的文献对许多筛检工具在预测个体受伤风险方面的有效性提出了质疑[4]；然而，只要目的明确，筛查仍然是一个有用的工具，其原因如下。

- 检查现有运动员可能存在的与损伤相关的基本危险因素。
- 确定已存在的问题（例如，以前受伤或过大训练量导致的运动障碍）。
- 分别提供用于康复和运动员辅助训练的非损伤基线标准数据。
- 指导计划设计和进展，以确定体能状况和运动障碍，并通过针对性的风险分层训练来解决。

　　讨论和批判性地分析所有可用的筛选工具超出了本章的范围。为了获得更多的信息，我们鼓励有兴趣的读者浏览一系列实际可行的筛选测试，及其在青少年运动人群中应用的全面和基于证据的概述[93]。

减少受伤的风险

　　设计一个力量和体能训练计划提高运动表现的同时减少受伤的风险，应该对每个运动员进行全面的需求分析，这是与运动和个人都相关的。重点应放在生理年龄和技术能力，以及青少年运动员的身体和心理的成熟。包括准备训练，可以帮助减少伤害；因此，强烈建议青少年运动员定期参加安全、适合长期发展、技术主导和趣味性的各种力量和训练方案。

干预的有效性

　　对青少年早期男女运动员进行的研究表明，力量训练和运动准备计划在减少总体损伤（26.2%，而非训练的对照组为 72.4%）和提高康复阶段的恢复时间方面是有效的[41]。支持这一观点的是：高中运动员完成以膝主导的跳高训练计划，与未经训练的对照组相比，女性和男性的受伤发生率分别高出 3.6 倍和 4.8 倍[42]。此外，受过训练的女性与未受过训练的女性相比，非接触性前交叉韧带损伤明显减少。最近的荟萃分析数据表明，青少年团队运动中的神经肌肉训练项目对减少下肢损伤具有显著的整体预防作用[26]。可以解决与青少年体育参与相关的普遍危险因素的针对性干预措施，可以减少 40%～50% 的青少年运动员过度使用导致的损伤[30, 106, 107]。据报道，完成包括平衡、跳跃和力量训练在内的神经肌肉训练项目后，过度使用损伤的发生率也较低[104]。

　　虽然现有的证据表明神经肌肉训练项目完成后有所改善，但根据运动员的水平和性别可能存在不同的影响[30, 95]。Rossler 等人[95]的系统回顾和荟萃分析，女孩比男孩获得更有利的适应。相反，最近对青少年运动员的研究表明，更高运动水平的男孩和运动员有更大的适应能力[30]。因此，需要进一步的研究来更充分地阐明高水平和低水平青少年运动员在接受神经肌肉训练后的不同性别的训练适应性和机械性变化。

量效反应

虽然损害预防方案是有效的，且其证据也是无可辩驳的，但目前还不知道能引起有益的适应需要的最佳剂量是多少。训练计划除了需要考虑其他变量外，还需要考虑频率、量和强度，以及与支持运动员技术技能发展所需的其他训练模式。负责制订和实施伤害预防策略的教练的做法已经在学院精英足球运动员中得到了说明，在训练类型、频率、持续时间和实施方式方面，哪些活动最重要等方面尚存在明显的分歧[89]。

最近的一项荟萃分析研究了用于预防损伤的神经肌肉训练的量效-反应关系，结果显示，总体风险降低了 42%[107]。每周 2～3 次的训练频率对下肢损伤的预防效果最大，每周训练量大于 30 分钟比短时间的训练更有效。长达15 分钟的针对性训练与较长时间的训练效果相当。然而，应当谨慎，因为研究相对较少（14 个），而且在某些情况下，样本量较小。此外，随着训练年龄和体能发展水平的提高，预期需要更多的训练量，特别是训练强度，以坚持循序渐进的原则。研究结果表明，6 个月以上的训练时间并没有产生任何进一步的损伤预防益处[107]。相反，在青少年运动员参加足球、篮球、曲棍球、五人制和盖尔式足球等运动项目时，总训练量不足 23 次训练课的效果微乎其微[30]。超过 23 次的研究对腿部力量平衡和 / 或稳定性、冲刺能力和运动专项技能产生了更大的影响[30]。因此，建议定期监测运动员的体能，并实施阶段性、渐进的长期运动发展计划，以持续适应不断提升。应该承认的是，Faude 等人[30] 只关注运动能力的测量，而没有检查受伤风险的变化。然而，这些数据表明，预防伤害和注重运动表现的方案并不会相互排斥，而将这些整合起来可能会让青少年运动员获得更安全且更大程度的提升。

开始早期

由于神经肌肉系统的自然发育所导致的神经可塑性的加速，在发育时期提高基本运动技能是至关重要的[10]。这支持了运动发展和体育活动需要早期参与和多样性的概念。重要的是，针对青少年运动员的预备训练项目为孩子们提供了创造性运动的机会，在提高身体表现的同时提高了参与度[28]。因此，尽管建议将有意的游戏结合起来，其特点是无组织的、类似于游戏的、令人愉快的运动活动[6]，但也应该提倡教练员做深思熟虑的准备。这种方法包括有计划的训练和合格的指导，以提高运动技能的能力，并防止在生长发育期间积累神经肌肉的损伤[29]。

训练类别选择

　　大多数干预的内容包括力量、平衡、柔韧性训练，以及快速伸缩复合、速度和敏捷性练习[30,49,106,107]，因此应重点关注影响神经肌肉控制和主动关节稳定的因素。在选择减少损伤风险的运动时，建议力量和体能教练综合考虑神经肌肉训练[71]。这种方法包括增强基本的运动技能、肌肉力量、下半身和核心力量的练习[71]。重点应该是在青春期前培养运动员的运动技能，以提高与技能相关的身体素质，减少与运动相关的受伤风险[71]。在青少年运动员赛季期包括周期化项目也很重要，特别是对从事专业运动训练实践的人来说，他们接触到更广泛的发展性运动技能活动是有限的[71]。

　　虽然损伤预防应该多样化，包括各种各样的训练类别，但是现有数据已经表明包括快速伸缩复合训练的计划比没有的在减少损害风险上要更有效[95]。此外，包括平衡训练的计划不会导致损伤减少的上升，而这可能是由于损伤更有可能发生在高冲击的项目中，即需要快速的减速和发力[95]。增强式训练已被证明可以增加肌肉的预激活[37]和减少落地时地面反作用力[68]。因此，建议根据运动员的训练年龄、技术熟练程度和发育成熟阶段，逐步增加负荷和强度，逐步建立起跳 - 落地练习的渐进模式。此外，应辅以抗阻力训练，以减少损伤，增强神经肌肉控制和强化支持软组织结构的作用[25,44]。现有数据表明，与不包含抗阻力训练的计划相比，包含阻力训练的计划显著降低了前交叉韧带损伤的发生率，同时强调了需要使用多模式方法，使训练效益最大化[109]。

依从性的重要性

　　最近一项对青少年运动损伤、危险因素和预防措施的系统研究得出结论，要制订减少运动损伤的预防方案，必须考虑其关键因素，如训练的内容、持续时间、频率以及运动员的依从性[35]。在一项前瞻性队列研究中，研究对象是在一个竞争激烈的赛季中完成了预防损的热身计划（FIFA 11+）的青少年足球运动员，完全依从该计划的球队持续受伤的风险比服从中级水平的球队低35%[105]。调查还显示，那些聘请有过受伤预防训练项目经验的教练的球队，受伤率降低了46%，这突出了教练和运动员教育的重要性。这些影响也存在于青少年女性运动员，她们的依从性与前交叉韧带损伤呈反比关系[109]，神经肌肉训练项目的高依从性，则对应着损伤发生率的降低[109]。因此，应考虑采取策略最大程度地调动运动员和技术教练的参与，以尽可能地提高干预有效性。

> 对损伤预防方案的积极态度和高质量的完成是减少损伤的根本[105]。

是否应该使用常规损伤预防规划?

在现有的文献中,热身活动经常出现除了跑步和跳跃任务外,还包括平衡、自重训练和躯干耐力锻炼(表 16.2),这些项目通常作为训练前和比赛前热身的一部分。虽然一些证据表明,在使用这些类型的训练方案 10 周后,力量、跳跃和短跑的成绩没有变化[108],并指出训练量过低,但总体来说,结果似乎是有利的[30]。最近,FIFA 11+ Kids 项目的初步数据表明该类练习是有效的[81, 96]。国际足联认为 11 岁以上的运动员可以改善动态平衡、跳跃和短跑表现[81, 96],以及肢体对称性[3]和运动专项技能[81, 96],且已证明,比传统热身计划更有效。即便如此,也应谨慎使用,因为研究中的干预期相对较短,影响往往很小,而且缺乏数据来证明其对损伤率的长期影响。

表 16.2　常用损伤预防的热身项目内容(原图不够清晰)

组成部分	FIFA11+(20 分钟)	FIFA11+ 儿童(15 分钟)	HarmoKnee(21 分钟)	预防损伤与提高表现(PEP)(15 分钟)
热身	直线跑 跑动中髋外展/内收 跑动中队友间环绕 触肩 快速前进和后移	一套热身的计划 无特定的升高脉搏的活动	慢跑 向后跑 高抬腿跳 防守技术 一对一	线到线慢跑 边到边折返 向后跑
力量	跪姿前倾 蹲 > 弓步蹲行走 > 单腿蹲	按照规定的核心稳定性练习	原地弓箭步 跪姿前倾 抬起脚尖的单腿蹲	弓步蹲行走 跪姿前倾
快速伸缩复合训练	原地纵跳 侧跳 方形跳	持球/无球的 z 字形跳 每一个都有不同的落地条件的 z 字形跳 单腿跳跃和保持 > 向前向后跳 > 向侧面跳 > 多方向的跳 > 多方向持球跳	被分类到平衡训练里了(见下格)	单侧抬小腿 两侧边跳 > 单侧向前向后锥形桶跳 单腿跳过锥形桶 头球纵跳 剪刀跳

续表

组成部分	FIFA11+（20 分钟）	FIFA11+ 儿童（15 分钟）	HarmoKnee（21 分钟）	预防损伤与提高表现（PEP）（15 分钟）
平衡	单腿站立 单腿站立相互传（接）球 单腿站立互相推	单腿站立持球／无球 单腿平衡和扔球 > 单腿平衡传接球 > 单腿平衡凌空抽射 > 单腿平衡球推	向前和向后跳 横向单腿跳 向前和向后单腿跳 持球双腿跳	无特定要求
核心稳定性	平板支撑 > 平板支撑交替提腿 > 平板支撑提腿并保持 侧支撑 > 侧支撑单腿抬起	各种各样的持球／无球俯卧撑 各种各样的持球／无球的螃蟹姿势撑	仰卧起坐 平板支撑 臀桥	无特定要求
专门练习	3/4 场地冲刺跑用力 投球 羚羊跳 变向跑	蹲立前滚翻 > 慢站立前滚翻 > 动态站立前滚翻 > 慢走前滚翻 > 跳跃前滚翻	无特定要求	向前三步减速跑 侧向的对角线跑 边界跑
拉伸	无特定内容	无特定内容	无特定要求	小腿，股四头肌，腘绳肌，内收肌，髋屈肌

使用常见损伤预防方案的另一个考虑因素：在精英体育项目中，只有少数教练表示他们之前使用过推荐的伤害预防方案（如 FIFA 11+），相反，更倾向于选择独立定制的伤害预防方案[89]。其原因是推测性的；但是，研究表明，青少年球员相信国际足联 11 + 的计划可能是有益的，但它并不能让人完全喜欢[55]。教练员与精英青少年足球运动对 FIFA 11 + 认可程度并不高，一般认为该计划需要针对使用团队进行个性化修改[73]。另一种方法是根据运动员的神经肌肉风险状况来调整训练[45,69]。据研究，运动模式风险较高的人群[45,69]在进行相应的训练后有更大的改善；因此，尽管每个人都需要进行一些一般性的训练，但还是建议根据运动员的缺陷进行针对性训练，以优化结果和降低受伤风险。

建立分层模型

建立一个层次模型是明智的做法。它可以系统地监测一个或一组青少年运动员的风险状况，将风险因素识别、筛选测试与有针对性的训练策略结合起来。为了建立有效的模型，需要对反映运动需求和损伤机制的相关运动模式和身体素质进行评估。除了实施监测工具以确保有效分配和管理训练负荷外，这种方法在降低运动员受伤风险方面具有比一般系统和训练方案更大的优势。

在图 16.3 中，提供了一个前十字韧带损伤的示例模型，这是青少年运动员

图 16.3 前交叉韧带损伤神经肌肉危险因素分层模型。第一层包括识别 ACL 损伤的相关神经肌肉危险因素。第二行表示适当的评估和诊断指标，以检测功能缺陷，帮助在早期识别存在高危风险的运动员。最后一步是选择针对每个神经肌肉危险因素的适当运动。Asym. 不对称；HHD. 手持测功器；KVLTM. 手持测功器；KVLTM. 膝关节外翻和躯干外侧躯合运动；LESS. 落地误差记分系统；RSI. 反应力量指数。有关测试指标的进一步细节和研究证据，请参阅 Read 等人[93]。

资料来源：引自 Read 等人[93]。

最常见的严重下肢损伤,而他们都参加了损伤发生率最高的团体性运动[18, 112]。模型的第一行用于识别相关的损伤风险因素[86]。每个风险因素都与诊断指标(第二行)的评估相联系,并选择目标练习来改善测试中发现的问题(最后一行)。这使得教练或科研人员可以根据运动员的个人风险状况为他们设计特定的项目。这种方法要求,所有运动员都要根据常见的危险因素完成一些一般性的损伤预防训练,然后针对个别区域进行更具体的个性化改善(表 16.3 中的示例)。在建立自己的模型时,建议教练员使用以下评估:①侧重于损伤的机制和相关风险因素;②能够发现功能障碍,协助及早发现逐渐增加风险可能性的运动员;③具有适当的效度和信度。此外,除了以体能发展为重点的结构性力量和体能训练课程外,还应完成损伤预防课程的教学,以进一步降低青少年运动员的受伤风险[109]。

表 16.3 根据确定的神经肌肉缺陷为两名运动员制订的目标方案
(在开始前的热身主要是灵活性和心率的提升)

运动员 A		
练习	次数	组数
常规部分(按照顺序执行)		
单腿臀桥	10	2~3
BW 多方向弓箭步	4/ 每侧	2~3
弹力带辅助北欧落 / 起≫不加辅助的北欧落 / 起	4~6	2~3
双腿纵跳≫单腿纵跳 + 扰动	5	2~3
特定部分(根据测评的目标)		2~3
单侧立定跳(落地站稳)≫双腿立定跳(落地站稳)	5/ 侧	2~3
单腿从跳箱上跳下保持稳定(加弹力带的扰动)≫跳箱上落下后反向跳跃后落地保持稳定	5/ 侧	2~3
跳箱上单腿下蹲≫跳箱上手持哑铃单腿下蹲	8~10/ 侧	2~3
运动员 B		
练习	次数	组数
常规部分(按照顺序执行)		
单腿臀桥	10	2~3
多方向弓箭步(自重量)	4/ 每侧	2~3
弹力带辅助北欧落 / 起≫不加辅助的北欧落 / 起	4~6	2~3
双腿纵跳≫单腿纵跳 + 扰动	5	2~3
特定部分(根据测评的目标)		
小栏架跳跃≫逐步提升跳箱高度	5/ 侧	2~3
单腿罗马尼亚硬拉	5/ 侧	2~3
脚踩滑片的臀桥	8~10/ 侧	2~3

BW. 自重;DB. 哑铃;e/s. 每侧 ≫,合适的时候进阶

重点总结

- 降低青少年运动员的损伤发生率是极其重要的。损伤风险是多因素的,且大多数因素已经被教练在检测运动员的风险情况时予以考虑。虽然每一个因素都很重要,但是应该把重点放在可调整的风险因素上,首先要增强神经肌肉控制。
- 有证据表明,完成多模式的包括抗阻训练和快速伸缩复合训练的神经肌肉训练项目后,损伤发生率降低。
- 有针对性的干预措施应从青春期就开始,重点关注相关能力的发展、动作控制和已知缺陷,并作为长期运动发展和风险分层计划的一部分始终保持。
- 教练和运动员的认知教育对于提高训练计划的依从性至关重要。

参考文献

1　Adrim TA and Cheng TL. Overview of injuries in the young athlete. *Sports Med* 33: 75–81, 2003.
2　Atkins S, Bentley I, Hurst H, Sinclair J and Hesketh C. The presence of bilateral imbalance of the lower limbs in elite youth soccer players of different ages. *J Strength Cond Res* 30: 1007–1013, 2016.
3　Ayala F, Calderon-Lopez A, Delgado Gosa'lbez JC, et al. Acute effects of three neuromuscular warm-up strategies on several physical performance measures in football players. *PLoS ONE* 12: 1–17, 2017.
4　Bahr R. Why screening tests to predict injury do not work – and probably never will: a critical review. *Br J Sports Med* 50: 776–780, 2016.
5　Barber-Westin SD, Gallowa, M and Noyes, FR. Assessment of lower limb neuromuscular control in prepubescent athletes. *Am J Sports Med*. 33: 1853–1860, 2005.
6　Berry J, Abernethy B and Côté J. The contribution of structured activity and deliberate play to the development of expert perceptual and decision-making skill. *J Sport Exerc Psychol* 30, 685–708, 2008.
7　Besier TF, Lloyd DG, Ackland TR and Cochrane J. Anticipatory effects on knee joint loading during running and cutting maneuvers. *Med Sci Sport Exerc* 33: 1176–1181, 2001.
8　Beynnon BD and Fleming BC. Anterior cruciate ligament strain in-vivo: a review of previous work. *J Biomech* 31: 519–525, 1998.
9　Bishop C, Turner, AT and Read PJ. The effects of inter-limb asymmetries on physical and sports performance: a systematic review. *J Sports Sci* 36: 1135–1144, 2018.
10　Borms J. The child and exercise: an overview. *J Sports Sci* 4: 4–20, 1986.
11　Brink MS, Visscher C, Arends S, Zwerver J, Post WJ and Lemmink K. Monitoring stress and recovery: new insights for the prevention of injuries and illnesses in elite youth soccer players. *Br J Sports Med* 44: 809–815, 2010.
12　Bullock-Saxton JE, Janda V and Bullock MI. The influence of ankle sprain injury on muscle activation during hip extension. *Int J Sports Med* 15: 330–334, 1994.
13　Caine DJ, Daly RM, Jolly D, Hagel BE and Cochrane B. Risk factors for injury in young competitive female gymnasts. *Br J Sports Med* 40: 89–94, 2006.

14 Caine D, Maffuli N and Caine C. Epidemiology of injury in child and adolescent sports: Injury rates, risk factors and prevention. *Clin Sports Med* 27:19–50, 2008.

15 Croce RV, Russell PJ, Swartz EE and Decoster LC. Knee muscular response strategies differ by developmental level but not gender during jump landing. *Electromyogr Clin Neurophysiol* 44: 339–348, 2004.

16 Croisier JL and Crielaard JM. Hamstring muscle tears with recurrent complaints: an isokinetic profile. *Isokinet Exerc Sci* 8:175–180, 2000.

17 Daneshjo A, Rahnama N, Mokhtar AH and Yusof A. Bilateral and unilateral asymmetries of isokinetic strength and flexibility in male young professional soccer players. *J Hum Kinet* 36: 45–53, 2013.

18 Darrow CJ, Collins CL, Yard EE and Comstock R. Epidemiology of severe injuries among United States high school athletes: 2005–2007. *Am J Sports Med* 37: 1798–1805, 2009.

19 De Ste Croix MBA. Advances in paediatric strength assessment: changing our perspective on strength development. *J Sports Sci Med* 6: 292–304, 2007.

20 De Ste Croix M and Deighan M. Dynamic knee stability during childhood. In: *Paediatric Biomechanics and Motor Control: Theory and application*. M De Ste Croix and T Korf, eds. Oxford: Routledge, 2012, pp 233–258.

21 De Ste Croix MBA, Priestley A, Lloyd RS and Oliver JL. ACL injury risk in elite female youth soccer: changes in neuromuscular control of the knee following soccer specific fatigue. *Scand J Sci Med Sports* 25: 531–538, 2015.

22 De Ste Croix MBA, Priestly A, Lloyd RS and Oliver JL. Age-related differences in functional hamstring/quadriceps ratio following soccer exercise in female youth players: an injury risk factor. *Pediatr Exerc Sci* 30: 376–382, 2018.

23 Dingenen B, Malfait B, Nijs S, et al. Can two-dimensional video analysis during single-leg drop vertical jumps help identify non-contact knee injury risk? A one-year prospective study. *Clin Biomech* 30: 78–787, 2015.

24 Drabik J. *Children and Sports Training: How your future champions should exercise to be healthy, fit and happy*. Island Pond, VT: Stadion Publishing, 1996.

25 Emery CA, Meeuwisse WH and Hartmann SE. Evaluation of risk factors for injury in adolescent soccer. Implementation and validation of an injury surveillance system. *Am J Sports Med* 33:1882–1891, 2005.

26 Emery CA, Roy TO, Whittaker JL. Nettel-Aguirre A and van Mechelen W. Neuromuscular training injury prevention strategies in youth sport: a systematic review and meta-analysis. *Br J Sports Med* 49: 865–870, 2015.

27 Fabricant PD, Lakomkin N, Sugimoto D, Tepolt FA, Stracciolini A and Kocher MS. Youth sports specialization and musculoskeletal injury: a systematic review of the literature. *Physician Sports Med* 44: 257–262, 2016.

28 Faigenbaum AD, Bush JA, McLoone RP, et al. Benefits of strength and skill-based training during primary school physical education. *J Strength Cond Res* 29, 1255–1262, 2015.

29 Faigenbaum AD, Lloyd RS, MacDonald J and Myer GD. Citius, Altius, Fortius: beneficial effects of resistance training for young athletes. *Br J Sports Med* 50: 3–7, 2015.

30 Faude O, Rössler R, Petushek EJ, Roth R, Zahner L and Donath L. Neuromuscular adaptations to multimodal injury prevention programs in youth sports: a systematic review with meta-analysis of randomized controlled trials. *Front Physiol* 8: 1–15, 2017.

31 Fernandez WG, Yard EE and Comstrock, D. Epidemiology of lower extremity injuries among U.S. high school athletes. *Acad Emerg Med* 14: 641–645, 2007.

32　Ford KR, Myer GD and Hewett TE. Longitudinal effects of maturation on lower extremity joint stiffness in adolescent athletes. *Am J Sports Med* 38:1829–1837, 2010.

33　Ford KR, Shapiro R, Myer GD, Van Den Bogert AJ and Hewett TE. Longitudinal sex differences during landing in knee abduction in young athletes. *Med Sci Sports Exerc* 42: 1923–1931, 2010.

34　Friel K, McLean N, Myers C and Caceres M. Ipsilateral hip abductor weakness after inversion ankle sprain. *J Athl Train* 41: 74–78, 2006.

35　Frisch A, Croisier JL, Urhausen A, Seil R and Theisen D. Injuries, risk factors and prevention initiatives in youth sport. *Br Med Bull* 92: 95–121, 2009.

36　Fukushi Yamada RK, Gonçalves Arliani G, Peixoto Leão Almeida G, et al. The effects of one-half of a soccer match on the postural stability and functional capacity of the lower limbs in young soccer players. *Clinics* 67: 1361–1364, 2012.

37　Guskiewicz KM, Perrin DH and Gansneder B. Effect of mild head injury on postural stability in athletes. *J Athl Train* 31: 300–306, 1996.

38　Grooms DR, Page SJ, Nichols-Larsen DS, Chaudhari AM, White SE and Onate JA. Neuroplasticity associated with anterior cruciate ligament reconstruction. *J Orthop Sports Phys Ther* 5: 1–27, 2016.

39　Hall R, Barber Foss K, Hewett TE and Myer GD. Sport specialization's association with an increased risk of developing anterior knee pain in adolescent female athletes. *J Sport Rehab* 24: 31–35, 2015.

40　Hawkins D and Metheny J. Overuse injuries in youth sports: biomechanical considerations. *Med Sci Sport Exerc* 33: 1701–1707, 2001.

41　Hejna WF, Rosenberg A, Buturusis DJ and Krieger A. The prevention of sports injuries in high school students through strength training. *Natl Strength Coaches Assoc J* 4: 28–31. 1982.

42　Hewett TE, Lindenfeld T, Riccobene J, Riccobene JV and Noyes F. The effect of neuromuscular training on the incidence of knee injury in female athletes. *Am J Sports Med* 27:699–706, 1999.

43　Hewett TE, Myer GD and Ford KR. Decreases in neuromuscular control about the knee with maturation in female athletes. *J Bone Joint Surgery Am* 86: 1601–1608, 2004.

44　Hewett TE, Myer GD, Ford KR, et al. Biomechanical measures of neuromuscular control and valgus loading of the knee predict anterior cruciate ligament injury risk in female athletes: a prospective study. *Am J Sports Med* 33: 492–501, 2005.

45　Hewett TE, Ford KR, Xu YY, Khoury J and Myer GD. Effectiveness of neuromuscular training based on the neuromuscular risk profile. *Am J Sports Med* 45: 2142–2147, 2017.

46　Hewit J, Cronin J and Hume P. Multidirectional leg asymmetry assessment in sport. *Strength Cond J* 34: 82–86, 2012.

47　Hirtz P, and Starosta W. Sensitive and critical periods of motor co-ordination development and its relation to motor learning. *J Hum Kinet* 7: 19–28, 2002.

48　Howatson G. The impact of damaging exercise on electromechanical delay in biceps brachii. *J Electromyogr Kinesiol* 20: 477–482, 2010.

49　Hübscher M, Zech A, Pfeifer K, Hänsel F, Vogt L and Banzer W. Neuromuscular training for sports injury prevention: a systematic review. *Med. Sci. Sports Exerc* 42, 413–421, 2010.

50　Hurley MV. The effects of joint damage on muscle function, proprioception and rehabilitation. *Man Ther* 2: 11–17, 1997.

51　Iga J, George K and Lees A. Cross-sectional investigation of indices of isokinetic leg strength in youth soccer players and untrained individuals. *Scand J Med Sci Sports* 19: 714–719, 2009.

52　Jayanthi N, Dechert A and Durazo R. Training and specialization risks in junior elite tennis players. *J Med Sci Tennis* 16: 14–20, 2011.

53　Jayanthi NA, LaBella CR, Fischer D, Pasulka J and Dugas LR. Sports-specialized intensive training and the risk of injury in young athletes: a clinical case–control study. *Am J Sports Med* 43: 794–801, 2015.

54　Kemper GLJ, van der Sluis A, Brink MS, Visscher C, Frencken WGP and Elferink-Gemser MT. Anthropometric injury risk factors in elite-standard youth soccer. *Int J Sports Med* 36: 1112–1117, 2015.

55　Kilding, AE, Tunstall, H, Kuzmic, D. Suitability of FIFA's 'The 11' training programme for young football players – impact on physical performance. *J Sports Sci Med* 7, 320–326, 2008.

56　Kucera KL, Marshall SW, Kirkendall DT, Marchak PM and Garrett WE. Injury history as a risk factor for incident in youth soccer. *Br J Sports Med* 39: 462–466, 2005.

57　Li G, Rudy TW, Allen C, Sakane M and Woo SL. Effect of combined axial compressive and anterior tibial loads on in situ forces in the anterior cruciate ligament: a porcine study. *J Orthop Res* 16: 122–127, 1998.

58　Lloyd RS, Oliver JL, Hughes MG and Williams CA. Age-related differences in the neural regulation of stretch–shortening cycle activities in male youths during maximal and sub-maximal hopping. *J Electromyogr Kinesiol* 22: 37–43, 2012.

59　Malliou P, Gioftsidou A, Pafis G, Beneka A and Godolias G. Proprioceptive training (balance exercises) reduces lower extremity injuries in young soccer players. *J Back Musculoskelet Rehab* 17: 101–104, 2004.

60　Matos NF, Winsley RJ and Williams CA. Prevalence of non-functional overreaching/overtraining in young English athletes. *Med Sci Sports Exerc* 43, 1287–1294, 2011.

61　McGuine TA, Greene JJ, Best T and Leverson G. Balance as a predictor of ankle injuries in high school basketball players. *Clin J Sport Med* 10: 239–244, 2000.

62　Mclean S, Felin R, Suedekum N, Calabrese G, Passerallo A and Joy S. Impact of fatigue on gender-based high-risk landing strategies. *Med Sci Sport Exerc* 39: 502–514, 2007.

63　Meyers RW, Oliver JL, Hughes MG, Lloyd RS and Cronin JB. Asymmetry during maximal sprint performance in 11–16 year old boys. *Pediatr Exerc Sci* 29: 94–102, 2017.

64　Michaud PA, Renaud A and Narring F. Sports activities related to injuries? A survey among 9–19 year olds in Switzerland. *Inj Prev* 7: 41–45, 2001.

65　Mickel KJ, Munro BJ and Steele JR. Gender and age affect balance performance in primary school-aged children. *J Sci Med Sport* 14: 243–248, 2011.

66　Moeller JL. Pelvic and hip apophyseal avulsion injuries in young athletes. *Curr Sports Med Rep* 2: 110–115, 2003.

67　Myer G, Ford K and Hewett T. Rationale and clinical techniques for anterior cruciate ligament injury prevention among female athletes. *J Athl Train* 39: 352–64, 2004.

68　Myer GD, Ford KR, Palumbo JP and Hewett TE. Neuromuscular training improves performance and lower- extremity biomechanics in female athletes. *J Strength Cond Res* 19: 51–60, 2006.

69　Myer GD, Ford KR and Hewett TE. Differential neuromuscular training effects on ACL injury risk factors in low-risk athletes. *BMC Musculoskelet Disord* 8: 39–45, 2007.

70　Myer GD, Brent JL, Ford KR and Hewett TE. Real-time assessment and neuromuscular training feedback techniques to prevent ACL injury in female athletes. *Strength Cond J* 33: 21–35, 2011.

71　Myer GD, Faigenbaum AD, Ford KR, Best TM, Bergeron MF and Hewett TE. When to initiate integrative neuromuscular training to reduce sports-related injuries and enhance health in youth? *Curr Sports Med Rep* 10, 155–166, 2011.

72　Nilstad A, Andersen TE, Bahr R, Holme I and Steffen K. Risk factors for lower extremity injuries in elite female soccer players. *Am J Sports Med* 42: 940–948, 2014.

73　O'Brien J and Finch CF. Injury prevention exercise programs for professional soccer: understanding the perceptions of end users. *Clin J Sport Med* 27, 1–9, 2016.

74　Oliver JL, De Ste Croix MBA, Lloyd RS and Williams CA. Altered neuromuscular control of leg stiffness following soccer-specific exercise. *Eur J Appl Physiol* 114: 2241–2249, 2014.

75　Oliver JL, Lloyd RS and Whitney A. Monitoring of in-season neuromuscular and perceptual fatigue in youth rugby players. *Eur J Sports Sci* 15: 514–522, 2015.

76　Opar D, Timmins R, Dear N, Williams M and Shield A. The role of neuromuscular inhibition in hamstring strain injury recurrence. *J Electromyogr Kinesiol* 23: 523–530, 2013.

77　Padua D, Arnold B, Perrin D, Gansneder B, Carcia C and Granata K. Fatigue, vertical leg stiffness and stiffness control strategies in males and females. *J Athl Train* 41: 294–304, 2006.

78　Padua DA, Marshall SW, Boling MC, Thigpen CA, Garrett WE and Beutler AI. The landing error scoring system (LESS) is a valid and reliable clinical assessment tool of jump-landing biomechanics. *Am J Sports Med* 37: 1996–2002, 2009.

79　Philippaerts RM, Vaeyens R, Janssens M, et al. The relationship between peak height velocity and physical performance in youth soccer players. *J Sports Sci* 24: 221–230, 2006.

80　Plisky PJ, Rauh MJ, Kaminski TW and Underwood FB. Star Excursion Balance Test as a predictor of lower extremity injury in high school basketball players. *J Orthop Sports Phys Ther* 36: 911–919, 2006.

81　Pomares-Noguera C, Ayala1 F, Robles-Palazón FJ, et al. Training effects of the FIFA 11+ kids on physical performance in youth football players: a randomized control trial. *Front Pediatr* 6: 1–9, 2018,

82　Price RJ, Hawkins RD, Hulse MA and Hodson A. The football association and medical research programme: an audit of injuries in academy youth football. *Br J Sports Med* 38: 466–471, 2004.

83　Quatman CE, Ford KR, Myer GD and Hewett TE. Maturation leads to gender differences in landing force and vertical jump performance: a longitudinal study. *Am J Sports Med* 34: 806–813, 2006.

84　Rauh MJ, Koepsell TD, Rivara FP, Margherita AJ and Rice SG. Epidemiology of musculoskeletal injuries among high school cross-country runners. *Am J Epidemiol* 163: 151–159, 2006.

85　Rechel JA, Yard EE and Comstock RD. An epidemiologic comparison of high school sports injuries sustained in practice and competition. *J Athl Train* 43: 197–204, 2008.

86　Read PJ, Oliver JL, De Ste Croix MBA, Myer GD and Lloyd RS. Neuromuscular risk factors for knee and ankle injuries in male youth soccer players. *Sports Med* 46: 1059–1066, 2016.

87   Read PJ, Oliver JL, De Ste Croix MBA, Myer GD and Lloyd RS. The effects of maturation on measures of asymmetry during physical performance tests in elite male youth soccer players. *Pediatr Exerc Sci* 30: 168–175, 2017.

88   Read PJ, Oliver JL, De Ste Croix MBA, Myer GD and Lloyd RS. An audit of injuries in six professional soccer academies. *J Sports Sci* 36: 1542–1548, 2018.

89   Read PJ, Jimenez P, Oliver JL and Lloyd RS. Injury prevention in male youth soccer: current practices and perceptions of practitioners working at elite English academies. *J Sports Sci* 36: 1423–1431, 2018.

90   Read PJ, Oliver JL, De Ste Croix MBA, Myer GD, Belshaw A and Lloyd RS. Altered landing mechanics are shown by male youth soccer players at different stages of maturation. *Phys Ther Sport* 33: 48–53, 2018.

91   Read PJ, Oliver JL, De Ste Croix MBA, Myer GD and Lloyd RS. Landing Kinematics in elite male youth soccer players of different chronologic age and stage of maturation. *J Athl Train* 53: 372–378, 2018.

92   Read PJ, Oliver JL, De Ste Croix MBA, Myer GD and Lloyd RS. Risk factors for lower extremity injury risk in male youth soccer players: a prospective cohort study. *Scand J Med Sci Sport* 28: 1244–1251, 2018.

93   Read PJ, Oliver JL, Croix MS, Myer GD and Lloyd RS. A review of field-based assessments of neuromuscular control and their utility in male youth soccer players. *J Strength Cond Res* 33: 283–299, 2019.

94   Rose MS, Emery CA and Meeuwisse WH. Sociodemographic predictors of sport injury in adolescents. *Med Sci Sports Exerc* 40, 444–450, 2008.

95   Rössler R, Donath L, Verhagen E, Junge A, Schweizer T and Faude O. Exercise-based injury prevention in child and adolescent sport: a systematic review and meta-analysis. *Sports Med* 44:1733–1748, 2014.

96   Rössler R, Donath L, Bizzini M and Faude O. A new injury prevention programme for children's football–FIFA 11+ kids can improve motor performance: a cluster-randomised controlled trial. *J Sports Sci* 34: 549–556, 2016.

97   Ross S and Guskiewicz K. Assessment tools for identifying functional limitations associated with functional ankle instability. *J Athl Train* 43: 44–50, 2008.

98   Rumpf M and Cronin J. Injury incidence, body site, and severity in soccer players aged 6–18 years: implications for injury prevention. *Strength Cond J* 34: 20–31, 2012.

99   Rumpf M, Cronin J, Mohamad I, Mohamad S, Oliver JL and Hughes M. Kinetic asymmetries during running in male youth. *Phys Ther Sport* 15: 53–57, 2014.

100   Russell PJ, Croce RV and Swart EE. Knee muscle activation during landings: developmental and gender comparisons. *Med Sci Sports Exerc* 39: 159–169, 2007.

101   Schulz MR, Marshall SW, Yang J, Mueller FO, Weaver NL and Bowling JM. A prospective cohort study of injury incidence and risk factors in North Carolina high school cheerleaders. *Am J Sports Med* 32: 396–405, 2004.

102   Simonsen EB, Magnusson SP, Bencke J, et al. Can the hamstring muscles protect the anterior cruciate ligament during a side-cutting maneuver? *Scand J Med Sci Sports* 10: 78–84. 2000.

103   Small K, McNaughton L, Greig M and Lovell R. The effects of multidirectional soccer-specific fatigue on markers of hamstring injury risk. *J Sci Med Sport* 13: 120–125, 2010.

104   Soligard T, Myklebust G, Steffen K, et al. Comprehensive warm-up programme to prevent injuries in young female footballers: cluster randomised controlled trial. *BMJ* 338: 95–99, 2009.

105　Soligard T, Nilstad A, Steffen K, et al. Compliance with a comprehensive warm-up programme to prevent injuries in youth football. *Br J Sports Med* 44: 787–793, 2010.

106　Soomro N, Sanders R, Hackett D, et al. The efficacy of injury prevention programs in adolescent team sports: a meta-analysis. *Am J Sports Med* 44: 2415–2424, 2016.

107　Steib S, Rahlf A, Pfeifer K and Zech A. Dose–response relationship of neuromuscular training for injury prevention in youth athletes: a meta-analysis. *Front Physiol* 8: 1–17, 2017.

108　Steffen K, Myklebust G, Olsen OE, Holme I and Bahr R. Preventing injuries in female youth football: a cluster-randomized controlled trial. *Scand J Med Sci Sports* 18: 605–614, 2008.

109　Sugimoto D, Myer GD, Barber Foss KD and Hewett TE. Specific exercise effects of preventive neuromuscular training intervention on anterior cruciate ligament injury risk reduction in young females: meta-analysis and subgroup analysis *Br J Sports Med* 49: 282–289, 2015.

110　Tak I, Weir A, Langhout R, et al. The relationship between the frequency of football practice during skeletal growth and the presence of a cam deformity in adult elite football players. *Br J Sports Med* 49: 630–634, 2015.

111　van der Sluis A, Elferink-Gemser MT, Coelho-e-Sliva MJ, Nijboer JA, Brink MS and Visscher C. Sports injuries aligned to peak height velocity in talented pubertal soccer players. *Int J Sports Med* 35: 351–355, 2014.

112　Volpi P, Pozzoni R and Galli M. The major traumas in youth football. *Knee Surg Sports Traumatol Arthrosc* 11: 399–402, 2003.

113　Xu L, Nicholson P, Wang Q, Alen M and Cheng S. Bone and muscle development during puberty in girls. A seven-year longitudinal study. *J Bone Min Res* 24: 1963–1968, 2009.

114　Williams CA, Wood L and De Ste Croix MBA. Growth and maturation in childhood. In: *Paediatric Biomechanics and Motor Control: Theory and application.* M De Ste Croix and T, Korff eds. Abingdon: Routledge, 2012, pp 15–17.

第 17 章　为青少年运动员构建全面的发展环境

Craig B. Harrison，Joe Eisenmann，Camilla J. Knight

引言

　　体能教练是训练规划的缔造者——他们为训练奠定了基调。每个教练的工作效果取决于其科学技术知识的储备和实践能力，以便于更好地提高青少年的运动能力。然而，教练仅有技术方面的知识还不够。在一个鼓励和激励的环境中，教练能够与青少年在他们所热衷的网络中发展并保持良好的人际关系，是他们技术性知识得以蓬勃发展的基础。例如，青少年在青春期面临身心和社会方面的挑战，包括训练对生理和心理的需求，受伤风险的增加，自我人格的显露以及同龄人之间的冲突，都可以在体能教练构建的良好、全方位的训练环境中得以解决。

　　"整体（holistic）"一词的特点是针对一个完整的个体，要考虑到心理和社会因素，而不仅仅是身体因素。尽管每项体能训练计划的成果都是独一无二的，但一个教练员需要的是理解和培养"人"的能力，而不仅是"运动员"，这是该计划成功的关键[4]。有鉴于此，本章旨在帮助教练员为青少年构建一个全面的训练环境。更具体地说，本章讨论了如何为青少年创造最佳的训练环境，如何与运动员建立良好的信任关系以及如何与运动员父母更好地合作。最后，本章以一个来自美国的培训机构（SP）的示例结尾，该示例包含了前文提及的所有方面。

优化训练环境

　　青少年如何看待他们的训练环境是至关重要的，如上所述，他们面临的一些直接或间接的、与体育相关的身体、心理和社会的挑战。当面对"威胁"或"奖励"的情况时，大脑会作出反应；对待威胁的情况则不同，青少年的自然本能是尽可能快地逃离或消除它，这被称为战斗或逃跑反应[7]。这可以追溯到山顶洞人时代，例如，当一只老虎突然从灌木丛中跳出来，为了自身安全，只能留下来赢得这场战斗，或是转身逃跑到安全区，别无其他选择。逃跑、战斗或呆住不动的反应是一种本能反应，而且普遍存在。以下是一些在体能训练中可能被青少年视为威胁的情况。

- 无益的负面反馈。
- 体能测试。
- 教练员或父母期望过高。
- 犯错。
- 不断地与同龄人比较。

当威胁模式被激活时，关键的大脑处理系统不会保留高级思维，例如创造性、做出正确的决策和学习，这些都会被取代。此外，威胁模式会引发恐惧和愤怒之类的生存情绪[6]。相反，身体和情绪经历（如学习新技能和自我完善，参与适当的挑战以及与朋友合作）很可能激发奖励机制，这样的体验有助于满足个人先天心理需求[9]，增加内在动机[16, 35]，使运动员更加愉悦[15, 31]，其结果能够使心情更为开朗乐观，大脑更快速地学习并且运动表现更好[10]。

每个运动员都是独一无二的，因此，面对相同情况，每个人都很可能会经历并表现出不同的反应。例如，虽然有的运动员认为进行 Yo-Yo 间歇恢复测试是有益的，他们会相信测试结果能够反映出自己在训练中付出的努力。但也有运动员认为测试是一种威胁，因为他们担心测试结果会影响团队选拔。因此，了解大脑如何面对威胁做出反应，以及如何根据青少年以往不同的经历和观念应对不同的情境，可以帮助教练员为运动员创造更有意义的训练体验。

重点

1. 注意不要臆断运动员的感受。行为不一定能反映出潜在的思想和观念。

2. 面对同样的情况，每个运动员会有不同的理解。

3. 满足每个青少年的需求和渴望是至关重要的。

激励运动员

体能教练工作的关键是创造一个能够提高运动员动机的环境，进而提高他们的参与度、运动表现和幸福感。在非结构化的比赛环境中，动机的优化通常会在任务的挑战和个人技能水平之间的平衡中自然形成[33]。然而，在一个更加结构化的体能训练计划中，教练有责任创造一个促进内在（即内部产生）动机[3, 39]的环境。因此，借鉴适当的理论是有益的。

自我决定理论

自我决定理论(self-determination theory,SDT)[9, 10]对于训练环境中的动机优化具有较好的指导意义。SDT 是基于三个基本假设的元理论(表 17.1),包含 6 个微型理论(更多相关信息参见:http://selfdeterminationtheory.org/theory/)。SDT 的第一个假设是所有人都是活跃的有机体,他们会寻找机遇成长,应对挑战,并将这些不同的经历融入自身。第二个假设是一个人所处的社会环境或背景可能会促进或阻碍个人成长的发展趋势和积极参与度(体能教练在此能够发挥至关重要的作用)。最后一个假设是环境对个人的基本心理需求(图 17.1)的影响程度,包括自主需要(即根据自我的兴趣和价值观行事)、胜任需要(即对自我有效的评价)和关系需要(即归属感),这些都会影响健康的身心发展。换句话说,满足个人自主需要、胜任需要和关系需要的环境或背景可以促进内在动机。综上所述,如果体能教练能够优先考虑这三种基本需求,那么不仅可以提高运动员的动机,也可以大大提高训练效率。

表 17.1 体能训练中的自我决定理论示例

假设 1	青少年天生渴望自己能够在各种任务和训练中有出色的表现
假设 2	教练制订的计划和给予的反馈会影响运动员参与训练的热情以及是否能更好地投入训练
假设 3	**3.1 自主需要** 让运动员自主选择任务和难度级别,增强他们的自我控制感 **3.2 胜任需要** 使运动员有机会获得成功,并作出评价,这将增加运动员的能力感 **3.3 关系需要** 让运动员有机会与队友交流,使他们之间能够相互共享,发挥自我特性,并感知自己是团队的一部分,这对于运动员是有益的

图 17.1 自我决定理论的基本需求

自主需要

内在动机与个人独立实践的能力密切相关[2, 13]。因此,自我决定行为依赖于自己做出选择的能力。对于青少年运动员（6～11 岁）来说，完全自主是不可取的，在训练环境中，可能危及他们的自身安全。例如，允许青少年运动员自由选择训练的重复次数，他们会过于乐观（即次数过多），因而引起损伤。相反，给予运动员自主的程度应该根据个人的能力水平和经验。例如，教练可以为运动员提供训练重复次数的范围，让他们在这个范围内自行选择。建议在训练过程中给予青少年运动员充足的机会，和 / 或在训练任务上给他们一个"二者选一"的选择（即自主意愿）（例如：运动员可以在分腿蹲和弓箭步走中进行选择，因为两者可以达到相似的效果）。因此，对于青少年运动员来说，可以通过让他们参与训练计划的制订或在训练期间为他们提供多种自主选择的权利来促进他们的自主需要。

胜任需要

　　体能训练为青少年运动员提供了良好的训练环境来测试他们的技能，学习如何克服挫折，并获得即时反馈，从中了解他们实现既定目标的进度[14]。然而，并不是所有的运动员都是一样的，一个高效的教练员必须能够区分每个运动员的自身能力和实际需求。建议通过制订具有适当挑战性的训练计划来满足青少年运动员的特定需求。可以通过以下策略实现这一目标。
- 为运动员制订训练目标计划需要有个性化的框架来跟踪其提升程度。
- 提供一系列不同难度的训练任务。
- 促进同伴间的相互激励。
- 让能力较差的运动员与能力较强的运动员共同训练，这样才能清楚地感知到更高的运动能力水平。

关系需要

　　当一个青少年运动员感到其与团队之间有联系时，他们的责任感和精力就会增加[40]。更具体来说，当青少年运动员认为自己对团队的贡献得到同龄人的高度重视时，他的动力就会随之增强。因此，定期为运动员提供机会，让他们一起在体能训练中共同努力是非常有意义的。此外，帮助运动员认识到自己的优势，并利用它们造福于集体，例如，以身作则或者对待新的运动项目勇于冒险，能够增强关系需要。

成就目标理论

　　就像 SDT 一样，对成就目标理论（achievement goal theory，AGT）[1, 12]和动机氛围的理解也是很有意义的，尤其是教练员。成就目标理论关注的是一个人如何定义或判断自己的成功与失败，以及它对动机的影响[11]。根据

AGT，个体可以采用自我目标或任务目标的观点（表 17.2）。具有自我目标的运动员是根据规范的评估和与他人的比较（例如：我是否比他人更好？）来判断他们的成败。而具有目标任务的运动员是基于努力程度、学习进度或对任务的掌握程度来判断他们的成败（例如：我今天是否达到了个人最佳状态）。

表 17.2　体能训练中的成就目标理论

目标定向	动机氛围	目标投入 / 视角
基于与他人比较（自我目标定向）或自我发展 / 提升（任务目标定向）的先天判断能力	由重要人物（例如体能教练）所创造的环境强调个人应该如何评估自己的能力（即相对于自己或他人的能力）	个人在特定的时间评估自我的能力（即相对于自我；任务投入或相对于他人；自我投入），受其目标取向和动机氛围的影响
"我在训练馆的目的是证明我是最棒的"（自我投入）与"我在训练馆的目标是变得更加健壮，这样就能取得更好的比赛成绩"（任务投入）	设置纵跳成绩排行榜（自我为重心）与个人训练日志以跟踪运动员短期达成的目标（任务为重心）	"我成绩好是因为我能比队友跳得高"（自我投入）与"我成绩好是因为我努力提高了我的跳高成绩"（任务投入）

　　该理论认为，具有任务目标的个体大多数会表现出积极的或适应性的良好行为，其特征是加倍地努力、坚持不懈、选择具有挑战性的任务和内在动机[34]。鉴于这些优势，采用任务目标视角是有利的。通常，采取自我目标视角本质上是消极的，所以应该避免。然而，真实情况未必如此[5]。据预测，当一个人高度自信并且相信自己能够成功战胜对手时，他们就会表现出和具有任务目标视角[11]的运动员相似的成就行为特征。但是，如果运动员未能成功地战胜对手，并因此否定自我，则可能会出现退缩、半途而废和逃避最具挑战性任务的负面状态[参见 Harwood 等人[18]]。因此，建议采用任务目标视角而不是自我目标视角，或是将两者结合使用，最大程度地减少不利后果。

　　运动员采用任务目标或是自我目标视角的可能性取决于他们的目标定向（相对于自己或他人来判断成功的性格倾向）和动机氛围（运动员所处的社会环境）[11]。体能教练将直接影响动机氛围，并通过其行为和言语直接影响运动员采取任务或自我目标视角的可能性[24]。例如，如果教练员只对跑得比别人快或是跳得比别人高的运动员给予赞扬，青睐那些运动表现更好的人，或者对错误行为采取惩罚措施，那么他就是在创造一种自我投入的动机氛围，作为回应，与其他运动员相比，运动员可能会越来越关注自己的运动表现。然而，如果教练员对运动员的努力和自我提高给予表扬，并强调犯错是学习过程中必不可少的一部分，那么就是在创造一个任务投入的氛围，以鼓励运动员专注于任务目标[11]。因此，通过积极地运用评论和行动来创造一个以任务为中心的环境[11]，教练员可以最大化激励运动员加倍努力、坚持不懈和提高其内在动机。

> **动机最大化**
> - 你所创造的环境决定运动员的动机氛围。
> - 专注于创造一个促进自主需要、关系需要和胜任需要的环境。
> - 对运动员的努力、自我提高和勇于尝试的行为给予赞扬，同时尽量避免将运动员相互比较或偏爱某个运动员。

深化与运动员之间的关系：携手共进

教练员所创造的环境在很大程度上影响着运动员的发展。但仅凭这些还不够。教练还必须设法优化与运动员之间的关系。一个良好的教练员 - 运动员关系是全面的，包括关怀、同理心和信任等基本要素，这些不仅能够提高体能训练效果，还可以促进运动员积极地全面发展[8, 22]。"发展运动员和个体"的需要虽是陈词滥调，但却是至关重要的，只有通过运动员和教练共同努力才能得以实现。

信任

人际信任是一段成功关系的基础[22, 38]。信任可以被定义为"当信任者对被信任者信任程度愈大时，那么他们将自己的安危交在对方的行动意愿也会愈大，与被信任者的监控或是控制能力无关"[出自 Mayer 等人，712 页[32]]。教练员不能将信任作为自己的权利，信任是自己赢得的。Mayer 等人[32]提出了一个有效建立信任的模型，包括四个关键要素。
- 能力：相信他人具备必要的技能和知识，能够帮助你完成有价值的任务或目标。
- 诚信：相信他人总是诚实的，并按照原则或"信誉准则"行事。
- 同情心：由发自肺腑的关怀和爱护所激发的情感。
- 可预测性：相信他人的反应和行为是可以可靠预测的。

为了阐明在实际中如何建立信任，请参考以下示例。一位教练员刚开始对顶尖的无挡板篮球运动员进行体能训练。不幸的是，在教练员实施训练的第 1 周，也就是距离重大赛事开始的前 6 周，运动员训练期间脚踝扭伤合并韧带拉伤。所建立的信托将取决于以下因素。
- 能力：运动员必须对教练充满信心，相信教练能够有效地指导她完成康复过程。教练为帮助她恢复制订的计划,以及她是否能够依据教练意愿行事,都是至关重要的。

- 诚信:运动员会想尽快知道自己是否能够及时回到赛场参加比赛。教练对此应充分了解并如实告知。
- 同情心:运动员必须信任教练在康复过程中始终会将她的最大利益置于首位。
- 可预测性:运动员应对伤病具有不确定性,可能会感到沮丧,甚至恐惧。教练员和运动员现在所建立的信任,以及将来如何保持这种信任,将取决于教练可预测未来的能力。

尽管信任很重要,但这只是众多有助于教练员处理运动员工作的特征之一。了解优质的教练与运动员关系的核心特征,如 3Cs+1 理论模型[20-22]中所展示的特征,也会受益匪浅。

3Cs+1 理论模型

建立有效且成功的教练员 - 运动员关系对于提高运动员的运动表现、满意度和幸福感至关重要。在过去的几十年里,有众多促进教练和运动员关系的方法被采用,包括 Jowett 的 3Cs + 1 模型,参见图 17.2[20, 23, 37]。

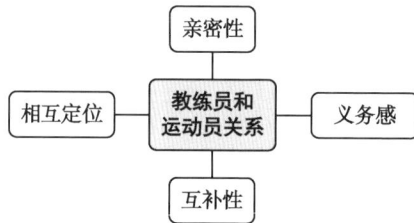

图 17.2 3Cs+ 1 模型——3Cs+ 1 理论模型的直观表示

Jowett[20]认为,教练员与运动员的关系质量取决于四个特征:①亲密度,运动员和教练员赋予彼此关系的情感意义(例如,运动员和教练员在多大程度上信任对方、互相尊重和彼此喜欢);②义务感,教练员和运动员希望继续合作的程度;③互补性,教练员和运动员在何种程度上表现出的合作和互惠行为,能够确保双方关系得以发挥作用;④相互定位,运动员和教练员能够准确感知或推断对方的感受、想法和行为的程度(例如,双方是否了解对方对这种关系的看法?)。

在创建 3Cs+ 1 理论模型过程中,Jowett[20]认识到教练和运动员之间的关系不是单方面的。相反,教练员与运动员的关系是建立在双方的思想、感情和行为相互联系且互为因果的基础上的。考虑到这一点,为了最大化促进双方关系,教练员及其运动员都需要了解如何定义和经历这种关系。如果双方都表现出高度的信任和尊重,希望在短期或长期内继续合作,并且表现出积极、友好和随和的态度,那么这种关系很可能是有效和成功的。即运动员在理想的关系能够个人成就、全面发展和个人满足[20]。相比之下,如果一段关系中缺乏信任和相互尊重,随着时间的推移失去对维持这种关系的兴趣,或者缺乏合作互动,那么这种关系就不太可能有效和(或)成功。

为了维持或改善教练与运动员之间的关系质量,利用 COMPASS 模型是有效的[36]。对于双方关系的优化,COMPASS 模型列举了运动员和教练员认为至关重要的七种策略。

- 冲突管理:当出现分歧时,通过双方合作讨论,积极阐明期望来避免冲突。
- 开放性:与运动员分享你的感受和经历,并鼓励他们也要积极表达在运动和非运动生活中的感受。
- 动机:共同致力于比赛和训练,并乐在其中,采取行动证明你有能力建立成功的关系。
- 积极性:努力与运动员形成默契,帮助其积极应对与运动无关的压力,做好与运动员的交流互动,并对其运动表现提出建议指示。
- 建议:以开放和积极的方式寻求和提供建议并给予反馈。
- 支持:展现出你为双方关系的付出。
- 社交网络:花些时间向你的运动员表明无论体育相关的还是非体育的问题你都可以提供帮助。

通过利用以上策略来解决这些问题,可促进教练与运动员之间的关系有效性和成功性。

与更广泛的支持网合作

教练员创造激励的训练氛围以及和运动员建立密切关系的能力将极大地影响运动员的成长。然而,这并不是教练员工作的终点。想要最大限度地提升工作效率,与运动员的父母和相关工作人员(如教师、运动教练、医务人员)建立牢固、开放和信任的关系也是必不可少的。其中最重要的是与青少年运动员父母的关系,因为他们是青少年训练的关键。如果没有他们的参与和支持,大多数青少年根本无法参加训练[30],包括体能训练。因此,教练员很有必要花点时间来感谢青少年运动员父母为他们的孩子参与训练所做出的贡献[17],还有在许多情况下所作出的牺牲。

建立双方有效关系的首要关键是重视青少年运动员父母对于运动项目的参与度[26]。当青少年运动员父母最大程度参与孩子的运动过程时,孩子会受益良多,包括更多的乐趣,减少焦虑,增强生活技能的转移,提升训练的参与度并且有机会激发他们的运动潜能[19]。然而,家长对于孩子在运动训练过程中的培养和教育是复杂的,受到一系列个人和社会因素的影响[27]。因此,父母可能会经历来自孩子参与训练相关的压力,这可能会影响他们的行为和他们表现出的参与类型[29]。例如,一些父母不知道如何最好地在不同的环境下支持孩子的运动发展[17]。此外,一些父母在体育方面的经验有限,尤其是体能训练方面,而还有一些父母会从自身参与过程中获取经验。这些经验水平的差异可能会影响其对子女提供的建议和支持[25]。

积极主动地与家长合作,以确保他们能够获得体能训练相关的信息,可以在孩子的训练过程中解读这些信息,并清楚如何支持这一过程,这是极其宝贵的。教练员越是频繁和公开地与家长进行沟通,他们就越容易在孩子的训练过程中发挥积极正面的作用[28]。以下提供了许多加强家长与教练间的沟通和促进双方关系的策略[26]。

- 在赛季开始前召开家长会。
- 组织家长、运动员和教练员间的联谊活动。
- 保持实时通讯或群发电子邮件。
- 相互学习经验。
- 建立共同的期望和理念。
- 明确教练员和家长各自不同的角色分工。

更多其他策略(详见《国际教练科学杂志》,2011 年,第 1 期),但经验表明:在赛季/训练的早期召开家长与教练员会议,然后定期、方便快捷地(即在线的)沟通,往往是维持有效关系的最佳方式。当教练和家长双方合作时,各方都会受益,尤其是运动员。因此,投入时间发展与家长之间的关系是至关重要的。

青少年运动员全面发展的案例研究:以斯巴达训练中心为例

简而言之,斯巴达训练中心(SP)(http://spartanperformance.msu.edu)是密歇根州立大学校园内的一个青少年运动训练中心。它位于骨科医学院,与运动医学系和康复医学系协作。该项目每周为数百名运动员提供体能训练、伤愈复出、运动营养、运动心理学、测试和评估以及教育。它既可在大学设施的临床环境中(一对一或小组服务)运行,也可在几所当地学校和体育俱乐部的场外运行。

在此示例中,我们讨论了运动员在临床环境中(一对一或小组训练)参与速度及运动能力提升计划。正如本章所强调的,运动员与他们的父母、教练

员和 / 或运动医学人员建立信任关系是至关重要的。鉴于服务范围及覆盖面之广，斯巴达训练中心必须建立有效的、广泛的协作关系，才能获得成功。斯巴达训练中心会花费时间和精力，根据个体之间的复杂关系设计并实施高度个性化的方案。

许多体能教练专注于"颈部以下的训练"的科学（即功能解剖学、生物力学和生理学），他们要么没有充分准备，要么对"软科学"在训练中的应用（如承诺、信心和情绪控制）不感兴趣。在斯巴达训练中心的初期阶段，情况的确如此，因为主要是从技术角度着眼于整体计划的实施。然而，我们很幸运，在大学里有出色的同事分享在运动员成长中的心理学和人际互动方面的专业知识。随后，我们不断改善并专注于应用这些能力和技能。事实上，这一点每时每刻都在强调，并且提供了大量的非正式和正式的专业培训来提高我们与运动员联系的能力。这也是试训期间的第一个主题，而不是诸如发展速度、力量训练等技术主题。为了举例说明教练员"人性化"的重要性，我们利用"进攻和防守"或组数和重复次数（即技术和科学方面）的经验和故事来叙述如何错误的与运动员建立联系并阻碍他们的学习和运动表现。以下等式试图解释成功：

（教练员执教的）成功 = 智商（IQ）+ 情商（EQ）+ 社交商（SQ）

再次强调，这不仅与教练员在训练技术和科学方面的智商（IQ）有关，而且还与情商（EQ）和社交商（SQ）或是与人联系沟通交流的能力有关，应将青少年运动员看作是有情感、会社交的个体，而不是只会运动的机器人。

建立信任的过程包括能力、诚信、同情心和可预测性的四个组成部分，从与运动员、家长的新生见面会开始，贯穿整个训练过程。在见面会上，将讨论整个训练过程的概况以及运动员未来发展的整体方法。初次的接触旨在通过"推销"建立对我们的专业知识和训练计划的信任，因为我们不仅能够提升运动员各方面的运动表现，还可以提供运动营养、睡眠、康复、心智技能和个性发展等方面的教育和培训。此外，我们还用"体育是生命的载体"来体现"积极促进青少年发展"的理念。为了展现整体的方法，我们在整个场馆中使用图像（图 17.3）以及 D 号（测试 / 训练 / 充满能量），并通过一个在线运动员管理系统，以教育材料的形式发送给运动员和家长。

我们将在新生见面会期间进行测试和评估，包括病史、训练经历（如运动年龄）、当前训练负荷、营养习惯以及心理状态等信息。如前所述，这套流程可能会令运动员紧张不安，但我们向他们保证，所收集的信息都是保密的，仅用于制订个性化的训练计划。评估不仅仅体现运动员运动能力（如纵跳、速度），似乎还可以与家长和运动员之间建立信任和信心，因为我们关心的是完整的个体和运动员，不只是单一的身体素质。只有家长和运动员都参与这一过程,家长才能成为学生 - 运动员发展历程中关键的利益相关者。与此同时,父母也能够了解大部分青少年体能训练相关的问题。在课程收集信息之后,需要立即参观场馆,向相关人员作出介绍,并对训练过程进行详尽的解释,也鼓励大家提出问题。很多时候,这种简单的熟悉过程可以减轻训练的焦虑。

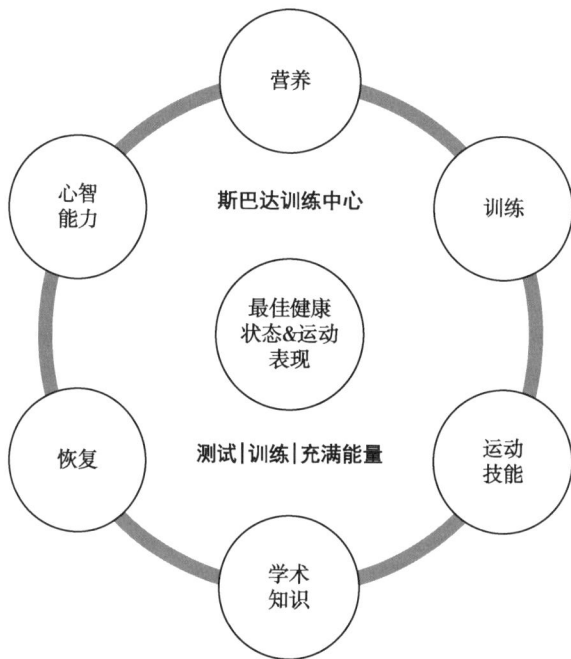

图 17.3   斯巴达训练中心的视觉传达示例

训练内容包括一个"整体"的方法,提升运动表现。此外,整体性的特征是针对一个完整的个体,不仅要考虑身体因素,还要兼顾心理和社会因素。就全面发展体能而言,训练内容包括综合神经肌肉的动态热身(平衡性、协调性、关节稳定性和灵活性)、速度的发展(加速度、最大速度、重复冲刺能力)、灵敏(加速、减速、各个方向的变向和感知决策能力)、下肢单侧和双侧的力量与爆发力(起跳、落地和反弹)以及抗阻训练(上肢在垂直和水平面的推拉、核心力量和稳定性、旋转灵活性和爆发力、下肢单侧和双侧的力量和稳定性以及这些功能性动作的组合)。除此以外,"整体"的方法还包含恢复(营养和睡眠)和 / 或心理技能教育以及性格发展,这些将会在每节训练课结束时进行教授,并与下一节训练课衔接。在完成八节训练课程和营养、心智技能以及性格发展课程之后,会将以上各方面整合到名为"综合各方面"的课程中,以强调全方位发展运动员的重要性。更具体地说，我们运用拼图来作类比，每一块拼图（即速度、灵敏、睡眠、营养、诚实、学术知识）都需要放置在适当的位置，并与其他部分相互结合，才能使运动员获得最佳幸福感和运动表现。

同样值得注意的是，每次训练都应以见面问候为开端，其中包括训练恢复和健康调查（图 17.4），并询问运动员先前和随后的训练以及其他学校相关的活动，这些为学生运动员所面临的身体、心理和社会的挑战，提供了一个公开对话的机会。

	11月2日	11月6日	11月11日	11月13日	11月16日	11月19日
过去三天的平均睡眠？	7	7.5	6	6	6.5	6
您过去三天的睡眠质量评估。						
优质的睡眠–非常宁静						
良好的睡眠–较宁静						×
平均睡眠–难以入睡	×	×				
睡眠不佳–辗转反侧			×	×	×	
睡眠非常糟糕–焦躁不安						
您过去三天的营养状况评估。						
优秀						
良好			×	×	×	×
一般	×	×				
较差						
极差						
您如何评价过去三天的疲劳程度？						
毫无疲惫感–充满新鲜感						
轻微疲惫–较新鲜						×
正常–与往常一样	×	×			×	
较疲惫			×	×		
非常疲惫						
您过去三天的肌肉酸痛程度评估。						
感觉非常好–无酸痛感						
感觉较好–轻微酸痛					×	×
正常范围的酸痛	×	×		×		
酸痛/紧绷加剧			×			
难以忍受的酸痛/紧绷						
综合您的训练、场上表现和个人实际情况，评估过去三天的总体压力水平。						
非常放松–毫无压力						
放松						×
正常–与往常一样	×	×			×	
较紧张			×	×		
高度紧张						
您过去三天的情绪状态评估。在情绪上，您感觉如何？						
非常积极						
较积极						
正常–与往常一样	×	×				×
糟糕–易激怒			×	×	×	
高度易怒/脾气暴躁						
对您今天的表现（训练或场上比赛的表现）进行评估。						
非常满意，表现优异				×		
满意	×	×			×	
一般			×			
不满意						
非常不满意						

图 17.4 斯巴达训练中心的恢复和健康调查问卷

　　这向运动员表明,体能教练乐意提供建议、指导和全方位的支持,以提升运动表现,培养全面的人才(基于信任的认同)。虽然初次的见面会起到"破冰"的作用,但本章有关信任的建立和发展中的其他关键社会心理的因素(如诚信、同情心、同理心、支持)都是通过持续的训练课程,在技能的发展和训练的挑战中运用公开、透明的沟通方式和"执教时刻"进行教学。同样,这些"软技能"的培养需要体能教练有目的地思考和反思,正如前文所提及的,教练员往往专注于组数、重复次数、练习内容("训练计划"),以至于他们忽视了培养一个完整的个体和创造积极的训练环境。这些不仅不可被视为累赘,反而应重视起来;并且作为日常训练的重点内容。就像教练回顾他们的技能训练计划("颈部以下的训练"),同时他们也必须重视"颈部以上(大脑)"的训练计划。最后,训练内容侧重于以具有挑战性的方式发展技能,重点在于努力和自我完善(即以任务为中心的环境)。该计划的主要目标是培养有能力和自信的推动者。

　　通过电子邮件或在运动员管理系统内,为家长和教练员(以及必要的医疗人员)提供无间断的沟通、信息和教育。在很多情况下,家长在训练课程前/后接送孩子至训练场馆时需要简短的沟通。在线通信包括有关营养、恢复、睡眠、时间管理、在感冒、流感肆虐的季节保持健康等话题的信息(电子邮件、信息图表、视频)。除了关心训练场馆的训练,我们还将致力于参加比赛或在当地报纸寻找关于运动员的报道。一些家长(和教练员)经常评论这些提醒的重要性,以便于他们可以不断地强化除了训练中心以外的这些概念。

　　总之,斯巴达培训中心的方法和目标是在积极学习和训练的环境中,全方位地发展和训练青少年运动员。其重中之重是向运动员和家长表明,在体育运动中,教练员首先是将运动员当作一个完整的个体看待,其次才是运动员本身。用西奥多·罗斯福(Theodore Roosevelt)的话来说,"在人们知道你有多在乎他们之前,他们是不会在意你知道多少的"。

重点总结

- 体能训练远不止技术指导。
- 创建一个自主需要、胜任需要和关系需要以及注重个人发展和成功的环境能够提高运动员的动机。
- 在了解整个运动员的基础上与其建立信任关系是有效工作的关键。
- 与运动员支持网络(如家长)合作是促进体能训练计划成功的关键。

注释

1 为了简洁起见，"教练员"或"从业者"一词在本章中均指代体能训练的教练
 员和 / 或从业者。

参考文献

1 Ames C. Classrooms: goals, structures, and student motivation. *J Educ Psychol 84*:
 261–271, 1992.

2 Amorose AJ, Anderson-Butcher D, Newman TJ, Fraina M and Iachini A. High school
 athletes' self-determined motivation: the independent and interactive effects of coach,
 father, and mother autonomy support. *Psychol Sport Exerc 26*: 1–8, 2016.

3 Behzadnia B, Adachi PJC, Deci EL and Mohammadzadeh H. Associations between
 students' perceptions of physical education teachers' interpersonal styles and students'
 wellness, knowledge, performance, and intentions to persist at physical activity: a self-
 determination theory approach. *Psychol Sport Exerc 39*: 10–19, 2018.

4 Bergeron MF, Mountjoy M, Armstrong N, et al. International Olympic Committee
 consensus statement on youth athletic development. *Br J Sports Med 49*: 843–851,
 2015.

5 Biddle S, Wang CKJ, Kavussanu M and Spray C. Correlates of achievement goal ori-
 entations in physical activity: a systematic review of research. *Eur J Sports Sci 3*: 1–20,
 2003.

6 Cannon WB. *Bodily Changes in Pain, Hunger, Fear and Rage*. Oxford: Appleton,
 1929.

7 Cannon WB. *The Wisdom of the Body*. New York: WW Norton & Co., 1932.

8 Davis L, Appleby R, Davis P, Wetherell M and Gustafsson H. The role of coach–
 athlete relationship quality in team sport athletes' psychophysiological exhaustion:
 implications for physical and cognitive performance. *J Sports Sci 36*: 1985–1992, 2018.

9 Deci EL and Ryan RM. The 'what' and 'why' of goal pursuits: human needs and the
 self-determination of behavior. *Psychol Inq 11*: 227–268, 2000.

10 Deci EL, Vallerand RJ, Pelletier LG and Ryan RM. Motivation and education: the
 self-determination perspective. *Educ Psychol 26*: 325–346, 1991.

11 Duda JL, Appleton PR, Stebbings J and Belaguer I. Towards more empowering
 and less disempowering environments in youth sport. In: *Sport Psychology for Young
 Athletes*. CJ Knight, CG Harwood and D Gould, eds. Abingdon: Routledge, 2017,
 pp 81–93.

12 Duda JL and Nicholls JG. Dimensions of achievement motivation in schoolwork and
 sport. *J Educ Psychol 84*: 290–299, 1992.

13 Frederick-Recascino CM and Schuster-Smith H. Competition and intrinsic motiva-
 tion in physical activity: a comparison of two groups. *J Sport Behav 26*: 240, 2003.

14 Greenwald JH. Mental skills training for tennis players: an added skill set for the
 strength and conditioning coach. *Strength Cond J 31*: 94–97, 2009.

15 Hagger MS and Chatzisarantis NL. *Intrinsic Motivation and Self-determination in
 Exercise and Sport*. Champaign, IL: Human Kinetics, 2007.

16 Hagger MS, Koch S and Chatzisarantis NL. The effect of causality orientations and
 positive competence-enhancing feedback on intrinsic motivation: a test of additive
 and interactive effects. *Pers Individ Dif 72*: 107–111, 2015.

17 Harwood C and Knight CJ. Understanding parental stressors: an investigation of British tennis-parents. *J Sports Sci 27*: 339–351, 2009.

18 Harwood C, Spray CM and Keegan R. Achievement goal theories in sport. In: *Advances in Sport Psychology*. TS Horn, ed. Champaign, IL: Human Kinetics, 2008, pp 175–185.

19 Holt NL and Knight CJ. *Parenting in Youth Sport: From research to practice*. Abingdon: Routledge, 2014.

20 Jowett S. When the 'honeymoon' is over: a case study of coach–athlete dyad in crisis. *Sport Psychol 12*: 444–460, 2003.

21 Jowett S. Interdependence analysis and the 3+1Cs in the coach–athlete relationship. In: *Social Psychology in Sport*. S Jowett and D Lavallee, eds. Champaign, IL: Human Kinetics, 2007, pp 15–27.

22 Jowett S. Coaching effectiveness: the coach–athlete relationship at its heart. *Curr Opin Psychol 16*: 154–158, 2017.

23 Jowett S and Cockerll IM. Olympic medallists' perspective of the athlete–coach relationship. *Psychol Sport Exerc 4*: 313–331, 2003.

24 Keengan RJ, Harwood CG and Spray CM. A qualitative investigation exploring the motivational climate in early career sports participants: coach, parent, and peer influences on sport motivation. *Psychol Sport Exerc 10*: 361–372, 2009.

25 Knight CJ, Dorsch TE, Osai KV, Haderlie KL and Sellars PA. Parents' experiences, expectations, and involvement in organized youth sport. *Sport Exerc Perf Psychol 5*: 161–178, 2016.

26 Knight CJ and Gould D. The coach–parent interaction: support or distraction? In: *The Psychology of Sports Coaching: Research and practice*. R Thelwell, C Harwood and I Greenlees, eds. Abingdon: Routledge, 2016, pp 84–98.

27 Knight CJ, Harwood CG, and Berrow SR. Parenting in sport. *Curr Opin Psychol 16*: 93–97, 2017.

28 Knight CJ and Holt NL. Parenting in youth tennis: understanding and enhancing children's experiences. *Psychol Sport Exerc 15*: 155–164, 2014.

29 Knight CJ, Holt NL and Tamminen KA. Stress and coping among youth sport parents. In: *Handbook of Sports Psychology*. CH Chang, ed. Hauppauge, NY: Nova Science, 2009, pp 347–359.

30 Knight CJ and Newport RA. Understanding and working with parents of young athletes. In: *Sport Psychology for Young Athletes*. CJ Knight, C Harwood and D Gould, eds. Abingdon: Routledge, 2017, pp 303–314.

31 Lubans DR, Smith JJ, Morgan PJ, et al. Mediators of psychological well-being in adolescent boys. *J Adolesc Health 58*: 230–236, 2016.

32 Mayer RC, Davis JH and Schoorman D. An integrative model of organizational trust. *Acad Manage Rev 20*: 709–734, 1995.

33 Nakamura J and Csikszentmihalyi M. The concept of flow. In: *Flow and the Foundations of Positive Psychology: The collected works of Mihaly Csikszentmihalyi*. M Csikszentmihalyi, ed. Dordrecht: Springer Netherlands, 2014, pp 239–263.

34 Nicholls JG. Achievement motivation: conceptions of ability, subjective experience, task choice, and performance. *Psychol Rev 91*: 328–346, 1984.

35 Poulsen AA, Roger S and Ziviani J. Understanding children's motivation from a self-determination theoretical perspective: implications for practice. *Aust Occup Ther J 53*: 78–86, 2006.

36 Rhind DJ and Jowett S. Relationship maintenance strategies in the coach–athlete relationship: the development of the COMPASS model. *J Appl Sport Psychol 22*: 106–121, 2010.

37　Rhind DJ, Jowett S and Yang SX. A comparison of athletes' perceptions of the coach–athlete relationship in team and individual sports. *J Sport Behav 35*: 433–452, 2012.

38　Rotter JB. A new scale for the measurement of interpersonal trust. *J Pers 3*: 651–665, 1967.

39　Sylvester BD, Standage M, McEwan D, et al. Variety support and exercise adherence behavior: experimental and mediating effects. *J Behav Med 39*: 214–224, 2016.

40　Ward S and Parker M. The voice of youth: atmosphere in positive youth development program. *Phys Educ Sport Pedag 18*: 534–548, 2013.